I0127249

EUSTACE MULLINS

LE VIOL DE LA JUSTICE

LES TRIBUNAUX AMÉRICAINS DÉVOILÉS

OMNIA VERITAS®

Eustace Clarence Mullins
(1923-2010)

LE VIOL DE LA JUSTICE

Les tribunaux américains dévoilés

THE RAPE OF JUSTICE
America's tribunal exposed

1989

Traduit et publié par
Omnia Veritas Ltd

www.omnia-veritas.com

Pour

Jane Katharine Muse Mullins

“ La mère rend tout possible ”

AVANT-PROPOS

Au cours de mes voyages à travers les États-Unis, j'ai constaté que la première plainte de nos concitoyens concerne l'état déplorable de notre système juridique. Ils ne se plaignent pas que les lois elles-mêmes sont lourdes, mais plutôt que leur application est presque universellement injuste et injustifiée. J'ai même entendu des agriculteurs se disputer entre eux sur leurs marchés, chacun protestant avec une fierté inversée que "notre comté a les avocats et les juges les plus véreux de cet État", avant de se voir répondre avec ferveur par un agriculteur représentant un autre comté : "Oh, non, nos avocats et nos juges sont bien plus véreux que ceux de votre comté !".

Les Américains reconnaissent que nous devons avoir des lois et que nous devons les respecter, sinon la vie deviendrait intolérable. Le problème est que les citoyens respectueux de la loi sont généralement accueillis dans nos tribunaux avec l'incrédulité que quelqu'un obéisse encore aux lois dans cette nation, et deuxièmement, qu'un système juridique qui fonctionne par et pour les criminels n'a pas de plus grand ennemi que le citoyen respectueux de la loi.

Le premier objectif de la loi a toujours été le "Salus Populi", la sécurité du peuple. J'écris ces lignes dans un bâtiment dont chaque porte est munie de cinq serrures. Il y a vingt-cinq ans, les portes n'étaient jamais fermées à clé. Nous savions à peine où se trouvait la clé de la porte d'entrée. Avec des centaines d'autres citoyens à Washington pendant les étés tropicaux, je me rendais dans un parc voisin pour dormir, à l'époque où l'air conditionné n'existait pas encore. Aujourd'hui, aucune personne saine d'esprit ne fermerait les yeux dans un parc de Washington, de jour comme de nuit. La ville est connue à juste titre comme la "capitale mondiale du meurtre", plutôt que comme la capitale des États-Unis d'Amérique.

Cette situation a été créée, non pas par la négligence de la police, qui travaille plus que jamais, mais par le système juridique, qui a brusquement renié le fondement antérieur de notre système juridique, le "Salus Populi", en 1933, avec l'avènement du président Franklin Delano Roosevelt, qui a adopté le concept marxiste selon lequel le système juridique était utilisé de manière injuste pour défendre la propriété. Le décret communiste stipulant que tous les biens sont désormais la propriété de l'État, le système juridique n'a plus besoin de défendre les crimes contre les biens personnels. Ce principe a rapidement été étendu aux crimes contre les personnes. La doctrine de l'égalité obligatoire signifiait qu'aucun citoyen n'avait le droit de porter une montre en or ou de vivre dans une grande maison. Les autres citoyens qui voulaient les priver de leurs biens excédentaires, même au prix de leur vie, recevaient l'approbation du système juridique. S'ils blessaient ou tuaient trop de citoyens dans leur exubérance, ils pouvaient être emprisonnés pendant une courte période, mais ils étaient rapidement libérés pour poursuivre la campagne marxiste de "nivellement", c'est-à-dire de réduction de tous les citoyens à un niveau commun de peur et de désespoir. Cet objectif a été atteint pour la première fois en Union soviétique, lorsque les banquiers de Wall Street ont financé la "noble expérience de l'égalité obligatoire". La Russie soviétique a été réduite à un gigantesque camp de concentration, un goulag dans lequel le lendemain pourrait être pire qu'aujourd'hui, mais ne serait certainement pas meilleur. Les États-Unis ont parcouru ce même chemin avec une rapidité remarquable, en accélérant constamment les techniques qui forcent nos citoyens à atteindre de nouveaux niveaux de profondeur et de dégradation personnelle.

Sous ce système marxiste, nos citoyens ont découvert que le système juridique est désormais quelque chose de tout à fait différent de "la loi", c'est-à-dire de la doctrine fixe sous laquelle nous vivons. Une loi est un pouvoir fixe. En revanche, l'administration de la loi est aujourd'hui un pouvoir fluide, en mouvement, et soumis à des influences extérieures, principalement le pouvoir de l'argent et son influence politique concomitante. Lorsqu'un citoyen américain se présente aujourd'hui devant un tribunal, il n'est pas confronté à la puissance ou à la majesté de la loi. À son grand désarroi, il constate que cette force n'est plus présente. Au lieu de cela, il découvre qu'il est confronté au pouvoir de l'argent et au pouvoir de l'influence politique.

Traditionnellement, la balance de la justice est représentée comme attendant le poids des preuves. Une prépondérance d'un côté ou de l'autre les fera pencher vers une conclusion juste. C'est d'ailleurs l'idéal auquel nous aspirons toujours. Malheureusement, il est rarement atteint aujourd'hui dans nos tribunaux. Si un avocat constate que le poids des preuves penche en défaveur de son client, il recourt immédiatement à l'une des innombrables techniques de la "procédure civile" pour que ces preuves soient déclarées irrecevables, pour que les témoins de son adversaire soient mis en cause ou jugés incompétents, et pour monter sa propre contre-attaque afin de faire pencher à nouveau la balance en faveur de son client. Cette technique s'appelle "pratiquer le droit". Comme toute autre compétence, elle s'affine par une pratique constante, mais cette compétence dépend fortement de la volonté de son praticien d'employer n'importe quel subterfuge au nom de son client. C'est comme si l'on jouait un match de football au cours duquel les joueurs seraient autorisés à commettre n'importe quel acte antisportif ou illégal afin de marquer un point, l'arbitre (c'est-à-dire le juge) coopérant en fait et approuvant officiellement la conduite illégale. Dans le langage juridique, cela porte un nom : il s'agit de la "courtoisie professionnelle", car le juge, comme les avocats, est également membre du barreau.

REMERCIEMENTS

Je remercie chaleureusement le personnel de la Bibliothèque du Congrès, le conservateur de la collection John W. Davis de la bibliothèque de droit de l'université de Washington et Lee et, plus particulièrement, le personnel de la bibliothèque de droit de l'université de Virginie (et indirectement, Thomas Jefferson, qui a parrainé cette splendide université) pour leur coopération minutieuse qui a rendu possible cette recherche. Je remercie sincèrement Bill M. pour ses précieux conseils dans la préparation de ce livre, ainsi que mes correspondants à travers les États-Unis qui m'ont envoyé des documents cruciaux pour mes recherches.

CHAPITRE 1

L'ANARCHIE JURIDIQUE

En lisant les articles de la presse nationale concernant la pratique actuelle du droit, on ne peut que se demander si les fous n'ont pas finalement pris le contrôle de l'asile. Prenons l'exemple suivant : un juge ordonne à une mère de rester en prison pendant plusieurs mois parce qu'elle refuse d'obéir à l'ordonnance d'un juge qui exige qu'elle remette sa fille en bas âge à un père divorcé. La mère refuse, car elle affirme que le père a abusé sexuellement de l'enfant, affirmation renforcée par des preuves médicales. Après vingt-sept mois d'incarcération, elle est toujours en prison, mais n'a jamais été confrontée à un jury ni condamnée pour quelque délit que ce soit.

Une autre mère, dans l'État de Californie, est envoyée en prison parce qu'elle refuse de remettre son fils de quinze ans à son mari, un homosexuel, et à son amant. Un juge de Boston se nomme lui-même surintendant des écoles parce qu'il n'est pas d'accord avec la manière dont les écoles de la ville sont gérées. Un autre juge, à Yonkers, New York, condamne la ville à une amende d'un million de dollars par jour pour "racisme" parce que ses habitants, qui ont fui, terrorisés, les rues de Manhattan envahies par la drogue, refusent maintenant de livrer leur quartier aux influences criminelles qu'ils ont fui. Ils ont été jugés coupables du crime de "white flight", c'est-à-dire de la recherche d'une zone plus stable pour élever leurs enfants. Aujourd'hui, dans les tribunaux américains, la "fuite des Blancs" est acceptée par les juges comme une preuve prima facie de la culpabilité du crime de "racisme". Il ne s'agit pas d'un cas extrême, mais plutôt d'une histoire que l'on peut lire dans n'importe quel quotidien métropolitain. Cependant, dans des affaires judiciaires plus banales, qui ne méritent pas l'attention de la presse, la présence dominante de ce qui ne peut être décrit que comme de la folie (peut-être les délires et les folies particulières des foules), fournit une infinité d'exemples tout aussi horribles du viol de la justice américaine et de sa perversion par les bandes de la populace. La guillotine est omniprésente dans nos tribunaux, où nos modernes Madame Desfarges tricotent au premier rang. Là encore, la lame tombe, non pas sur la tête des criminels, mais sur ceux qui ont été jugés coupables d'être des citoyens productifs et respectueux des lois de ces États-Unis d'Amérique.

Prenons l'exemple suivant : un plaignant intente un procès pour les dommages subis lors d'un accident de voiture, après que la personne responsable a refusé catégoriquement de payer quoi que ce soit. L'avocat de la partie adverse trouve un vieil alcoolique noir qui soutiendra la thèse du défendeur selon laquelle le plaignant est responsable de l'accident. Cependant, lors de sa déposition, l'alcoolique déclare qu'il n'est pas en mesure d'identifier le plaignant ou son véhicule. Comprenant qu'ils ont un problème de crédibilité, les avocats du défendeur font soudainement interner leur témoin dans un asile d'aliénés la veille du procès. (Il a déjà été interné par le passé). Le plaignant exige que ce témoin soit produit avant que le procès ne puisse avoir lieu. Le juge n'a d'autre choix que d'obtempérer. L'alcoolique est amené de l'asile d'aliénés sous garde armée. Son témoignage est crucial pour la défense, mais le jury doit maintenant examiner sa source. Avant que cette farce n'aille plus loin, le juge s'empresse de sauver la mise à l'accusé en déclarant l'annulation du procès.

Lors du deuxième procès de cette affaire, le juge demande au plaignant d'apporter sa voiture au tribunal, afin que le jury puisse l'examiner et décider qui est en tort. Le plaignant se réjouit de l'occasion qui lui est donnée de faire voir sa voiture aux membres du jury. Ceux-ci sortent et inspectent solennellement la voiture, notant que ses deux portières avant droites ont été enfoncées à l'endroit où le pare-chocs avant du défendeur l'a heurtée trois ans auparavant. Le jury reprend ses délibérations et, après huit minutes, revient dans la salle d'audience pour rendre son verdict : le plaignant a fait reculer sa voiture contre le pare-chocs avant du défendeur, brisant les deux portières du côté droit ! Le fait que cet exploit défie toutes les lois de la physique n'a aucun poids pour eux. Verdict pour la défense.

Des développements de ce type illustrent la théorie de la résonance morphique. La résonance morphique est le processus par lequel le passé devient présent dans les champs morphiques. Le viol de la justice est une excellente illustration du processus par lequel la transmission des influences causales formatrices devient évidente à travers l'espace et le temps. La mémoire au sein des champs morphiques est cumulative, de sorte que les choses deviennent de plus en plus habituelles et de plus en plus acceptables à force d'être répétées. C'est ce qui ressort d'une grande partie de notre système juridique, où les témoignages et les décisions judiciaires les plus scandaleux sont présentés comme raisonnables et acceptables. Ceci illustre le fonctionnement de la résonance morphique conçue par un esprit évolutif, devenant d'impressionnants champs d'influence non matériels s'étendant dans l'espace et se poursuivant dans le temps. Parce qu'ils sont localisés dans les systèmes qu'ils organisent, ils font du cosmos un organisme en croissance. Cependant, les processus de résonance morphique ne doivent pas être entièrement consacrés à des formules de folie ou de déraison ; ils peuvent tout aussi bien être influencés par la raison et l'intelligence humaine, au lieu de l'irrationalité. Ce processus était en vigueur lors de la création de la République américaine, lorsque les esprits les plus fins parmi les pionniers américains ont conçu la Constitution comme le véhicule dans lequel inscrire leur raison.

Même parmi les fondateurs de la République, il n'y avait pas d'optimisme démesuré quant au fait que ce qu'ils avaient créé serait à l'abri d'abus ultérieurs. Samuel Adams a peut-être exprimé les préoccupations de ses pairs lorsqu'il a écrit en 1789,

> "J'ai toujours craint qu'en raison de la faiblesse de l'esprit humain, souvent découverte même chez les hommes les plus sages et les meilleurs, ou de la perversité des intéressés et des concepteurs, tant à l'intérieur qu'à l'extérieur du gouvernement, des interprétations erronées soient données à la Constitution fédérale, ce qui décevrait les vues et les attentes des honnêtes gens qui y ont adhéré, et mettrait en danger la liberté, l'indépendance et le bonheur du peuple. Je craignais particulièrement (sic) que, si l'on ne prenait pas grand soin de l'empêcher, la Constitution, dans son application, ne se transforme progressivement, mais rapidement et imperceptiblement, en un gouvernement consolidé s'étendant et légiférant à travers tous les États, non seulement à des fins fédérales comme il le prétend, mais dans tous les cas : un tel gouvernement annihilerait bientôt la souveraineté des différents États, si nécessaire au soutien du Commonwealth confédéré, et les ferait sombrer tous deux dans le despotisme".

Adams n'envisageait pas le pouvoir judiciaire comme le véhicule de ce despotisme, mais son collègue, Thomas Jefferson, qui était conscient des dangers inhérents à un système bancaire central ainsi qu'à un pouvoir judiciaire consolidé, a écrit en 1821,

> "Cependant, je suis depuis longtemps d'avis, et je n'ai jamais hésité à l'exprimer, que le germe de la dissolution de notre gouvernement fédéral se trouve dans la constitution du pouvoir judiciaire fédéral : un corps irresponsable (car l'impeachment est à peine un épouvantail) travaillant comme la gravité de nuit et de jour, gagnant un peu aujourd'hui et un peu demain, et avançant à pas feutrés comme un voleur sur le terrain de la juridiction, jusqu'à ce que tout soit usurpé aux États, et que le gouvernement de tous soit consolidé en un seul. Je m'oppose à cela car, lorsque tous les gouvernements, nationaux et étrangers, dans les petites comme dans les grandes choses, seront attirés vers Washington comme centre de tous les pouvoirs, cela rendra impuissants les contrôles exercés par un gouvernement sur un autre, et deviendra aussi vénal et oppressif que le gouvernement dont nous nous sommes séparés. Ce sera comme en Europe, où chaque homme doit être soit un piquet, soit un goujon, soit un marteau, soit une enclume. Si les États regardent avec apathie cette descente silencieuse de leur gouvernement dans le gouffre qui doit tout engloutir, nous n'avons qu'à pleurer sur le caractère humain rendu incontrôlable autrement que par une verge de fer, et les blasphémateurs de l'homme, incapable de se gouverner lui-même, deviendront ses véritables historiens".

Les gouvernements modernes gouvernent selon une formule simple, en convainquant les masses qu'elles peuvent exister grâce au travail des autres. En échange de cette existence "libre", elles acceptent de "coopérer" pour aider le "gouvernement" à écraser tous ceux qui osent s'exprimer en faveur de nos libertés traditionnelles. Frédéric Bastiat, le philosophe français, l'a souligné lorsqu'il a déclaré : "Le gouvernement est la grande fiction par laquelle chacun s'efforce de vivre aux dépens de tous les autres". Notez le mot crucial "s'efforce". Les sous-hommes, c'est-à-dire les hommes gris, les mattoirs, ceux qui admettent qu'ils ne sont pas qualifiés pour participer aux jeux de la vie moderne, retombent dans le marécage d'où ils sont sortis, un marécage qui est diversement désigné comme étant le communisme ou d'autres dictatures. Aux États-Unis, les hommes gris ont trouvé un défenseur unique, le système judiciaire.

Bien que de nombreux Américains se disent préoccupés, sans plus, par le problème croissant de la criminalité, peu d'entre nous comprennent que la plupart des crimes sont commis dans nos tribunaux. Si un criminel commet un acte illégal, il s'agit d'un crime. Cependant, lorsqu'il est traduit en justice, notre système juridique devient alors partie intégrante de la procédure pénale. Le crime dont le criminel est accusé n'a rien à voir avec les crimes qui sont maintenant commis au nom d'un "système juridique". Au cours d'une action en justice ordinaire, qu'elle soit pénale ou civile, de trois à dix crimes supplémentaires sont généralement commis. Ces crimes, dans la plupart des cas, en particulier si deux avocats sont engagés, l'un en tant que plaignant et l'autre en tant que défendeur, consistent en la subornation de parjure, la suppression de preuves, l'intimidation ou la réduction au silence de témoins, la conspiration pour entraver la justice et le déni des droits de la partie lésée.

En raison des crimes commis à son encontre par le système judiciaire, le peuple américain est engagé depuis de nombreuses années dans une guerre désespérée, une guerre à mort. Leur simple survie dans cette guerre est un événement historique étonnant et presque incroyable, car la plupart d'entre nous ne se doutent pas que nous sommes au milieu d'une grande guerre. Nous pensons que la guerre est une situation dans laquelle deux pays s'engagent formellement dans une bataille. En réalité, au cours des cinq mille dernières années de l'histoire, la plupart des guerres ont été des guerres internes ou civiles. Très peu d'entre elles sont des guerres menées contre un ennemi extérieur.

Les guerres civiles obscurcissent les enjeux, mais le résultat est le même : la survie des plus aptes. Il s'agit toujours d'une guerre des aptes contre les inaptes, même si les inaptes parviennent à survivre en créant des alliances, en gardant les enjeux dans l'ombre, en divisant et en conquérant leurs ennemis historiques. Bien que les résultats de cette grande guerre civile puissent se traduire par un avantage temporaire pour l'un ou l'autre camp, la question reste en suspens jusqu'à ce qu'un camp parvienne à mettre fin au conflit en exterminant totalement l'adversaire. Les inaptes sont convaincus qu'ils seront les vainqueurs et que les aptes disparaîtront des pages de l'histoire. Les aptes ont rarement la moindre idée de ce qui est en jeu, à savoir leur survie, et dans la plupart des cas, ils se massacrent les uns les autres à l'instigation intelligente des inaptes.

Un autre aspect étonnant de cette impasse est le fait qu'une fois que les aptes auront disparu, s'ils sont effectivement exterminés, les inaptes eux-mêmes, incapables d'exister sans leur dépendance parasitaire à l'égard des aptes, disparaîtront également de l'histoire. L'humanité, en tant que bref hasard de l'histoire, sera oubliée. Ce paradoxe s'explique par les nombreuses preuves des aspects psychologiques des inaptes : ils sont perpétuellement embourbés dans leur haine de soi et le but de leur existence terrestre est d'aboutir à leur destruction. Si tel est leur but, on peut se demander pourquoi ils ne vont pas jusqu'au bout ? Ils ne peuvent pas le faire tant qu'ils n'ont pas rempli ce qu'ils considèrent comme leur mission historique, à savoir exterminer le fit partout sur terre avant de se laisser aller à leur propre autodestruction, qu'ils recherchent depuis longtemps. Ce dilemme est enraciné dans la haine, la misère, la cupidité et l'envie qui caractérisent l'existence des inaptes sur la terre, dont ils ne pourront jamais s'échapper, malgré les effets bénéfiques de l'amélioration ou de la civilisation.

Plutôt que de faire face à ce dilemme, la plupart des personnes inaptes préfèrent l'ignorer et se tourner vers une excuse éphémère pour ne pas affronter la réalité. C'est un autre paradoxe que les personnes en bonne santé, si capables de rivaliser et d'exceller dans n'importe quel domaine de la vie, n'ont qu'une seule condition qui continue à mettre leur existence en péril, leur refus de faire face à la réalité. Dès la naissance, ils subissent un lavage de cerveau qui les pousse à nier leur aptitude et à chercher un point faible qui leur permettra de croire qu'ils font vraiment partie des inaptes. C'est ce lavage de cerveau qui permet aux inaptes de recruter constamment des alliés capables parmi les aptes. Bien que les systèmes éducatifs et religieux soient constamment maintenus “en forme” pour atteindre cet objectif, c'est le système juridique qui reste l'arbitre final des inaptes dans leur guerre contre les aptes.

Le présent auteur a comparu devant les tribunaux américains pendant une quarantaine d'années, plaidant sa cause devant toutes les juridictions, à l'exception de la Cour suprême des États-Unis. J'ai ignoré la Cour suprême, parce qu'elle est conçue pour traiter uniquement les plaidoiries d'intérêts particuliers. L'individu n'a aucune chance de comparaître devant cette cour. C'est une perte de temps et d'argent pour un individu que de préparer et de soumettre un mémoire à la Cour suprême. S'il peut s'assurer le soutien de l'un des intérêts particuliers, qui voit dans sa situation une occasion de faire avancer sa propre cause, il a une chance, même si elle est mince.

Au cours de ces quarante années de comparution devant les tribunaux, un record qui dépasse celui de la plupart des avocats en exercice, cet auteur a vu des juges âgés éteindre leurs appareils auditifs et s'asseoir en rêvant à leurs maîtresses, tout en suivant apparemment avec un intérêt intense les protestations assourdissantes des avocats et de leurs témoins rémunérés. Beaucoup d'entre nous s'alarmeraient, pensant que si les juges n'écoutent pas les témoignages, c'est que la justice n'est pas rendue. En fait, cela ne pose aucun problème. Dans la plupart des litiges, l'affaire a été tranchée bien avant le début du procès. Cette mascarade est nécessaire pour permettre aux avocats de percevoir leurs énormes honoraires et pour convaincre les justiciables ignorants qu'ils ont bien eu "leur jour de procès".

Il est difficile de critiquer les juges qui ne prennent pas la peine d'écouter des jours et des mois de témoignages dans le cadre d'un litige, car les experts estiment que jusqu'à quatre-vingt-dix pour cent de tous les témoignages présentés dans les tribunaux américains sont des parjures. Les juges peuvent souffrir d'autres déficiences qui les empêchent d'absorber correctement de grandes quantités de témoignages fabriqués et coachés. Le présent auteur a comparu devant des juges qui étaient largement connus pour leur habitude de "boire un quart de litre par jour", une préparation nécessaire pour siéger de longues heures sur le banc. Bien que la plupart d'entre nous puissent être affectés par une telle consommation quotidienne du meilleur bourbon du Sud, là encore, il n'y a pas d'effet réel sur la décision du juge, puisqu'elle a été prise avant qu'il ne prenne son premier verre de la journée, et son impartialité n'est pas remise en cause. Son verdict favorise généralement un commerçant ou un professionnel au détriment d'un client qui se plaint.

Il n'y a pas non plus de véritable réduction de l'accès du citoyen à la justice. Il a accès à la justice, mais c'est son malheur qu'il ne sache pas du tout quel type de justice est disponible. On lui a fait subir un lavage de cerveau en lui faisant croire à l'impartialité de la loi, à l'application des principes constitutionnels dans nos tribunaux et à l'intégrité absolue de notre système juridique. À aucun moment, il n'est informé par son "conseil" omniprésent que la "loi" constitutionnelle en laquelle il conserve une croyance aussi enfantine, touchante dans son innocence même, a été remplacée depuis longtemps par la “loi des marchands”, c’est-à-dire la loi du commerce. Cela sera expliqué plus en détail dans un chapitre ultérieur, mais pour l’instant, supposons que le citoyen revienne avec

> “Qu’y a-t-il de mal à ce que le droit du commerce soit respecté ? C’est aussi un vecteur d’intégrité, n’est-ce pas ? Ne préserve-t-il pas les principes d’égalité, de fair-play et d’honnêteté ?”

Certains aspects du droit commercial sont acceptables : le marchand demande un prix et l’acheteur le paie. Les marchandises sont garanties, les dettes doivent être payées, etc. Cependant, le droit commercial présente des ramifications inquiétantes. Tout d’abord, le droit est toujours international, même s’il peut être appliqué au niveau national. Deuxièmement, il ne reconnaît aucune frontière nationale, ni aucune obligation nationale. Les Nations unies, une entité marchande de droit, l’ont clairement indiqué. Par exemple, en vertu du traité des Nations unies, le crime de trahison à l’encontre d’un individu ne peut être poursuivi avec succès. Alger Hiss a dû être poursuivi pour le crime de parjure, plutôt que pour le crime de trahison, parce qu’il était protégé par notre acceptation du traité des Nations unies (qu’il avait lui-même rédigé !). Il a été condamné pour avoir menti sur ses vols de documents gouvernementaux, parce qu’il ne pouvait pas être condamné pour les avoir remis aux communistes. Les affaires d’espionnage qui ont suivi aux États-Unis ont été poursuivies avec les mêmes subterfuges, avec des résultats variables. De nombreuses condamnations ont été obtenues en s’appuyant sur les règlements militaires et leur violation. Néanmoins, aucun juge américain n’est prêt à déclarer en audience publique que nous ne pouvons plus poursuivre le crime de trahison, bien que cela soit généralement reconnu par l’ensemble de notre structure judiciaire.

Les juges et les avocats sont toujours conscients qu’ils procèdent selon les principes du droit commercial. Les justiciables ne sont jamais informés de ce fait crucial. Les citoyens qui invoquent avec confiance leurs droits constitutionnels au tribunal sont stupéfaits de constater que le juge devient furieux et les menace d’une sanction sévère si les principes constitutionnels sont à nouveau évoqués. Tel est notre code de justice caché. Ce n’est pas un code secret, car ce n’est un secret pour personne que nos tribunaux fonctionnent selon les principes du droit commercial. Cependant, ce code est caché aux citoyens, c’est pourquoi il s’agit d’un code caché. Lorsque le citoyen objecte que ses droits constitutionnels sont violés par cette procédure étrangère, il est sèchement informé que “vous ne comprenez tout simplement pas comment nous faisons les choses ici”.

Les principes du droit marchand guident les outrages commis par les agents de l’Internal Revenue Service à l’encontre des citoyens américains. Les Américains savent que le droit d’être jugé par un jury leur est garanti et citent le septième amendement de la Constitution à l’appui de cette garantie. Cependant, le droit commercial ne reconnaît aucun droit au jugement par un jury, ni aucun “droit” des individus. Il n’y a pas de droits ; il n’y a que l’adhésion aux principes du contrat entre les parties. L’Internal Revenue Service violerait son propre principe, le principe du droit commercial, en autorisant un procès avec jury. C’est la raison pour laquelle la Tax Court n’autorise pas les procès avec jury. Le juge en exercice est la seule personne à pouvoir rendre une décision.

Un autre aspect contrariant des opérations de l’administration fiscale est la demande constante de présentation de dossiers et de documents personnels à des fins d’“inspection”. Ils ne peuvent pas savoir combien de vos biens doivent être saisis tant qu’ils n’en ont pas fait l’inventaire. Cette coutume de l’IRS a été rédigée par Lénine dans son programme crucial “La catastrophe qui menace”, en 1917. Il a établi le principe selon lequel la “dissimulation de revenus” entraînerait la confiscation des biens. Ce programme n’a pas seulement permis à Lénine d’instaurer avec succès une dictature communiste en Russie, il est également devenu le principe directeur de notre Internal Revenue Service. La base réelle des opérations de l’IRS est le principe communiste selon lequel la possession de biens privés par un individu est un crime. Un individu qui possède des biens privés ou des actifs de toute nature, des espèces, des obligations, etc., ne commet pas seulement un crime contre l’État communiste en possédant ces biens, il commet un crime encore plus grave en ne faisant pas une “confession” jésuitique, en admettant qu’il possède ces biens qu’il a dissimulés, et qu’il perd ainsi ses droits sur ces biens. Il est confisqué par l’État. En substance, la plupart des “jugements” rendus par les agents du fisc consistent en la confiscation de tous les biens de l’accusé ; non seulement l’“impôt” dû, mais aussi tous les autres biens, sous forme de pénalités, d’intérêts, de frais et d’autres “évaluations”. C’est ainsi que Nikolaï Lénine a établi sa dictature sur les citoyens des États-Unis.

Les citoyens américains sont expressément libérés de toute obligation de remettre leurs dossiers personnels aux agents de l'État, conformément à notre Constitution. Cependant, la tenue obligatoire de registres, et leur production obligatoire en cas de controverse, est une caractéristique essentielle du droit commercial. Sans la tenue de registres adéquats, enregistrant les transactions et les paiements, la vie commerciale serait très difficile.

Par conséquent, le droit commercial impose la tenue et la production de registres, un ordre qui est désormais obligatoire dans tout notre système juridique, non seulement dans les controverses fiscales, mais dans tous les litiges, en dépit du fait que le droit constitutionnel stipule que ces registres sont la propriété privée inviolable de l'individu. Cependant, la loi sur les commerçants passe outre cette protection en définissant comme "commerçant" toute personne qui s'engage dans une transaction commerciale, que ce soit en tant qu'acheteur ou en tant que vendeur. Ainsi, tout citoyen qui effectue quotidiennement des transactions commerciales est considéré, dans le cadre de notre système juridique actuel, comme un "commerçant" et est donc soumis aux préceptes du droit commercial.

Lorsque le droit commercial est devenu le facteur dominant de notre système juridique, juste après la guerre civile, les avocats ont commencé à exiger la production de papiers et de documents personnels. Toutefois, cette pratique n'est devenue endémique qu'après la Seconde Guerre mondiale, lorsque les nations qui avaient tenté d'établir des frontières nationales pour leur droit commercial, et qui avaient été identifiées comme des nations "fascistes" en raison de ce précepte, ont subi une défaite totale, et que les ordres internationaux du droit commercial sont devenus la loi de toutes les nations. Les juges émettent régulièrement des ordonnances de "production de documents", ignorant toute protection constitutionnelle contre de telles ordonnances. Ces ordonnances deviennent également l'instrument de destruction d'un adversaire, car une ordonnance de production de documents peut coûter des millions de dollars. Ces coûts sont toujours ignorés par nos juges, car "la justice doit être rendue", quel que soit le coût pour les parties. Cela signifie que le litige, qui était auparavant le procès des questions de fait, c'est-à-dire des histoires contradictoires des parties opposées, est devenu un processus de “découverte”, ce qui signifie qu’une course est engagée pour découvrir quelle partie sera la première à manquer d’argent et à se mettre en défaut.

L’auteur actuel a subi de nombreux assauts de ce type contre ses droits personnels. Il a été dépouillé de tous les revenus de son ouvrage historique, la première histoire du système de la Réserve fédérale, lorsqu’un “philanthrope” complice, qui lui avait garanti tous les revenus de la vente du livre, a détourné tous les revenus de la vente. N’ayant pas d’autre recours, cet écrivain a été contraint de le poursuivre en justice. Les avocats du philanthrope lui ont alors signifié une ordonnance de la cour fédérale l’obligeant à produire toutes ses déclarations de revenus, ses dépenses et autres données financières pour les trente-cinq années précédentes, bien qu’il n’ait été en relation avec le philanthrope que pendant deux ans. Incapable de se conformer à l’ordonnance de la cour fédérale, l’auteur a été informé qu’il pouvait soit aller en prison pour une période indéterminée, voire à vie, puisque les documents ne pouvaient être produits à l’avenir, soit signer une renonciation, ce qu’il a fait. Le détourneur a gardé tous les bénéfices du livre, aidé et encouragé non seulement par un juge fédéral, mais aussi par les préceptes du droit commercial.

La plupart des Américains, informés de ce résultat étonnant, s’exclameraient : “C’est impossible ! Ils ne peuvent pas faire ça !” Bien sûr qu’ils ne peuvent pas le faire, en vertu du droit constitutionnel. Cependant, une telle décision de justice est une pratique courante chez les marchands de droit. À l’époque de cet imbroglio, cet auteur avait déjà vu des références au “droit commercial”, mais supposait naïvement qu’il s’agissait du Code de commerce uniforme. Je me suis présenté au tribunal, prêt à défendre ma plainte sur la base de principes constitutionnels. Au lieu de cela, j’ai été rapidement écrasé par les roues de notre Juggernaut juridique, le droit commercial. À aucun moment je n’ai été informé que nos Benedict Arnold des temps modernes avaient remis le tribunal (notre forteresse de West Point qui défend nos droits) à l’ennemi anglais, ou que je me trouvais maintenant sur la propriété de la Banque d’Angleterre. Toutefois, dans les procès à venir, je serai préparé. Je commencerai par demander au tribunal d’identifier chaque procédure juridique utilisée au cours du procès, en précisant si elle est autorisée par la Constitution, en citant l’article pertinent, ou s’il s’agit d’une procédure du droit commercial, elle aussi identifiée par le code pertinent. Le juge n'a qu'un seul moyen de défense : me citer pour "contempt of court" chaque fois que je soulève cette question. Sinon, il devra répondre à ma demande.

CHAPITRE 2

L'ORIGINE DU DROIT

La loi sous laquelle nous vivons, cette loi qui est aujourd'hui si libéralement interprétée, modifiée, mal interprétée et pliée à des fins privées par les membres de la profession juridique, a toujours été conçue, depuis ses premiers écrits, comme un pouvoir fixe. Le mot "loi", dans son sens le plus pur, trouve ses racines dans le vieil anglais, "Lauh" ou "Laucht", qui signifie "posé" ou "fixé". Cette racine est elle-même dérivée du mot aryen "logh", qui signifie également "fixe", et de la racine teutonne "lag", qui signifie "être couché de manière fixe" et régulière. En latin, il s'agissait de "lex", ou loi, et en ancien français, de "loi", un mot similaire à l'ancien aryen logh.

Dans les civilisations précédentes, la loi n'était pas seulement considérée comme un pouvoir fixe ; elle était censée trouver son origine dans les cieux et dans le pouvoir divin. Le musée du Caire conserve un papyrus du XIXe siècle avant J.-C., l'"Hymne à Amen-Ra" :

> "Râ à toi, Râ, Seigneur de la Loi ;
> père des dieux, créateur des hommes".

Les nations civilisées ont généralement reconnu que la source ultime de la loi et de son autorité est la volonté de Dieu, telle qu'elle a été codifiée dans les Écritures. Dans Isaïe 2:3, "La loi sortira de Sion". Dans Michée 4:2, "La loi sortira de Sion". Isaïe 5I déclare : "Ainsi parle l'Éternel : Écoutez-moi, vous qui connaissez la justice, le peuple au cœur duquel est ma loi ; ne craignez pas l'opprobre des hommes, ne redoutez pas leurs outrages. Ne craignez pas l'opprobre des hommes, Ne vous effrayez pas de leurs injures. Car la teigne les dévorera comme un vêtement, et le ver les rongera comme de la laine ; mais Ma Justice subsistera à jamais, et Mon Salut d'âge en âge."

Sir William Blackstone, dans ses Commentaires, source première de la common law anglaise, affirme une profonde croyance dans l'origine du droit : "Lorsque l'Être suprême a formé l'univers et créé la matière à partir de rien, il a imprimé à cette matière certains principes dont elle ne peut jamais s'écarter et sans lesquels elle cesserait d'être. L'observation de Blackstone, présentée comme un article de foi, a été remarquablement vérifiée par la découverte moderne de l'ADN, la structure des gènes qui contrôle nos actions. La loi n'est donc pas seulement la loi de Dieu, la loi des hommes, la loi de notre peuple, mais elle est aussi la loi de la nature, la loi même qui lie notre être physique. Cela explique la multitude de maladies "psychosomatiques" qui frappent des millions de personnes et qui découlent directement de la perversion du droit et du viol de la justice. Dans mon livre sur la santé, "*Murder by Injection*",[1] j'ai cité le grand scientifique Morley Roberts à propos de "Malignité et évolution" : "La malignité est le détournement de l'énergie d'une différenciation élevée vers la prolifération d'épithéliums de bas niveau qui peuvent supporter l'irritation mais ne se différencient que difficilement". Pouvons-nous aller plus loin et même dire que la tendance commune à la malignité est le résultat de raffinements sociologiques qui demandent un rôle plus important pour les épithéliums ? En résumé, Morley Roberts se demande si les cas généralisés de cancer ne sont pas dus à des facteurs sociologiques, qui exigent que nous modifiions notre patrimoine génétique afin de faire proliférer les épithéliums de bas grade. Les tribunaux ont ouvert la voie à cette "croisade", punissant les membres les plus sains et les plus productifs de la société en faveur des "démunis, des sans-abri, des malformés". "Cela s'est accompagné d'une débauche systématique de notre unité monétaire par le biais de la manipulation des banques centrales internationales, comme je l'ai souligné dans "*Secrets of the Federal Reserve*",[2] appauvrissant les membres les plus sains et les plus productifs de la société. La ruine qui s'en est suivie a, à son tour, entraîné l'affaiblissement de nos systèmes

[1] *Meurtre par injection*, Omnia Veritas Ltd, www.omnia-veritas.com.

[2] *Les secrets de la Réserve Fédérale*, Le Retour aux Sources, www.leretourauxsources.com.

immunitaires, créant les phénomènes du SIDA, du cancer et de nombreux autres types de maladies dégénératives.

Les premières codifications du droit consignées dans la civilisation reconnaissent l'importance du droit dans nos systèmes humains. Noé a enjoint à ses fils d'observer la justice, de couvrir la honte de leur chair, de bénir leur Créateur, d'honorer leur père et leur mère et de s'abstenir de l'iniquité et de l'impureté. Ces principes ont ensuite été affinés sous la forme que nous leur connaissons, les dix commandements. L'existence même de l'homme dépendait de son obéissance à la loi de Dieu. La tradition soutient que cette loi a été formulée comme une reconnaissance verbale de l'alliance entre Dieu et son peuple. Elle impliquait une contrepartie de la part des deux parties et constituait donc un contrat légal et contraignant selon les principes établis de la loi. Cependant, cette alliance n'englobait pas toute la population connue du monde, mais seulement le groupe connu sous le nom de Peuple de Dieu, le Peuple d'Israël. Comme le raconte la Genèse, le premier livre de la Bible, l'homme, c'est-à-dire Adam, avait le teint rougeaud. Cette rougeur était le rappel conscient de son engagement à respecter la loi de Dieu. Chaque fois qu'il transgressait cette loi, il rougissait, en reconnaissance consciente de sa désobéissance. Le sang lui montait au visage, dans un rougissement visible, comme la marque de sa désobéissance et le rappel qu'il devait accomplir la loi.

En raison de ce dévouement, Adam avait une âme immortelle. Son fils, Hénoch, diffère d'Adam parce qu'il est mortel. Désormais, la loi de Dieu traitera de la mortalité de son peuple. Plus tard, Dieu bénit la descendance d'Isaac, car "Abraham a obéi à mon commandement, il a gardé mes commandements et il a obéi à ma loi". Parmi les fils d'Isaac, un terme plus tard abrégé en "Saxons", se trouvait Jacob, dont le nom fut plus tard changé en Israël. Depuis ce jour, Israël est le peuple choisi par Dieu. Les fils d'Isaac, les Saxons, ont apporté la loi de Dieu aux nations du monde, au fur et à mesure qu'elles émigraient et s'installaient dans d'autres pays. Cette loi a été codifiée par les juristes anglais, principalement par Coke et Blackstone, sous le nom de common law anglaise. Elle a ensuite été transformée, après avoir traversé l'océan Atlantique par les colons anglais, en Constitution des États-Unis. Les Pères fondateurs étaient parfaitement conscients de leurs préceptes et de leur mission. Samuel Adams, principal instigateur de la lutte pour l'indépendance des États-Unis vis-à-vis de l'Angleterre, a déclaré : "Nous sommes venus ici pour établir notre Israël".

L'histoire des civilisations a toujours été marquée par les étapes clairement définies du droit codifié. En 2250 avant J.-C., le code d'Hammourabi a été promulgué "pour établir le droit et la justice dans le pays". Nous avons également été très influencés par les codes de la jurisprudence romaine, qui ont été administrés en tant que code de référence dans le monde entier pendant quelque treize cents ans. Kent's Commentaries, le principal ouvrage juridique destiné aux juristes américains tout au long du dix-neuvième siècle, note, Vol. 1, p 556, que "la majeure partie du droit romain ou civil a été rassemblée et digérée sur ordre de l'empereur Justinien, au cours de la première partie du sixième siècle.

Les juristes romains ont développé le principe du "jus naturale", c'est-à-dire un code de lois reflétant les lois de la nature et l'ordre naturel. Dans ses Commentaires, Blackstone développe cette "loi de la nature". "Loi de la nature — La volonté de celui qui l'a créée est appelée loi de la nature, car elle coexiste avec l'humanité et est dirigée par Dieu lui-même comme une voie supérieure à toute autre en termes d'obligation. Elle s'impose sur toute la planète, dans tous les pays et à toutes les époques ; aucune loi humaine n'a de validité si elle est contraire à cette loi".

Blackstone écrit également que "la loi révélée n'est que l'écriture. De ces deux fondements, l'un, la loi de la nature, et l'autre, la loi de la Révélation, dépendent toutes les lois humaines, c'est-à-dire qu'aucune loi humaine ne devrait pouvoir les contredire". Cela contraste étrangement avec notre système juridique actuel, dans lequel le viol de la justice contredit quotidiennement la loi de la Révélation et la loi de la nature.

Parce qu'il s'est développé sur une période de plusieurs siècles, le droit romain a eu amplement le temps de répondre aux problèmes émergents engendrés par sa croissance historique. Fondée par Romulus en 753 avant J.-C., Rome est devenue une République en 509, après l'expulsion des rois étrusques. En 450 avant J.-C., les lois des Douze Tables ont été formulées. Le droit romain le plus ancien est le Jus Quiritium, élaboré par les Quirites, qui constituaient les premières familles de la République. En tant que patriciens, la loi quirite a été élaborée principalement pour protéger leurs familles et leurs biens. Ces familles étaient connues sous le nom de gentes, ou clans. Depuis, leurs descendants sont connus dans l'histoire sous le nom de "gentilshommes", par opposition aux masses moins distinguées, ou plèbes, que l'on appelait les affranchis, ou non-gentilshommes. Le terme latin "gentilis" signifiait l'appartenance au même clan ou aux mêmes gentes. Dans les nations européennes qui se sont développées à partir de ces antécédents romains, les descendants des gentes étaient connus sous le sobriquet de "gentilhomme" en France, et de "gentlemen", plus tard d'aristocrates, en Angleterre.

Les privilèges que s'arrogeaient les premières familles, les gentilshommes, devinrent une source de critiques et de contestations constantes de la part de la plèbe. En fait, la Rome antique s'est rapidement divisée en deux groupes qui sont restés relativement constants pendant trois mille ans : les familles les plus anciennes, qui détenaient la majorité des biens, et les masses. Au vingtième siècle, ils sont généralement connus sous le nom de républicains et de communistes.

La différence essentielle entre les deux classes était que les patriciens, ou gentilshommes, connaissaient l'identité de leurs parents, ce qui n'était pas le cas de la plèbe, qui ne prêtait guère attention à ces subtilités. Grâce à leurs documents familiaux, les patriciens pouvaient transmettre leurs biens à leurs héritiers, tandis que la plèbe, même si elle était prospère, n'avait pas de documents familiaux pour protéger ses biens. Cette distinction fondamentale a conduit la plèbe à exiger que le gouvernement intervienne pour la soutenir, exigences qui, quelque vingt-cinq siècles plus tard, ont abouti au Manifeste communiste et à la demande de Karl Marx d'abolir toute forme d'héritage. Aux États-Unis, ce précepte du communisme a été consacré par une taxation punitive de l'héritage et de l'impôt sur le revenu.

Les lois quiritiennes de la Rome antique servaient à protéger les lignées familiales des familles patriciennes et à assurer l'héritage de leurs descendants, leurs héritiers légitimes et reconnus. Depuis cette époque, les lois sur la propriété et l'héritage font partie intégrante de notre législation. Le droit romain était divisé en *fas jus* et *boni mores*. Par fas, on entendait la volonté des dieux. L'érudit Breal fait dériver ce mot du grec "oeuis", qui signifie la parole divinement inspirée, les lois données par le ciel pour la terre. Jus est également dérivé du sanskrit *ju*, qui signifie joindre, lier ou unir, c'est-à-dire les liens familiaux qui transcendent la mortalité de l'homme. Il a ensuite été interprété comme les *jos* ou *jaus* des Vedas et les jaes ou jaos du Zend-Avesta. Le *boni mores* était un ingrédient essentiel du maintien de la famille patricienne ; il signifiait le service consciencieux, le respect, la chasteté et la fidélité à la loi du contrat, la loi de la famille.

La discipline familiale sévère des patriciens romains, qui leur permettait de perpétuer leur lignée, a été progressivement battue en brèche par la plèbe, dont la prolifération mathématique et la volonté de supporter un niveau de vie inférieur ont fait qu'elle a largement dépassé en nombre les patriciens. Sous cette pression, les grands domaines fonciers ont été divisés en parcelles de propriété plus petites, détenues individuellement, tandis que les gentes, ou clans, commençaient à se désintégrer. Jusqu'alors, des lois strictes régissaient la propriété à Rome. Les heredia, c'est-à-dire les parcelles de terre situées à l'intérieur de la ville, étaient accordées aux chefs des gentes, les leaders des patriciens. C'est de cette coutume que dérive notre mot "hérédité", qui désigne la transmission de ces terrains aux héritiers des patriciens.

Enhardie par son nombre croissant, la plèbe commence à revendiquer de plus en plus de "droits" pour elle-même. La publication des Douze Tables a marqué une dilution du Jus Quiritium original. Ce processus a été considérablement renforcé par le *Jus Civile*, lors de l'instauration de la République. Notre "droit civil" tire son nom du résultat de la lutte séculaire entre les patriciens et la plèbe, lorsque la plèbe a insisté pour obtenir une loi qui lui accorde davantage de privilèges, en tant que loi "civile". En 471 avant J.-C., la plèbe a célébré son triomphe final avec la création des "tribuns", expression de son nouveau pouvoir politique. L'ère patricienne à Rome n'a donc duré que trois cents ans, une courte période dans la longue histoire de Rome. Néanmoins, une grande partie du pouvoir et de l'organisation de Rome a continué à reposer sur les préceptes sévères de ses patriciens fondateurs, tout comme une grande partie de la protection accordée aux citoyens des États-Unis par la Constitution a été établie par les préceptes sévères de nos propres pères fondateurs. Aujourd'hui encore, nos organes législatifs sont souvent appelés "tribunaux", en reconnaissance du triomphe de la plèbe à Rome en 471 av. J.-C.

En 445 avant J.-C., Caious Canuleius mène l'assaut final de la plèbe contre les privilèges bien établis des familles patriciennes. Il leur arrache la source de leur pouvoir permanent, la protection de leur lignée. Par des interdictions de mariage très strictes et exclusives, elles avaient réussi à préserver leur lignée en interdisant le mariage avec un plébéien. Canuleius est parvenu à surmonter cette ancienne interdiction. Désormais, les plébéiens peuvent se marier dans les familles patriciennes.

Rome était désormais "démocratisée". Cette démocratisation s'accompagnait d'une diminution inévitable des puissantes lignées qui avaient tant encouragé l'ascension de Rome. En l'espace de trois siècles à peine, Rome avait déjà entamé sa descente vers le déclin. La nouvelle démocratie s'accompagne d'un pouvoir croissant et d'une complexité de plus en plus grande du système juridique romain. Cicéron a été amené à dénoncer publiquement la pratique bien connue de la corruption des jurés. À la fin du quatrième siècle avant J.-C., Ammien Marcellin s'insurge : "Nous voyons les classes d'hommes les plus violentes et les plus rapaces assiéger les maisons des riches, créant astucieusement des procès. Les portes s'ouvrent chaque jour davantage au pillage par la dépravation des juges et des avocats qui se ressemblent tous".

Nous pourrions rappeler à Marcellinus le vieux dicton selon lequel "plus les choses changent, plus elles restent les mêmes". Sa plainte pourrait certainement trouver un écho dans n'importe quelle ville américaine aujourd'hui. À l'heure actuelle, notre économie est mise en péril par les activités de fusion et d'acquisition en plein essor des grandes entreprises, qui s'attaquent les unes aux autres et s'engloutissent les unes les autres. Les sociétés étaient bien connues dans le droit romain ; les dispositions relatives à la création de sociétés avaient été copiées sur les lois de Solon. Les sociétés privées avaient le droit de rester en activité tant qu'elles ne faisaient rien de contraire au droit public. Ce précepte a rapidement été ignoré. Auguste et Jules César furent tous deux contraints de dissoudre les corporations, car leurs machinations créaient des factions et des discordes au sein du peuple. C'est au cours de cette crise que s'est développé un schisme qui est resté relativement constant jusqu'à aujourd'hui, le schisme entre le droit civil, qui a été conçu pour protéger le public, et le droit marchand, ou droit des activités commerciales, qui a été conçu uniquement pour protéger le commerçant. Alors que le droit civil prend en considération les droits de l'individu, le droit commercial ne reconnaît que les stipulations du contrat, même si cela peut porter atteinte aux droits du citoyen. En outre, le droit commercial était pragmatique dans ses origines, s'étant développé strictement à partir d'opérations mercantiles, alors que le droit civil était ostensiblement basé sur des préceptes religieux et la loi de Dieu.

En 467 après J.-C., le droit civil romain, dépassé par l'évolution historique, avait atteint la fin de son autorité juridique. En 476, l'Église catholique romaine a cherché à ressusciter le pouvoir et l'autorité de l'ancien droit romain par le biais de ses activités mondiales, la version actuelle de l'Empire romain ayant son siège au Vatican, à Rome. Le Sénat romain est réapparu sous la forme du Collège des cardinaux du Vatican. À l'opposé de cette évolution, l'Angleterre est devenue le dépositaire de l'ancienne loi des fils d'Isaac, ou loi saxonne. Trois branches de ce droit s'y sont établies : les Danois ont apporté le Dane Lag, le droit danois, en Angleterre ; les Saxons de l'Ouest ont apporté le droit saxon de l'Ouest en Angleterre ; et les anciens Britanniques avaient leur traditionnel Mercan-Lage, ou droit mercien. Le roi Alfred le Grand a codifié la common law anglaise en 872, sous le nom de Dooms of Alfred, en s'inspirant de l'alliance de Moïse. En respectant le contrat passé avec Dieu, Alfred a pris le titre de "Grand", devenant ainsi le représentant du peuple d'Israël.

Blackstone note que "le droit commun de l'Angleterre est généralement fondé sur des principes bibliques". Alfred le Grand a commencé ses Dooms of Alfred par les dix commandements. Au XIe siècle, Henricilus Bracton a fusionné la common law anglaise avec le droit romain, tel qu'il avait été révisé dans le code de Justinien en 533 après J.-C. Ceci est devenu opérationnel en Angleterre en tant que version chrétienne du droit romain. Hugo Grotius, un législateur que l'un de nos pères fondateurs, James Madison, a appelé "le père du code moderne des nations", croyait fermement que la loi de Dieu était supérieure aux lois humaines. Ce point de vue confirmait l'affirmation antérieure de Cicéron selon laquelle une loi de l'État en contradiction avec la loi naturelle ne pouvait être considérée comme une loi.

La common law anglo-saxonne s'est développée en trois étapes distinctes : premièrement, la common law ; deuxièmement, l'equity ; et troisièmement, les textes législatifs du Parlement. Chaque évolution a représenté une dilution et une perversion supplémentaires des préceptes teutoniques ou anglo-saxons d'origine. Aux États-Unis, nous avons suivi un chemin similaire. Le droit américain a commencé par être un droit constitutionnel, la consécration des anciennes règles teutoniques qui protégeaient les droits de l'individu contre les puissants seigneurs, que nous appelons aujourd'hui l'État. Les exigences juridiques commerciales ont ensuite progressivement pris le dessus sous la forme d'un droit de l'équité ou d'un droit des marchands, soumettant continuellement les préceptes constitutionnels du droit, un processus qui a été illustré par les treizième, quatorzième et quinzième amendements à la Constitution des États-Unis. Ces amendements ont contesté l'intention initiale de la Constitution, en tant que textes législatifs du Congrès ou du Parlement, qui étaient et sont toujours des pouvoirs législatifs délégués au droit commercial. Parmi ces développements, on peut citer le Federal Reserve Act, le code de l'Internal Revenue Service et le National Recovery Act de l'administration Roosevelt. Cette dernière a été annulée par la Cour suprême, car elle était manifestement inconstitutionnelle. Toutefois, le Federal Reserve Act et l'Internal Revenue Service n'ont jamais été contestés devant la Cour suprême. La principale caractéristique de l'ancien droit teuton, dont dérive notre common law, était le "veragelt", un principe juridique qui établissait le paiement d'une indemnité en cas de décès ou de blessure. Connu également sous le nom de "manngold", il a évolué vers le terme "wergeld" dans le droit saxon (ou des fils d'Isaac). Le montant du wergeld était toujours exprimé en schillings. Après que Guillaume le Conquérant a envahi l'Angleterre et y a établi le pouvoir de la "noblesse noire" (voir *La malédiction de Canaan,*[3] par Eustace Mullins), la nation a de nouveau été divisée en deux classes, les seigneurs étrangers et la population de souche. Les autochtones sont connus sous le nom de "border" ou "villeins". Un "border" était un vilain du rang le plus bas, qui n'occupait son cottage que selon le bon vouloir de son seigneur, et seulement s'il produisait des revenus suffisants pour justifier sa présence continue. C'est ce que l'on a appelé le principe juridique de Bordlands Anglice, qui régit les terres détenues par un border en vertu du droit anglican, également connu sous le nom de villeinage.

Le changement fondamental de l'autorité juridique en Angleterre après la conquête normande a éliminé de nombreux principes de

---

[3] *La malediction de Canaan, une démonologie de l'histoire*, Omnia Veritas Ltd, www.omnia-veritas.com.

l'ancien droit anglo-saxon. Cependant, il est resté la base du système juridique, parce qu'il était fermement enraciné dans des préceptes romains et saxons reconnus depuis longtemps. Ces préceptes remontent à Alaric le Goth Wisigoth, qui a promulgué des lois pour ses sujets romains bien avant Justinien. Son code était connu sous le nom de *Breviarium Alarici* ou *Lex Romana Visigothorum*. En Angleterre, les préceptes d'Alaric ont été conservés dans la *Lex Salica*, en 500 après J.-C., dans les Dooms d'Ethelbert, en 600 après J.-C., et dans la *Lex Saxonum*. Cependant, les historiens du droit choisissent souvent d'ignorer ces préceptes, préférant attribuer le développement de la common law à Henry of Bratton, dont le nom a ensuite été corrompu en Bracton. Ces historiens prétendent que la "mémoire juridique", c'est-à-dire l'enregistrement de notre système juridique, ne peut être retracée par des préceptes écrits qu'à partir du couronnement de Richard Ier en 1189. Bracton a servi le roi Henri III pendant de nombreuses années, servant de modèle aux juges d'Henri. Son travail juridique était basé sur le traité d'Azo de Bologne, dont on se souvient comme du "Maître de tous les maîtres des lois". Bracton, à son tour, a servi de modèle au plus illustre nom de la common law anglaise, Sir Edward Coke.

Sir Edward Coke (1552-1634) est issu d'une vieille famille du Norfolk, dont la lignée remonte à Guillaume de Coke de Dedlongton, en 1206. Coke n'a pas seulement réussi à codifier la common law anglaise dans ses Institutes, il a également été mêlé à la plupart des grands conflits politiques de son époque. Il est né chez le seigneur du manoir de Milkham. À l'âge de dix-neuf ans, il commence à étudier le droit en 1571 à Cliffords Inn, au Inner Temple de Londres. Il achève ses études sept ans plus tard, en 1578, et est admis au barreau le 20 avril de la même année. Son premier mariage, en 1582, est heureux. Il épouse Bridget, la fille de John Poston de Suffolk. Elle lui apporte une dot de trente mille livres. Après la mort de celle-ci, il fait un second mariage encore plus avantageux en choisissant Lady Elizabeth Hatton, petite-fille du grand Cecil, Lord Burghley. La famille Burghley, les Cecil, était l'une des trois familles régnantes d'Angleterre. L'avenir politique de Coke est désormais assuré. Son premier mariage lui avait apporté de l'argent ; son second, du pouvoir. Il avait désormais accès au cercle restreint des hommes qui gouvernaient l'Angleterre.

Coke avait conquis Lady Elizabeth en dépit du fait que, en tant que partenaire très désirable, elle avait été activement recherchée par deux des plus puissants seigneurs d'Angleterre, le comte d'Essex et Sir Francis Bacon. La rumeur veut qu'Essex soit l'amant de la reine Élisabeth ; Bacon, fondateur de la société rosicrucienne, entretient des alliances secrètes avec des francs-maçons dans toute l'Europe. Dans sa quête incessante de pouvoir, il a pu s'appuyer sur ces sources de soutien. Il devient également le principal rival de Coke dans sa quête du poste influent de Chief Justice of the Common Pleas. Là encore, Coke remporte le poste. Protégé de Lord Burghley, il est nommé Chief Justice of the King's Bench en 1613. À ce poste, il a le plaisir de poursuivre un autre ancien rival, le comte d'Essex, en 1600. Plus tard, il est le procureur de Sir Walter Raleigh en 1603 ; en 1605, il poursuit les auteurs du complot de la poudre à canon.

Lorsque sa fille épouse le frère aîné du duc de Buckingham dans la maison de sa femme, Oatlands, Coke consolide encore ses alliances politiques croissantes. Tout au long de sa longue carrière juridique, Coke se consacre à l'achèvement de son ouvrage monumental sur le droit, publié pour la première fois en 1628 sous le titre de Coke's Institutes ; il est également connu sous le nom de Coke on Littleton. Les volumes suivants de cet ouvrage ont continué à paraître jusqu'en 1644. L'ouvrage de Coke reste le traité fondamental sur le droit, bien qu'il soit rarement enseigné dans les facultés de droit américaines. Après le triomphe de l'equity, le système du droit commercial, dans notre système de jurisprudence, les ouvrages de Coke et de Blackstone ont été relégués sur des étagères éloignées dans les salles de livres rares.

L'influence durable de l'œuvre de Coke peut être attribuée à son ancrage solide dans le droit romain et anglo-saxon. Coke est revenu aux principes de l'ancien Jus Quirites, en divisant le peuple en deux classes, la noblesse et le peuple. Il s'agit d'une réaffirmation de la première division juridique à Rome, les patriciens ou les gentes, et la plèbe. Coke a commencé son travail par l'affirmation suivante,

> "Il poursuit avec une maxime latine : "neminam oportet essem sapientorem legibus ; aucun homme (en vertu de sa propre raison) ne devrait être plus sage que la loi, qui est la perfection de la raison".

Coke a également indiqué dans les Institutes que "la common law d'Angleterre est appelée right, parfois common right, et parfois *communis justitia*". Il s'attarde sur le principe de la ligeance, ou a *ligando*, c'est-à-dire la qualité de l'allégeance comme "la plus haute et la plus grande obligation de devoir et d'obéissance". Avec ce précepte, il renoue avec le sens aigu du devoir qui avait guidé les patriciens de Rome et l'établissement de l'Empire romain. C'est précisément ce sens du devoir qui a guidé nos Pères fondateurs et des dirigeants tels que le général Robert E. Lee.

Ces qualités fondamentales de Coke dans son travail firent plus tard une grande impression sur le poète emprisonné Ezra Pound, qui avait été enfermé sans procès en raison de son obéissance à un sens du devoir aussi sévère. Coke a également passé une grande partie de sa vie en tant que prisonnier politique. Pendant ses années de détention, Pound a pu étudier l'ensemble de l'œuvre de Coke, qui avait été publiée en quatre parties : 1. la réimpression du traité de Littleton sur la tenure, qui devait servir de premier manuel aux étudiants en droit au cours des siècles suivants ; 2. le texte de diverses lois du Statute de Donis, et d'autres lois allant de la Magna Carta à Jacques Ier ; 3. le droit pénal ; 4. la compétence des différentes cours de justice. Il publia plus tard ses études approfondies du droit, les Coke's Reports, qui parurent en treize parties.

Malgré la puissance de ses protecteurs politiques, Coke est fréquemment attaqué par ses nombreux ennemis. Le 26 février 1620, il prononce un important discours sur les problèmes liés à la rareté de l'argent, une déclaration qui augmente le nombre de ses ennemis par le nombre de ceux dont la fortune a été faite par le commerce de l'argent. Après avoir longuement étudié le problème, il constate que la rareté de l'argent peut être attribuée à sept causes, qu'il énumère comme suit :

1. la transformation de l'argent en vaisselle ;

2. l'utilisation d'une feuille d'or pour la dorure ;

3. la sous-évaluation de l'argent ;

4. la Compagnie des Indes orientales "qui intercepte les dollars et autres sommes d'argent qui entreraient autrement dans le royaume et n'en rapporte que des jouets et des bagatelles" ;

5. l'excédent des importations sur les exportations ;

6. les marchands de vin français transportent 780 000 livres par an et ne rapportent que des vins, des dentelles et autres futilités du même genre ;

7. le brevet pour la dentelle et le fil d'or et d'argent qui gaspille notre lingot et notre monnaie et en empêche l'introduction dans le royaume".

Une grande partie de la définition donnée par Coke du problème auquel sa nation était confrontée il y a quatre siècles s'applique à la situation critique des États-Unis à l'aube du XXIe siècle. Nous aussi, nous souffrons d'un excès d'importations par rapport aux exportations. Nous importons non seulement du vin et de la dentelle, mais aussi du pétrole et de nombreux autres produits coûteux. L'accent mis par Coke sur la nécessité de maintenir l'approvisionnement de la nation en lingots fait écho aux préoccupations de nos pères fondateurs, lorsqu'ils ont inséré dans la Constitution la disposition spécifique selon laquelle la monnaie légale doit être constituée d'or et d'argent. Toutefois, c'est la critique ouverte de Coke à l'égard des activités de la Compagnie des Indes orientales qui lui a valu les pressions les plus sévères. Cette compagnie représentait alors, et pour de nombreuses années encore, le gouvernement secret de l'Empire britannique. En pleine connaissance de ce pouvoir, Coke refusa de tenir sa langue, alors que des hommes plus prudents auraient gardé le silence. La passion pour la justice qui régissait sa vie ne se limitait pas à la salle d'audience, mais s'appliquait à tous les domaines de la vie. L'encyclopédie Chambers note qu'"à partir de 1606, Coke s'est fait le champion des libertés nationales, s'opposant à tout empiètement illégal de l'Église et de la Couronne". Il a ouvertement critiqué le mariage espagnol du roi Jacques Ier, qui avait épousé une catholique. Ce mariage a entraîné une guerre civile, la fin de la dynastie des Stuart en Angleterre et la Glorieuse Révolution.

Le roi Jacques Ier répond à cette critique en envoyant Coke à la Tour de Londres. L'emprisonnement dure neuf mois ; Coke est libéré en août 1622. Pendant son incarcération, ses ennemis cherchent à se rapprocher de lui. Cinq procès différents sont intentés contre lui. Il les gagne tous. Il est convoqué à quatre reprises par des agents du gouvernement pour un long interrogatoire "sur les intérêts de l'État", sans résultat incriminant. Son cabinet a été mis à sac à plusieurs reprises, sans qu'aucune preuve ne soit trouvée contre lui. Néanmoins, ses documents privés sont saisis et apportés au conseil pour être fouillés. Sa sortie victorieuse de ces procès l'amena plus tard à évoquer ses "sept grandes livraisons pendant son séjour à la Tour" (Holkham Ms 727).

Jusqu'à la fin de sa vie, Coke reste soupçonné. En 1631, le roi Charles Ier ordonne que ses papiers soient mis en sûreté (SPDP S.P.D. CLXXXILI 490), de peur qu'il n'exerce une influence sur le peuple. Cependant, Coke continue de dénoncer toute ingérence de la Couronne dans les libertés du Parlement. Il s'oppose aux demandes du roi Charles Ier de subventions supplémentaires pour la Couronne, il continue à s'élever contre les impôts illégaux et il dénonce le favori du roi, le duc de Buckingham. Pour ces raisons, sa carrière de citoyen anglais fut aussi illustre que sa carrière de juriste et d'érudit juridique. Après son emprisonnement à la Tour de Londres, il se retire dans sa maison de Stoke Poges. À la nouvelle de sa grave maladie, un mandat du roi avait été préparé (S.P.D. CCLXXIL 65) et un émissaire, Sir Francis Windebank, fut envoyé à Stoke Poges pour saisir les papiers personnels de Coke. Ces effets furent conservés par le gouvernement pendant sept ans. Nombre de ses manuscrits les plus importants disparurent ; même son testament ne fut jamais restitué à ses héritiers. Ceux-ci durent céder ses biens sans bénéficier de son testament. Sir Edward Coke mourut à Stoke Poges le 3 septembre 1634. Son histoire personnelle est typique du traitement réservé à un grand homme par des rivaux envieux et de moindre importance, qui ont su abuser de leurs pouvoirs gouvernementaux. Bien des années plus tard, l'un de ses descendants, Thomas Coke, fut finalement nommé Lord of Holkham ; son héritier actuel est connu sous le nom de Vicomte de Coke.

La longue et fructueuse vie de Sir Edward Coke a embrassé les années de la plus grande puissance de l'Empire britannique, atteinte sous la reine Élisabeth, de 1558 à 1603. Jacques Ier a suivi, de 1603 à 1625 ; Charles Ier, de 1625 à 1649. Coke avait reçu la reine Élisabeth chez lui, à Stoke Poges, en 1601. Au cours de cette visite, il lui a offert des cadeaux d'une valeur de plus de mille livres à l'époque. Le patron de Coke, Lord Burghley, était le secrétaire d'État d'Élisabeth. Que ce soit à cause ou en dépit de son illustre patronage, Coke n'a jamais hésité à défier le successeur d'Élisabeth, le roi Jacques Ier. La mise en accusation réussie de Sir Francis Bacon par Coke a été largement interprétée comme une attaque directe contre l'autorité du roi Jacques, et le roi lui-même en était persuadé. Coke s'était présenté devant le roi, citant Bracton en face de lui : "Le roi ne doit être soumis à personne, si ce n'est à Dieu et à la loi." Après la mort du roi Jacques, ses ennemis firent circuler l'affirmation selon laquelle il avait été homosexuel, une calomnie dont on ne connaît qu'un seul auteur, Anthony Weldon, qui avait été exclu des cercles de la cour. En conséquence de cet exil, il développa une haine pathologique à l'égard de la famille Stuart. Il a écrit pour la première fois l'histoire du roi Jacques en 1650, vingt-cinq ans après la mort de ce dernier. Antonia Fraser, éminente historienne, attribue ces calomnies au fait que Jacques avait commencé à souffrir d'une sénilité précoce, des années avant sa mort, entraînant un "comportement peu orthodoxe". Pour soutenir le roi Jacques, les historiens citent des faits essentiels de sa vie : il a été le premier dans l'histoire à réunir les tribus écossaises en une seule nation, l'homme qui a uni l'Écosse et l'Angleterre, et l'homme qui a encouragé la propagation de la Bible dans la langue du peuple, la version King James de la Bible.

La mise en accusation de Sir Francis Bacon par Coke n'a pas seulement conduit le roi Jacques à l'emprisonner, elle a également attiré sur lui la colère du mouvement maçonnique qui se développait rapidement dans toute l'Europe. Les francs-maçons et leurs troupes de choc, les Illuminati, ont toujours cherché à imposer leur sinistre programme au peuple en contrôlant le système judiciaire. La perte du président de la Cour suprême d'Angleterre a constitué un sérieux revers pour leurs plans. Rétrospectivement, on ne peut que s'étonner qu'il n'ait pas été exécuté, la peine de mort étant fréquemment appliquée aux délinquants politiques. Apparemment, les liens avec Cecil étaient trop étroits et Coke a été autorisé à mourir tranquillement chez lui. Le Dictionnaire de biographie nationale lui rend un hommage élogieux : "dans sa façon d'énoncer ce qu'il croit ou souhaite croire, il atteint souvent une perfection de forme, faisant preuve d'une absence de mollesse et d'une prudence dans l'utilisation des termes qui sont essentielles à un bon style juridique".

Les historiens du droit ont souligné que jamais peut-être avant ou depuis, un seul homme n'a fait autant de droit. Il nie le droit du roi de juger personnellement des affaires ou de donner compétence aux tribunaux ecclésiastiques aux dépens des tribunaux de droit commun. Il affirme qu'il est illégal de donner à une commission (telle qu'une commission royale) le pouvoir d'entendre et de juger des délits qui devraient être entendus par les tribunaux ordinaires. Une telle pratique prive le citoyen de la protection de la loi établie. Coke soutenait qu'aucune loi martiale exécutée par la loi militaire ne devait être mise en œuvre sans suivre la procédure de la common law. Il a brillamment exposé la common law, tout en faisant échouer le projet de Sir Francis Bacon de codifier la loi, une tactique pour laquelle Bacon avait apparemment été engagé par ses conspirateurs maçonniques. Coke nous a ainsi donné un exposé de la common law qui l'a diffusée dans tout le monde anglophone. Coke a établi dans l'affaire Peacham (1615) qu'il est contraire à la loi de demander aux juges séparément avant le procès dans une affaire pendante de donner leur avis à huis clos et ex parte. Cette pratique est devenue un abus croissant dans le système juridique américain. C'est Sir Edward Coke qui, seul, a nié le droit du roi de retarder ou d'arrêter les procédures dans les tribunaux de common law. Coke a également nié le droit du roi de légiférer par proclamation.

Les Instituts monumentaux de Coke ont fixé la common law pour les trois siècles à venir et ont établi sa suprématie sur l'Église, l'Amirauté, la Chambre étoilée et le système de code juridique proposé par Sir Francis Bacon. Coke a également établi sa suprématie sur la prérogative royale en insistant sur les mises en accusation par un grand jury, la protection des procès avec jury contre les perquisitions et les saisies illégales (dont il n'était pas lui-même protégé), la protection contre la double incrimination et le droit d'habeas corpus. Il semble impossible qu'un seul homme ait pu faire autant, et c'est pourquoi il reste une source d'inspiration pour tous ceux qui partagent sa passion pour la justice. Peu d'Américains connaissent aujourd'hui l'influence de Sir Edward Coke sur nos Pères fondateurs. Nos historiens ignorent l'exploit de Coke, qui a soutenu la pétition de droit de 1628 en Angleterre, laquelle remettait directement en cause l'ascendant du roi Charles Ier. Le roi Charles n'a pas seulement ignoré la pétition de droit ; il a poursuivi sa course arrogante alors que son soutien populaire ne cessait de s'éroder. Il a été exécuté en 1649. La Pétition de droit a ensuite joué un rôle majeur dans la rédaction de notre Déclaration d'indépendance et de la Déclaration des droits de la Constitution.

La rivalité entre Sir Edward Coke et Sir Francis Bacon a continué à influencer l'histoire de l'Angleterre longtemps après leur disparition. Ironiquement, c'est la contestation par Coke de la monarchie absolue qu'est la Couronne qui a donné naissance à la monarchie limitée que nous connaissons aujourd'hui en Angleterre. Sa contestation a mis en lumière la vulnérabilité de la monarchie absolue, une situation qu'un groupe de banquiers d'Amsterdam s'est empressé d'exploiter. Ils ont financé la prise de contrôle militaire de l'Angleterre par Oliver Cromwell et ses forces puritaines, qui a abouti à l'exécution du roi Charles Ier. Lorsque la mort de Cromwell, sans héritier convenable, a entraîné l'effondrement de cette dictature et la restauration de la monarchie avec le roi Charles II, les banquiers d'Amsterdam ont utilisé leurs compétences financières pour provoquer des troubles et un chaos économique en Angleterre. Après que le roi Jacques II eut succédé à Charles, les problèmes qui en résultèrent s'avérèrent trop lourds pour lui et il fut contraint de quitter le trône, remplacé par Guillaume d'Orange, le choix des banquiers d'Amsterdam, qui devint le roi Guillaume III. Cet événement est historiquement connu sous le nom de "Glorieuse Révolution".

La Glorieuse Révolution est un événement historique peu connu aux États-Unis. Il ne s'agit pas de notre propre révolution américaine, qui a été couronnée de succès, mais de la révolution encore plus importante qui s'est déroulée en Angleterre en 1688. Aucun historien n'a remarqué que l'histoire du monde depuis 1688 a été orientée par les conséquences de la Glorieuse Révolution, qui a non seulement mis fin aux tentatives du Vatican de récupérer ses vastes propriétés foncières en Angleterre, saisies par le roi Henri VIII, mais a également entraîné la création de la Banque d'Angleterre et de son service d'espionnage, le tristement célèbre SIS (Secret Intelligence Service) de Grande-Bretagne, qui a à son tour créé notre propre Central Intelligence Agency, sous le nom d'Office of Strategic Services, au cours de la Seconde Guerre mondiale.

La Glorieuse Révolution n'a pas seulement permis la création de la Banque d'Angleterre, qui allait devenir la banque centrale la plus influente du monde, elle a également ouvert la voie à l'usurpation de la Couronne d'Angleterre par les Illuminati en 1714, lorsque George Ier, duc de Hanovre, est monté sur le trône d'Angleterre. Depuis cette date, la monarchie anglaise occupe une place prépondérante dans les machinations mondiales du mouvement franc-maçon. Les banquiers d'Amsterdam avaient d'abord soumis la Couronne d'Angleterre en finançant le règne d'Oliver Cromwell en tant que dictateur calviniste, contrôlant l'Angleterre en tant que Lord High Protector de décembre 1653 à septembre 1658, date de sa mort. Après Charles II, le roi Jacques II a succédé au trône. Stuart converti au catholicisme en 1670, il épouse une catholique, Marie de Modène, en 1673, et lance une campagne visant à annuler plus de cent ans de domination protestante en Angleterre, en ramenant la nation dans le giron de la hiérarchie romaine. Cet objectif se heurte toutefois à une forte résistance de la part de la grande majorité du peuple anglais, qui est protestante et ne souhaite pas se soumettre à nouveau à Rome. Dans un premier temps, la croisade de Jacques n'est pas prise au sérieux en Angleterre, car il a deux filles qui ont été baptisées protestantes. Cependant, il a maintenant un fils et héritier qui a été baptisé catholique, ce qui garantit que le trône d'Angleterre reviendra à un prince catholique. C'est cette naissance qui a provoqué la Glorieuse Révolution contre lui.

Un petit groupe d'aristocrates anglais, dirigé par le "faiseur de rois", le duc de Devonshire, et son associé, le duc de Marlborough, ont envoyé une lettre chiffrée à Guillaume à La Haye, l'invitant à prendre le trône d'Angleterre. Guillaume avait épousé la fille de Jacques, mais ses droits ne pouvaient être exercés légalement qu'à la mort de Jacques et de son héritier catholique. Jacques a encore irrité le peuple anglais en juin 1688, lorsqu'il a emprisonné sept évêques dans la Tour de Londres. Ils avaient refusé de lire en chaire ses dernières proclamations sur la religion. Les évêques sont alors jugés par un jury et sont acquittés de tous les chefs d'accusation.

Au moment de la Glorieuse Révolution, le roi Jacques dispose d'une armée de 40 000 hommes, dirigée par des officiers soigneusement choisis, tous catholiques. Le challenger, Guillaume d'Orange, ne dispose que de 13 000 hommes. Pour ne rien arranger, sa flotte est détournée de sa route et manque son point de débarquement. Le duc de Devonshire se précipite à leur secours et reçoit la fille de Guillaume, la princesse Anne, dans son château. Jacques est alors informé que, malgré sa supériorité numérique, ses troupes n'obéissent pas à leurs officiers catholiques et qu'il a peu de chances de réussir à vaincre les envahisseurs. Il abdique en faveur de la France. Sa tentative avortée de retour en Irlande se solde également par une défaite. Guillaume est désormais le roi Guillaume III, le roi d'Angleterre. Il signe une Déclaration des droits le 13 février 1689, qui met fin au pouvoir du roi de suspendre les délibérations du Parlement ou de se passer de ses lois, ce qui était l'objectif de la mission de Sir Edward Coke. La pétition de droit de Coke était désormais devenue la loi du pays. Depuis, l'Angleterre est une monarchie constitutionnelle. Le communiqué officiel du British Information Service, l'organe de propagande de l'Angleterre, indique que

> "Le Royaume-Uni est une démocratie parlementaire dotée d'une monarchie constitutionnelle limitée. Le gouvernement est exercé par le gouvernement de Sa Majesté au nom de la Reine, qui règne mais ne gouverne pas. La Reine fait partie intégrante du Parlement".

La Déclaration des droits de 1689 a été suivie d'un contrat encore plus puissant entre la monarchie anglaise et le peuple d'Angleterre, l'Acte de succession de 1701. Cet acte interdit expressément aux Stuart de revendiquer à nouveau le trône. L'Acte a en outre placé la lignée allemande de Hanovre, qui attendait dans les coulisses, dans la ligne directe de succession. Elle précise que tous les futurs monarques doivent appartenir à l'Église anglicane, l'Église d'Angleterre. Elle interdisait expressément aux catholiques d'accéder au trône. Les monarques ultérieurs ont reçu le titre de chef de l'Église d'Angleterre. D'autres dispositions de cette loi garantissaient la suprématie du Parlement en exigeant que le monarque se présente chaque année devant le Parlement pour demander son allocation annuelle. La maison royale existait désormais selon le bon vouloir du Parlement, qui en contrôlait les cordons de la bourse.

En 1694, le roi Guillaume III a créé la Banque d'Angleterre. Depuis cette date, il n'y a plus jamais eu de révolution en Angleterre. L'histoire des guerres civiles et des révolutions contre le trône a pris fin. Une banque centrale privée, la Banque d'Angleterre, contrôlait désormais l'émission de monnaie, qui était auparavant une prérogative royale. La bonne volonté du trône est garantie par la cession d'un grand nombre d'actions à la famille royale.

L'accès soudain aux fonds offert par la Banque d'Angleterre marque le début d'un grand épanouissement de la culture anglaise et du prestige international. Les manipulations monétaires de la Banque créèrent d'énormes fortunes pour ses actionnaires, et de grands domaines furent construits dans toute la campagne. Les quelques privilégiés qui avaient invité Guillaume à monter sur le trône d'Angleterre, et qui avaient ensuite été invités à devenir des souscripteurs à la charte de la Banque pour 10 000 livres chacun (l'équivalent de dix millions de dollars en monnaie d'aujourd'hui), ont assuré le succès de la Glorieuse Révolution. L'un de ces élus, le duc de Devonshire, est nommé Lord High Steward of England par le roi Guillaume, siège au Conseil privé, est nommé Steward of the Royal Household et reçoit la récompense tant convoitée, le très noble Ordre de la Jarretière. Après la mort de Guillaume, sa fille, la reine Anne, maintient le duc dans ses fonctions d'intendant de la maison royale.

La reine Anne épouse le prince Georges de Danemark. Bien qu'elle ait eu dix-sept enfants, tous sont morts. Anne était extrêmement complaisante et son personnel attentionné l'abreuvait d'aliments riches. Elle devient très grosse et souffre d'une mauvaise santé à cause de ses excès, ce qui provoque finalement sa mort. Une fois de plus, le trône d'Angleterre est contesté. Les historiens soupçonnent que les excès de la reine Anne ont été délibérément encouragés par certains membres de son personnel, afin de s'assurer qu'il n'y aurait pas d'héritier au trône. Elle a régné de 1702 à sa mort en 1714.

C'est le prince-électeur de Hanovre, en Allemagne, qui a remplacé la reine Anne. Bien qu'il ne soit qu'à la tête d'une petite principauté, le prince-électeur descend d'Henri le Lion (1129-1195). Henri le Lion, duc de Saxe, est le fils unique d'Henri le Fier et un membre éminent de la dynastie des Guelfes. À cette époque, le destin de l'Europe est disputé par deux forces opposées : les Guelfes, qui représentent la nouvelle “noblesse noire” et descendent des Cananéens, ou Phéniciens (voir *La malédiction de Canaan* de Mullins), et les Gibelins, qui représentent les anciens chevaliers teutoniques et la dynastie régnante de l'Europe. Frédéric de Barberousse, membre de la famille Hohenstaufen, était le chef des Gibelins à l'époque d'Henri le Lion. Henri le Lion persuada les Hohenstaufen de faire la paix avec les Guelfes (connus sous le nom de Welfs dans cette région d'Europe). Henri, dont la capitale était Brunswick, ville qui jouera plus tard un rôle important dans le développement du mouvement Illuminati, épousa Mathilde, fille d'Henri II, roi d'Angleterre. Les Hanovre sont ensuite entrés en possession de l'Évangéliaire, un manuscrit du XIIe siècle provenant de l'abbaye de Helmarhausen, qui l'a vendu au roi de Hanovre en 1861. En 1983, la famille le mit en vente ; il fut acheté par un consortium d'intérêts allemands en 1983 pour onze millions neuf cent vingt mille dollars.

La famille de Hanovre avait passé une vingtaine d'années à préparer avec diligence sa revendication du trône d'Angleterre. Leur généalogiste et historien officiel était l'un des savants les plus connus d'Europe, Gottfried Wilhelm Leibniz (1646-1716). Leibniz avait été secrétaire de la société rosicrucienne à Nuremberg en 1667.

Il s'est ensuite installé à Francfort, où il a été employé par l'électeur de Mayence de 1676 jusqu'à sa mort en 1716. Il ne s'est pas contenté de servir loyalement la famille de Brunswick en tant qu'historien ; il était également juriste et a servi la famille en tant que juge et administrateur. Son énorme ouvrage, le Codex Juris Gentium Diplomaticus Hannoverae, ne se contente pas de retracer la descendance d'Henri le Lion, qui s'était marié à la famille royale britannique, mais il en documente également les développements ultérieurs. Elizabeth, l'une des filles protestantes du roi Jacques Ier, avait épousé Frédéric le Cinquième, le prince-électeur de Palatinat. Leur fille, Sophie, a épousé Ernest Augustus, le premier prince-électeur de Hanovre. Bien que Sophie n'ait pas pu prétendre au trône d'Angleterre, étant décédée avant la reine Anne, son fils, qui était désormais électeur de Hanovre, a pu l'emporter sur les autres prétendants grâce au poids de l'énorme quantité de recherches de Leibniz. Ainsi, Leibniz, secrétaire de la Rosicrucian Society, n'a pas seulement amené les Hanovre sur le trône d'Angleterre ; il a également amené la fraternité connue sous le nom de Francs-maçons.

En raison de ces liens mystiques, Leibniz, qui a fondé des systèmes ésotériques tels que la science économique et de nombreuses autres branches de la science physique, était un correspondant proche de son compagnon rosicrucien, Sir Francis Bacon, en Angleterre, l'opposant historique de Sir Edward Coke. Bacon, qui reçut par la suite le titre de Baron Verulam, est l'auteur d'un livre intitulé "The New Atlantis", qui décrit l'objectif de la Maison de Salomon. Nicolai, entre autres, a attribué à ce célèbre roman l'origine de la Maçonnerie sous sa forme actuelle. Leibniz était au cœur même du nouveau mouvement intellectuel du XVIIIe siècle, un esprit de libéralisme et d'humanisme qui remonte directement à l'ancien culte de Baal (*La malédiction de Canaan*). Il a exercé une influence majeure sur le développement de la doctrine juridique, réaffirmant les doctrines du droit naturel chrétien issues de la Renaissance dorée du XVe siècle. Ses écrits ont influencé la pensée de Benjamin Franklin et de Thomas Jefferson dans la formulation de la Déclaration d'indépendance et de la Constitution des États-Unis. Outre l'inspiration intellectuelle de la révolution américaine, les écrits de Leibniz ont également été à l'origine de la révolution industrielle. C'est son influence qui a conduit Benjamin Franklin à créer l'American Philosophical Society. Franklin a été ministre des Postes de la colonie et a entretenu une correspondance avec le monde entier. Il se rendit en Angleterre en 1757 ; l'année suivante, il travailla avec Matthew Boulton Jr. sur l'électricité, la métallurgie et l'exploitation de la force de la vapeur. Le potier Josiah Wedgwood et le médecin personnel de Boulton, Erasmus Darwin, organisent un groupe qui reprend les objectifs du Junto de Franklin à Philadelphie, l'organisation étant connue sous le nom de Junto of Birmingham. Elle sera plus tard connue sous le nom de Lunar Society. Grâce à son influence, Manchester devint en 1790 une grande puissance industrielle. Boulton construisit l'énorme Soho Works, la première grande usine de fabrication. Elle utilisait l'eau grâce à un système de canaux et à la vapeur. L'usine de Soho est devenue célèbre en tant que siège de la Lunar Society.

Avec l'aide de Leibniz, l'électeur de Hanovre est devenu George Ier, roi d'Angleterre, en 1714. Il ne parle pas l'anglais et refuse obstinément d'en apprendre un seul mot. Seul l'allemand était parlé à la cour royale de Londres. Il règne de 1714 à 1727. George II a régné de 1727 à 1760, et George III, dont le nom est si présent dans l'histoire américaine, a régné après 1760, ce qui lui a permis de jouer un rôle crucial en provoquant les colons américains jusqu'à ce qu'ils éclatent en révolution. Guillaume IV lui succède en 1830. En 1837, la petite-fille du roi George III, Victoria, devient reine. Elle épouse le prince Albert de la province allemande de Saxe-Cobourg Gotha, dont le nom de famille est Wettin. Pendant la Première Guerre mondiale, ce nom a eu une consonance allemande suspecte et a été légalement changé en Windsor, nom sous lequel l'actuelle famille royale d'Angleterre est connue.

La Glorieuse Révolution a déclenché de nombreux courants historiques qui perdurent encore aujourd'hui. La bataille européenne entre les forces rivales du protestantisme et du catholicisme a été exacerbée par l'ascension de Guillaume d'Orange en 1688. Pendant plus de cent ans, les ennemis historiques, l'Angleterre et la France, avaient été en paix. Guillaume changea cet arrangement en rejoignant la Ligue d'Augsbourg contre la France, ce qui entraîna sept guerres entre l'Angleterre et la France entre 1689 et 1815. L'alliance de la France avec les colons américains rebelles n'est qu'un aspect mineur de cette longue lutte. L'un des héritages de cette rivalité est le contretemps actuel entre protestants et catholiques en Irlande. Les protestants brandissent fièrement des bannières à l'effigie de leur grand patron, Guillaume d'Orange. La participation de Guillaume à la Ligue d'Augsbourg n'était qu'un aspect de la conspiration croissante des francs-maçons. La Ligue était essentiellement un appareil maçonnique de politique étrangère déterminé à détruire l'équilibre traditionnel des pouvoirs entre les monarchies régnantes d'Europe, pour finalement les remplacer par la mise en place de leur propre ordre mondial (voir *The World Order*,[4] par Eustace Mullins).

En effet, Leibniz et ses collègues intellectuels, avec l'ascension de George I en 1714 sur le trône d'Angleterre, sont devenus les puissances secrètes derrière le trône. En 1717, on annonce que la franc-maçonnerie est officiellement rétablie en Angleterre. À partir de cette base de pouvoir, Lord Sackville est envoyé en Italie en 1733 pour y établir des loges franc-maçonnes ; en 1735, Lord Derwentwater est envoyé à Paris pour y organiser une Grande Loge. Le résultat fut la destruction de la monarchie dans ces nations. Grâce aux forces secrètes qui conduisent à la révolution, l'Angleterre peut enfin écarter sa grande rivale, la France, et mettre fin à ses prétentions à la puissance mondiale. Le nouvel ordre fut annoncé au Congrès de Vienne en 1815, lorsque les francs-maçons triomphants, menés par le pouvoir bancaire des Rothschild, dictèrent leurs conditions, non seulement à la France, mais aussi aux autres nations d'Europe. Financés par le pouvoir monétaire de la Banque d'Angleterre, renforcés par la marine britannique et les intrigues mondiales du Secret Intelligence Service, les francs-maçons étaient sur la bonne voie pour atteindre leurs objectifs historiques.

Le complice de Leibniz, Sir Francis Bacon, avait ouvert la voie en tant qu'apôtre du nouvel humanisme en Angleterre. Il a ainsi imposé à cette nation son interprétation des anciens rites de Baal, du culte de Canaan et des prédécesseurs de la noblesse noire d'Europe. Il fut l'un des fondateurs des Rose-Croix, des Chevaliers de la Croix-Rose et du groupe connu sous le nom de Maçons libres et acceptés (spéculatifs), qui s'étaient éloignés de la fonction des Maçons en tant qu'organisation artisanale. Les érudits ont identifié une grande partie de l'œuvre de Bacon comme reflétant le Manifeste rosicrucien.

[4] *L'Ordre Mondial, nos dirigeants secrets, une étude de l'hégémonie du parasitisme*, Omnia Veritas Ltd ; www.omnia-veritas.com.

Sous les Hanovre, les francs-maçons ont pu renforcer leur monopole sur les sociétés secrètes en Angleterre. Le 12 juillet 1798, une loi a été adoptée en Grande-Bretagne, connue sous le nom de Sedition Act, pour la suppression des sociétés secrètes. Dans son ouvrage de référence, *The Brotherhood, the Secret World of the Freemasons*, Stephen Knight se plaint que les francs-maçons n'ont jamais respecté les exigences strictes de cette loi en ce qui concerne l'inscription de leurs membres sur la liste. Cependant, il semble ignorer que la loi exempte spécifiquement les francs-maçons du respect de ces exigences. Son libellé est le suivant,

> "Considérant que certaines sociétés ont depuis longtemps l'habitude de se réunir dans ce royaume sous la dénomination de Loges de Francs-Maçons, et que leurs réunions ont été en grande partie consacrées à des fins charitables ; il est donc décrété que rien dans le présent acte ne s'étendra aux réunions de ces sociétés ou loges qui, avant l'adoption du présent acte, ont été habituellement tenues sous ladite dénomination et conformément aux règles prévalant parmi lesdites sociétés de Francs-Maçons".

En effet, cette loi interdit toutes les sociétés secrètes, à l'exception des francs-maçons.

Une interdiction aussi puissante reflète la participation active de la famille régnante d'Angleterre, les Hanovre, dans les loges. De 1782 à 1790, le Grand Maître d'Angleterre est Son Altesse Royale Henry Frederick, Duc de Cumberland ; de 1791 à 1812, Son Altesse Royale George, Prince de Galles, qui devient ensuite le Roi George IV ; de 1812 à 1842, Son Altesse Royale Augustus Frederick, Duc de Sussex, fils du Roi George III. Le duc de Sussex réunit les loges rivales, l'Ancienne et la Moderne, en une seule force puissante. Thomas Howard, le duc catholique de Norfolk, avait été Grand Maître en 1730 malgré de nombreux édits catholiques contre l'appartenance au mouvement de la franc-maçonnerie. Plusieurs comtes de Strathmore ont également été Grands Maîtres d'Angleterre. Une Strathmore a épousé le duc d'York, futur roi George V, et est aujourd'hui la reine mère d'Angleterre.

Un siècle après la disparition de Sir Edward Coke, un autre grand juriste est apparu en Angleterre. Sir William Blackstone a publié ses monumentaux Commentaires en 1765. Blackstone poursuit et développe l'œuvre de Coke, en définissant plus précisément le langage et les principes de la common law. Dans le livre I de ses

Commentaires, il énonce les trois règles absolues des libertés civiles : premièrement, le droit à la sécurité personnelle ; deuxièmement, le droit à la liberté personnelle ; et troisièmement, le droit à la propriété privée. Blackstone divise le droit en deux catégories : les droits des personnes et les droits des choses, les préjudices privés par opposition aux préjudices civils ou publics, et les crimes et délits. Dans la section 2 de ses Commentaires, il écrit que "Ignoranti juris, quod quisque tanatur scire, neminem excusat". L'ignorance de la loi n'est pas une excuse, car qui peut ignorer la volonté de Dieu". Ce principe est devenu la maxime juridique actuelle : "Ignorantia non excusat legem ; l'ignorance de la loi n'est pas une excuse". Cette maxime a été précisée en cas de fraude ou d'erreur de fait : "Ignorantia facti excusata".

Sir William Blackstone est né en 1723. Il a été admis au barreau en 1746 et a été nommé Solliciteur général de la Reine en 1761. Comme son prédécesseur, Sir Edward Coke, il avait un puissant bienfaiteur, le Premier ministre Sir Robert Walpole, qui l'a nommé à la prestigieuse fondation de l'école Charterhouse et au titre exclusif de Fellow of All Souls d'Oxford. Les Commentaires paraissent en quatre volumes, le premier en 1765 et les trois autres au cours des quatre années suivantes. Il gagna quatorze mille livres grâce à la vente des Commentaires, une somme énorme pour l'époque. Les Commentaires ont également exercé une grande influence sur les doctrines juridiques des États-Unis au cours du siècle suivant. Ils ont finalement été supplantés par un produit local, les Kent's Commentaries, en tant que manuel de base pour les juristes américains.

Le calvinisme, branche rigoureuse du protestantisme née en Suisse sous l'égide d'un leader français, Calvin, a joué un rôle important dans la conquête de l'Angleterre sur la dynastie catholique des Stuart. Oliver Cromwell était un ardent calviniste, tout comme le futur vainqueur des Stuarts, Guillaume d'Orange. Après la révolution américaine, une combinaison habile d'influences calvinistes et maçonniques a été mise à profit lors de la Convention constitutionnelle. Bien que les principes de Sir Edward Coke aient contribué à la rédaction de la Déclaration d'indépendance et aient survécu dans la Déclaration des droits, qui a été ajoutée tardivement à la Constitution, la convention elle-même était dominée par les épiscopaliens, c'est-à-dire, à toutes fins utiles, par une branche de l'Église anglicane, et par une forte présence jésuite. Toutefois, les principes directeurs de la convention ont été définis par les francs-maçons, dont beaucoup étaient également membres des autres groupes dominants. Bradford note que Daniel Carroll représentait l'État du Maryland à la convention. Frère de l'archevêque de Baltimore, il était à la fois franc-maçon et catholique.

La convention prétendait rédiger la Constitution comme le protecteur final des droits des citoyens indépendants contre toute force oppressive du gouvernement. Cependant, comme nous l'avons déjà noté, la Déclaration des droits a été ajoutée, non pas après coup, mais pour garantir l'adoption de la Constitution. Une grande partie du travail de la convention n'était que de la poudre aux yeux pour dissimuler son véritable objectif, qui était d'établir un gouvernement central fort, doté de l'autorité légale pour assurer le remboursement des prêts accordés aux Américains par les financiers britanniques, principalement ceux qui étaient également actionnaires de la Banque d'Angleterre. Le nouveau gouvernement a également été chargé d'insister sur le remboursement des hypothèques consenties aux prêteurs britanniques, que les tribunaux de l'après-Révolution, notamment dirigés par George Wythe, rédacteur de la Constitution et considéré comme le père de notre système juridique, ont dûment exigé des débiteurs. Le 9 juillet 1778, réuni à Philadelphie, le Congrès avait approuvé les articles de la Confédération, qui devinrent alors le corpus juridique de la jeune nation. Ces articles établissaient les principes des droits des États et excluaient de fait la possibilité d'un gouvernement central fort, d'un pouvoir fédéral. Lorsque la Convention constitutionnelle s'est réunie à Philadelphie le 27 mai 1787, son ordre du jour secret était d'émasculer les articles de la Confédération et d'autoriser l'établissement d'un gouvernement fédéral fort. Le délégué chargé de mener à bien cette mission secrète était Edmund Randolph. L'année précédente, Randolph avait été élu grand maître des loges maçonniques de Virginie. Son père, un Tory de premier plan et procureur du roi, était retourné en Angleterre au début de la révolution américaine. Il n'est jamais retourné en Amérique.

Edmund Randolph a commencé son plan par une attaque d'une force inattendue contre les articles de la Confédération. Il affirme que "la Confédération n'a atteint aucun des objectifs pour lesquels elle a été créée". Il énumère ensuite un certain nombre d'objections aux articles, parmi lesquelles,

> "Elle n'est pas supérieure aux constitutions des États. Nous voyons donc que la confédération n'est pas en mesure d'atteindre l'un des objectifs pour lesquels elle a été instituée. Notre principal danger provient des parties démocratiques de notre constitution".

On aurait pu s'attendre à des cris d'indignation de la part des défenseurs de la liberté présents, mais il n'y en eut pas. En fait, la plupart des personnes présentes étaient du même avis ; les quelques personnes qui auraient pu s'opposer ont préféré garder le silence et suivre le mouvement de la foule. Les propositions de Randolph reçurent un soutien fort et concerté de la part de ses compagnons maçons à la convention. Il élabora alors une Constitution qui supprimait en grande partie les Articles de la Confédération et les remplaçait par une Constitution qui autorisait un gouvernement fédéral centralisé et fort. Cette création a été dissimulée par l'ajout précipité d'une "Déclaration des droits", destinée à rassurer ceux qui, autrement, n'auraient jamais voté pour la ratification. Bien cachés dans le cadre de base de la Constitution se trouvaient des plans maçonniques et des autorisations pour un pouvoir judiciaire national, qui exercerait l'autorité finale dans les désaccords entre les branches du gouvernement, tandis que le pouvoir exécutif national n'avait guère la possibilité de faire respecter la Déclaration des droits.

Au cours des premières années de la République, le pouvoir judiciaire national était discrètement silencieux. La Cour suprême se réunissait dans une salle du sous-sol et semblait n'être guère plus qu'un pouvoir ornemental au sein du gouvernement. Cependant, elle s'est affirmée de manière brutale lorsque John Marshall est devenu président de la Cour suprême. Il venait de succéder à Edmund Randolph en tant que Grand Maître des Loges de Virginie, qui ont joué un rôle politique et judiciaire majeur depuis lors. Marshall a fait sa première tentative audacieuse en 1803, dans la célèbre affaire Marbury contre Madison. Le tribunal de Marshall a statué que le pouvoir judiciaire avait le pouvoir d'annuler n'importe quelle loi. Le contexte juridique de l'affaire Marbury v. Madison est qu'il s'agit d'un exercice effronté de politique partisane. L'affaire est devenue une *cause célèbre* après que James Madison, secrétaire d'État, a travaillé jusque tard dans la nuit, signant à la hâte des commissions pour des membres du parti fédéraliste, le dernier jour de son mandat. Le lendemain matin, Thomas Jefferson est devenu le nouveau secrétaire d'État. Comme Madison est un pilier du parti fédéraliste opposé, Jefferson jette la commission de Marbury dans la corbeille à papier, bien que Madison l'ait signée. Marbury intente alors une action en justice pour réclamer sa nomination en tant que juge de paix. Le juge en chef Marshall, qui était également un membre éminent du parti fédéraliste, se prononça en faveur du plaignant et accorda à Marbury sa commission, une décision rendue selon les strictes lignes du parti. La décision de Marshall a créé un précédent pour la suprématie du pouvoir fédéral.

Le 3 septembre 1807, Marshall a rendu une autre décision célèbre dans l'affaire U.S. v. Burr, rapportée par M. Ritchie. Il déclara que "les lois des différents États ne pouvaient être considérées comme des règles de décision dans les procès pour délits contre les États-Unis, parce qu'aucun homme ne pouvait être condamné ou emprisonné par les tribunaux fédéraux en vertu d'une loi d'État". Cette décision juridique a été prise en raison du rôle de Marshall en tant que "l'un des suspects habituels". Pendant de nombreuses années, Aaron Burr a été l'un des conspirateurs maçonniques les plus actifs de la nouvelle République. Il avait comploté pour créer une république séparée et indépendante dans les États bordant le fleuve Mississippi. Lorsque Burr fut accusé de trahison pour ce complot, il fut défendu par son avocat, Edmund Randolph, ancien Grand Maître des Loges de Virginie. Le juge Marshall, qui était alors Grand Maître des Loges de Virginie, a siégé en tant que juge dans cette affaire importante. La décision était prévisible, car la loi maçonnique stipule qu'un franc-maçon doit toujours se prononcer en faveur d'un confrère, en raison de ses "obligations".

Bien qu'Edmund Randolph et ses collègues francs-maçons aient réussi à rédiger une Constitution qui conférait au gouvernement fédéral la suprématie sur les États, de nombreuses autorités juridiques ont continué à mettre en doute la validité de ce pouvoir, jusqu'à ce que la guerre civile fasse taire à jamais les Américains qui s'opposaient encore à un pouvoir fédéral fort. Dans l'affaire Sturges v. Crowninshield, 4 S Wheaton 193, le président de la Cour suprême des États-Unis observe que

> "Les pouvoirs des États sont restés, après l'adoption de la Constitution, ce qu'ils étaient auparavant, sauf dans la mesure où ils ont été restreints par cet instrument.

Au cours du dix-neuvième siècle, le manuel juridique disponible pour les juristes américains était Kent's Commentaries. Dans le livre I, p. 490, Kent commente l'arrêt Marbury v. Madison. "La question, a déclaré le président de la Cour suprême, est de savoir si un acte contraire à la Constitution peut devenir une loi du pays. Les pouvoirs du législateur sont définis et limités par une constitution écrite. Mais à quoi sert cette limitation si elle peut être dépassée à tout moment ? La distinction entre un gouvernement aux pouvoirs limités et illimités est abolie si ces limites ne confinent pas les personnes auxquelles elles sont imposées, et si les actes interdits et les actes permis sont d'égale obligation. Si la constitution ne contrôle pas les actes législatifs qui lui sont contraires, le législateur peut modifier la constitution par une loi ordinaire. La théorie de tout gouvernement doté d'une constitution écrite doit être qu'un acte gouvernemental contraire à la constitution est nul".

Ce que Kent n'aborde pas ici, c'est le pouvoir du pouvoir judiciaire de faire marche arrière sur des questions nationales, comme cela s'est produit à plusieurs reprises. La Cour suprême déclare aujourd'hui qu'une loi n'est pas contraire à la Constitution. Demain, elle déclare que cette loi est contraire à la Constitution et qu'elle est nulle. Il n'existe aucune garantie que la Cour ne soit pas soumise à des influences diverses qui entraînent ces étonnants revirements de décisions.

Kent a également observé, dans la conférence xvili,

> "La limitation du pouvoir ou de la souveraineté de l'État n'existerait que dans trois cas : lorsque les dispositions accordent une autorité exclusive à l'union ; lorsqu'elles accordent dans un cas une autorité à l'union et dans un autre interdisent aux États d'exercer une autorité similaire ; et lorsqu'elles accordent une autorité à l'union, à laquelle une autorité similaire dans les États serait absolument et totalement contradictoire et répugnante".

La République américaine bénéficiait d'une constitution écrite et des précédents bien établis de la common law anglaise. La base juridique de la common law était fermement établie en Angleterre, notamment dans "The Laws of England", sec. VI, chapitre 31, qui stipule : "Qu'il soit donc décrété, etc., que la common law est et sera en vigueur dans ce gouvernement, à l'exception de la partie (concernant les provinces) des lois de l'Angleterre qui sont les lois de ce gouvernement". À cette époque, l'Amérique était une province de l'Empire britannique. Kent note dans le livre I des Commentaries, p. 514,

> "La common law comprend les principes, les usages et les règles d'action applicables au gouvernement et à la sécurité des personnes et des biens, dont l'autorité ne repose sur aucune déclaration expresse et positive de la volonté du législateur.

Le chapitre 5 des lois de la Caroline du Nord, promulgué en 1785 par cet État libre, déclare : "Une loi pour appliquer les parties des statuts et de la common law qui ont été jusqu'à présent en vigueur et utilisées ici, et les actes de l'assemblée faits et adoptés lorsque le territoire était sous le gouvernement des anciens propriétaires et de la couronne de Grande-Bretagne". C. J. Pearson affirme que "les lois de notre État reposent sur la common law de l'Angleterre". Cependant, la Cour suprême, dans 8 Peters 658, a déclaré : "Il est clair qu'il ne peut y avoir de common law aux États-Unis (seulement du droit constitutionnel)."

L'autorité du droit constitutionnel a été régulièrement érodée aux États-Unis par la dépendance croissante à l'égard des marchands de droit et par la violation des droits individuels des citoyens américains qui en découle. Cette évolution va à l'encontre des propos de James Madison, auteur du cinquième amendement de la Constitution. Madison a déclaré que le pouvoir doit venir du peuple ; "le gouvernement n'a que les pouvoirs que le peuple lui délègue par le biais d'un pacte social, la Constitution, qui découle de l'alliance de Dieu avec l'homme. Cette dérivation limite le pouvoir de la procédure législative et les pouvoirs du gouvernement.

Ce pacte ne peut être enfreint car il s'agit de la "loi de la nature et du Dieu de la nature". "Les lois naturelles écrites par Madison et les autres pères fondateurs établissent la séparation des pouvoirs législatif, exécutif et judiciaire du gouvernement et le nexus imperium, la loi de l'équilibre des pouvoirs, des garanties qui sont aujourd'hui largement ignorées et enfreintes par le pouvoir judiciaire grâce à l'utilisation adroite du droit de l'amirauté et de la juridiction des marchands de droit. À l'époque moderne, la loi de l'équilibre des pouvoirs a été redéfinie par le président de la Chambre des représentants, Jim Wright (qui a depuis démissionné) : "Nous (le Congrès) rédigerons les contrôles et le peuple devra fournir les équilibres."

CHAPITRE 3

LE FLÉAU DES AVOCATS

Dans ses "Institutes", Sir Edward Coke définit le juriste comme "celui qui est mis à la place d'un autre". Dans les premières années de la République américaine, de nombreux pères fondateurs étaient soit avocats, soit formés à la pratique du droit, dans le cadre de leur éducation classique. En conséquence, nous avons maintenu la fiction selon laquelle les avocats eux-mêmes sont des personnes d'une probité irréprochable, à tel point que les rares fois où un avocat s'est enfui avec les fonds d'une veuve, cela a été un moment de grand choc. De tels événements sont désormais relégués à l'ère des vieilles comédies de W. C. Fields ; les avocats ne s'enfuient plus avec les fonds de la veuve. Ils se contentent de les transférer sur leur propre compte bancaire et d'envoyer à la veuve une facture salée pour "services rendus". Charles Dickens nous a donné le portrait le plus mémorable des techniques d'un avocat dans son interprétation d'Uriah Heep : servile, insinuant et, une fois qu'il s'est emparé de vos fonds, autoritaire et exigeant. Dickens a également évoqué les grands problèmes rencontrés par ceux qui se sont retrouvés entre les mains d'avocats, dans son interprétation de l'affaire Jamdyce v. Jamdyce, une lutte juridique qui s'est poursuivie pendant des générations, mendiant les clients mais enrichissant les avocats. Malheureusement pour les Américains, l'affaire Jamdyce v. Jamdyce s'est avérée être le modèle sur lequel notre profession juridique s'est modelée ; nos tribunaux sont remplis de luttes similaires, la moindre d'entre elles pouvant aboutir à une décision dans cinq ans seulement.

La Rand Foundation a récemment réalisé une étude sur notre profession juridique, qui révèle que l'augmentation des frais de justice va de pair avec les délais de jugement, qui atteignent aujourd'hui dix-huit mois en moyenne, ce qui est très pénible. La Rand Foundation a noté que la moitié des 30 milliards de dollars dépensés chaque année pour les procès va aux avocats. Quinze milliards par an, dont une grande partie est créée en prolongeant délibérément la durée et le coût des litiges, sont versés aux avocats pour le brassage de quelques papiers. Leurs dépenses représentent rarement plus de cinq pour cent de ce montant : par conséquent, des déjeuners à cent dollars, des adhésions à des clubs de cinquante mille dollars par an et bien d'autres avantages doivent être recherchés afin d'éponger l'excédent d'argent.

Lorsqu'un citoyen américain engage un avocat, il entre dans le cabinet du praticien avec l'image, aujourd'hui disparue, d'une profession proche de celle du médecin, à qui l'on confie la question vitale de sa santé personnelle, ou du pasteur, qui se fera un plaisir de coopérer à son salut éternel. Cependant, tout comme le médecin est susceptible de vous donner un nouveau médicament dont les effets secondaires seront pires que ceux dont vous souffrez, ou que le pasteur détournera votre contribution financière au profit d'une pute de la rue des prostituées, l'avocat peut s'avérer encore plus dévastateur. Peu de gens se rendent compte qu'une association avec un avocat peut s'avérer être la mesure la plus dangereuse que vous puissiez prendre, pouvant entraîner la perte de votre maison, de votre emploi, de votre famille et des économies de toute une vie. Ils ne se doutent pas que les avocats se livrent souvent à une ou plusieurs des pratiques suivantes au cours d'un même litige : subornation de parjure, conspiration visant à entraver la justice et violation flagrante des droits constitutionnels de la partie adverse.

Le parjure, c'est-à-dire la fausse déclaration sous serment, est l'une des pratiques les plus répandues dans nos tribunaux, non seulement de la part des témoins, mais aussi des avocats, qui entraînent souvent les témoins à répéter des témoignages soigneusement orientés et totalement faux. Un jour, j'ai comparu avec un avocat dans une affaire de trafic dans le New Jersey, qui a duré environ cinq heures dans une salle d'audience étouffante d'une petite ville (sans air conditionné). À la fin de l'affaire, le juge, qui s'est prononcé contre nous, a informé l'avocat que de tous les témoignages entendus ce soir-là, le sien était le plus incroyable ! La subornation de parjure, c'est-à-dire le fait de passer en revue le futur témoignage d'un témoin et de lui indiquer ce qu'il ne doit pas dire ou ce qu'il doit dire, est la clé de voûte de notre drame judiciaire actuel, le système de justice contradictoire. Deux pitbulls sont lâchés dans l'arène pour se déchirer jusqu'à ce que l'un d'eux sombre dans la mort. Ce système n'a pas grand-chose à voir avec la justice, mais beaucoup avec le pouvoir, le profit et l'augmentation des honoraires. Cette pratique est née du fait qu'un avocat qui ne sait pas ce que son témoin peut dire à la barre est assis sur un baril de dynamite, se demandant quand il va exploser. De nombreuses affaires, qui ont été laborieusement préparées, ont été perdues en un clin d'œil lorsqu'un témoin est allé au-delà de la portée d'une question et a donné volontairement des informations supplémentaires qui ont détruit l'affaire du client.

C'est pourquoi les avocats s'appuient fortement sur les dépositions préalables au procès, ou "pre-trial discovery". Une fois dactylographiées et présentées au tribunal, ces dépositions sont gravées dans le marbre, ce qui élimine la crainte que le témoin ne fournisse des informations supplémentaires ou ne modifie son témoignage. À l'instar des discours du Congrès qui sont quotidiennement réimprimés dans le Congressional Record, le témoignage peut faire l'objet d'une édition intensive, d'une modification et d'une suppression, le tout sans que le témoin ou le tribunal n'en soit averti. La déposition modifiée est ensuite présentée au tribunal, après avoir été modifiée en profondeur par un avocat, comme un "témoignage sous serment" ! Si une erreur était révélée, elle serait imputée au sténographe judiciaire.

Les autres outils de la communication préalable sont les interrogatoires écrits et les demandes d'admission, auxquels il est également répondu sous serment. Les interrogatoires constituent l'un des plus grands abus des parties. Ils ont parfois compté jusqu'à cinquante, voire cent questions, dont certaines étaient si habilement formulées que la partie qui avait répondu à la question 18 se voyait poser à nouveau la question 74, de sorte qu'en y répondant, elle contredisait totalement sa réponse à la question 18. Les interrogatoires sont toujours identifiés comme étant "de nature continue", c'est-à-dire que la première série d'interrogatoires est suivie de la deuxième série, à l'infini. Certains tribunaux limitent désormais le nombre de questions contenues dans un seul interrogatoire à vingt ou trente, mais aucune correction de l'abus des interrogatoires "continus" n'est envisagée.

Comme je l'ai souligné à plusieurs reprises dans des requêtes d'ordonnances de protection contre les dépositions adressées au tribunal, la procédure de recherche de preuves avant le procès est en fait un "procès avant le procès". L'avocat dirige en fait l'audience en s'improvisant juge et jury, sans qu'aucun juge ne soit présent.

Les juges ont été universellement hostiles à mes requêtes et les ont toujours rejetées, indignés qu'un "profane" remette en question l'une des pratiques les plus profitables et les plus arrogantes de la profession juridique. Je les ai identifiées comme des "bills of attainder" qui sont absolument interdites par la Constitution, étant trop naïf à l'époque pour comprendre que les procédures de droit commercial ou d'amirauté de nos tribunaux interdisent toutes les protections constitutionnelles des citoyens. L'enquête préalable au procès est également calquée sur les anciennes procédures de la Chambre étoilée ; le sujet de la déposition est convoqué dans une pièce où il est placé sous serment, étant entendu que tout ce qu'il dira pourra être utilisé contre lui. Comme l'a souligné Roy Cohn, la discovery est devenue le pain et le beurre de la profession juridique. Auparavant interdite par la common law et la Constitution, elle est aujourd'hui la vache sacrée de nos procédures juridiques. L'autorité juridique Emily Gouric a souligné dans un article paru dans Albemarle Magazine, en juillet 1989, que les avocats de l'État de Virginie peuvent s'engager dans cette pratique rentable depuis le début des années 1970. Elle cite Robert Taylor, qui a déclaré que "la découverte enlève beaucoup d'intérêt à la pratique du procès", et souligne en outre qu'elle quintuple la durée des affaires et les rend beaucoup plus coûteuses.

Bien que nous puissions penser que la prolifération des avocats et leur volonté d'abuser de tout le monde est quelque chose de nouveau, un mal propre à la civilisation moderne, il nous suffit de nous tourner vers les Écritures pour trouver ces avertissements,

> "Malheur à vous, maîtres de la loi, qui dérobez les clefs de la connaissance. Jésus dit : "Malheur à vous, maîtres de la loi ! Vous chargez les fils de l'homme de fardeaux trop lourds pour qu'ils puissent les porter Malheur à vous, maîtres de la loi ! Vous arrachez les clefs de la connaissance aux mains des hommes ; vous fermez les portes ; vous n'entrez pas vous-mêmes, et vous ne laissez pas entrer ceux qui le veulent. Ses paroles provoquaient les pharisiens, les juristes et les scribes, qui, irrités, déversaient sur lui des torrents d'injures. Les vérités qu'il disait tombaient du ciel comme un coup de tonnerre ; les chefs se demandaient comment ils pourraient le prendre au piège de ses paroles ; ils cherchaient un moyen légal de répandre son sang.

Cet évangile offre un aperçu frappant des pratiques de la profession juridique, non seulement à l'époque de Jésus, mais plus encore aujourd'hui. Nous ne devrions pas honorer cette profession en l'appelant "pratique du droit", mais plutôt subversion de la loi et viol de la loi, les méthodes trop familières par lesquelles la loi de Dieu est subvertie et pervertie par des criminels dévoués et professionnels. Notez le dicton : "les chefs se concertèrent pour le prendre au piège par ses paroles". Je viens d'identifier cette conspiration comme étant la divulgation avant le procès. En outre, "ils ont cherché un moyen légal de verser son sang". C'est également l'objectif de nos pratiques juridiques.

Pour protéger les citoyens américains de tels abus, les Pères fondateurs ont ajouté certaines garanties, qu'ils ont appelées "Déclaration des droits", des mesures de protection qui avaient été citées par Sir Edward Coke dans sa Pétition de droit et qui avaient été envisagées depuis longtemps par des érudits européens éclairés. Parmi ces droits, aucun n'est plus important que le cinquième amendement, rédigé personnellement par James Madison, qui interdit l'auto-incrimination. Cependant, les juristes ont audacieusement contourné cette garantie par le biais de la divulgation avant le procès. Ils tentent de forcer une partie ou un témoin à fournir des déclarations qui détruiront son témoignage et son dossier. "Les chefs ont réfléchi à la manière dont ils pourraient le piéger par ses paroles. Ce faisant, "ils cherchaient un moyen légal de verser son sang". Qu'est-ce que cela signifie ? Cela signifie précisément ce qui est écrit. Ils ont cherché un moyen *légal de verser* son sang. Lorsque vous vous présentez devant un tribunal américain, la profession juridique cherche un moyen légal de verser votre sang. Aucune technique associée à cet objectif n'est trop vicieuse ou trop basse pour être exclue de l'arsenal de l'avocat, même si son but à peine dissimulé, ouvertement approuvé par le juge, est de verser votre sang. Cela peut sembler plutôt froid, voire peu chrétien, à la victime visée, qui ne se rend pas compte du dilemme dans lequel elle se trouve. Le tribunal est la réincarnation de l'ancienne arène romaine, où les chrétiens ne sont présents que parce qu'ils doivent être jetés aux lions. Leurs luttes amusent les riches spectateurs qui s'ennuient. Le tribunal a adopté la vieille règle romaine de l'impartialité absolue, n'accordant de compassion à personne dans l'arène, qu'il s'agisse du plaignant ou de l'accusé. Chacun d'entre eux doit être également tailladé et mutilé jusqu'à ce qu'il ne reste plus que des lambeaux sur les dents des lions. La doctrine de "l'immunité juridique" est également un élément important des jeux romains, comme nos tribunaux sont mieux connus. Le public en liesse est assis au-dessus de l'arène. Aucun lion n'est assez fort ou agile pour sauter dans les gradins et représenter une menace pour les spectateurs. Les juges, les avocats et les jurés peuvent assister au supplice des victimes sans craindre pour leur sécurité. Aucune goutte de sang ne viendra éclabousser leurs robes de soie. Telle est la justice.

Notre jurisprudence exige que nous engagions un avocat pour nous représenter, car le système juridique est devenu si complexe que seul un praticien hautement qualifié est habilité à présenter notre dossier. Il y a une part de vérité dans cette affirmation, mais elle est loin de tout expliquer. En fait, la procédure civile telle qu'elle est pratiquée dans nos tribunaux peut être apprise en quelques heures. Nous parlons ici des pratiques de base. Les ramifications de notre procédure civile sont en fait infinies ; le présent auteur y a apporté sa modeste contribution en observant que, dans notre système juridique actuel, toute affaire est en fait sans fin et peut être poursuivie à l'infini, en fonction de l'étendue des fonds des parties à l'action, qui s'appauvrissent rapidement. Cet auteur a constaté que la plupart des avocats non seulement n'étaient pas qualifiés, mais ne connaissaient pas de nombreux aspects de la pratique juridique, une découverte faite lorsque j'ai déposé à plusieurs reprises des requêtes auxquelles les avocats, qu'ils exercent dans le secteur privé ou qu'ils soient employés par des agences gouvernementales, n'avaient aucune idée de la manière de répondre ou de plaider. Pour sortir de ce dilemme, ils ont eu recours à un moyen sur lequel ils se sont constamment appuyés au cours des quarante années de pratique judiciaire de cet auteur : ils ont simplement demandé au juge de rejeter les requêtes sans les argumenter.

Le profane s'exclamera : “Mais c'est impossible ! Le devoir du tribunal est d'entendre et de résoudre toutes les requêtes des parties au litige”. Dans un monde parfait, ce serait vrai. L'esquive par laquelle ils l'ignorent est l'un des privilèges les plus précieux que les juges se sont accordés. Il s'agit du “pouvoir discrétionnaire”. La première ligne de défense des juges est “l'indépendance judiciaire”. Personne ne peut influencer un juge, car il est absolument à l'abri de toute influence, qu'elle soit familiale, financière ou politique. Sa deuxième ligne de défense est “l'immunité judiciaire”. Il s'agit de l'affirmation selon laquelle lorsqu'un homme revêt la robe noire de l'ancien sacrifice physique et rituel de victimes, datant de l'époque des cultes de Babylone, il est placé à l'abri de toute critique ou rétribution, et de toute responsabilité en cas de violation de la morale, de la loyauté nationale ou des concepts religieux. Comme je l'ai déclaré dans une lettre à la presse le 12 octobre 1985.

"La pratique actuelle de "l'indépendance judiciaire", de la "discrétion judiciaire" et de "l'immunité judiciaire" est intolérable dans une société libre. Un juge n'est qu'un surveillant ou un policier qui veille à ce que les lois soient respectées. Personne ne peut être "immunisé" des conséquences de ses actes dans une société respectueuse des lois. "Dans une lettre précédente, datée du 10 octobre 1985, j'avais noté que "pendant vingt-cinq ans, j'ai intenté des procès devant des tribunaux régionaux dans lesquels les preuves en ma faveur ont été supprimées ou jugées irrecevables, alors que les preuves contre moi, y compris les ouï-dire de malades mentaux et de patients souffrant de lésions cérébrales, ont été admises. J'ai poursuivi quatre avocats, qui ont tous été déboutés pour cause d'insuffisance de la cause d'action (demurrers), ce qui est interdit par les règles fédérales de procédure civile. J'ai présenté au procureur américain une liste de quarante-deux requêtes consécutives que j'avais déposées et qui ont toutes été rejetées, alors que les requêtes contre moi ont été accordées de manière superficielle. J'ai appris plus tard que ce type était un copain politique de "notre groupe". Je n'ai jamais entendu parler de lui à ce jour".

Des trois pratiques impies des juges, la doctrine du "pouvoir discrétionnaire" est la plus pernicieuse et la plus fréquemment rencontrée. En bref, cela signifie que le juge a la possibilité de se prononcer personnellement pour ou contre une requête sans en examiner le bien-fondé juridique. Il peut aussi l'ignorer complètement en la "prenant en délibéré". Cela signifie qu'il reporte sa décision de plusieurs mois, voire de plusieurs années, laissant l'affaire en suspens. Ses confrères, les avocats de la partie adverse, acceptent avec empressement ce dénouement, car leurs compteurs continueront à tourner pendant toute la durée de la lutte monumentale du juge sur le bien-fondé de la requête, jusqu'à ce qu'il prenne enfin sa décision. En réalité, ce "combat" n'a pas lieu, ou très peu, et le juge se contente d'enterrer la requête jusqu'à ce qu'il rende sa décision. Le juge se contente d'enterrer la requête jusqu'à ce que les cris d'agonie des victimes obligent les avocats à lui demander de rendre son avis.

Mais qu'est-ce que tout cela a à voir avec la justice ? demande le gentil lecteur. La réponse à cette question se trouve dans le titre de ce livre. Il n'est pas intitulé "Éloge de la justice" ou "Les qualités miséricordieuses de la justice". L'auteur ne s'intéresse qu'à ceux qui sont forcés de se soumettre à des indignités pour le plaisir et le profit d'autrui. La force, comme le viol, est l'épine dorsale de toutes les pratiques juridiques. Chaque décision rendue dans l'enceinte d'un tribunal américain est accompagnée d'un recours à la force. Des huissiers armés montent la garde dans les salles d'audience, non seulement pour intimider les personnes qui comparaissent, mais aussi pour arrêter, incarcérer, voire battre ou tuer quiconque conteste ce qui se passe. L'avocat que vous avez engagé est un participant volontaire à cette force. Il ne vous informe jamais, lorsqu'il vous remet sa facture, qu'il est lié en tant qu'"officier de justice". Vous payez leurs honoraires, mais l'obligation première des avocats est envers le tribunal, c'est-à-dire envers le système juridique et les pratiques qu'il représente. Un esprit a fait remarquer que le serment d'allégeance des avocats devrait se lire comme suit : "Je jure fidélité à la profession d'avocat et à la criminalité qu'elle représente".

La définition de l'avocat par Sir Edward Coke, à savoir "celui qui se tient à la place d'un autre", nous ramène à un type de justice plus ouvert. Dans les civilisations antérieures, les différends entre citoyens étaient réglés par des procès de combat. Les dissidents pouvaient se battre jusqu'à la mort, ou jusqu'à ce que l'un d'entre eux ne soit plus capable de continuer. Le triomphe revenait au combattant qui restait debout. Nos combats de boxe suivent les mêmes principes. Le vainqueur est celui qui reste debout ou qui a surclassé son adversaire tout au long du combat. Les vainqueurs émergent non seulement en tant que champions, mais aussi en tant que leaders. C'est ainsi que des "champions" ont été engagés pour remplacer ceux qui ne pouvaient pas entrer dans les listes ou qui n'avaient manifestement aucune chance de gagner. C'est la *raison d'être de* l'embauche des avocats aujourd'hui. Votre avocat est un "tueur à gages" qui affrontera à votre place l'arme la plus rapide de l'Ouest. La profession juridique soutient que vous n'avez aucune chance de gagner dans notre système juridique complexe ; vous devez donc engager un champion, un avocat, pour comparaître à votre place.

En quelque quarante ans de comparutions devant les tribunaux, je ne me suis jamais trouvé dans une situation juridique dans laquelle un avocat aurait été mieux à même de représenter mes intérêts que je ne pouvais le faire moi-même. En réalité, aucun avocat ne peut vous "représenter". En tant qu'auxiliaire de justice, il peut plaider ou "prier" votre cause devant le tribunal ; en d'autres termes, il intercède en votre faveur auprès de la présence impériale du tribunal. Il "prie" pour que les lions soient rappelés avant que vous ne soyez mis en pièces. Il supplie le tribunal de ne pas vous infliger des dommages et intérêts ou des pénalités plusieurs fois supérieurs à votre patrimoine total, mais de faire preuve de clémence et de les réduire à une somme à peine supérieure à votre valeur nette totale.

C'est pourquoi le saint patron des avocats est saint Matthieu. Dans Matthieu 5:40, il conseille : "Si quelqu'un veut te faire un procès et prendre ta tunique, qu'il prenne aussi ton manteau". Il ne s'agit pas simplement d'une exhortation à tendre l'autre joue, mais plutôt de permettre à l'avocat qui s'empare de votre tunique de faire marche arrière et de s'approprier également votre manteau. C'est pourquoi, depuis de nombreuses années, je conseille à mes auditeurs d'actualiser l'ancien adage "Un homme qui se représente lui-même au tribunal a un imbécile pour client" par l'avertissement suivant : "Un homme qui engage un avocat est un imbécile".

Peu d'Américains éprouvent des scrupules à confier à un avocat les détails les plus intimes de leur vie personnelle et financière, et pourtant les risques devraient être évidents pour tout le monde. Depuis des années, je conseille à toute personne qui envisage de rencontrer ou de consulter un avocat de prendre les précautions qui s'imposent. Le premier précepte est le suivant : "Ne discutez jamais de détails avec un avocat par téléphone". Dans une affaire qui a duré trois ans, l'avocat de la partie adverse, l'un des plus influents et des mieux payés de l'État, a montré à plusieurs reprises qu'il croyait avoir affaire à un imbécile, en m'appelant à l'improviste à mon domicile l'après-midi et en essayant d'obtenir de moi des engagements verbaux sur diverses manœuvres juridiques dans lesquelles nous étions engagés. J'ai déposé une plainte contre lui auprès du tribunal. Le juge n'a jamais donné suite, mais il a mis fin aux appels téléphoniques. Dans presque toutes les actions dans lesquelles j'ai été partie, j'ai dû déposer à plusieurs reprises des requêtes auprès du tribunal, en me plaignant des procédures illégales suivies par l'avocat de la partie adverse, des requêtes en réprimande. À ce jour, aucune de ces requêtes n'a abouti à une réprimande.

Le deuxième précepte que je propose est qu'il ne faut jamais se rendre seul au cabinet d'un avocat. Ces dernières années, les livres sur les problèmes juridiques ont suggéré que vous obteniez un accord signé avec votre avocat, convenant des coûts, etc. avant de l'engager pour vous représenter. Il y a quelques années, cela n'aurait jamais été le cas, et c'est encore rarement demandé aujourd'hui, parce que peu d'avocats signeraient un tel accord. Ils vous informeraient pieusement qu'un tel accord limiterait trop leur capacité à vous représenter. L'avocat ne veut qu'un chèque en blanc de votre part, pas un accord avant que son compteur ne tourne. Il finira par remplir le chèque en blanc avec la somme de votre patrimoine. Par ailleurs, lorsque vous vous rendez dans le cabinet d'un avocat, il serait judicieux de vous faire accompagner d'un parent ou d'un ami en qui vous avez confiance. J'ai accompagné jusqu'à huit personnes dans des cabinets de juges pour des audiences de requêtes, ou dans le bureau d'un avocat pour une comparution obligatoire. À chaque fois, les juges et les avocats n'ont pas osé formuler la moindre objection ou demander : "Qui sont toutes ces personnes ? Il est également judicieux d'enregistrer toute conversation avec un avocat. Là encore, la plupart des avocats s'y opposeraient, car cela leur indique que vous ne leur faites pas confiance et limite automatiquement le montant des dommages qu'ils pourront infliger. L'erreur fatale commise par de nombreux citoyens est de croire naïvement que l'on peut faire confiance à un avocat parce qu'il est un parent, un ami proche, un voisin de longue date ou un membre du country club. En fait, vous seriez probablement plus en sécurité si un étranger s'occupait de vos affaires, comme des milliers de veuves et d'orphelins pourraient en témoigner. Les avocats s'appuient sur des associations telles que les relations, l'appartenance à une organisation religieuse ou fraternelle, ou tout contact humain qu'ils peuvent utiliser pour "faire venir les affaires". Le *Washington Post* a récemment noté qu'"un associé ambitieux peut générer des bénéfices pour un cabinet de 200 000 dollars par an sur des facturations brutes de 300 000 dollars". Notez bien ces chiffres. Ils indiquent que les deux tiers de la facturation représentent un bénéfice net pour le cabinet, les coûts représentant un tiers des charges. Le Post note que les grands cabinets d'avocats de Washington paient les collaborateurs ayant deux à quatre ans d'expérience 85 000 à 100 000 dollars par an, ce qui correspond à la fourchette de salaire du procureur général des États-Unis. Les associés des grands cabinets d'avocats facturent leurs clients 225 dollars de l'heure, tandis que les associés facturent 125 dollars de l'heure. Un cabinet typique de quatre-vingts associés verse un revenu moyen par associé de 360 000 dollars par an sur 938 000 dollars de recettes brutes, ce qui signifie que le cabinet doit réaliser 29 millions de dollars de recettes brutes par an, soit 80 000 dollars pour chaque jour de l'année. Le simple fait d'organiser le dossier et d'indexer les documents dans le cadre d'un procès peut coûter entre 2500 et 5000 dollars, tandis que la rédaction et le dépôt d'une plainte coûtent plus de 10 000 dollars. Il n'est pas étonnant que les gens ricanent en disant "Poursuivez-moi", sachant que peu de gens peuvent se permettre une justice aussi coûteuse, quel que soit le bien-fondé de leur plainte. Une simple requête devant le tribunal coûte de 5000 à 30 000 dollars. Le présent auteur a parfois déposé jusqu'à trois requêtes à la fois, au cours d'une période où il a traité au moins huit affaires devant des tribunaux d'État et des tribunaux fédéraux. Aucune de ces requêtes ne comportait un ou deux paragraphes, comme celles déposées par les avocats de la partie adverse. Mes motions comportaient de cinq à dix pages d'arguments juridiques documentés, avec de nombreuses citations de précédents et d'autorités juridiques. J'ai découvert que les juges se donnaient rarement la peine de lire ces requêtes, et qu'ils autorisaient encore moins qu'elles soient défendues devant le tribunal. a systématiquement déposé des interrogatoires ou répondu aux interrogatoires de l'adversaire, ce qui, selon le Post, coûte 5 000 dollars par réponse. Les dépositions orales sont facturées entre 1 500 et 2 000 dollars par jour et par associé, la moitié étant facturée pour l'éternel collaborateur, plus 300 à 500 dollars par jour pour le sténographe judiciaire et les coûts des transcriptions écrites. Un litige datant de quelques mois seulement peut déjà avoir accumulé des coûts de 50 000 à 100 000 dollars, sans qu'aucune solution n'ait été trouvée ou presque.

Au cours de mes quarante années de pratique, les honoraires d'avocats pour le travail que j'ai effectué pour moi-même auraient été facturés à plus de cinq millions de dollars. Afin d'enrayer la tendance croissante des citoyens à se présenter comme leurs propres avocats, les juristes ont demandé à l'Internal Revenue Service de calculer les frais de justice des personnes qui se représentent elles-mêmes, puis d'imposer le montant total en tant que revenu cumulé. À ce jour, l'IRS n'a pas donné suite à cette proposition.

L'un des sales petits secrets de la profession juridique est l'abus fréquent des femmes par les avocats. Des émissions de type magazine comme "60 Minutes" ont à maintes reprises fait état de l'exploitation sexuelle de femmes qui se retrouvent seules dans le cabinet d'un avocat. Ici encore, je dois insister sur le danger qu'il y a à se rendre seule dans le cabinet d'un avocat, que l'on craigne ou non d'être violée. Vous pouvez vous attendre à ce que cela se produise régulièrement, qu'il y ait ou non viol physique. Une femme qui a vécu une expérience éprouvante avec son mari et qui a décidé à contrecœur de demander le divorce est déjà désemparée. De nombreux avocats sont prompts à profiter d'une femme qui est déjà confrontée à de graves difficultés émotionnelles. Avant même qu'elle ne s'en rende compte, elle se retrouve devant son bureau et subit un examen qu'elle n'avait pas prévu. Un procureur du Commonwealth a finalement été démis de ses fonctions, après qu'une série de plaintes déposées par des femmes indignées, sur une période de plusieurs années, a contraint des fonctionnaires réticents à abandonner leur dissimulation et à prendre des mesures. Les observateurs juridiques estiment que seuls 10% des incidents de ce type donnent lieu à une plainte officielle. Tout d'abord, la victime se rend compte que, malgré la nature importune de ces attentions, elle dépend de cet avocat pour sauver des fonds ou des biens de son mariage qui s'effondre. Elle a déjà établi sa dépendance, simplement en entrant dans son cabinet. Si elle part en claquant la porte et va voir un autre avocat pour se plaindre de son comportement, l'avocat, par "courtoisie professionnelle", est obligé d'appeler son collègue et de lui demander si les accusations sont fondées. Son confrère laissera entendre que la dame en question présente de sérieux signes de "dérangement" ; elle risque de se retrouver sans personne pour la représenter.

L'écrivain iconoclaste Robert J. Ringer a dénoncé avec force l'influence destructrice des avocats sur le monde des affaires. Il affirme que "le bon moment pour enfermer le juriste dans sa cage est celui où l'on veut vraiment conclure une affaire". Comme la plupart d'entre nous, Be a appris à connaître les avocats à la manière des bardes, après qu'ils ont empêché à plusieurs reprises la conclusion d'affaires qui lui auraient rapporté des millions de dollars. Il définit le juriste comme "le défenseur omniprésent des problèmes inexistants des gens" et comme "l'un des acteurs du jeu des affaires qui est entré dans le parc en se faufilant sous la clôture, puis a pris sur lui d'assumer le rôle d'écumeur de têtes".

En quarante ans de documentation sur les plus grands crimes commis contre le peuple américain, j'ai découvert que dans tous les cas, au cœur même de chacun de ces événements, comme un virus malin, se trouvaient les avocats. John T. Flynn, dans le New Republic du 22 mai 1935, a relaté comme suit le discours prononcé par le professeur William Douglas lors d'une convention d'avocats à Durham, en Caroline du Nord :

> "Il est triste mais vrai que les grands prêtres de la profession juridique ont activement contribué à faire de la haute finance un maître plutôt qu'un serviteur de l'intérêt public. Ils ont accompli ce que leurs clients voulaient accomplir et ils l'ont fait de manière efficace, efficiente et rapide. Ils ont été des outils ou des agences pour la fabrication de titres synthétiques et pour la manipulation et l'appropriation de l'argent d'autrui. Ce faisant, ils suivaient les traditions de la guilde. Ils n'ont jamais pris au sérieux la nature de leur mission publique".

La New Republic a commenté ces déclarations,

> "Ces grands cabinets d'avocats ont guidé leurs clients avides et cupides à travers les labyrinthes de la tromperie que les financiers n'ont pas eu l'intelligence de parcourir seuls. Aucune cause ne semble trop répréhensible pour que les avocats la dorent de leur respectabilité tristement ternie".

Lorsque vous suggérez une action à un avocat, la réponse habituelle est : "Oh, vous ne pouvez pas faire ça". Cette réponse est presque automatique, car il incombe à chaque avocat de décourager tout client de suivre sa propre voie stratégique. Le client doit placer son destin entre les mains de l'avocat, aussi incompétent soit-il. En outre, ils sont très réticents à garantir les résultats d'une quelconque action. À son apogée, le financier J. P. Morgan se plaignait que, quoi qu'il propose, les avocats lui disaient qu'il ne pouvait pas faire ce qu'il voulait faire. Morgan a déclaré : "M. Elihu Root est le seul avocat qui me dise comment faire ce que je veux faire". Le résultat de cette conformité fut qu'Elihu Root devint l'avocat le plus important de Wall Street. Les financiers affluent dans ses bureaux lorsqu'ils découvrent que, quelles que soient les manipulations qu'ils peuvent imaginer, Root est capable de trouver une formule juridiquement acceptable pour leur permettre de s'en sortir. Il est finalement devenu le saint patron des entreprises américaines lorsqu'il a élaboré la stratégie consistant à créer des fondations exonérées d'impôts pour les entrepreneurs millionnaires qui souhaitaient préserver non seulement leur argent, mais aussi leur pouvoir.

J. P. Morgan a ensuite choisi Elihu Root pour mettre en place l'opération d'agit-prop, la League to Enforce Peace (Ligue pour le maintien de la paix), en 1916. Son objectif, malgré son titre apparemment pacifiste, était d'impliquer les États-Unis dans la Première Guerre mondiale. Elle a ensuite pris le nom de "Carnegie Endowment for International Peace" (Fondation Carnegie pour la paix internationale), dirigée par Alger Hiss, qui est ensuite allé en prison pour parjure, lorsqu'il a menti sur le fait qu'il avait remis des documents secrets à des agents soviétiques. Après la Première Guerre mondiale, Root est devenu le président honoraire du nouveau Council of Foreign Relations, qui avait été créé en tant que branche américaine du groupe politique Rothschild, le Royal Institute of International Affairs, à Londres.

On se souvient également d'Elihu Root comme de l'homme que le président Wilson a envoyé en Russie en 1919, avec vingt millions de dollars en liquide pour renflouer le régime bolchevique qui s'effondrait. Cet argent a été prélevé sur le fonds de guerre spécial de cent millions de dollars que le Congrès avait affecté à l'usage du président Wilson. La dépense de ces vingt millions de dollars par la mission de guerre spéciale de Root en Russie est consignée dans le registre du Congrès, le 2 septembre 1919, avec l'autorisation du secrétaire privé de Wilson, Joseph P. Tumulty.

Cependant, c'est le rôle de Root en tant que maître d'œuvre juridique de la création des influentes fondations exonérées d'impôts qui a mis sa main morte sur la gorge de tous les Américains vivants. En 1909, il a rédigé la charte juridique de la Fondation Carnegie, en tant que principal fondateur. Les autres fondateurs sont Frederic A. Delano, fils du plus célèbre trafiquant d'opium de Chine, Cleveland H. Dodge, de la National City Bank et financier de la campagne présidentielle de Wilson, et Daniel Coït Gilman, homme de main de longue date de Rockefeller, qui a été formé par les Illuminati allemands aux techniques sournoises de la subversion. Gilman a également créé la Fondation Russell Sage et d'autres opérations d'infiltration essentielles. Elihu Root a ensuite créé la Fondation Carnegie pour la paix internationale en 1921. Son assistant, Philip Jessup, a dirigé le CEIP après l'incarcération d'Alger Hiss.

Le cabinet Sullivan and Cromwell de Wall Street est l'exemple même du grand cabinet d'avocats d'affaires. Les antécédents de ses fondateurs prouvent amplement le caractère impitoyable qu'il faut avoir pour réussir dans cette profession de bandits. Le Cromwell qui a fondé le cabinet, William Nelson Cromwell, a été publiquement dénoncé devant le Congrès comme "l'homme le plus dangereux d'Amérique". Cette description n'était pas la prose d'un démagogue téméraire ; elle se trouve dans un document publié par le Congrès des États-Unis, un volume de 736 pages, "The Story of Panama", les audiences de la Chambre sur le Panama en 1913. "En septembre 1904, pendant les absences du secrétaire Taft à Washington, M. Cromwell, un citoyen privé, dirigeait pratiquement le département de la guerre. John F. Wallace, ingénieur en chef du canal de Panama, a déclaré devant la commission sénatoriale le 5 février 1905 : "Cromwell m'est apparu comme un homme dangereux". "

Lors de ces auditions, le député Rainey a été cité comme suit :

> "Les révolutionnaires étaient à la solde de la Panama Railroad and Steamship Corp, une société du New Jersey. Le représentant de cette société était William Nelson Cromwell. C'est lui qui a encouragé et rendu possible la révolution sur l'isthme de Panama. William Nelson Cromwell — l'homme le plus dangereux que ce pays ait produit depuis l'époque d'Aaron Burr — est un révolutionnaire professionnel".

Et vous pensiez que les avocats étaient ennuyeux ! Le député Rainey a utilisé des termes que l'on pourrait attendre de Léon Trotsky ou d'Al Capone, mais il parlait du fondateur du plus auguste cabinet d'avocats de Wall Street. Et quelle a été l'histoire de ce cabinet depuis la disparition de son célèbre fondateur ? Cromwell a formé et produit un protégé qui a surpassé son prédécesseur, le célèbre John Foster Dulles. Parent de la famille Rockefeller, Dulles était étroitement lié à des groupes d'espionnage internationaux basés en Suisse et en Angleterre. Il peut être décrit comme l'architecte de la Seconde Guerre mondiale, ainsi que comme l'homme qui, à lui seul, a donné les ordres qui ont précipité la guerre de Corée. Lors de la conférence de paix de Paris en 1919, l'associé principal de la société J. P. Morgan, Thomas Lamont, a écrit : "Nous avons tous placé une grande confiance en John Foster Dulles". L'histoire a prouvé que cette confiance n'était pas déplacée.

En 1933, alors qu'Adolf Hitler, victorieux mais sans le sou, avait besoin de fonds pour construire son régime nazi, son banquier personnel, le baron Kurt von Schroder, organisa une conférence privée avec Hitler dans la résidence Schroder à Cologne, en Allemagne. John Foster Dulles et son frère, Allen Dulles, qui fondera plus tard la Central Intelligence Agency, assistent à cette réunion en tant que représentants de Kuhn, Loeb Co. et d'autres intérêts Rothschild. Les banquiers, par l'intermédiaire de leurs émissaires, ont garanti à Hitler les fonds nécessaires à l'installation de son gouvernement nazi. Cela ne signifie pas pour autant qu'ils étaient nazis ou favorables aux préceptes du nazisme. Il s'agissait de banquiers qui faisaient un investissement judicieux dans un événement à venir, la Seconde Guerre mondiale.

Quels que soient les sentiments des uns et des autres à l'égard d'Adolf Hitler, il est indéniable que sans lui, il n'y aurait pas eu de Seconde Guerre mondiale. Le gouverneur de la Banque d'Angleterre, Sir Montague Norman, dont les manipulations financières ont précipité la Grande Dépression de 1929-1933, a été l'un des premiers banquiers à reconnaître cette situation et à avancer à Hitler des fonds provenant de la Banque d'Angleterre.

Au cours des années 1920, John Foster Dulles a amené à Sullivan and Cromwell comme clients les firmes de premier ordre de Wall Street : J. P. Morgan Co., National City Co., Dillon Read, W. A. Harriman Co. et Brown Brothers, qui ont ensuite fusionné pour former le cabinet Brown Bros. Harrimans. La stature instantanée de Dulles en tant qu'associé principal du cabinet d'avocats le plus influent du pays reflète un truisme de la profession, à savoir que l'associé principal d'un tel cabinet est simplement celui qui jouit de la plus grande crédibilité. Sa parole ne sera pas contestée, son autorité ne sera pas niée, et lorsqu'il exerce son influence au nom d'un candidat politique, d'une église, d'une université ou de toute autre institution, des fonds seront collectés et l'objectif sera atteint. Derrière cette façade de respectabilité se cachent les faits : ces associés principaux ont été et sont profondément impliqués dans les plus grandes escroqueries internationales et les plus grands actes de trahison du vingtième siècle. Ils atteignent le rang d'associé principal précisément parce qu'ils ont le talent de dire les mensonges les plus scandaleux avec le plus haut degré de crédibilité, qu'il s'agisse de lancer une émission de titres ou la campagne d'un candidat à la présidence des États-Unis.

John Foster Dulles s'est assuré une place dans l'histoire en envoyant un télégramme de Tokyo au président Truman : "S'il apparaît que les Sud-Coréens ne peuvent pas repousser l'attaque, nous pensons que la force américaine doit être utilisée". C'est sur ce télégramme que Truman s'est appuyé pour plonger les États-Unis dans la guerre de Corée. L'utilisation du "nous" impérial par Dulles signifiait au président Truman que les principaux dirigeants de l'ordre mondial voulaient cette guerre ; il n'avait d'autre choix que d'obéir. Dulles a été récompensé pour cet acte extraordinaire par sa nomination à l'un des postes les plus influents de la nation, la présidence de la Fondation Rockefeller. Ostensiblement une organisation "caritative", la Fondation Rockefeller a été conçue dès le départ par John D. Rockefeller et son conseiller juridique, Elihu Root, comme une opération commerciale faisant appel à des moyens extraordinaires. Elle est plus justement décrite comme un "syndicat", terme utilisé par Roget pour décrire un trust. Roget décrit également un syndicat comme un cartel ou un monopole, ce qui est également une description exacte de la Fondation Rockefeller. L'objectif de la charte de la fondation était de perpétuer une société à perpétuité en la soustrayant à toute menace de prise de contrôle par d'autres intérêts. Dans un monde où tout est à vendre, les actions d'une société sont le bien le plus vendable qui soit. Cela signifie que, quelles que soient la rentabilité et la puissance de l'entreprise que vous créez, elle peut être rachetée par toute personne capable de réunir les fonds nécessaires. Elihu Root a brillamment contribué à la chute future de l'industrie américaine en expliquant qu'une fondation exonérée d'impôt éliminerait à jamais la possibilité qu'une force extérieure puisse acheter le contrôle de l'entreprise. Standard Oil, le Rockefeller Oil Trust, a placé ses actions de contrôle dans la Fondation Rockefeller en 1913. Elles y demeurent aujourd'hui, à l'abri de toute menace extérieure. La fondation a donné à la Standard Oil un énorme avantage financier sur ses concurrents, comme l'a souligné le député Wright Patman, président de la commission des banques et de la monnaie de la Chambre des représentants, dans des remarques faites devant le Congrès. Si elle ne pouvait pas être avalée par une autre société, elle pouvait poursuivre sans interruption son chemin en avalant ou en dominant ses rivaux. Cette inexpugnabilité lui a également permis de conclure de fructueux accords de cartel avec des entreprises monopolistiques d'autres pays, comme l'accord historique de 1926 avec I. G. Farben en Allemagne pour contrôler le marché mondial de la chimie.

Dans "*The World Order*[5] ", j'ai minutieusement retracé le parcours des dirigeants et administrateurs de la Fondation Rockefeller de 1913 à nos jours. Très peu de ces directeurs avaient des antécédents dans le domaine de la charité ; en revanche, la plupart d'entre eux avaient des antécédents très impressionnants dans des domaines "humanitaires" tels que la guerre chimique, l'espionnage international, la fabrication de munitions, les accords de cartel, et ainsi de suite. Dans l'ensemble, la charité ne figurait pas dans leur curriculum vitae.

Bien que la société ait été, dans l'ensemble, très respectueuse des avocats ces dernières années, consciente de leur pouvoir et de leur capacité à infliger du chagrin à leurs détracteurs, une enquête diligente révèle quelques rares expressions de doute dans les organes de presse nationaux. Le magazine *Harper's* d'octobre 1976 a publié un article intitulé "A plague of Lawyers" (Un fléau d'avocats), écrit par Jerome S. Auerbach. Il note que la Constitution de la Caroline déclare que c'est "une chose vile et basse que de plaider pour de l'argent ou une récompense". "Les États du Massachusetts et du Rhode Island interdisaient aux avocats de siéger dans leurs assemblées coloniales, ce qui constitue un contraste frappant avec la situation actuelle, puisque quatre-vingt-dix pour cent ou plus des législateurs des États sont aujourd'hui des membres de la profession juridique. L'historien Crevecoeur décrivait les avocats comme "des mauvaises herbes qui poussent dans tout sol cultivé par les bandes d'autrui ; et quand elles ont pris racine, elles éteignent toute autre végétation autour d'elles".

L'historien Ferdinand Lundberg a écrit dans le Harper's d'avril 1939 un article intitulé "The Priesthood of the Law" (Le sacerdoce de la loi), dans lequel il décrit "l'achat de la loi". Lundberg cite une affaire historique, Gebhardt v. United Railways of St. Louis, Mo. 1920, dans laquelle la décision notait que "la loi ne fait pas d'un cabinet d'avocats un nid de vipères dans lequel éclosent fraudes et

[5] *L'Ordre Mondial, nos dirigeants secrets, une étude sur l'hégémonie du parasitisme,* Omnia Veritas Ltd, www.omnia-veritas.com.

parjures", un commentaire féroce sur les pratiques juridiques qui avaient été mises en lumière dans cette affaire.

Le Saturday Evening Post du 2 décembre 1933 a noté dans un éditorial que "lorsque le procureur général des États-Unis juge nécessaire, en s'adressant à une conférence sur la lutte contre la criminalité, de faire référence à des "avocats sans scrupules qui aident et encouragent la criminalité (le "porte-parole" historique, ndlr), les criminels et emploient tous les artifices pour les défendre, le public ne peut pas ne pas se rendre compte que dans la relation entre les avocats et la criminalité, il est confronté à un problème à la fois particulier et inquiétant". Le procureur général a poursuivi en disant qu'"il y a des raisons de croire que dans de nombreuses localités, un certain nombre d'avocats sont en contact avec l'élément criminel et sont régulièrement employés par lui, étant les charognards du barreau. Nous constatons une connivence et un lien entre les avocats et le crime, avec ses concomitants de trucage de jury, de corruption et de parjure".

L'un des exemples les plus stupéfiants de conspiration juridique en Amérique est décrit dans le livre très détaillé "Senatorial Privilege" de Leo Damore, Regnery 1988. Les principales revues nationales ont résolument ignoré ce travail documenté. Damore relate l'histoire étonnante d'une phalange d'avocats, ayant prêté serment au code mafieux de l'omerta, ou du silence, qui s'est formée autour du sénateur Edward Kennedy dans le cadre d'une conspiration visant à entraver la justice, peu après que le corps d'une jeune femme, que l'on disait enceinte, a été retrouvé dans sa voiture abandonnée. Le procureur dans cette affaire, Edward Dinis, a par la suite dénoncé publiquement le système de jury dans l'État du Massachusetts comme étant "absolument discriminatoire" et "un déni de justice systématique dans tout le Massachusetts". Il a également attaqué le système des tribunaux d'homologation, entaché de scandales, en le qualifiant de "citadelle peu connue du patronage et du favoritisme judiciaires opérant dans une atmosphère d'intimidation". L'incident de Chappaquiddick, comme l'escapade de Kennedy a été connue dans la presse nationale, n'a pas seulement détruit les chances de Kennedy d'être élu président ; il a également détruit la carrière journalistique de Roger Mudd, qui était déjà considéré comme le futur héritier de Walter Cronkite. Lorsque Mudd a interviewé Kennedy le 29 septembre 1979, il lui a posé la question fatidique suivante : "Pensez-vous, sénateur Kennedy, que quelqu'un croira vraiment un jour à votre explication sur Chappaquiddick ?" Kennedy a répondu de manière tout aussi fatidique qu'il trouvait son propre comportement "inconcevable". La phalange libérale a juré de s'en prendre à Mudd pour avoir démasqué leur champion dans les listes, et il a ensuite été licencié par la chaîne en faveur de Dan Rather.

Cet auteur a découvert le véritable caractère des professionnels de la justice au début de sa carrière d'écrivain. Un avocat m'a accompagné lors d'une excursion d'un après-midi sur la Garden State Parkway dans le New Jersey. Appréciant l'ouverture de cette autoroute récemment achevée, je roulais dans une nouvelle Hudson à une vitesse confortable de quatre-vingt-quinze miles à l'heure, lorsque j'ai eu la surprise de voir une Chrysler noire s'arrêter à côté de moi. Le jeune policier m'a fait signe de me garer. Lorsque nous nous sommes arrêtés, l'avocat a hâtivement sorti sa carte et l'a tendue au policier. Il a jeté un coup d'œil, a dit "D'accord", mais a ajouté d'un ton plaintif en s'éloignant : "Mais essayez de vous calmer, d'accord ?".

Ce même avocat m'a demandé de l'accompagner au palais de justice d'une petite ville, soi-disant pour faire des recherches juridiques. Lorsque nous sommes entrés dans la salle d'enregistrement déserte, il m'a demandé d'attendre près de la porte au cas où le greffier somnolent entrerait. Je suis restée là pendant qu'il extrayait calmement plusieurs documents des dossiers et s'éloignait. Je m'attendais à ce que nous soyons saisis et condamnés à purger une peine d'au moins dix ans, mais nous sommes passés devant le greffier, l'avons remercié d'un bref signe de tête et sommes repartis. J'ai appris plus tard que les avocats avaient l'habitude de "supprimer" des dossiers de cette manière, de modifier des entrées ou de préparer des pages de remplacement qui sont ensuite insérées dans les dossiers à la place des pages authentiques. Tout ce qui est sur papier peut être falsifié ou détruit — j'ai découvert qu'il s'agissait d'une devise non écrite de la profession juridique.

Le 5 octobre 1988, le *Washington Post* titrait un article sur les avocats : "LAWYERS ON DRUGS CREATE PROBLEM WRAPPED WITH LEGAL, MORAL QUESTIONS" (Les avocats sous l'emprise de la drogue créent un problème enveloppé de questions juridiques et morales). L'essentiel de l'article était que la cocaïne devenait un problème de plus en plus sérieux parmi les avocats exerçant dans notre capitale nationale. Un avocat a admis à la presse qu'il représentait fréquemment ses clients au tribunal alors qu'il était sous l'emprise de la cocaïne, déclarant que lorsqu'il était sous l'influence de la drogue, il avait l'impression que "rien ne pouvait mal tourner". Un autre toxicomane, Richard Winters, a déclaré : "Ce qui est vraiment tragique dans le système judiciaire, c'est ce concept d'officier de justice surhumain. C'est ce qui fait que beaucoup d'avocats dépendants, qu'ils soient alcooliques ou toxicomanes, restent enfermés dans leurs placards et incapables de dire : "Christ, j'ai un problème, que quelqu'un m'aide, s'il vous plaît".

Le même numéro du *Washington Post* relatait l'histoire d'un avocat spécialisé dans l'immigration accusé d'avoir préparé des documents pour des étrangers en situation irrégulière dans le but de frauder le service de l'immigration. Dans son ouvrage documenté, "The Trial Lawyers", Emily Gouric fait la chronique de certaines des techniques utilisées avec succès par les avocats les plus célèbres du pays, parmi lesquels Howard Weitzman, qui a obtenu l'acquittement de John DeLorean, accusé de conspiration en vue de distribuer de la cocaïne, en déposant d'abord une cinquantaine de requêtes procédurales, y compris des demandes d'accès à la liberté d'information. Weitzman savait que le juge les rejetterait probablement toutes ou presque. Cette procédure est connue sous le nom informel d'"épuisement du tribunal". Il est bien connu des avocats que les juges ont une capacité d'attention très courte ; en les inondant d'une masse de requêtes procédurales, l'avocat peut généralement amener le juge à un état de passivité, lui permettant de poursuivre une stratégie pour la défense d'un client qui est probablement coupable. C'est un truisme de la justice américaine que seuls les coupables peuvent s'offrir un très bon avocat. Les innocents doivent se contenter d'un avocat du troisième ou du quatrième échelon, dont le palmarès des affaires perdues est décourageant.

Mme Gouric décrit également les tactiques du célèbre avocat texan Richard "Racehorse" Haynes, qui a représenté le millionnaire de Fort Worth T. Cullen Davis dans son célèbre divorce avec Smith et Wesson, comme on appelle les divorces à la texane. Elle nous présente également Arthur Liman, qui a participé à une série télévisée intitulée "The Moscow Show Trials", comme les auditions de North devant le Congrès ont été décrites par la suite. Liman avait été un protégé de Nelson Rockefeller dans le cadre d'une "enquête" sur les émeutes et les meurtres de la prison d'Attica. Il est associé au cabinet Paul, Weiss, Rifkind, Wharton et Garrison à Wall Street. Liman compte parmi ses clients le magnat des OPA Carl Icahn, les banquiers d'affaires Lazard Frères et Pennzoil, qui a obtenu un jugement de dix milliards et demi de dollars contre Texaco. Bien qu'il ait été l'avocat principal des audiences sur l'Iran-Contra, M. Liman a récemment déclaré dans la page d'opinion du Richmond Times Dispatch : "Nous n'avons pas de procès politiques dans ce pays". Voilà qui ne manquera pas d'étonner le colonel Oliver North.

Les clients indignés constatent que, dans la plupart des États, il est impossible de trouver un avocat qui accepte de porter plainte contre un autre avocat. En théorie, les avocats n'ont pas plus d'immunité contre les poursuites que n'importe qui d'autre ; en pratique, l'appartenance à un barreau, à un cabinet d'avocats ou à une loge maçonnique empêche ou décourage généralement tout avocat de porter plainte contre un autre avocat, quel que soit le degré de flagrance de l'infraction. J'en ai eu la preuve dans le cas de l'épouse d'un riche entrepreneur. À son insu, il avait mis sur pied une entreprise d'un milliard de dollars. Après avoir décidé que sa nouvelle richesse l'obligeait à avoir une compagne qu'il pourrait exhiber en public, il a commencé à passer le plus clair de son temps avec sa maîtresse. L'épouse a demandé le divorce en engageant un avocat qui, pour des raisons jamais révélées, s'est placé du côté du mari riche et influent. Elle a déclaré que son avocat l'avait convoquée dans son bureau pour une conférence avec l'avocat de son mari. Son avocat lui a alors demandé de signer en leur présence une pile de documents apparemment "de routine". Dans la pile se cachait un document qui stipulait qu'elle renonçait par la présente à tout droit sur les biens de son mari. Elle l'a lu et a refusé de le signer, bien que son propre avocat ait conspiré pour qu'elle le fasse. Bien qu'elle ne connaisse pas les rouages du monde des affaires, elle n'est pas stupide. Néanmoins, elle n'a pas renvoyé son avocat, mais lui a permis de la représenter tout au long de la procédure de divorce. Le profane découvre qu'il est extrêmement difficile de licencier un avocat pour un motif valable, en raison des procédures judiciaires conçues pour protéger la profession d'avocat, un autre aspect peu connu de notre système juridique médiéval. Vous découvrez, comme moi, que vous ne pouvez pas renvoyer votre avocat, votre "attorney of record", comme l'appelle le tribunal, sans l'autorisation de ce dernier. Cela signifie que vous devez trouver un avocat pour vous représenter lors d'une comparution devant le tribunal, au cours de laquelle vous demandez ou priez le tribunal de vous autoriser à congédier votre ancien avocat et à engager celui-ci. La procédure exige que vous engagiez un avocat pour déposer une requête indiquant que vous souhaitez révoquer votre premier avocat ; cette requête est ensuite plaidée devant le tribunal. Si elle avait comparu en tant que son propre avocat, elle aurait pu le faire elle-même, mais peu de personnes sont prêtes à tout risquer dans notre système juridique obscur en comparaissant ainsi. Après avoir entendu la requête, le juge peut exercer son "pouvoir judiciaire discrétionnaire" et décider s'il doit vous autoriser à renvoyer l'avocat qui vous a vendu la marchandise. Cette requête est généralement acceptée, à condition que vous vous assuriez de payer les honoraires de l'avocat qui vous a mal représenté, ainsi que les honoraires de l'avocat qui vous représente désormais.

Cette malheureuse femme s'est retrouvée avec un règlement de seulement 20 000 dollars de la part de son mari ; l'avocat a affirmé que c'était tout ce qu'il avait pu obtenir de lui. Son mari l'a alors appelée pour la narguer comme suit : "Tu ne savais pas que j'étais millionnaire, n'est-ce pas ? "Elle fut furieuse de découvrir qu'il valait effectivement des millions, qu'il allait maintenant prodiguer à sa maîtresse. Elle a immédiatement décidé de poursuivre son avocat pour faute professionnelle. Elle m'a raconté que, pendant des mois, elle a parcouru tout l'État pour trouver un avocat qui accepterait de poursuivre l'avocat qui l'avait dépouillée. On lui a toujours donné la même réponse : "Vous avez déjà accepté le règlement par l'intermédiaire de votre avocat. Je ne peux rien faire pour vous aider". Je l'ai informée que je savais depuis des années qu'aucun avocat dans cet État, ainsi que dans la plupart des États, n'engagerait de poursuites contre un confrère. Le barreau prétend qu'il accepte d'entendre les plaintes de civils contre un avocat, mais dans la pratique, ces plaintes sont rapidement enterrées pour ne jamais être exhumées.

J'ai informé cette dame que j'avais poursuivi un certain nombre d'avocats dans cet État, agissant en tant que mon propre avocat. Tous ces procès ont été rapidement rejetés par des juges complaisants sur la base d'un vice de forme connu sous le nom de "demurrer", qui consiste à affirmer juridiquement que la cause d'action est insuffisante, mais en réalité, dans le jargon juridique, à dire : "Et alors ?". Les textes entiers des plaintes que j'avais déposées contre ces avocats avaient été copiés mot pour mot à partir des statuts. L'un des juges m'a souri en me faisant remarquer, d'un ton sévère : "Vous savez, M. Mullins, personne ne peut s'attendre à gagner tous les procès". J'aurais pu risquer une citation pour outrage en répondant que j'aimerais en gagner un en quarante ans de plaidoiries, mais je n'ai rien dit. J'avais déjà dénoncé ce même juge pour avoir rejeté près de cinquante requêtes consécutives sans argumentation, pour constater que l'avocat fédéral était l'un de ses vieux copains. Cette plainte a été enterrée, tout comme la plupart de mes autres actions en justice. J'ai tiré une petite satisfaction de ces procès contre notre sacro-sainte profession juridique, lorsque l'un des avocats est venu me voir à la porte du cabinet du juge, en se plaignant qu'au cours des deux dernières années, le procès que j'avais intenté contre lui avait fait doubler son assurance contre la faute professionnelle. Mieux vaut de petites victoires que rien du tout.

Le dépôt de plaintes contre des avocats par des clients mécontents, trahis et trompés reste l'un des grands gisements de pétrole inexploités de la jurisprudence aux États-Unis. Le 5 novembre 1986, le Wall Street Journal a publié en première page un article sur un avocat "franc-tireur", Edward Friedberg, qui a exploité ce gisement et l'a trouvé très rentable. Friedberg, un avocat exerçant à Sacramento, en Californie, poursuit allègrement ses collègues lorsque des clients l'informent de leurs fautes professionnelles. L'affirmation selon laquelle il s'agit d'un gisement de pétrole inexploité est prouvée par l'affirmation de Friedberg selon laquelle 80% des affaires de faute professionnelle qu'il intente contre d'autres avocats sont réglées avant le procès. Seuls 17% d'entre eux vont jusqu'au procès. La raison en est évidente : les avocats étaient coupables et n'osaient pas affronter un jury. Friedberg affirme qu'il a un grand avantage à poursuivre les avocats et à les forcer à prendre la parole pour leur propre défense.

> "Les jurés battent les avocats. Nous sommes juste au-dessus des vendeurs de voitures d'occasion. En outre, les avocats sont de mauvais témoins. Ils parlent trop et sont arrogants".

Malgré l'énorme succès financier de Friedberg — il gagne des millions de dollars pour ses clients dans ces procès pour faute professionnelle et prend un tiers, plus les frais, pour ses honoraires conditionnels — aucun défenseur du public n'a osé s'inscrire sur les listes dans d'autres États. Il est certain que d'autres avocats sont au courant des milliers de cas qui ne demandent qu'à être déposés pour faute professionnelle, mais la profession a serré les rangs. Il ne s'agit pas simplement d'une question de courtoisie professionnelle, mais de la crainte que la profession tout entière ne soit mise en péril, voire détruite, si le public était autorisé à porter devant les tribunaux les cas amplement documentés de fautes professionnelles. Les barreaux des États et les loges maçonniques ne permettront jamais à leurs membres de faire ce que Friedberg a fait. Une fois que les cas extrêmes de faute professionnelle, de négligence et de conspiration pour entraver la justice commenceront à être débattus devant les tribunaux, la profession sera condamnée.

La dame dont le cas de divorce a été cité précédemment, comme la plupart des clients, ignorait l'existence d'une tactique juridique qui est toujours dévastatrice pour la cause du plaideur. Cette tactique est appelée "réunion consultative" avec l'avocat de la partie adverse pour discuter des ramifications de l'affaire — la durée de l'affaire, le type de découverte avant le procès envisagé et, surtout, le montant que chacun d'entre eux peut soutirer à son client avant de mener l'affaire à sa conclusion prédéterminée. Ces conférences, dites "ex parte", c'est-à-dire sans les parties, à leur insu et sans leur consentement, peuvent inclure une rencontre avec le juge pour discuter de l'affaire en privé. L'ex parte est l'un des abus les plus flagrants de la profession juridique actuelle et est strictement interdit par la loi. Quelques inculpations pour cette pratique ont été prononcées au cours de la dernière décennie, mais les chances qu'un avocat soit poursuivi pour avoir participé à des discussions ex parte sont encore plus grandes que celles d'être frappé par la foudre.

La loi interdit aux particuliers de déposer un document auprès d'un tribunal, à moins qu'ils n'aient eux-mêmes déposé l'affaire au préalable, notifiant ainsi au tribunal qu'ils sont des avocats attitrés et qu'ils se représentent eux-mêmes. Ces dernières années, l'accent a été mis sur le dépôt "in propria persona", en tant que personne physique, plutôt qu'en tant qu'avocat pro se, la théorie étant que l'on évite ainsi d'être entaché en tant qu'officier de justice, ou d'être soumis à la juridiction du tribunal. Cependant, toute personne qui entre dans une salle d'audience est présumée par le juge en exercice être sous la juridiction de son tribunal, et ceux qui le nient peuvent protester jusqu'à ce qu'ils purgent une peine de six mois pour "outrage au tribunal".

La loi interdit à tout greffier d'accepter un document à déposer s'il n'est pas soumis par un avocat agréé ou une personne se représentant elle-même. Il se peut que vous ayez en votre possession un document que vous pensez utile à votre affaire. Si votre avocat décide de ne pas le soumettre au tribunal, vous n'avez aucun recours. Votre avocat essaiera de le faire passer pour non pertinent, alors qu'il pourrait vous permettre de gagner votre procès. Le problème est que votre avocat s'est déjà mis d'accord avec l'avocat de la partie adverse pour vous voir disparaître dans les égouts. Vous devez accepter sa décision, car le système d'éducation publique vous apprend soigneusement à accepter tout ce que vous dit un professionnel, sans protester. Votre médecin vous dira que la vaccination est bonne pour votre enfant ; votre banquier vous dira que le système de la Réserve fédérale n'est pas une propriété privée ; et votre avocat vous dira qu'il a vos intérêts à cœur.

Ces dernières années, des déclarations publiques ont mis en doute la compétence des avocats américains. Le président de la Cour suprême, M. Berger, a déclaré que "les avocats américains sont incompétents". Le président Jimmy Carter a averti que "quatre-vingt-dix pour cent de nos avocats sont au service de dix pour cent de la population", ce qui est probablement un coup dur pour les quatre-vingt-dix pour cent restants des clients potentiels. Néanmoins, les avocats américains ne font preuve d'aucune incompétence lorsqu'ils conspirent pour faire obstruction à la justice, lorsqu'ils conspirent pour commettre un parjure ou lorsqu'ils organisent des réunions "ex parte" au cours desquelles ils se mettent d'accord pour saboter leurs clients dans l'intérêt commun. Cet auteur observe depuis quarante ans que les avocats américains sont extrêmement compétents pour réaliser les abus du public qui les ont enrichis tout au long du vingtième siècle. L'American Bar Association a publié une déclaration soigneusement pesée selon laquelle "elle est consciente depuis longtemps que les soixante-dix pour cent moyens de la population ne sont pas correctement servis par la profession juridique". Il s'agit peut-être d'un avertissement à la profession : nos avocats négligent soixante-dix pour cent du marché disponible. L'almanach fait état de quelque 651 000 membres de la profession juridique aux États-Unis, y compris les juges. Sur ce nombre, l'American Bar Association a inscrit quelque 335 000 membres. En théorie, l'American Bar Association n'est qu'un groupe professionnel de plus, dont la fonction est de promouvoir les pratiques de sa profession. En fait, la principale fonction de l'ABA, de ses unités d'État et de ses associations locales est de former une phalange impénétrable pour protéger ses membres de toute sanction pour leurs transgressions à l'encontre du public. Ces transgressions comprennent non seulement les infractions commises à l'encontre de membres individuels du public, mais aussi les crimes commis par les avocats contre le bien public et le bien commun. De nombreuses décisions obtenues par les avocats à la suite d'une faute professionnelle ne portent pas seulement préjudice à des individus, mais aussi à tous les membres du public. Quiconque a déjà déposé une plainte contre un avocat auprès d'un barreau local peut témoigner que la plainte est accueillie par un silence tonitruant. Une fois déposée, on n'en entend plus jamais parler. Les commissions publiques ont à maintes reprises vérifié cette affirmation en publiant leurs conclusions. L'ancien juge de la Cour suprême Tom Clark a dirigé une commission qui, après une étude de dix-huit mois sur le système disciplinaire juridique, a publié ses conclusions selon lesquelles "l'attitude dominante des avocats à l'égard de l'application de la discipline va de l'apathie à l'hostilité pure et simple. L'action disciplinaire est pratiquement inexistante dans de nombreuses juridictions". La conclusion officielle est qu'il n'y a que peu, voire pas du tout, de régions aux États-Unis où un citoyen peut obtenir satisfaction après avoir déposé une plainte contre un avocat. La commission Clark a noté que 90% des plaintes contre des avocats sont rejetées sans que personne ne prenne la peine d'enquêter sur les faits allégués. Si vous habitez à Sacramento, vous pourrez peut-être engager Edward Friedberg pour traiter votre plainte contre un avocat, si les dommages sont suffisants. Pour ce qui est du reste des États-Unis, vous pouvez vous épargner un timbre en n'écrivant pas à l'association locale du barreau.

L'indignation suscitée par les abus connus de la profession d'avocat a incité les législateurs new-yorkais à mettre de côté 840 000 dollars pour financer les procédures disciplinaires à l'encontre des avocats. Toutefois, l'utilisation de ces fonds a été laissée à l'entière discrétion de l'association privée du barreau de la ville de New York, qui est seule habilitée à embaucher ou à licencier tous les employés chargés de gérer les actions disciplinaires à l'encontre des avocats. Comme on pouvait s'y attendre, les 840 000 dollars ont été transformés en un nouveau gâchis pour les avocats, en fournissant des salaires à leurs proches, étant entendu qu'ils ne feraient absolument aucun travail.

L'un des opposants les plus colorés au monopole juridique est Andrew Melechinsky, le fondateur du mouvement Constitutional Revival, dont le siège se trouve à Fairfield, dans le Connecticut. Dans sa littérature, Melechinsky affirme avec force : "Oui, Virginie, il y a une conspiration. La force motrice de cette conspiration est le monopole des juges et des avocats". Homme prêt à défendre ses convictions, Melechinsky patrouille régulièrement dans les palais de justice, portant un grand badge sur lequel on peut lire : "Les avocats, les juges et les politiciens sont des ordures". Notez qu'il ne nuance pas cette affirmation. Il ne dit pas : "Certains avocats, juges et hommes politiques sont des ordures". Sa caractérisation est globale. En tant qu'éditeur, j'ai soigneusement analysé cette déclaration. J'ai constaté qu'en dépit d'un travail d'édition des plus rigoureux, rien ne pouvait être ajouté ou soustrait pour la rendre plus directe. Melechinsky fait également du piquetage dans les palais de justice et les facultés de droit, arborant une grande pancarte "Le système judiciaire est totalement corrompu". On ne fait pas ce genre de choses dans une Amérique libre sans conséquences. Melechinsky a été jeté en prison, mais sa vaste connaissance des procédures constitutionnelles lui permet toujours d'être libéré. Il devrait y avoir un Melechinsky patrouillant dans tous les palais de justice des États-Unis, mais jusqu'à présent, il a mené sa croisade seul.

La journaliste texane Molly Ivins, elle-même iconoclaste, explique pourquoi Melechinsky qualifie nos juristes de racailles. Un avocat nommé Heard devait être nommé prochain président de l'association du barreau du Texas. Au plus fort de sa campagne, il a été arrêté lors d'une descente de police dans un studio de mannequins nus. L'association du barreau choisit à contrecœur un autre candidat à la présidence. D'autres avocats de renom font la une des journaux pour des accusations que l'on ne trouve habituellement que dans les hebdomadaires de supermarché tels que le Star. Marvin Mitchelson, qui a inventé le concept de "palimonie" pour les amants abandonnés des stars d'Hollywood, a été accusé de faute professionnelle à la suite de plaintes émanant de l'actrice Julie Newmar et d'Eleanor Revson, de la famille des cosmétiques. Les plaintes portaient sur des honoraires excessifs, le fait de ne pas avoir placé les fonds d'un client dans un fonds fiduciaire, une allégation de turpitude morale, et le fait qu'il aurait refusé de payer un million de dollars pour des bijoux achetés en Suisse en avril 1987. Les deux bijoux, provenant de la collection de la défunte duchesse de Windsor, avaient été vendus aux enchères à Genève. L'article de l'AP, daté du 6 décembre 1988, indique que l'association du barreau a reçu plus de vingt plaintes contre Mitchelson, qui seront traitées lors d'une audience disciplinaire. Le 15 janvier 1989, Mitchelson a été condamné à payer des intérêts et des frais d'avocat sur le million de dollars à partir d'avril 1987, date à laquelle il a pris possession des bijoux, bien qu'il ait prétendu que l'argent n'était pas dû avant le 21 octobre 1988. Son confrère californien, Melvin Belli, connu sous le nom de "King of Torts", a fait l'objet d'un article dans le Wall Street Journal. Il s'est exilé de son manoir de 25 pièces à San Francisco, une attraction touristique locale, après que sa femme a obtenu une ordonnance du tribunal. Aujourd'hui légalement séparé, il vit sur un yacht de 150 mètres de long. Bien que son équipe ait été réduite à treize avocats, Belli estime avoir gagné plus de 350 millions de dollars en dommages et intérêts pour ses clients. En 1985, il a perdu un procès pour faute professionnelle qui s'est soldé par un jugement de 3,8 millions de dollars.

Six autres plaintes pour faute professionnelle ont été déposées contre lui devant la Cour supérieure de San Francisco. Cela n'a toutefois pas découragé ses clients. Il a actuellement un millier d'affaires en cours, soit soixante-dix pour chaque avocat de son équipe. Il doit également faire face à une procédure devant la Cour fiscale, dans laquelle le gouvernement réclame jusqu'à trois millions de dollars pour une transaction concernant son immeuble de San Francisco. Belli jure de se venger, en menaçant d'intenter un procès pour poursuites abusives. Parce qu'il a vendu l'immeuble à ses enfants en 1981, le gouvernement réclame jusqu'à trois millions de dollars au titre de l'impôt sur les donations, estimant que la vente n'est pas valable parce qu'aucune somme d'argent n'a changé de bande et qu'aucun contrat écrit n'a été établi au moment où la vente est censée avoir eu lieu. La renommée de Belli en tant que "roi de la responsabilité civile" s'est construite sur sa maîtrise de la mise en scène dans les salles d'audience. Il a été l'un des premiers à présenter des "pièces à conviction démonstratives", telles que des bandages tachés de sang, des images sanglantes et d'autres documents qui ont choqué les membres du jury et les ont incités à accorder de lourdes indemnités. S'il est un mot qui décrit les activités de la profession juridique, c'est bien celui de corruption. Toutefois, cette pratique est moins importante dans les régions les plus pauvres du pays que la force tout aussi efficace de l'intimidation. La corruption atteint son apogée dans les grandes villes et dans les grands cabinets d'avocats qui traitent des affaires de plusieurs millions de dollars. Dans les petites villes, l'argent change rarement de bande, car le système juridique repose sur l'influence politique, les liens fraternels et l'omniprésente matraque posée sur la nuque. Il existe une certaine "noblesse oblige", c'est-à-dire que je te dois et tu me dois, ou "une bande lave l'autre". Cette dernière expression était la favorite d'un avocat avec lequel j'ai travaillé pendant plusieurs années.

Peu d'affaires de corruption juridique sont portées à l'attention du public. Cependant, l'une d'entre elles, impliquant l'auguste cabinet d'avocats de Wall Street Cravath, Swaine et Moore, a révélé les activités de l'un des principaux associés du cabinet, Hoyt Augustus Moore. Au début des années 1930, Moore était conseiller juridique du géant Bethlehem Steel Company, une entreprise de J. P. Morgan. Cette entreprise, dans le cadre de son monopole, a tenté de racheter un concurrent dans le domaine des câbles métalliques, une pratique censée être interdite en vertu des dispositions strictes du Sherman Anti-Trust Act. Il semblait qu'un juge fédéral, le juge Albert W. Johnson, confirmerait la décision prise à l'encontre de Bethlehem Steel. Cependant, Johnson, souhaitant apparaître comme un homme raisonnable, a fait savoir que pour un paiement symbolique de 250 000 dollars (l'équivalent de cinq millions de dollars en 1989), il pourrait être persuadé de retirer ses objections à la prise de contrôle. Lors d'un témoignage ultérieur devant une commission du Congrès, le conseiller Moore a déclaré que "ce montant n'est pas excessif et n'est pas répréhensible". Le paiement a été effectué immédiatement. Bien qu'il ait reconnu publiquement avoir commis le crime de corruption d'un juge fédéral, Hoyt Augustus Moore a poursuivi sa brillante carrière juridique pendant les vingt-cinq années qui ont suivi l'événement. En 1959, il a pris sa retraite à l'âge de 88 ans. Non seulement l'association du barreau de New York n'a pas tenu compte de son aveu de crime, mais le juge Johnson a été élu plus tard président de son association ! Plus tard, il a été inculpé pour corruption et conspiration, mais il a été acquitté, ses co-conspirateurs ayant refusé de témoigner dans l'affaire.

En septembre 1978, Mahlon Perkins Jr, associé principal d'un autre cabinet d'avocats sacro-saint de Wall Street, Donovan Leisure (fondé par le général Wild Bill Donovan, héros de la Première Guerre mondiale qui organisa plus tard l'Office of Strategic Services sous les auspices britanniques pendant la Seconde Guerre mondiale, réorganisé plus tard sous la forme de l'actuelle Central

Intelligence Agency), a plaidé coupable d'avoir menti sous serment en déclarant qu'il avait précédemment détruit certains documents que son adversaire dans un procès antitrust avait obtenu de la cour qu'elle lui ordonne de produire. Perkins a non seulement perdu le procès, mais un verdict de 81,5 millions de dollars a été rendu contre son entreprise. Perkins a été condamné à un mois de prison, mais le barreau a refusé de prendre des mesures à son encontre. Si les barreaux peuvent ignorer des crimes d'une telle gravité, comment croire qu'ils donneront suite à la plainte d'un simple citoyen ?

Les actes d'accusation contre des membres éminents de la profession juridique pourraient être cités sur de nombreuses pages ; ceux-ci suffiront à illustrer le propos. Il n'en reste pas moins que le plus grand dommage qu'ils ont infligé a été la trahison de la nation à travers leurs activités dans des conspirations internationales. Nous avons cité John Foster Dulles ; bien qu'il soit le plus célèbre des conspirateurs, il n'a pas manqué d'émules à bien d'autres niveaux. Le Wall Street Journal a noté que son cabinet, Sullivan and Cromwell, semble avoir perdu beaucoup de son influence et de ses clients importants au cours des dernières années. Il ne fait aucun doute qu'il a besoin d'un partenaire capable d'intrigues similaires avant que ses énormes honoraires ne soient renouvelés.

D'après l'expérience du présent auteur, la pratique juridique actuelle consiste presque entièrement en un jeu connu sous le nom de "Let's Make a Deal" (faisons un marché). Le résultat de cette pratique est que peu d'avocats aujourd'hui ont une connaissance pratique de la stratégie juridique, ou même des exigences de la rédaction d'une simple requête. Très tôt, lors de mes apparitions dans nos tribunaux, j'ai découvert que je semais la consternation dans les rangs de ces "avocats non praticiens" en raison de l'ampleur et de la longueur de mes mémoires juridiques. Grâce à mes nombreuses années de formation et de pratique en tant que chercheur et écrivain, je n'avais aucune objection à passer de nombreuses heures à lire des tomes juridiques tels que le Code des États-Unis ou le *Corpus Juris Secundum*, des livres que mes adversaires ouvraient rarement. En conséquence, les juges étaient bien en peine de rejeter mes requêtes face aux faibles efforts de leurs éminents collègues. Mais cela ne les a jamais empêchés de le faire. Leur seul espoir était qu'après un rejet persistant à tous les niveaux des tribunaux, je serais à court de fonds, ou que je me découragerais et partirais. En fait, je suis resté pour voir à quel point le système était corrompu. Ce fut une expérience fascinante.

La technique la plus éprouvée, qui consiste à épuiser l'opposition, c'est-à-dire à réduire à néant ses ressources financières, n'a pas fonctionné dans mon cas. Je ne payais pas les frais d'un grand cabinet d'avocats ou d'un seul avocat pour s'occuper de mon travail. Ma plus grande dépense était le papier et les rubans dactylographiques, soit environ dix dollars par mois. Cette dépense me permettait de poursuivre six ou huit affaires devant les tribunaux de l'État et les tribunaux fédéraux. Cependant, mes meilleurs efforts étaient généralement torpillés par la technique juridique de la "découverte". En bref, la "discovery" consiste en une ordonnance du tribunal vous obligeant à remettre à votre adversaire tous les documents et toutes les preuves de votre affaire, afin qu'il dispose des armes nécessaires pour vous combattre. Les avocats de la partie adverse passent au crible tous vos documents, en extraient toutes les preuves qui vous sont favorables et les font déclarer "irrecevables" par le juge. Dans le même temps, toutes les preuves favorables à leur camp seront automatiquement déclarées "recevables" par le juge. En quarante ans de pratique judiciaire, je n'ai jamais vu cette pratique négligée, et je n'ai jamais vu qu'elle n'ait pas abouti à une décision en ma défaveur.

La communication des pièces nécessite également des comparutions prolongées lors des dépositions préalables au procès, des réponses à de longs questionnaires, connus sous le nom d'interrogatoires écrits, et des réponses à des demandes d'admission. Si ces procédures ne parviennent pas à vous détruire, le tribunal ordonne alors la production de documents. En général, cela signifie que le tribunal vous ordonne de produire le passeport de votre arrière-grand-père et d'autres documents similaires qui n'ont pas été vus par quiconque depuis de nombreuses années. En cas de non-respect de cette obligation, le tribunal prononce des sanctions immédiates, y compris des peines de prison à durée indéterminée jusqu'à ce que les documents soient produits. Les techniques de discovery, sur lesquelles repose la pratique juridique actuelle, constituent, d'une part, un procès par l'avocat adverse sans juge ni jury et, d'autre part, un acte d'accusation à l'encontre de la partie qui est sommée de comparaître. Les bills of attainder sont strictement interdits par la Constitution des États-Unis, mais tous les juges à qui j'ai adressé cette notification l'ont ignorée. À l'époque, je n'avais pas compris que la loi sur l'amirauté de l'Angleterre avait supplanté la Constitution dans les tribunaux américains. Le droit de l'amirauté n'interdit pas les injonctions de faire (bills of attainder).

Roy Cohn, réputé pour être un adversaire féroce dans une salle d'audience, écrit dans son autobiographie : "Dans un exemple célèbre de la queue qui remue le chien, la découverte est devenue l'alpha et l'oméga de la pratique du procès. Des années sont passées à "découvrir" le dossier de l'autre, dans l'intimité des salles de conférence de cabinets d'avocats brillamment décorés et payés par des clients qui sont censés obtenir un traitement équitable pour leur argent et qui, au lieu de cela, se font trop souvent racketter par des avocats qui ne sauraient pas comment plaider une affaire devant un jury si leur vie en dépendait. Les dépositions, cela s'appelle, et tout ce que cela fait, c'est finalement soutenir les incompétents qui ont peur de se présenter au tribunal".

Cohn passe sous silence le fait que la discovery est plus souvent utilisée pour détruire l'adversaire avant le procès, par le biais de dépenses prolongées et d'abus. Le Wall Street Journal a noté qu'en septembre 1988, la société Drexel, Burham et Lambert avait dépensé quelque 140 millions de dollars pour se défendre contre des accusations de violation des lois sur les valeurs mobilières, dont 40 millions de dollars pour la copie d'un million et demi de pages de documents. L'entreprise a finalement conclu un accord à l'amiable, acceptant de payer 650 millions de dollars d'amende pour des accusations qu'elle aurait pu réfuter devant les tribunaux, après avoir payé des frais de justice d'un montant deux fois supérieur à celui de l'amende. Le procès intenté par le ministère de la justice contre le géant American Telephone and Telegraph Company était également un rêve d'avocat, impliquant le paiement de centaines de millions de dollars en frais de justice, que vous, cher lecteur, avez fini par payer par le biais d'augmentations de vos factures de téléphone. Comme vous vous en doutez, le ministère de la justice, le plus grand cabinet d'avocats au monde, est spécialisé dans la création de tels procès au profit des avocats du monde entier. C'est ce qui explique le commentaire sibyllin de F. Lee Bailey sur "la peur froide associée au fait d'être un défendeur dans un tribunal américain". M & N Associates, dans un sondage réalisé en 1968, a constaté que 68% des citoyens américains ne pensaient pas pouvoir obtenir un procès équitable dans un tribunal américain. Le célèbre avocat Gerry Spence, dans son dernier livre, "With Justice for

None", écrit que "la vérité est qu'il n'y a pas de justice dans aucun tribunal pour le peuple américain".

Les procès en diffamation restent également un terrain fertile pour les avocats, car les jugements et les frais de justice ne connaissent pas de limites. Lorsque deux écrivaines libérales de l'école new-yorkaise, Lillian Hellman et Mary McCarthy, ont intenté un procès l'une contre l'autre, les résultats ont été désastreux pour l'une comme pour l'autre. Lillian Hellman était depuis longtemps une menteuse invétérée. Après avoir épousé le scénariste hollywoodien Dashiell Hammett, elle s'est emparée de tous les revenus de son travail, refusant que ses enfants issus d'un précédent mariage reçoivent la moindre somme. Cependant, c'est sa réputation de menteuse la plus scandaleuse dans une profession qui n'est pas réputée pour son attachement à la vérité qui a poussé sa collègue libérale, Mary McCarthy, à parler avec exaspération lors d'une interview diffusée à l'échelle nationale dans l'émission de Dick Cavett, caractérisant Hellman comme "une survivante terriblement surestimée, un mauvais écrivain et un écrivain malhonnête". Elle a suivi cette dénonciation d'Hellman, qui pourrait être excusée comme une critique littéraire légitime, par une déclaration pouvant donner lieu à des poursuites lorsqu'elle a conclu : "Chaque mot qu'elle écrit est un mensonge, y compris et et le".

Après avoir ruminé la déclaration de McCarthy pendant quelques instants, Hellman appelle ses avocats. En février 1980, Mary McCarthy doit se défendre dans un procès pour diffamation. Malgré le fait qu'elle soit depuis longtemps la coqueluche des littéraires et qu'elle ait eu de nombreux best-sellers, elle voit bientôt ses économies décimées par les frais de justice. Ses avocats new-yorkais lui ont facturé 35 000 dollars pour le dépôt d'une seule requête dans cette affaire. (Il m'est arrivé de déposer trois ou quatre requêtes en une seule journée, mais je n'ai pas eu de frais comparables). L'affaire a traîné en longueur, comme c'est le cas lorsqu'on a des avocats new-yorkais onéreux. Lillian Hellman est décédée en 1984, avant que l'affaire ne soit jugée, ce qui a considérablement soulagé Mary McCarthy. C'est un truisme de la profession juridique que de ne jamais pouvoir prédire ce qu'un jury pourrait faire ; la sentence habituelle dans les affaires de diffamation de ce type est d'un dollar, mais les dommages-intérêts punitifs, qui portent bien leur nom, et qui relèvent purement du droit de l'amirauté, peuvent s'élever à des millions de dollars.

La fameuse imprévisibilité des jurys a donné naissance à un nouvel art, l'art de la sélection des jurés. Il s'agit d'un art, car l'encadrement final du tableau dépend entièrement des jurés sélectionnés par les avocats. C'est ce que l'on pourrait appeler l'art de la composition du jury ; bien que la composition du jury soit théoriquement illégale, cela n'a jamais empêché quiconque de l'essayer. Les membres d'un jury fondent généralement leurs décisions finales sur des facteurs de race et de sexe, ou sur la façon dont l'accusée, si c'est une femme, se coiffe. Cela est compréhensible si l'on considère qu'après des jours ou des mois d'écoute de témoignages contradictoires, la plupart des membres du jury n'ont pas la moindre idée de la partie qui a raison. Au cours des dernières décennies, des jurys composés exclusivement de démocrates noirs et pauvres dans des affaires criminelles du district de Columbia ont régulièrement voté en faveur de la condamnation de membres républicains de la Maison-Blanche, blancs et issus de la classe moyenne, dans des procès politiques à grand spectacle. Les procès du Watergate ont constitué l'apogée de ce processus, qui a connu une nouvelle vague avec la condamnation, ces dernières années, de la plupart des collaborateurs de Ronald Reagan à la Maison Blanche. Les plus proches collaborateurs de Reagan, parmi lesquels Michael Deaver et Lynn Nofziger, ont été reconnus coupables sur la base d'accusations vagues par des jurys noirs, qui exprimaient peut-être leur ressentiment d'avoir eu à subir trois cents ans d'esclavage aux États-Unis. En tout état de cause, les crimes dont ils étaient accusés échappaient à ces jurés, dont la vie quotidienne était rythmée par la nécessité de survivre dans un environnement meurtrier et saturé de drogues. Le procès-spectacle du colonel Oliver North à Moscou s'est inscrit dans cette tradition courageuse. Même le *Washington Post* a été contraint de commenter la possibilité d'une injustice parce que "l'ensemble du jury était composé de personnes d'une autre race". Même le *Washington Post* s'est abstenu de mentionner "la race qui n'ose pas dire son nom". Le lecteur n'avait plus qu'à conjecturer si le colonel North était jugé devant un jury de Chinois, ou peut-être d'Indiens.

Notre système juridique est généralement décrit comme un "système contradictoire". Les deux clients opposés se présentent devant le tribunal pour obtenir un jugement impartial de la part d'un juge ou d'un jury, ou des deux. En pratique, le système accusatoire de la salle d'audience crée de la rancœur et de l'hostilité de part et d'autre. Il empêche les procédures et les solutions potentiellement satisfaisantes pour les deux parties, parce qu'il est plus rentable pour l'avocat de les maintenir à la gorge l'une de l'autre. Chaque avocat assure à son client qu'il est certain de gagner, et que l'affaire doit donc être poursuivie jusqu'au bout devant le tribunal. Au lieu d'opter pour l'arbitrage ou le règlement des litiges, qui seraient beaucoup moins coûteux et plus satisfaisants pour les parties, on leur fait miroiter une victoire totale. L'avocat gagne tout et ne perd rien en préconisant cette voie. Si son client perd, il tentera de le convaincre de faire appel de cette décision "injuste". Il en résulte des honoraires supplémentaires pour les avocats et pour les tribunaux.

Au début de mon expérience juridique, j'ai été stupéfait lorsqu'un avocat avec lequel j'étais alors associé m'a donné l'une des clés d'une pratique juridique réussie — un avocat perdra souvent votre affaire à dessein, afin que vous puissiez être persuadé d'interjeter appel. Nous étions au tribunal lorsque j'ai remarqué que l'avocat du défendeur avait omis de faire témoigner un témoin clé. Le témoignage de ce témoin aurait permis de gagner l'affaire, qui a ensuite été perdue. "Pourquoi l'avocat n'a-t-il pas appelé ce témoin ? ai-je demandé à mon associé. "Oh, c'est la routine", m'a-t-il assuré. "Il voulait que le gars perde l'affaire pour pouvoir faire appel. Ce n'est que du business".

Ce fut ma première révélation sur le fonctionnement réel de notre système juridique. Je ne l'ai jamais oubliée. C'est peut-être ce qu'Oliver Wendell Holmes, le saint patron des avocats modernes, voulait dire lorsqu'il a déclaré : "La loi n'a rien à voir avec la justice, dans le cadre d'un système de procès par bataille où l'objectif est la victoire et non la justice". Il poursuivait en disant que l'avocat peut licitement employer une foule de stratagèmes et d'astuces pour obscurcir la vérité, manipuler les témoins et flatter le jury et le juge sur les motions les plus basses. La justification philosophique du système accusatoire est l'affirmation selon laquelle les adversaires sont "à armes égales". Ce n'est jamais vrai, mais cela reste le mythe favori du système accusatoire. En 1906, l'autorité juridique Roscoe Pound l'a décrit comme "la théorie sportive de la justice". Jerome Frank a déclaré que "de tous les moyens possibles d'obtenir la fausseté ou la vérité d'un témoignage, aucun ne peut être conçu qui soit plus inefficace que le procès par jury". Le client et l'avocat ont des objectifs personnels différents".

Frank touche le fond du problème lorsqu'il note que le client et l'avocat ont des enjeux différents dans le procès. Le client souhaite préserver ses biens et sa liberté. L'avocat, quant à lui, souhaite conserver les rentrées d'argent de son cabinet.

Le Dr Richard Gardner a noté dans une lettre adressée au *New York Times* le 18 juin 1989 que "après 25 ans d'expérience en tant qu'examinateur impartial désigné par le tribunal (principalement dans le cadre de litiges relatifs à la garde d'enfants, mais plus récemment dans le cadre de litiges relatifs à l'abus sexuel d'enfants), je suis convaincu que le système contradictoire n'est pas seulement un moyen inefficace d'établir la vérité, mais qu'il est la cause de troubles psychiatriques importants chez tous ceux qui ont la malchance d'être soumis à ses procédures".

Le procès par jury, qui a été revendiqué comme un droit dans notre Déclaration d'indépendance et qui est maintenant garanti par notre Constitution, est aujourd'hui menacé, non pas en tant que principe, mais en tant que méthode qui a été corrompue par les machinations de notre système juridique. Les procès avec jury ont été réduits par les tactiques des avocats "adversaires" et par les "instructions" soigneusement rédigées par le juge à l'intention des jurés. Comme je l'ai souligné précédemment, toutes les preuves favorables à mon cas ont été régulièrement déclarées irrecevables par les juges, alors que toutes les preuves contre moi ont été régulièrement admises. Comment peut-on s'attendre à ce qu'un jury prenne une décision équitable dans de telles circonstances ? Même si j'avais été autorisé à présenter les preuves en ma faveur, le juge les aurait neutralisées par ses instructions chargées au jury.

Puisque les tribunaux empêchent quiconque de se représenter adéquatement dans un litige, nous revenons au facteur important de la qualité de la représentation juridique d'une personne, lorsqu'un citoyen emploie un avocat. Le regretté Roy Cohn, mort du sida, est devenu l'avocat le plus renommé du pays grâce à ses affiliations politiques et ethniques. Il représentait des clients aussi importants que la mafia, l'Église catholique et les membres des familles les plus riches du pays. Ces clients étaient attirés par lui, non seulement pour ses compétences juridiques, mais aussi pour sa réputation d'impitoyable. Parmi ses clients de la pègre, on trouve des chefs de gangs célèbres tels que Sam (le Plombier) Cavalcante, Carmine Galanto, Tom et Joe Gambino, et Fat Tony Salerno. Cependant, dans une étude révélatrice des capacités juridiques de Cohn, Nicholas von

Hoffman affirme que les clients de Cohn recevaient rarement la qualité juridique pour laquelle ils payaient. Il confiait la majeure partie de son travail juridique à un groupe d'étudiants en droit mal payés et de jeunes diplômés. Cohn lui-même n'avait guère de temps à consacrer au travail ennuyeux de préparation des dossiers juridiques, car il passait le plus clair de son temps à une recherche effrénée du plaisir. Il "jetait des roses de façon éhontée, éhontée, avec la foule". Il payait jusqu'à une demi-douzaine de callboys à cinq cents dollars la nuit pour l'accompagner sur son yacht lors d'une seule sortie. Toutes ces "dépenses" étaient imputées sur ses honoraires d'avocat, sur lesquels il ne payait pas d'impôts. Pour maintenir son style de vie alternatif, il a souvent facturé des honoraires exorbitants dans des affaires qui n'étaient rien d'autre que des rackets juridiques. En août 1978, il a intenté un procès à Henry Ford II, affirmant que Ford avait pillé la société de 750 000 dollars de tributs extorqués à un concessionnaire alimentaire. L'information avait été communiquée à Cohn par un ancien employé mécontent de Ford. L'accusation a été rejetée parce que Cohn avait négligé de la déposer auprès de la juridiction compétente. Lorsqu'il a menacé de déposer à nouveau l'affaire, Ford lui a donné 100 000 dollars en "frais juridiques" pour qu'il abandonne l'affaire. Plus tard, Cohn a été radié du barreau pour avoir accepté 100 000 dollars de "prêts" d'un riche client. Il a continué à voler de boîte de nuit en boîte de nuit dans sa Rolls Royce, tout en conservant son quartier général dans une luxueuse maison de ville à Manhattan.

Au cours de ces années, la plupart des capacités juridiques de Cohn ont été gaspillées dans des efforts pour survivre aux équipes spéciales du procureur de New York, Henry Morgenthau, aux équipes du ministère de la Justice à Washington et aux équipes de l'Internal Revenue Service. Le gaspillage de plusieurs millions de dollars de fonds publics dans la poursuite de Cohn n'était pas fondé sur des objections morales, en raison de son homosexualité et de sa réputation de "porte-parole de la mafia", ni sur le fait qu'il était juif, car nombre de ses adversaires au sein des agences gouvernementales étaient eux-mêmes juifs, Henry Morgenthau étant notoirement connu. La bataille contre Cohn a été menée parce qu'il avait très tôt pris un virage à droite, contrairement à la plupart de ses collègues juifs. Il joua un rôle crucial dans les poursuites contre les espions atomiques Julius et Eshel Rosenberg, ainsi que dans les poursuites contre Alger Hiss. Il est également devenu le chef de cabinet du sénateur Joe McCarthy lors de la croisade anticommuniste éphémère et vouée à l'échec de McCarthy.

Cohn représentait le groupe des "néoconservateurs" parmi les Juifs américains, dont le siège se trouvait dans le groupe trotskiste, la Ligue pour la démocratie industrielle, une opération parrainée par Rockefeller. Ces Juifs étaient farouchement anti-Moscou, en raison de l'assassinat de Léon Trotsky par Staline à Mexico, et soutenaient unanimement l'État d'Israël. Cohn fut adopté par des "anticommunistes" enragés tels que George Sokolsky et le chroniqueur Walter Winchell, et dînait fréquemment avec eux à leur table réservée, la Table 50, au Stork Club de Manhattan. Les autres visiteurs privilégiés de cette table étaient J. Edgar Hoover et son complice, Clyde Toison, ainsi que Frank Costello, alors chef des familles de la mafia new-yorkaise. C'est l'exécution de Julius et Ethel Rosenberg qui a poussé les communistes staliniens purs et durs du gouvernement américain à se venger de Roy Cohn. Des escouades spéciales "Get Cohn Squads" ont été régulièrement mises en place par le ministère de la Justice, l'Internal Revenue Service et les bureaux des procureurs des différents États. Le harcèlement et la publicité qui s'ensuivirent n'eurent d'autre effet que d'apporter des clients et des honoraires supplémentaires aux bureaux de Cohn. Les clients potentiels en ont conclu qu'avec toute cette opposition gouvernementale contre lui, Cohn ne pouvait pas être si mauvais que cela. Cohn a pu s'en tirer pendant de nombreuses années, parce qu'il avait appris très tôt les préceptes de la survie dans cette nation, dans le cadre de notre système juridique actuel, c'est-à-dire la différence entre de jure, un aveu qui a force de loi, et de facto, ou de simples ragots. La plupart des accusations portées contre Cohn étaient fondées sur de simples ragots, les "dossiers bruts" du FBI obtenus auprès d'informateurs qui, dans tous les cas, avaient un intérêt particulier à "coincer Cohn". Les dossiers du FBI regorgeaient d'informations sur les enfants de chœur et les jeunes prêtres séduisants que son ami intime, le cardinal Spellman, amenait aux sorties nocturnes sur le yacht de Cohn. Dans ses efforts frénétiques pour détruire Cohn, le procureur Morgenthau a cité à comparaître de nombreux clients de Cohn devant des jurys d'accusation. Le ministère de la Justice proposait régulièrement des offres spéciales aux criminels qui témoignaient contre Cohn, négociant l'abandon des poursuites pénales à leur encontre s'ils aidaient le ministère à "attraper Cohn". Ces témoins refusaient généralement de coopérer, car ils avaient plus peur de Cohn et de ses associés que du ministère de la Justice. Roy Cohn était une exception dans la profession juridique actuelle parce qu'il était théoriquement de droite, alors que la plupart des avocats sont résolument de gauche. Le 22 juillet 1988, la National Review a noté que la présidente du Queens, Claire Shulman, avait refusé de prononcer le discours qu'elle avait prévu de prononcer devant la classe de diplômés de l'école de droit de la City University of New York, parce que celle-ci avait insisté pour que l'hymne communiste, "L'Internationale", soit joué comme thème de la cérémonie. Les autorités de l'école avaient simultanément interdit l'interprétation de l'hymne américain, "The Star Spangled Banner", et l'exposition du drapeau des États-Unis lors des cérémonies de l'école, parce qu'ils constitueraient "une influence distrayante". En effet, leur déploiement aurait pu provoquer une émeute parmi les étudiants en droit communistes et farouchement staliniens. Malgré l'interdiction officielle, quelques étudiants ont risqué leur future carrière et leur diplôme en agitant de petits drapeaux américains lors des cérémonies, garantissant ainsi qu'ils ne seraient pas embauchés par le ministère de la Justice ou toute autre agence gouvernementale.

Le fait que de nombreux avocats américains soient des marxistes convaincus de la persuasion communiste stalinienne, par opposition à la faction communiste trotskiste de Tel Aviv, ne les empêche pas, mais les encourage plutôt, à faire payer leurs clients le plus possible. En tant que capital-risqueurs individuels qui sont en fait des marxistes, ils se réjouissent de faire payer à leurs clients américains conservateurs de la classe moyenne, qui sont généralement des hommes d'affaires, le seul groupe d'Américains qui peut réellement se permettre d'engager un avocat, des honoraires faramineux pour un travail relativement peu important et de valeur douteuse. L'allégeance politique de ces avocats a été incarnée par un nouveau programme philosophique d'études juridiques appelé "études juridiques critiques". Cette philosophie de la révolution prétend que tout le droit américain actuel est "l'instrument de l'oppression capitaliste" et qu'il doit être "déconstruit" par une conspiration stalinienne au sein de la profession juridique. Cette philosophie avait trouvé son apogée dans la Legal Services Corporation mise en place par le gouvernement américain sous l'égide du parti démocrate stalinien. Ses fonds ont été rapidement réduits de 321 000 000 $ à 241 000 000 $ en 1981, lorsque la contre-révolution Reagan, dirigée par la faction trotskiste du parti communiste, a pris le pouvoir à Washington. La Legal Services Corporation avait été créée dans le but de fournir une aide juridique aux familles trop pauvres pour se payer un avocat, un groupe qui englobait la majeure partie de la population des États-Unis. Cependant, les jeunes avocats engagés par la LSC trouvaient les questions juridiques familiales telles que le divorce et la garde des enfants trop ennuyeuses et trop éloignées de leur loyauté communiste stalinienne. Ils ont commencé à se concentrer sur les poursuites contre d'autres agences gouvernementales, sur les désaccords en matière de logement et d'aide sociale.

Les études juridiques critiques ont trouvé leur place naturelle dans les couloirs de la faculté de droit de Harvard, qui est traditionnellement marxiste depuis sa domination par un immigrant viennois, Felix Frankfurter, au début de ce siècle. Frankfurter a été publiquement dénoncé par le président Theodore Roosevelt comme "un dangereux révolutionnaire", une recommandation qui a incité son cousin, Franklin Delano Roosevelt, à le nommer à la Cour suprême. Aujourd'hui, les héritiers de Frankfurter à la faculté de droit de Harvard sont engagés dans une lutte intestine acharnée, dans laquelle deux groupes de marxistes purs et durs, ennemis déclarés de la République américaine, se sont lancés dans une guerre civile. Les marxistes qui tentent de supprimer les études juridiques traditionnelles et de les remplacer par le programme d'études juridiques critiques, dans le cadre d'une campagne visant à supprimer le "droit bourgeois", s'opposent aux marxistes de la vieille école qui dominent l'école depuis l'époque de Felix Frankfurter. Les partisans des CLS affirment que le système juridique actuel doit être "libéré", de sorte qu'il n'agisse plus au nom des propriétaires, mais uniquement au nom des "opprimés", son objectif étant la "redistribution" ultime de tous les biens privés. Les "Crits" soutiennent que les professeurs de droit devraient échanger leur poste tous les six mois avec des concierges, un objectif fondamental de la philosophie communiste maoïste. Jeffrey Hart qualifie les objectifs des Crits de "ministrations de la vermine", bien qu'ils offrent un témoignage éloquent de la folie actuelle du système juridique américain et qu'ils puissent ainsi servir une cause utile.

L'extrême partialité pro-marxiste de la profession juridique américaine peut s'expliquer par de simples nécessités commerciales. Un État marxiste qui inflige au peuple d'interminables décisions datant de 1984 nécessite le recours fréquent à des avocats pour tenter de survivre au diktat du pouvoir d'État et pour défendre sa personne, sa liberté et ses biens contre la saisie marxiste par le gouvernement. Une fois que l'État est devenu totalement communiste, la nécessité d'une représentation personnelle disparaît apparemment. Les avocats communistes de l'Union soviétique sont des membres des classes privilégiées, membres du parti communiste, et vivent en tant que membres de la Nomenklatura, la classe spéciale qui jouit d'un style de vie somptueux alors que la plupart de leurs sujets russes vivent dans la misère et la pauvreté. Ces "advocatura" sont organisées selon les statuts de l'URSS, alors que, selon la Grande Encyclopédie soviétique, "dans les États bourgeois, les avocats n'adhèrent à des organisations professionnelles que pour défendre leurs intérêts privés". Cette définition ignore ingénument le fait que les avocats soviétiques sont également préoccupés par leurs intérêts privés.

La classification de la Nomenklatura des avocats américains est la plus évidente dans le District de Columbia, où un résident sur dix-sept est un avocat. En revanche, l'État qui compte le plus d'avocats, le Massachusetts, ne compte qu'un avocat pour 212 résidents ; dans les États plus ruraux, ce chiffre tombe à un pour 600 résidents. Le taux élevé d'avocats dans la population du District s'explique par le fait que le gouvernement national offre une proie facile à l'avidité parasitaire de la profession juridique. En arrivant dans le district en tant que membre du Congrès, un avocat peut plus tard être battu aux élections, mais ce ne sera que le début d'une carrière plus prospère en tant que lobbyiste, ou en tant que bureaucrate gouvernemental hautement rémunéré dont les décisions impliqueront des milliards de dollars. Les lobbyistes actuels à Washington gagnent environ 700 000 dollars par an, auxquels s'ajoutent 500 000 dollars d'avantages tels que des limousines avec chauffeur, des dîners à 200 dollars et le choix de prostituées ou de prostitués de luxe. L'actuel lobbyiste de l'American Medical Association et quelques autres défenseurs d'intérêts particuliers sont payés environ un million de dollars par an, avec un montant équivalent en dépenses personnelles. L'Internal Revenue Service choisit de fermer les yeux sur ces événements qui se déroulent à sa propre porte, préférant réserver ses punitions les plus sévères aux garçons de journaux, aux femmes de ménage et aux serveuses. Les personnes les mieux rémunérées n'ont généralement pas grand-chose à craindre de l'IRS. Lorsque le milliardaire Ross Perot s'est vu conseiller d'engager l'ancien commissaire du fisc Sheldon Cohen, il a pu économiser quinze millions de dollars d'impôts sur ses bénéfices boursiers.

Cohen a fait pression sur le Congrès pour qu'il adopte une loi fiscale spéciale en faveur de Perot, comme c'est souvent le cas, et Perot a ri jusqu'à la banque.

En raison de leur relative aisance, on pourrait s'attendre à ce que les avocats américains soient de solides conservateurs de la classe moyenne. Cependant, leurs revenus dépendent largement de l'existence d'un pouvoir d'État marxiste impitoyable à Washington et dans les différentes capitales d'État, comme en témoignent le groupe d'études juridiques critiques à Harvard et les préjugés des jeunes avocats embauchés au ministère de la justice à Washington. La Legal Services Corporation a détourné la plupart de ses fonds vers des groupes gauchistes tels que l'American Civil Liberties Union et ses projets favoris, parmi lesquels Planned Parenthood, Safe Sex, le Sonoma County Sanctuary Movement et d'autres organisations marxistes approuvées. En septembre 1988, la Legal Services Corporation a monté une campagne bien financée pour forcer le HUD à céder les maisons saisies aux sans-abri. Les retards forcés dans les ventes qui en ont résulté ont coûté aux contribuables plus de cinq cent mille dollars et ont ouvert la porte à une corruption généralisée au sein du HUD. Le chaos créé par l'agitation de la LSC a permis à de nombreux vendeurs de logements saisis par le HUD de placer le produit de la vente sur leurs propres comptes bancaires ; la plupart de ces fonds ne seront jamais retrouvés, bien que quelques fonctionnaires du HUD admettent avoir détourné des millions de dollars, qu'ils affirment avoir en grande partie remis aux "pauvres", bien qu'ils aient acquis des yachts, des maisons de luxe et d'autres biens au cours de ce processus.

La Legal Services Corporation, comme tant d'autres aberrations gouvernementales qui affligent la nation, était le projet personnel d'un seul membre du Congrès, le sénateur Warren Rudman du Vermont, qui estimait que l'agence ne pouvait pas faire de mal. Un critique actuel de l'agence, Clark Durant, insiste sur le fait que l'agence devrait remplir sa mission d'aide aux pauvres et qu'elle devrait cesser de financer des groupes de réflexion de gauche pour supprimer les lois sur la monogamie, faire pression en faveur d'un impôt négatif sur le revenu, c'est-à-dire des versements de l'État à ceux qui ne paient pas d'impôts, et encourager la socialisation du logement. Durant a également scandalisé la profession juridique américaine lorsqu'il a proposé que la Legal Services Corporation puisse augmenter son budget en embauchant des assistants juridiques pour effectuer une grande partie du travail effectué par son personnel juridique, comme la rédaction de testaments, d'actes et de baux.

Le siège du parti pris marxiste parmi les avocats américains a été pendant de nombreuses années l'American Civil Liberties Union, dont l'existence et la visibilité ont joué un rôle prépondérant dans la campagne de 1988 pour la présidence des États-Unis. Les objectifs de l'ACLU sont succinctement énoncés dans "The Red Network" ; "elle est dirigée par des leaders révolutionnaires communistes et socialistes... elle travaille sans relâche pour faire avancer et protéger légalement les intérêts du mouvement rouge dans toutes ses branches : grèves rouges, athéisme, liberté sexuelle, désarmement, "liberté académique" séditieuse et "liberté d'expression" pour les communistes uniquement". Bien qu'elle soit issue de l'Association américaine pour l'avancement de l'athéisme et qu'elle combatte donc continuellement tout symbole religieux dans tous les aspects de la vie américaine, elle a toujours été avant tout une agence du parti communiste. L'U.S. Fish Report note que l'ACLU a fourni une caution à des accusés communistes dans le cadre d'une grève à Gastonia, en Caroline du Nord, au cours de laquelle le chef de la police a été assassiné. L'Union des libertés civiles a été active dès le début des troubles dans les affaires de Marion et de Gastonia. Le rapport Lusk de l'État de New York indique : "L'Union américaine pour les libertés civiles, en dernière analyse, soutient tous les mouvements subversifs ; sa propagande est préjudiciable à l'État. Elle tente non seulement de protéger la criminalité, mais aussi d'encourager les attaques contre nos institutions sous toutes leurs formes. Le rapport de la commission américaine des pêches déclarait officiellement, en janvier 1931 : "L'A.C.L.U. est étroitement affiliée au mouvement communiste aux États-Unis et 90% de ses efforts sont déployés en faveur des communistes qui sont entrés en conflit avec la loi. est de tenter de protéger les communistes lorsqu'ils préconisent le recours à la force et à la violence pour renverser le gouvernement, en remplaçant le drapeau américain par un drapeau rouge et en érigeant un gouvernement soviétique à la place de la forme républicaine de gouvernement garantie à chaque État par la Constitution fédérale. Parmi ses membres les plus actifs figurent Felix Frankfurter et George Foster Peabody. Directeur de la Federal Reserve Bank de New York, Peabody illustre l'étroite affiliation de certains banquiers aux objectifs les plus violents du mouvement bolchevique.

Un récent numéro du guide politique de 576 pages de l'ACLU définit la ligne du parti à suivre dans un contexte spécifique ; la politique 318, "s'oppose aux exigences de travail pour les tâches assignées par le gouvernement comme condition d'éligibilité à l'aide sociale pour des raisons d'équité, de dignité et de respect de la vie privée". Cependant, l'ACLU n'émet aucune objection aux excès de l'Internal Revenue Service lorsqu'il s'introduit dans les maisons et les bureaux pour saisir les biens des citoyens privés afin de financer l'"État-providence". En tant que partisan de la "redistribution des revenus", l'ACLU se réjouit lorsque des agents gouvernementaux impitoyables s'emparent des biens privés des citoyens américains pour financer son État marxiste. En matière de politique étrangère, l'ACLU est succincte mais intraitable : "Abolir toutes les opérations secrètes". Le fait que la plupart des opérations secrètes de la CIA dans le monde aient été menées pour le compte de groupes de gauche, plutôt qu'en opposition avec eux, n'a aucun poids pour l'A.C.L.U., dont les politiques sont généralement adoptées mot pour mot par les fanatiques staliniens du Parti démocrate. Les membres de l'A.C.L.U. tremblent à la mention de l'horrible expression "sécurité nationale", car la sécurité nationale est l'antithèse du programme de l'A.C.L.U. pour un gouvernement communiste mondial. Ses membres sont souvent impliqués dans des actes de trahison, qu'il s'agisse de livrer des secrets à des gouvernements étrangers ou de détruire les conditions de vie qui rendent la vie supportable à l'intérieur des limites géographiques des États-Unis. La politique n° 92 stipule que "l'ACLU s'oppose aux exonérations fiscales pour les organismes religieux", une politique qui trouve son origine dans son autre incarnation, l'American Association for the Advancement of Atheism (Association américaine pour l'avancement de l'athéisme). Cependant, l'A.C.L.U. ne s'oppose pas aux grandes fondations exonérées d'impôts qui contribuent à hauteur de millions de dollars au budget de l'A.C.L.U.. La politique n° 242 préconise que "tous les criminels, à l'exception de ceux qui se sont rendus coupables de crimes tels que le meurtre et la trahison, soient condamnés à une peine avec sursis et renvoyés dans la communauté". En fait, l'A.C.L.U. intervient activement en faveur des meurtriers et des accusés de trahison, en leur fournissant une assistance juridique et financière. La politique n° 242 est devenue la ligne directrice de la plupart des juges américains aujourd'hui ; ils prononcent régulièrement des peines avec sursis et renvoient les criminels les plus violents dans la communauté dans le cadre de programmes de "work release" et de "community service". La politique n° 210 appelle à la légalisation de tous les stupéfiants, y compris le "crack" et la "poussière d'ange", affirmant que "l'introduction de substances dans son propre corps" est une liberté civile inaliénable.

Malgré son programme historique, le livre de politique de l'ACLU reste inconnu de la plupart des Américains, même des contribuables qui continuent d'être taxés de plusieurs millions de dollars chaque année pour payer les procès frivoles et destructeurs intentés contre les communautés par l'A.C.L.U. Leur cible est souvent les organes du gouvernement local, évitant ainsi les agences fédérales mieux financées. C'est la rumeur de l'existence de ce programme qui a torpillé la campagne présidentielle de Michael Dukakis en 1988. Dukakis semblait avoir toutes les cartes en main pour accéder à la Maison Blanche : un adversaire faible, une couverture médiatique fanatique, le soutien de l'ensemble du gouvernement et des instances universitaires, et le soutien absolu de toutes les minorités, y compris les sans-abri et les homosexuels. Sa campagne a été anéantie par une photographie d'un violeur condamné, Willie Horton, et par le programme de l'A.C.L.U. qui a permis la libération de Horton. Dukakis a fièrement proclamé qu'il était membre de l'A.C.L.U., s'identifiant ainsi irrévocablement dans l'esprit du public avec Willie Horton. À aucun moment, il n'a répudié les origines communistes de l'A.C.L.U., qui a vu le jour le 18 décembre 1914 sous le nom d'American League to Limit Armaments (Ligue américaine pour la limitation des armements), une émanation de l'Emergency Peace Foundation (Fondation pour la paix d'urgence), dirigée par le propagandiste communiste Louis Lochner. Ses autres fondateurs étaient Jane Addams, de Hull House, dont il a été révélé plus tard qu'elle était un membre secret du parti communiste ; John Haynes Holmes, un activiste communiste de premier plan ; le rabbin Stephen S. Wise, un apologiste communiste enragé ; Morris Hillquit, un fondateur du parti socialiste et un agent payé par le gouvernement soviétique ; et George Foster Peabody, un "capitaliste" qui cherchait à mettre en œuvre les demandes de Lénine pour une banque nationalisée et la "confiscation des biens" pour le "crime" de "dissimulation de revenus", qui est devenu le programme officiel de l'IRS. C'est Peabody qui avait sauvé le gouvernement soviétique chancelant en 1918 par des injections de fonds, aidé par ses collègues directeurs de la Federal Reserve Bank de New York, William Laurence Saunders, vice-président de la banque, qui écrivit au président Wilson le 17 octobre 1918 : "Je suis favorable à la forme de gouvernement soviétique, qui convient le mieux au peuple russe", et William Boyce Thompson, un financier qui annonça qu'il donnait personnellement un million de dollars pour promouvoir la propagande bolchevique aux États-Unis !

Sans les fonds de ces banquiers, le communisme, qui n'a jamais gagné d'élections dans le monde, serait mort prématurément. Tous les gouvernements communistes ont été mis en place par une prise de pouvoir militaire, un fait que l'A.C.L.U. ne mentionne jamais dans sa copieuse propagande socialiste.

L'A.C.L.U. continue d'être généreusement soutenue par les banquiers, en raison de son attachement à leurs idéaux soviétiques. En 1920, elle prend le nom d'American Civil Liberties Union, sous la direction de Roger Baldwin, un socialiste anarchiste qui a déjà passé un an en prison en raison de son travail révolutionnaire. Son comité national est désormais composé de Baldwin, Elizabeth Gurley Flynn et William Z. Poster. Flynn et Foster deviendront tous deux présidents du Parti communiste des États-Unis. Un rapport de 1943 du comité de recherche du pacte californien sur les activités anti-américaines a conclu que "l'ACLU peut être définitivement classée comme un front communiste. Au moins 90% de ses efforts sont déployés en faveur des communistes qui ont des démêlés avec la justice". Cette conclusion a été reprise mot pour mot dans un jugement rendu en 1931 par une commission spéciale de la Chambre des représentants chargée d'enquêter sur les activités communistes aux États-Unis. Un article de l'hebdomadaire Barron's du 26 août 1968, rédigé par Shirley Scheibla, concluait que "l'étude attentive des affaires de l'ACLU révèle que presque toutes les causes qu'elle a défendues tendent à affaiblir la loi et l'ordre ainsi que la capacité de la société à se défendre. Certaines affaires historiques donnent aux communistes plus de liberté pour détruire la nation de l'intérieur. Celles qui concernent le projet de code érodent la capacité de l'État à se défendre contre une attaque armée. D'autres affaires importantes de l'ALCU diminuent l'autorité des écoles et de la police et l'influence de la religion.

Le New York Student Rights Project est un exemple typique des activités de l'A.C.L.U.. Son directeur, Alan Levine, a déclaré aux étudiants rassemblés : "Les institutions oppressives ne vous donnent aucun droit de dire pourquoi vous y allez, combien de temps vous y restez et ce que vous faites pendant que vous y êtes. En effet, vous ne pouvez pas exercer les droits que les tribunaux vous ont accordés sans perturber le système". Le système scolaire, déjà démoralisé, doit faire face à des procès interminables pour faire valoir les "droits des élèves". Une autre opération de l'A.C.L.U., le National Prisoner Project, a été définie dans le journal national de l'A.C.L.U., Civil Liberties, numéro de mars 1973 : "D'abord, faire sortir les prisonniers. Ensuite, protéger les activités du premier amendement des prisonniers. Ensuite, la réforme des centres de détention provisoire". L'A.C.L.U. Women's Rights Projects a parrainé l'Equal Rights Amendment, un rêve d'avocats qui aurait permis à toutes les femmes des États-Unis de poursuivre tous les hommes pour leurs "droits". Le Death Penalty Project de l'A.C.L.U. a œuvré à l'abolition de la peine capitale aux États-Unis, un objectif qui a été atteint puis abandonné lorsque la peine de mort a été réintroduite pour endiguer l'augmentation rapide du nombre de crimes dans tout le pays. A.C.L.U. est également le chef de file de la campagne nationale pour le contrôle des armes à feu, plus justement appelé "saisie des armes". C'est depuis longtemps un truisme à Washington que seule la possession de quelque 500 millions d'armes à feu par les citoyens américains a retardé la prise de pouvoir par les communistes aux États-Unis. En Union soviétique, seuls les membres de confiance du parti communiste sont autorisés à posséder des armes. Le journal de l'A.C.L.U. du Massachusetts, The Docket, a déclaré dans son numéro d'avril 1974 sur les libertés civiles : "L'Union des libertés civiles du Massachusetts est favorable à tous les projets de loi qui visent à contrôler la possession d'armes à feu. Là où les armes à feu sont largement détenues, la liberté d'expression des idées est menacée". La vérité est que la libre expression des idées est interdite là où la propriété privée des armes à feu est interdite, comme dans les pays communistes.

L'A.C.L.U. continue à travailler sans relâche contre toutes les formes de piété et d'observance religieuse à travers les États-Unis, telles que le chant de "Silent Night" pendant les célébrations de Noël dans les écoles publiques, l'affichage des Dix Commandements dans les écoles, et l'installation de scènes de la Nativité sur les propriétés publiques. Les dirigeants de l'A.C.L.U. exigent le retrait des mots "In God We Trust" de notre monnaie et de l'expression "under God" du Serment d'allégeance, bien que l'ensemble du Serment d'allégeance reste une cible privilégiée de l'A.C.L.U.

Pendant des années, l'A.C.L.U. s'est déclarée opposée à toute forme de discrimination raciale. En 1963, l'organisation a soudainement inversé sa politique de longue date, se prononçant en faveur des quotas raciaux dans tous les domaines de la vie américaine. Elle a abandonné son appel à l'"égalité des chances", le remplaçant par un "traitement préférentiel" pour ses minorités favorisées. Lorsque l'éditorialiste Pat Buchanan a écrit un article exposant certaines des trahisons de l'A.C.L.U., son directeur exécutif, Ira Glasser, lui a écrit une lettre véhémente, l'accusant de "maccarthysme, de terrorisme et de bave". Il n'a pas expliqué comment Glasser ou qui que ce soit d'autre pouvait être terrorisé par un simple article de journal.

En 1988, l'A.C.L.U. s'est finalement impliquée dans une situation dont l'auteur se plaignait depuis de nombreuses années, dans des lettres à la presse, des articles et des livres. Il s'agit du tristement célèbre article des statuts qui prévoit des sanctions sévères pour quiconque révèle des informations sur des plaintes concernant un juge. En 1977, un chroniqueur avait écrit sur cette loi dans la page éditoriale du *Washington Post*, suggérant qu'elle était probablement inconstitutionnelle, ce qui est effectivement le cas. En 1978, la Cour suprême l'a jugée inconstitutionnelle, décrétant que l'État ne pouvait pas poursuivre les journalistes pour avoir rapporté des "enquêtes judiciaires secrètes". La Commission d'enquête et de révision judiciaire de l'État recevait régulièrement des plaintes du public contre des juges, qui étaient rapidement enterrées. Son directeur a finalement admis qu'en quinze ans, seules une ou deux plaintes avaient fait l'objet d'une enquête. Néanmoins, le directeur de la commission a continué à avertir tous les plaignants que le fait de parler de sa plainte constituait une infraction pénale et qu'il serait poursuivi en justice !

L'A.C.L.U. a intenté une action en justice au motif que le code de l'État et la commission d'enquête et de révision judiciaire violent les premier et quatorzième amendements protégeant la liberté d'expression et les droits de la défense. La plainte indique que la loi permet de dissimuler des "preuves de fautes substantielles commises par des juges". Il a fallu soixante-dix ans à l'A.C.L.U. pour découvrir une loi dont les citoyens se plaignaient depuis des décennies. En raison des nombreux procès qu'elle génère, l'A.C.L.U. fonctionne comme le parrain de la profession juridique américaine. La plupart de ces procès sont destinés à affaiblir les institutions de la nation, telles que les écoles et les églises, mais nombre d'entre eux sont d'une telle banalité qu'ils créent de nouveaux marchés pour les avocats là où il n'y en avait pas auparavant. Le flot de procès pour "discrimination professionnelle" et "harcèlement sexuel" qui engloutit nos grandes entreprises a sérieusement affaibli notre capacité à être compétitifs dans l'économie mondiale. Ainsi, l'A.C.L.U. a activement travaillé à promouvoir la montée en puissance du Japon, de la Corée et de l'Allemagne de l'Ouest dans leur domination de nos marchés de l'automobile et de l'électroménager, tout en encourageant simultanément la vague de "fusions et acquisitions", favorisant les monopoles géants que le Sherman Anti-Trust Act prétendait avoir mis hors la loi.

L'organisation professionnelle par laquelle les avocats sont devenus la Nomenklatura, ou l'élite dirigeante, aux États-Unis est l'American Bar Association. Cette organisation sélectionne et, à toutes fins utiles, élit les juges de nos tribunaux. Elle ne se contente pas de "recommander" les juges, mais se prononce également sur leurs qualifications, les qualifiant de "compétents", de "médiocres" ou de "non recommandés". Les raisons de cette dernière désignation défavorable restent secrètes, mais sont toujours fondées sur des préjugés politiques ou ethniques. Il est rare qu'elle ait un rapport avec le caractère, la formation ou les capacités de la personne désignée. La mention "non recommandé" signifie simplement que les élitistes de l'American Bar Association ont décidé de mettre à l'index quelqu'un qui ne correspond pas à leur étroite catégorisation. Une telle décision défavorable est toujours épargnée à quiconque possède les qualifications nécessaires, la plus importante étant l'appartenance à une loge maçonnique. Le système de l'ABA garantit qu'un petit groupe dévoué, existant dans une atmosphère de conspiration et d'objectifs secrets, peut dominer la sélection de tous les juges aux États-Unis. Comme la plupart des invasions de nos droits, l'inspiration pour l'invasion de l'American Bar Association est venue directement d'Angleterre. Notre Constitution garantit à nos citoyens l'égalité des droits devant la loi ; les services secrets britanniques ont cherché à saper cette garantie en décrétant que les lois des États-Unis seraient administrées par des personnes qui veulent des droits inégaux ou des licences spéciales. La Constitution a tenté d'empêcher cela en interdisant expressément l'octroi de privilèges spéciaux. L'American Bar Association a vu le jour lors d'une réunion qui s'est tenue au cours de l'été 1878 et qui a rassemblé quelque soixante-quinze juristes de onze États. La force dirigeante du groupe était Simeon E. Baldwin, un descendant de Roger Sherman, gouverneur du Connecticut et juge à la Cour suprême de l'État. L'ABA a ensuite connu trois périodes dans son histoire : de 1878 à 1902, elle était une organisation strictement professionnelle dédiée à l'amélioration de la pratique du droit ; de 1902 à 1936, elle a connu une période d'expansion nationale, devenant une organisation véritablement nationale ; et de 1936 à 1950, elle est devenue une organisation véritablement élitiste, qui a cherché à étendre son contrôle sur d'autres aspects de la vie américaine. C'est en 1936 que l'ABA a adopté une constitution fédéralisée, créant ainsi une organisation monolithique étroitement contrôlée par un petit groupe d'élitistes. Elle a également fondé la National Association of Law Schools en 1900, ce qui lui a permis de contrôler le domaine crucial de l'accréditation, et la National Conference of Commissioners of Uniform State Laws, ce qui lui a donné accès aux lois de tous les États.

L'apparition de l'ABA en tant que véritable force nationale remonte à 1909, lorsqu'un groupe d'avocats britanniques est arrivé à Chicago pour mettre en place une organisation monolithique. Ils ont été activement aidés par John D. Rockefeller, qui était alors en train de créer l'Université de Chicago pour promouvoir les principes du socialisme fabien britannique, avec un don de cinquante millions de dollars. La législature de l'Illinois a ensuite adopté une loi stipulant que seuls les membres de l'union juridique, l'ABA, seraient autorisés à pratiquer le droit dans cet État. Avec cette loi, l'État de l'Illinois, à toutes fins pratiques, a fait sécession de l'union constitutionnelle des États, en accordant des privilèges spéciaux en violation de la Constitution. Cette loi a également instauré un système de classes aux États-Unis. D'autres États ont été persuadés d'adopter la loi de l'Illinois, la Californie en 1927, et les autres États dans les années 1930, jusqu'à ce que l'ABA ait atteint son objectif de pouvoir national.

Fred Rodell, professeur de droit à Yale, qualifie les membres de l'ABA, les "juristes" dûment agréés, de "pourvoyeurs de vaudou rationalisé et de théologie chromée", dont la "gymnastique mentale bizarre et verbeuse" leur permet de se livrer à un "racket de haut niveau". Il existe aujourd'hui aux États-Unis quelque 180 écoles de droit "agréées", autorisées par l'ABA à former des avocats "agréés". A la fin de leurs études, ces avocats ne sont encore que des apprentis, car on ne leur a pas ou peu enseigné le fonctionnement du système juridique, ni ce qu'un avocat doit faire pour gagner ses honoraires. Ils n'apprennent pas les classiques du droit, tels que les ouvrages de Coke et de Blackstone, mais ils endurent des mois d'arguties sémantiques sur le droit des contrats ou la signification d'un ménage. Cela les prépare à l'exercice de la profession de droit commercial.

Au cours de quelque quarante années de recherches sur les problèmes qui affligent cette nation, le présent auteur a creusé jusqu'aux strates d'un plateau commun, qui a révélé les origines simultanées des diverses formes de criminalité qui infestent le pays. Tout a commencé avec une petite fraternité de banquiers internationaux qui ont d'abord fixé leur système de banque centrale sur les nations d'Europe, puis, lors d'une réunion secrète à Jekyll Island, en Géorgie, en 1910, ont conspiré pour créer un "Système de Réserve Fédérale" (qui n'était pas fédéral, n'avait pas de réserves, et n'était pas un système, mais un syndicat). Dans "*L'Ordre Mondial*", j'ai révélé les tentacules des financiers qui manipulaient les gouvernements du monde. J'ai prouvé que les trois professions qui faisaient le plus de dégâts étaient les banquiers, les avocats et les médecins. Les éducateurs arrivaient en quatrième position. Dans "*Murder by* Injection"[6], j'ai exposé la profession médicale, et dans le présent ouvrage, j'expose la profession juridique, malgré sa fonction de pieuvre juridique dont les jets d'encre noire confondent et subjuguent ses proies.

Dans tous ces travaux, j'ai eu affaire essentiellement aux mêmes familles et aux mêmes groupes, tant aux États-Unis qu'à l'étranger. La récente révélation à la télévision des agissements du Dr James Burt, qui a pratiqué pendant des années d'étranges opérations sexuelles sur ses patientes au vu et au su de ses confrères, a suscité le désaveu officiel de la profession médicale de la part d'un éminent médecin : "Bien sûr, les autres médecins savaient ce qu'il faisait, mais ils n'oseraient pas le dénoncer. Il pourrait les poursuivre en justice, et personne ne veut être impliqué dans cette horreur qu'est notre système juridique". Les profits considérables générés par les procès pour faute professionnelle ont fait du secteur médical une proie facile pour les vautours juridiques, tout en décourageant les

[6] Publié par Omnia Veritas Ltd.

médecins consciencieux de traiter leurs patients de manière adéquate. Le résultat est la socialisation définitive de toutes les pratiques médicales aux États-Unis, sous le contrôle total du gouvernement.

L'ABA a un poids considérable dans le fonctionnement du processus législatif. La résolution du 74e Congrès, le 27 août 1935, de la Joint Resolution Consenting to an Interstate Oil Compact to Conserve Oil and Gas, n'aurait pas été possible sans l'ABA, dont les membres ont rédigé une loi fédérale sur la conservation du pétrole et du gaz en 1935, adoptée par la suite comme loi d'État dans le Dakota du Sud en 1955 et plus tard dans d'autres États producteurs de pétrole. Cet effort de "conservation" visait uniquement à protéger le monopole pétrolier des intérêts Rockefeller et de leurs nombreuses filiales. Elle interdisait aux nouveaux venus de forer afin de contrôler la production et de maintenir les prix à un niveau élevé. Ce programme a été formulé à l'origine lors de la réunion annuelle de l'ABA à Seattle en juillet 1928. Une loi a été rédigée pour soustraire les grandes compagnies pétrolières au contrôle des lois antitrust (vol. 53, pp. 72-89). En 1934, le gouverneur du Texas, qui se trouvait être le président de Humble Oil, l'une des principales acquisitions de Rockefeller, s'est servi de cette loi de l'ABA pour faire appel à la Garde nationale, empêchant ainsi les producteurs indépendants de poursuivre leurs activités de forage. Le Congrès a alors reçu l'ordre de rédiger un projet d'approbation nationale de cette loi par la résolution conjointe de 1935.

L'ABA maintient un certain nombre de sous-commissions actives qui examinent et révisent constamment les lois qui contrôlent la vie quotidienne de tous les Américains. Leurs recommandations, tout comme leurs "approbations" des candidats à la magistrature, sont toujours acceptées par les commissions compétentes du Congrès, qui les considèrent comme dignes d'être transposées dans la loi sans y changer la moindre virgule, et pourtant aucun citoyen n'a jamais élu un membre d'une commission de l'ABA à un poste national. La section de l'ABA sur le droit des brevets, des marques et des droits d'auteur est un exemple typique de ces commissions secrètes. Elle a été dénoncée lors des auditions judiciaires du Sénat du 3 février 1974 sous le titre "The Organized Bar" (le barreau organisé) : Self-Serving or Serving the Public ?" (Le barreau organisé : intérêt personnel ou service au public ?)

La commission a découvert que le nouveau président de cette section influente de l'ABA était Theodore Bowes, membre d'une opération secrète de l'ABA connue sous le nom de "Groupe du mardi". Bowes était un ancien conseiller général en matière de brevets pour la Westinghouse Corp. et un lobbyiste de premier plan à Washington dans le domaine du droit des brevets. Le "Groupe du mardi" était une clique d'avocats qui a rédigé les amendements Scott, des propositions visant à exempter de la législation antitrust de nombreuses pratiques actuellement illégales en matière de brevets. Le "Groupe du mardi" a ensuite persuadé le sénateur Hugh Scott de les présenter au Congrès. Scott était un homme politique de Washington qui bénéficiait de nombreux avantages liés à une personnalité politique de premier plan. Il a pu s'adonner à son penchant pour la collection d'antiquités chinoises d'une valeur inestimable, un hobby qui n'était pas à la portée de la plupart de ses collègues du Capitole. La commission judiciaire a constaté que d'autres sections de l'ABA étaient dirigées par des lobbyistes de grandes entreprises ; le président de la commission des contrôles environnementaux de l'ABA vient d'un grand cabinet d'avocats de Richmond, en Virginie, qui représente Humble Oil, trois compagnies d'électricité, trois chemins de fer, General Motors, une compagnie de gazoducs et une entreprise chimique. Il semblait être le candidat idéal pour élaborer des réglementations sur la pollution. La commission judiciaire a également déclaré : "Le comité du charbon (de l'ABA) est dirigé par un avocat de Consolidation Coal Co ; son vice-président est l'avocat de la National Coal Association ; le président du comité du pétrole est l'avocat général de Cities Service et son vice-président est l'avocat général de Humble Oil ; le comité des ressources forestières (de l'ABA) a un président dont le cabinet d'avocats représente Georgia-Pacific et Moore Oregon Lumber ; le cabinet d'avocats du vice-président représente U.S. Plywood, Champion Paper, etc.

L'ensemble du rapport de la commission judiciaire du Sénat est un exposé fascinant des intrigues auxquelles se livrent les avocats pour protéger les profits de leurs clients, tandis que ces entreprises fraudent et blessent le public américain. L'ABA prend également des positions publiques fermes sur de nombreuses questions politiques ; l'ensemble de l'organisation a soutenu sans hésitation l'amendement sur l'égalité des droits dans l'espoir confiant de générer des milliards de dollars en procès extrêmement rentables. C'est d'ailleurs la crainte d'une avalanche de procès qui a finalement fait échouer l'ERA. Ce seul amendement aurait paralysé un système judiciaire déjà surchargé.

Tout comme l'American Medical Association (qui a également son siège à Chicago), l'énorme influence exercée par l'American Bar Association réside dans ses pratiques monopolistiques. Elle contrôle les moyens d'accès à la profession en contrôlant l'accréditation des écoles de droit, tout comme l'AMA contrôle l'accréditation des écoles de médecine et des hôpitaux. Dans tous les États sauf deux, la Géorgie et la Californie, le futur avocat doit fréquenter une "école de droit accréditée", c'est-à-dire agréée par l'ABA, avant d'être autorisé à passer l'examen du barreau de l'État, qui est également préparé sous la supervision de l'ABA. Une législation est actuellement en cours en Californie pour mettre fin à la possibilité pour les étudiants non accrédités de passer l'examen du barreau dans cet État. L'examen du barreau empêche quiconque de pratiquer le droit, même si Robert H. O'Brien, président de la commission californienne des examens du barreau, admet que l'examen du barreau ne permet pas de prédire avec précision les capacités des futurs avocats. Ceux qui réussissent l'examen sont ensuite admis au barreau "intégré", le monopole de l'État, qui a le pouvoir de sanctionner tout avocat qui ne se conforme pas à ses contrôles rigoureux. Pendant des années, les barreaux d'État ont agi au mépris des lois antitrust, conspirant pour fixer les honoraires, interdisant aux avocats de faire de la publicité et poursuivant toute personne accusée de pratiquer le droit sans autorisation. La compétence n'est pas en cause. Le monopole du barreau peut poursuivre, et poursuit effectivement, des praticiens juridiques hautement qualifiés, tels que les assistants juridiques, les agents fiduciaires et d'autres personnes dont les compétences et l'expérience les qualifient amplement pour exercer la profession d'avocat.

L'ABA désapprouve en particulier toute personne qualifiée de "protestataire fiscal" par les agents vigilants de l'IRS, ou qui critique toute personne ou institution de l'Establishment. Bien que l'ABA s'efforce de donner l'image d'une entité morale sévère qui poursuit et punit tout avocat soupçonné de "turpitude morale", des juges publiquement connus pour avoir accepté des pots-de-vin ont été élus présidents d'associations de barreaux. Un groupe d'experts de l'ABA chargé d'examiner la situation disciplinaire des avocats en 1970 a résumé ses conclusions en un mot : "scandaleux".

Bien que peu d'Américains soient conscients de l'existence de l'ABA et de ses sinistres machinations, ses conspirations affectent le coût de la vie quotidienne de chaque Américain. L'ABA encourage fortement l'extension des pouvoirs de l'État sur la vie et les biens de chaque Américain. Que l'on appelle cela marxisme, 1984 ou communisme, ce n'est certainement pas américain et ce n'est pas non plus la République que nous défendons. C'est pourquoi l'ABA et le monopole qu'elle exerce sur la pratique du droit suscitent aujourd'hui une opposition croissante. À Austin, au Texas, Daniel Madison a intenté une action en justice contre l'ABA, la Cour suprême du Texas, la faculté de droit de l'université du Texas et le conseil des facultés de droit pour violation des lois antitrust et pour conspiration visant à priver les non-juristes du pouvoir. Madison explique son action en justice en ces termes : "Si vous êtes riche, vous pouvez obtenir toute la justice que vous voulez, mais si vous êtes un citoyen de la classe ouvrière, vous n'en obtiendrez que peu ou pas du tout. Tel est le système en Amérique. Le déclin précipité de la production américaine et des recettes d'exportation a été attribué à de nombreux facteurs, tels que la mauvaise qualité de la main-d'œuvre américaine, la force du dollar et d'autres facteurs. Cependant, seul un universitaire, Peter Huber, a osé porter le blâme là où il se trouve le plus clairement. Dans son ouvrage très documenté, "Liability : The Legal Revolution and Its Consequences", il nous dit que "le droit de la responsabilité civile a été mis en place dans les années 60 et 70 par une nouvelle génération d'avocats et de juges. Certains sont devenus célèbres et d'autres se sont enrichis en vendant leurs services pour faire respecter les droits qu'ils avaient eux-mêmes inventés". Bien que quelques Américains aient pu se réjouir des énormes règlements obtenus pour eux par leurs avocats contre des fabricants américains, le résultat global a été dévastateur. Selon des études récentes de la Rand Corp, plus de trente milliards de dollars sont aujourd'hui dépensés chaque année pour de tels procès, dont plus de la moitié est versée aux avocats sous forme d'honoraires. Huber affirme que les ravages industriels causés par cette pratique "représentent 30% du prix d'un escabeau et 90% du prix des vaccins pour enfants". Il écrit qu'un nouveau mélange amorphe de droit des contrats et de droit de la responsabilité civile, appelé "droit des contorsions", supplante notre liberté économique la plus importante, la liberté de prendre des engagements à l'avance et d'organiser des transactions dans des conditions mutuellement acceptables". Dans le Wall Street Journal du 28 septembre 1988, M. Huber cite la réticence des compagnies d'assurance à souscrire une assurance responsabilité civile à n'importe quel prix, le déclin concomitant de la sécurité générale à mesure que les nouvelles technologies sont écartées du marché, et le déclin de la compétitivité américaine sur les marchés étrangers. Il ajoute que "le droit américain de la responsabilité civile donne aux fabricants étrangers un avantage concurrentiel important". Huber a constaté que le droit de la responsabilité civile coûte au consommateur américain 300 milliards de dollars par an ! Le verdict général du livre de Huber est qu'il y a effectivement eu une révolution dans les affaires de responsabilité, avec pour résultat qu'au cours des trente dernières années, le droit de la responsabilité civile, le droit des accidents et des dommages corporels, a été modifié par les juges et les professeurs de droit pour rendre la loi "plus compatissante" et plus anti-business, un résultat logique du marxisme croissant de la magistrature américaine. Les résultats sont visibles sur toutes les bandes, dans l'obsolescence rapide de la "Rust Belt", dans le déficit croissant de la balance commerciale américaine et dans l'augmentation des investissements étrangers aux États-Unis. En 1988, ces investissements atteignaient 304 milliards de dollars, soit 33% des produits chimiques, 12% de l'ensemble de l'industrie manufacturière américaine, 12% de l'imprimerie et de l'édition et 10% de la fabrication de fibres et de textiles. Huber n'est pas le seul à attribuer ce déclin tragique des actifs américains aux déprédations malignes de notre profession juridique.

Huber recommande, dans un premier temps, d'abroger la règle des sources collatérales inventée par les juges et de s'en remettre à l'assurance directe des biens et des services. Il est peu probable que les juges reculent devant le dilemme qu'ils ont eux-mêmes créé, ou que les compagnies d'assurance puissent se permettre les montants considérables requis pour une couverture d'assurance directe. Quelle que soit l'issue, la situation remonte à l'observation pertinente de Starkey sous le règne du roi Henri VIII : "Tous ceux qui peuvent colorer la raison font obstacle à la meilleure loi jamais conçue".

Les excès du droit de la responsabilité civile sont la conséquence des abus commis par les avocats au début de ce siècle. Les avocats agissaient généralement en tant qu'agents de réclamation pour les entreprises faisant l'objet d'une action en dommages et intérêts, utilisant leurs talents pour persuader la victime de signer une décharge contre le paiement de dommages et intérêts minimes. Cette pratique s'est retournée contre eux lorsque les avocats ont réalisé qu'ils pouvaient gagner beaucoup plus d'argent en représentant la victime contre les entreprises, en obtenant d'énormes règlements, sur lesquels ils prélevaient un tiers d'honoraires conditionnels, plus des "dépenses" incalculables. Cette pratique n'était rien d'autre qu'une chasse à l'ambulance, mais elle s'est avérée très lucrative.

Les lumières rouges des ambulances exercent toujours une attraction irrésistible sur les juristes. Le 1er septembre 1988, le Wall Street Journal titrait : "Le barreau du Texas se précipite sur le site de l'accident pour protéger les victimes de certains avocats". "Pour tenter de protéger les familles des victimes des sollicitations d'avocats sans scrupules, le barreau de l'État du Texas a dépêché ses propres avocats sur le site de l'accident de la Delta Airlines à l'aéroport international de Dallas". L'article note que "la sollicitation par les avocats est un crime, généralement un délit, connu sous le nom de barratry".

Le 16 février 1989, le Wall Street Journal a commémoré "les dizaines d'avocats qui se sont précipités à Bhopal dans les jours qui ont suivi l'accident et qui ont ensuite porté les affaires des victimes devant les tribunaux américains". L'aspect fou, fou du monde de la ruée des avocats vers Bhopal a été provoqué par la perspective tentante de milliers de clients, lorsque l'usine Union Carbide à Bhopal a eu une fuite de gaz en 1984. Les avocats ont en fait signé des milliers de clients, mais ils ont été contrariés lorsque le gouvernement indien a pris le contrôle du litige en 1986. Union Carbide a accepté un règlement de 470 millions de dollars, avec paiement au greffier de la Cour suprême de l'Inde. Cette décision a apparemment laissé les avocats américains dans l'incertitude, puisqu'ils n'ont pas eu accès aux fonds. Dans le cadre d'une action en responsabilité civile, il est évident que l'avocat prélève ses honoraires sur le montant le plus élevé. Il est peu probable que la bureaucratie indienne soit disposée à partager le butin, dont la majeure partie ne parviendra probablement jamais aux victimes. Pour les "Bhopal flyers", la pilule risque d'être amère.

Louis Vuitton, le fabricant français de maroquinerie, a développé une nouvelle approche du problème des avocats. Au lieu de continuer à engager des avocats pour lutter contre les contrefacteurs qui apposent illégalement le nom Vuitton sur leurs produits, Vuitton a maintenant poursuivi plus de cinquante affaires à New York en demandant aux juges de nommer des conseillers d'entreprise en tant que procureurs spéciaux. Ces conseillers engagent alors des procédures pénales pour outrage au tribunal à l'encontre des contrevenants qui enfreignent les injonctions du tribunal en matière de contrefaçon. La contrefaçon représentant aujourd'hui un problème de 5,5 milliards de dollars par an, d'autres fabricants ont suivi le mouvement. Ils ont transféré leurs coûts sur les épaules d'un procureur, parce qu'ils l'ont informé de la commission d'un délit. Il est donc de son devoir de le poursuivre. Cependant, lorsque le présent auteur a fait cette démarche dans le passé, les agences gouvernementales ont refusé d'engager des poursuites. Aucune mesure n'a jamais été prise à la suite de la notification de violations graves de la loi.

La profession d'avocat continue à se rémunérer sur les malheurs du public. Lorsque la société A. H. Robins Co. de Richmond, en Virginie, a commercialisé un dispositif intra-utérin défectueux, le Dalkon Shield, quelque 195 000 femmes blessées par ce dispositif ont déposé des demandes d'indemnisation. L'entreprise s'est placée sous la protection de la loi fédérale sur les faillites, mais a fini par créer un fonds de 2,4 milliards de dollars pour régler l'afflux de plaintes pour dommages corporels. En septembre 1988, un rapport confidentiel a conclu qu'un grand cabinet d'avocats de Wall Street, Cadwalader, Wickersham et Taft (comme le président Taft), avait violé les lois sur les conflits d'intérêts en représentant simultanément un comité de plaignants de Robins et les cinq administrateurs qui allaient débourser les milliards de dollars de règlements. Le cabinet Cadwalader aurait joué le rôle principal dans la nomination de quatre des cinq administrateurs. Des millions de dollars de revenus potentiels pour le cabinet Cadwalader sont en jeu.

La crise nationale des caisses d'épargne et de crédit a été expliquée par l'implication des juristes dans la campagne de longue date visant à les "déréglementer". Ces mêmes juristes interviennent maintenant pour rédiger des propositions visant à "résoudre" les problèmes. Le 31 janvier 1989, le Wall Street Journal a noté que Thomas Vartanian, l'ancien conseiller général du Federal Home Loan Bank Board, a rédigé les lois qui ont déréglementé les banques d'épargne. Après la faillite de ces dernières à la suite de cette déréglementation, il a rejoint le cabinet d'avocats new-yorkais Fried, Frank, Harris, Shriver et Jacobson. Le cabinet a gagné quelque douze millions de dollars en 1988 en s'occupant de

55 fusions de banques d'épargne. L'adjoint de Vartanian à la FHLBB, Patrick Doyle, a également développé une activité florissante dans le domaine de l'épargne et du crédit, au sein du cabinet d'avocats Arnold and Porter à Washington.

Washington reste la principale base d'attache des avocats lobbyistes, qui sont aujourd'hui onze mille à y tenir leur cour. Le doyen des lobbyistes fiscaux de Washington est Charles Walker, dont le cabinet CEW Associates représente une puissante base d'entreprises, connue sous le nom de "Groupe des 14". Ces 14 grandes entreprises comprennent Alcoa, AIT, Bechtel, Champion, Dresser, DuPont, IBM et d'autres, avec un chiffre d'affaires global de 260 milliards de dollars par an et employant deux millions de travailleurs. Ces entreprises dépendent de l'AI pour gérer les modifications du code fiscal qui affecteront leurs bénéfices. Walker est arrivé à Washington en tant que protégé de Robert Anderson, secrétaire au Trésor de 1957 à 1960. Walker est devenu responsable des relations avec le Congrès pour le département du Trésor, rédigeant par la suite la loi sur la réforme fiscale de 1969. Il a acquis la réputation d'être l'homme à consulter si l'on veut que quelque chose soit fait à Washington dans le domaine de la fiscalité. Son entreprise gagne aujourd'hui des millions par an. Son mentor, Robert Anderson, n'a pas eu la même chance. Bien qu'il soit devenu plus tard président de l'American Bankers Association, il a été radié du barreau de New York le 11 janvier 1989, après avoir été condamné pour une fraude fiscale de 240 000 dollars entre 1983 et 1984, et pour avoir exploité une banque illégale qui a coûté quelque 4,4 millions de dollars à des investisseurs.

CHAPITRE 4

NE PAS JUGER

L'origine du mot "juge" se trouve dans "juden" ou, en espagnol, "juez". Aux États-Unis, le juge se considère avant tout comme le gardien du système juridique actuel. Tout en cultivant soigneusement son image publique d'incarnation de l'impartialité, il parvient à faire savoir aux personnes intéressées que son impartialité peut être influencée par certaines considérations. C'est pourquoi il est essentiel qu'un citoyen entrant dans un tribunal américain en tant que plaideur se défasse du mythe assidûment cultivé de l'"impartialité judiciaire". "Si vous êtes un agriculteur, un petit entrepreneur ou un salarié de n'importe quel type d'entreprise, vous êtes déjà "au-dessus de tout soupçon", en ce qui concerne le juge. Vous avez été relégué dans le "never never land" du hoi polloi — le juge ne laissera personne quitter son tribunal sans être convaincu qu'il est un élitiste.

Lors d'une campagne nationale visant à augmenter les salaires des juges en 1989, il a été constaté que les juges, dont les salaires varient entre 89 500 et 115 000 dollars par an, ont déclaré des revenus supplémentaires moyens allant de 16 624 à 39 500 dollars. Une enquête de l'Associated Press a révélé que le revenu médian d'un juge fédéral en 1987 se situait entre 108 000 et 130 300 dollars. En plaidant pour une augmentation de salaire, Robert McWilliams, du 10 U.S. Circuit CT au Colorado, a déclaré que "les salaires des juges, plutôt que d'être adaptés au revenu du contribuable moyen, devraient être adaptés à la moyenne des avocats en exercice". Cependant, l'enquête de l'Associated Press a montré que le revenu médian des 707 000 avocats et juges américains n'était que de 45 069 dollars (rapports du recensement). McWilliams ignorait apparemment que le revenu médian des juges était déjà plus du double du revenu médian des avocats américains. La demande de salaires toujours plus élevés fait partie de la volonté d'élitisme des juges. Le juge a fréquenté une université ; sa famille disposait de fonds suffisants pour lui permettre de faire des études supérieures de droit et de devenir un professionnel ; il est ensuite devenu juge parce qu'il a attiré l'attention favorable d'élitistes encore plus puissants, qui ont conclu qu'il servirait à protéger leurs intérêts au sein du tribunal. Le juge réside dans une banlieue aisée et possède une maison d'une valeur considérable dans un quartier où vivent d'autres élitistes. Il est membre d'un country club dont les membres sont strictement réservés aux élitistes. Il entretient des relations discrètes avec un ou plusieurs groupes religieux, fraternels et politiques. Parmi ces groupes, l'organisation fraternelle maçonnique occupe une place prépondérante. La majorité des membres maçonniques ne dépassent jamais les trois degrés de la Loge Bleue. Ils ne sont jamais informés que les degrés supérieurs n'ont pas le droit, sous peine de mort, de divulguer les machinations des degrés supérieurs à un membre de la Loge bleue. Cela ne signifie pas que les membres de la Loge Bleue ne retirent aucun avantage de leur appartenance. Au contraire, ils reçoivent continuellement un traitement favorable dans les banques, dans les tribunaux et de la part d'autres hommes d'affaires. Les tribunaux sont en grande partie des prolongements de la fraternité maçonnique. La plupart des avocats et des juges sont des membres de la loge. Tous les membres de la fraternité qui se présentent devant le tribunal bénéficient d'un traitement préférentiel.

Dans nos grandes villes, la plupart des juges sont également des collaborateurs sionistes ; s'ils sont sionistes inactifs, ils ont été contrôlés par une organisation sioniste et ont été jugés satisfaisants. Un juge est presque toujours membre en règle de l'un des principaux partis politiques ; il n'est presque jamais membre d'un mouvement politique "indépendant". Il est généralement membre d'une église établie, si elle est protestante, généralement épiscopalienne, bien que plus de la moitié des juges aux États-Unis soient catholiques. Il peut même appartenir à une organisation "extrémiste", comme le juge de la Cour suprême Hugo Black, qui a longtemps été membre en règle du Ku Klux Klan. Après avoir été nommé à la Cour suprême par le président Franklin Delano Roosevelt, Black a admis son appartenance au Klan. La fuite provenait d'un idéologue communiste, à l'époque où l'aile stalinienne fanatique du parti communiste s'emparait du parti démocrate national. L'appartenance au Klan était un anathème pour ces idéologues ; seule l'affiliation au nazisme était encore plus stigmatisante. Black promit humblement de ne plus jamais assister à une réunion du Klan et siégea à la Cour pendant de nombreuses années. Les réalistes politiques de Washington savaient que la carrière politique de Black avait été bâtie sur son appartenance au Klan en Alabama. Sans cette appartenance, il n'aurait pas pu être élu au Sénat. Une fois à Washington, il est devenu un fidèle partisan des politiques les plus socialistes de FDR et a été récompensé par sa nomination à la Cour suprême. Avec son appartenance au Klan au-dessus de sa tête, Black est devenu un ardent défenseur de toutes les violations de la Constitution, en tant que membre de la Cour suprême. L'épisode Black illustre la nécessité pour un juge de disposer d'un soutien politique puissant. Inversement, il doit connaître peu ou pas du tout les problèmes juridiques ou la pratique du droit. On attend de lui qu'il fasse preuve d'une loyauté inébranlable à l'égard de la ligne dominante du parti pendant toute la durée de son mandat de juge. Les juges qui, à un moment donné, commencent à croire qu'ils sont un pouvoir en soi et qui substituent leurs opinions personnelles aux exigences de la ligne du parti en vigueur (qui varie d'un jour à l'autre, comme doit le faire toute position politique pratique) sont les juges dont on parle dans la presse. Ce sont les juges qui sont mis en accusation pour crimes et délits graves, démis de leurs fonctions et envoyés en prison. Il s'agit d'un cas très rare, car le juge en exercice ne doit jamais oublier où se trouve sa véritable allégeance. Le juge exerce un pouvoir suprême sur les parties qui se présentent devant lui dans le cadre d'un litige civil ou d'une action pénale. Il dispose d'un pouvoir égal sur les avocats qui se présentent devant lui, et il ne permet à personne d'oublier ce pouvoir. À cet égard, le juge n'est pas réellement un employé de la ville, de l'État ou de la nation qui paie son salaire. Il est l'outil des entités secrètes qui contrôlent en coulisse tous les aspects de la vie américaine. La presse servile a mis à la mode le fait de ricaner de toute personne qui parle de "conspiration", avec l'implication que toute personne qui croit qu'il y a des conspirateurs est probablement malade mentale, et devrait être isolée pour la sécurité de la société. On nous rappelle souvent que des personnes qui prétendaient avoir une certaine connaissance des rouages de "la conspiration" ont été rapidement emmenées dans un asile, où l'administration continue de drogues altérant l'esprit les a rapidement convaincues qu'elles s'étaient trompées dans leurs accusations. L'"agitateur" est bientôt réduit à un détenu impuissant et baveux qui, chaque fois qu'il montre des signes de reprise des esprits, se voit immédiatement administrer une dose plus forte de Thorazine, à la manière du KGB.

Le sophisme de l'impartialité judiciaire pourrait être nié par n'importe quel avocat en exercice. Dans nos grandes villes, la pratique du "judge shopping" parmi les membres de la magistrature est quotidienne. Un avocat usera de tous les stratagèmes, dont le moindre n'est pas l'utilisation de relations soigneusement entretenues avec les greffiers, pour faire déplacer une affaire d'un juge que l'on sait hostile soit au défendeur, soit au type de crime qu'il a commis, soit à l'avocat lui-même. Dans toute la profession juridique, il est de notoriété publique que la plupart des juges ayant des années d'ancienneté sont presque universellement hostiles à toute personne qui se présente au tribunal sans avocat et déclare son intention de se représenter elle-même. Les juges sont également très hostiles aux avocates, aux Noirs et aux autres minorités.

La juge Susan M. Skinner du comté de Lee, en Floride, a récemment démissionné de son poste de juge, invoquant le sexisme et la "petite politique" dans le système judiciaire pour justifier sa démission du poste de juge qu'elle occupait depuis 1984. Elle a rendu publique sa lettre de démission en déclarant : "J'en suis venue à la conclusion que la vie ne se résume pas à faire partie de ce système judiciaire ! Je ne peux pas m'imaginer imiter un certain nombre de juges actuels avec leurs querelles intestines, leur envie et leur traitement dépassionné des affaires, et je ne peux pas non plus tolérer la domination totale que notre administrateur judiciaire actuel est autorisé à exercer sur le système judiciaire." Ft. Myers Fla. News Press, 16 juin 1989. La juge Skinner avait provoqué un tollé dans la communauté en apprenant qu'un accusé était atteint du SIDA. Elle lui a ordonné de quitter la salle d'audience, se disant insultée par l'audace dont il faisait preuve en se présentant au tribunal, et craignant qu'il ne transmette la maladie à d'autres personnes présentes dans la salle d'audience. La puissante communauté homosexuelle a soulevé un tollé national et elle a compris qu'elle ne pourrait plus exercer ses fonctions judiciaires dans une atmosphère de harcèlement et d'intimidation.

Des éléments libéraux à Washington avaient cherché à remplacer les membres les plus âgés de la magistrature par des Noirs et des femmes, un processus accéléré par le président Jimmy Carter, qui a remplacé quelque 300 membres de la magistrature fédérale. Certains d'entre eux ont depuis été inculpés, d'autres ont démissionné. En 1717, l'évêque Benjamin Hoadley informa le roi d'Angleterre : "Quiconque jouit d'une autorité absolue pour interpréter des lois écrites est véritablement le législateur à toutes fins utiles, et non la personne qui les a écrites".

C'est donc le juge, et non plus l'auteur des lois, qui est passé du statut d'arbitre impartial à celui de créateur des lois. Les juges infligent aujourd'hui des peines excessives, sans que leurs décisions ne soient soumises à aucune restriction ou presque. Le Wall Street Journal a noté le 28 avril 1989 que le juge fédéral Richard Owen avait condamné certains accusés à cent ans de prison dans une affaire criminelle et à quinze ans dans une affaire de fraude fiscale, ce qui était au moins cinq fois plus sévère que ce que la plupart des avocats considéraient comme approprié. Le 5 juin 1980, un juge fédéral a décidé que la ville de Parma, dans l'Ohio, devait fournir chaque année trois cents unités de logement pour les personnes à faible revenu. Cette décision a été décrite comme "la première prise de contrôle d'une ville par le gouvernement fédéral".

La Cour d'appel du district de Columbia a décidé le 10 mai 1989 que le juge de la Cour supérieure du district de Columbia, Tim C. Murphy aurait dû se retirer d'une affaire d'agression intentée par des procureurs fédéraux, parce qu'à ce moment-là, il postulait pour un poste au ministère de la Justice. Bien que le juge Murphy ait défendu son action en soulignant que "j'ai enseigné l'éthique judiciaire pendant des années", il a été jugé qu'il s'agissait d'une violation flagrante des règles éthiques.

Le pouvoir démesuré du juge dans le système juridique américain s'est accru à l'inverse du déclin des garanties constitutionnelles des droits individuels et de la montée concomitante de l'équité. L'équité vient du latin Aequitas, qui signifie égalité de la justice. L'équité est définie par Sir Henry Maine dans "Ancient Law" comme "tout corps de règles existant à côté de la loi originale ou civile, fondé sur des principes distincts, et prétendant incidemment supplanter la loi civile en vertu d'une sainteté supérieure inhérente à ces principes, principes issus d'édits de préteurs". Il s'agit d'une référence à la proclamation annuelle sur le droit administratif qui était complétée chaque année par le préteur, qui correspondait au lord high chancellor en droit anglais. L'equity a une compétence exclusive lorsqu'elle reconnaît des droits inconnus de la common law, tels que les trusts ; l'equity a une compétence concurrente lorsque la loi a reconnu le droit mais n'a pas accordé de réparation adéquate ; et une compétence auxiliaire lorsque les mécanismes des cours de justice n'ont pas été en mesure de fournir les nouvelles preuves.

Maine poursuit en déplorant les maux de ce double système judiciaire. Le présent auteur a constaté très tôt que lorsque ses adversaires se rendaient compte qu'ils ne pouvaient pas le détruire devant les tribunaux civils, ils demandaient que l'affaire soit entendue par les tribunaux d'équité ou de chancellerie. Au début, cette démarche m'a laissé perplexe, mais j'ai rapidement été convaincu de son objectif. J'ai tenu bon et j'ai finalement pu régler l'affaire à ma façon. L'existence de ce double système judiciaire est une arme secrète puissante, que les juges et les avocats utilisent contre le public, leur donnant une tactique décisive qu'ils peuvent déployer, juste au moment où le citoyen croit qu'il va enfin recevoir justice au tribunal.

Les abus de notre système judiciaire sont d'autant plus ironiques que la signification traditionnelle de la balance de la justice est que toutes les choses doivent être en harmonie, pesées et établir un équilibre entre des adversaires en guerre. La Balance est le septième signe du Zodiaque, gouverné par Vénus ; son joyau est l'émeraude, qui représente le divin mélange des couleurs, le bleu du ciel avec l'or du soleil. Dans le tarot, la carte de la Justice est représentée par un Seigneur assis et couronné, qui est l'intronisation du dispensateur impérial de la justice, le roi Salomon. La désignation de la balance comme signe de justice visait à décréter que tous les mondes, et toutes les formes de la nature humaine, devaient atteindre un équilibre. Dans la pratique, cet idéal n'a pas été atteint. La balance de la justice, plutôt que de peser les preuves présentées par les forces opposées, jusqu'à ce que la prépondérance se produise d'un côté ou de l'autre, permet au système contradictoire de faire descendre la balance d'un côté, justifiant une décision en faveur de cette partie. Ainsi, l'idée d'équilibre a été abandonnée, non seulement à cause du système contradictoire, mais aussi parce que la balance de la justice, au lieu de signifier l'harmonie, a été convertie en balance de commerce, dans laquelle les marchandises sont pesées pour déterminer leur prix avant la vente. L'equity law a constitué une avancée considérable dans cette direction, permettant d'abord aux tribunaux d'amirauté, puis aux marchands de droit, de supplanter la common law et, aux États-Unis, notre droit constitutionnel. Dans le droit marchand, tout le droit ne concerne que le traitement des litiges économiques, et la balance de la justice est devenue la balance du commerçant ou du courtier.

En raison de cette évolution, la fonction de juge elle-même est devenue un objet de commerce, à vendre aux enchères au plus offrant. De même que la balance de la justice sert à peser le pouvoir, l'influence et les finances des parties, la robe de juge est devenue un objet de vente. Bien qu'elle soit encore proposée dans les régions périphériques du pays comme une offre pour ceux qui détiennent les rênes du pouvoir, dans les grandes villes, elle a été réduite au seul élément du prix. Cela peut être vérifié dans nos publications les plus réputées, telles que le *New York Times* du 2 octobre 1988. Ce journal a publié une longue interview de Matthew Troy, ancien pilier du "système" en tant que conseiller municipal de New York et dirigeant du parti démocrate du Queens. Troy a purgé de courtes peines de prison en 1980, après avoir plaidé coupable d'avoir produit de fausses déclarations de revenus. Il donne aujourd'hui des conférences dans les universités sur les réalités de notre système judiciaire et politique. Troy affirme que le public a l'impression que les politiciens sont véreux, "alors qu'ils ont généralement raison". Il affirme qu'il a échangé des votes à l'assemblée de l'État contre des postes de juge, que des visiteurs sont venus dans son bureau avec des mallettes remplies d'argent et qu'il a régulièrement refusé des pots-de-vin de la part de journalistes et de promoteurs immobiliers. Un journaliste a proposé de publier des articles de presse favorables à son sujet pour seulement 500 dollars par semaine.

La révélation la plus importante de Troy est son récit des tarifs en vigueur pour l'achat d'un poste de juge. "Le prix habituel d'un poste de juge à la Cour suprême de New York était de 75 000 dollars, les postes dans les tribunaux inférieurs coûtant 15 000 dollars. C'était un fait connu de tous, avec lequel j'ai grandi". Il poursuit : "Un homme est venu me voir et a posé sur mon bureau une mallette remplie, absolument remplie d'argent. Il m'a dit : "J'aimerais être juge". Je lui ai demandé : "Êtes-vous avocat ?".

Bien que l'argent reste le facteur déterminant, le principe directeur du système juridique reste son allégeance à l'ordre maçonnique. Dans de nombreuses régions, la magistrature locale n'est qu'un chapitre de la loge maçonnique. En raison du grand secret entretenu par les loges, aucun chiffre précis ne peut être donné quant au nombre d'avocats et de juges américains qui sont membres d'une loge maçonnique. Sur le total actuel de 707 000 juges et avocats américains, on peut estimer qu'au moins 500 000 sont membres d'une loge maçonnique. Ce chiffre pourrait même atteindre 90%. Des chiffres ont été établis pour l'Angleterre, dans le livre à succès de Stephen Knight, "*The Brotherhood*". Peu après la publication de ce livre, qui est immédiatement devenu un best-seller, Knight, qui était un jeune homme, est décédé subitement. Les personnes intéressées n'ont pas pu obtenir de détails sur son décès. Knight affirme que "la Law Society (l'équivalent anglais de notre Bar Association) est l'une des institutions les plus maçonniques au monde. Quatre-vingt-dix pour cent de ses membres sont des francs-maçons". Il souligne que cette situation crée elle-même de graves inégalités, car c'est la Law Society qui décide en dernier ressort qui bénéficiera de l'aide juridictionnelle et qui en sera privé. Dans la pratique, un non-maçon n'a aucune chance de bénéficier de l'aide juridique dans un procès contre un franc-maçon.

Knight affirme que cinquante à soixante-dix pour cent de tous les juges anglais sont des francs-maçons. Ce chiffre est probablement proche de celui des États-Unis. Les avocats prennent rapidement conscience que s'ils espèrent avoir des clients, et s'ils souhaitent gagner des affaires devant les tribunaux, ils doivent rejoindre les francs-maçons, car la plupart de leurs clients viendront de cette source. Knight cite l'Unlawful Societies Act de 1799, qui stipulait que les sociétés secrètes ne pouvaient tenir des réunions que si les noms de leurs membres étaient soumis aux greffiers de paix locaux. Il note que, bien que cette loi soit en vigueur depuis près de deux siècles, les francs-maçons ne l'ont jamais respectée. Cependant, il a omis de consulter le texte de la loi, qui exempte spécifiquement les francs-maçons, car la famille royale anglaise était et reste le protecteur officiel de la franc-maçonnerie anglaise. Les loges ont été introduites en Angleterre en 1717 à la suite d'une conspiration de plusieurs années, qui a placé la famille de Hanovre sur le trône d'Angleterre. Depuis cette date, elles sont restées actives et fidèles à leurs origines maçonniques.

Les Américains qui s'engagent dans les dédales juridiques de nos tribunaux sont souvent stupéfaits par les décisions étranges qui sont rendues par les juges. Dans presque tous les cas, l'étrange issue de l'affaire peut être expliquée par l'influence maçonnique omniprésente. Ainsi, les citoyens n'ont aucun moyen de savoir qu'ils ont été soumis aux assauts d'un despotisme oriental qui se fait passer pour la loi. Comment une véritable justice peut-elle être rendue si le juge a prêté serment, sous peine de mort, de toujours trancher en faveur de ses frères maçons ?

Le commandement *du Masonic Handbook* est le suivant (p. 183-184),

> “Chaque fois que vous voyez l’un de nos signes faits par un frère Maçon, et en particulier le grand signe de détresse, vous devez toujours être sûr d’y obéir, même au risque de votre propre vie. Si vous êtes membre d’un jury et que l’accusé est un franc-maçon et qu’il fait le signe de détresse, vous devez lui obéir ; vous devez être en désaccord avec vos frères jurés, si nécessaire, mais vous devez vous assurer de ne pas déclarer le franc-maçon coupable, car cela jetterait le discrédit sur notre Ordre.

Le manuel continue,

> “Vous devez dissimuler tous les crimes de vos frères maçons, à l’exception du meurtre et de la trahison, et ces derniers seulement à votre gré, et si vous êtes cité comme témoin contre un frère maçon, soyez toujours sûr de le protéger. Précarisez-le, ne dites pas la vérité dans ce cas, gardez ses secrets, oubliez les points importants. C’est peut-être un parjure, il est vrai, mais vous respectez vos obligations.”

Il est également important de noter que l’utilisation du mot “obligations” est un élément clé du code maçonnique. La plupart des gens, en se référant à un problème moral, utiliseraient le mot “devoir”, comme l’ont fait les fondateurs de notre République ; cependant, un Maçon est certain d’utiliser le mot “obligation” comme un code d’avertissement aux autres Maçons qui peuvent être présents qu’ils sont maintenant sous un ordre impérieux d’exécuter leur obligation envers la fraternité. Cette obligation signifie qu’il doit commettre un parjure au tribunal, qu’il doit se prononcer en tant que membre du jury en faveur d’un frère maçon, malgré toutes les preuves présentées contre lui, et, en tant que juge, qu’il doit se prononcer en faveur du franc-maçon. En tant que greffier, ou tout autre fonctionnaire du tribunal, il est tenu d’altérer, de voler ou de détruire tous les dossiers ou documents publics officiels qui pourraient compromettre un frère maçon. Cet auteur a fréquemment envoyé des plaintes écrites contre des juges et des avocats maçonniques aux procureurs des États-Unis. Dans tous les cas, le ministère de la Justice a répondu aux accusations documentées de chantage, de vol et d’extorsion : “Vous devriez engager un avocat privé", ce qui signifie que vous devez vous trouver un avocat maçonnique et espérer qu'il s'occupera de votre affaire contre ses frères maçons.

Le manuel maçonnique stipule en outre que

> "Si vous trompez, abusez ou escroquez une autre société ou un autre individu, c'est entièrement votre affaire. Si vous trompez même le gouvernement, la Maçonnerie ne peut pas vous toucher et ne le fera pas ; mais veillez à ne pas tromper, léser ou escroquer un frère maçon ou une Loge. Quel que soit l'individu que vous pouvez escroquer, soyez à la hauteur de vos obligations (maçonniques)".

Il est impossible de comprendre la profondeur d'une telle dépravation si l'on ne comprend pas les origines mêmes de la fraternité maçonnique (voir *La malédiction de Canaan*, par Eustache Mullins). Sa moralité est dictée par l'autorité de base, la Volonté de Canaan :

> "Canaan prescrivit à ses fils cinq choses : "Aimez-vous les uns les autres, aimez la rapine, aimez la débauche, haïssez vos maîtres, et ne dites pas la vérité".

Canaan avait vécu son existence terrestre sous la malédiction de Canaan, une sentence d'esclavage qui était attachée à tous ses descendants. Le commandement de s'aimer les uns les autres ne se référait qu'à ces descendants directs ; il donnait également le commandement implicite de haïr tous les autres occupants de la terre. Il leur était en outre ordonné de chercher à gagner leur vie en commettant des vols, en encourageant le vice sexuel par l'amour de la débauche, et de haïr leurs maîtres, car ils avaient été condamnés à vivre sur terre en tant qu'esclaves. Enfin, ils ne devaient pas dire la vérité, un ordre qui a déclenché le raz-de-marée de parjures qui inondent aujourd'hui nos tribunaux. Le fait que la Maçonnerie soit issue des temps bibliques est démontré par son mot de passe secret, "Tubal Cain", qui rappelle la lignée de Caïn. Caïn a commis le premier meurtre sur terre en tuant son frère Abel. Le descendant de Caïn, Nemrod, une puissance démoniaque, devint le premier souverain du monde. Son règne fut marqué par des orgies sexuelles et des sacrifices d'enfants, ce qui poussa Shem, le fils de Noé, à le décapiter et à couper son corps en morceaux, en guise d'avertissement pour les autres malfaiteurs. Ces morceaux furent envoyés aux prêtres de Nemrod pour les avertir de renoncer à leurs pratiques infâmes et à leurs orgies démoniaques. Au lieu de cela, les prêtres conservèrent précieusement les restes comme objets de culte. Ils ont été dissimulés dans des bosquets, dans des zones rurales, comme les sanctuaires des premiers "Mystères". Albert Pike, le théoricien du mouvement maçonnique, note dans son ouvrage définitif, "Morals and Dogma", que tous les rites maçonniques trouvent leur origine dans ces Mystères.

Les prêtres devinrent les gnostiques, les connaisseurs, c'est-à-dire ceux qui savaient où le corps ou les reliques de Nemrod étaient cachés dans les bosquets. Tout au long de l'histoire, ces reliques, ou des copies ultérieures, ont persisté comme symboles de la résolution cananéenne de "haïr ses maîtres" et de les détruire dans des orgies telles que la Révolution française et la Révolution communiste. Leur objectif final est de s'emparer par la force de toutes les richesses du monde et de les ramener dans le Temple reconstruit du roi Salomon. Bien que le parjure et l'abus du système juridique restent des éléments cruciaux de la volonté maçonnique de contrôler le monde, le meurtre et l'assassinat continuent d'être le symbole final de leurs opérations.

Ainsi, un citoyen des États-Unis n'a aucune idée, lorsqu'il entre dans un tribunal américain, qu'il pénètre désormais dans une arène où la conspiration furtive est le facteur dominant, où le parjure et l'assassinat sont considérés comme des modes opératoires routiniers. S'il pouvait être informé de cette réalité, il serait en mesure de citer de nombreux précédents dénonçant la qualification du juge pour cause de partialité. L'égale protection de tous est le principe de base sur lequel repose la justice en vertu de la loi. Pierre v. State of In. 59 S.Ct 536, 306 U.S. 354, 83 L.Ed. 757.

"Un préjugé ou une partialité de la part du juge du fond peut constituer un déni de l'égale protection des lois. Osborne v. Purdome, 250 s.w. 2d 159.

Dans une situation de procès, le juge est confronté à deux impératifs : premièrement, il doit dissimuler l'existence de son allégeance maçonnique ; deuxièmement, il doit imposer par décret impérial ses ordres à tous ceux qui se présentent devant son tribunal. De nombreuses décisions reflètent ces impératifs, comme la décision du juge américain Thomas MacBride dans l'affaire n°9909, le 2 mai 1967, en vertu de la décision de Lord Coke de 1608 dans l'affaire Peter vs. The Crown, selon laquelle "aucun officier de la

Couronne ne peut être accusé d'un crime, même s'il est coupable". Le juge M. L. Schwartz a rejeté l'affaire S 83-699 — MLS, le 11 avril 1984, en vertu de la Magna Carta de 215, selon laquelle nous n'avions pas le droit de porter plainte contre des fonctionnaires ou des membres du barreau parce que la Constitution des États-Unis ne s'appliquait pas à la juridiction des tribunaux fédéraux. Le juge R. A. Ramirez a rejeté l'affaire n° 84-03 0503RRAR le 23 juillet 1984, en vertu de l'arrêt Bell v. Hood, qui était également fondé sur l'arrêt de Lord Coke de 1608, citant la position de la Grande Charte selon laquelle les personnes d'une caste inférieure ne peuvent pas porter plainte contre des membres de la classe des pairs titrés.

Ces décisions de nos tribunaux fédéraux ignorent la première loi jamais adoptée par le Congrès américain lors de sa première session, en 1791. Cette loi concernait la punition des juges et des autres fonctionnaires qui n'appliquaient pas la loi. La loi exigeait que les droits des citoyens soient garantis. Le non-respect de cette obligation était qualifié d'insurrection.

Sydney Smith, dans son ouvrage intitulé "Fallacies of Anti-reformers", note que "si la loi est bonne, elle se soutiendra elle-même ; si elle est mauvaise, elle ne devrait pas être soutenue par une théorie irrévocable, à laquelle on n'a jamais recours que pour voiler les abus". Tous les hommes vivants doivent posséder le pouvoir suprême sur leur propre bonheur à chaque époque. Lorsqu'une loi est considérée comme immuable, au lieu d'être abrogée, elle est évitée clandestinement ou violée ouvertement, et l'autorité de la loi s'en trouve affaiblie".

Sir Francis Bacon a noté dans sa "Judicature" que

> "Les juges doivent se rappeler que leur fonction est *jus decere,* et non *jus dare ;* d'interpréter la loi, et non de faire la loi ou de donner la loi. *Judicius officium est, ut res, ita tempora rerum.* Un juge doit tenir compte du temps comme de la matière".

Ralph Waldo Emerson, dans "Worship", affirme que

> "Nous devons aux Écritures hindoues une définition de la loi qui se compare bien à toutes celles que l'on trouve dans les livres occidentaux. La loi est celle qui est sans nom, sans couleur, sans bande, sans pied, qui est la plus petite des moindres, ou la plus grande des grandes, qui est tout et qui sait tout, qui entend sans oreilles, qui voit sans yeux, qui se déplace sans pieds et qui saisit sans bande".

De la définition d'Emerson, celle qui s'applique le plus facilement à l'expérience de notre système judiciaire est qu'il saisit effectivement sans bande. La saisie est toujours sa principale force motrice. Adam Smith note dans sa "Richesse des nations" que

> "Afin d'augmenter leur rémunération, les avocats et les greffiers se sont ingéniés à multiplier les mots au-delà de toute nécessité et à corrompre la loi par le langage".

Robert Ringer note dans son article "Looking Out For Number One", que

> "Les conséquences pratiques du gouvernement sont qu'il utilise la menace de la violence soit pour vous forcer à arrêter de faire quelque chose que vous voulez faire, soit pour vous forcer à faire quelque chose que vous ne voulez pas faire, soit pour vous forcer à renoncer à quelque chose qui vous revient de droit.

Daniel Webster s'est déclaré le 10 mars 1831 à New York,

> "Le pouvoir judiciaire est l'affaire de tous. Si le législateur adopte des lois générales incorrectes ou injustes, ses membres en supportent le mal au même titre que les autres. Mais le pouvoir judiciaire agit sur les individus. Elle touche chaque droit privé, chaque intérêt privé et presque chaque sentiment privé. Ce que nous possédons n'est guère digne d'être appelé notre propriété, à moins que nous ne nous sentions en sécurité dans cette possession, et cette sécurité, ce système parfait, ne peuvent exister sous une administration des lois méchante ou même faible et ignorante". Il n'y a pas de bonheur, il n'y a pas de liberté, il n'y a pas de jouissance de la vie, à moins qu'un homme puisse dire en se levant le matin : 'Je ne serai soumis aujourd'hui à la décision d'aucun juge injuste'".

Rétrospectivement, lorsque Daniel Webster a fait cette déclaration, les pouvoirs du pouvoir judiciaire étaient presque inexistants, comparés aux pouvoirs qu'ils exercent aujourd'hui. Que dirait-il s'il était encore en vie et s'il était confronté aux pouvoirs dictatoriaux que le système judiciaire s'est arrogé sur tous les aspects de la vie américaine ? Nous avons assisté à la confiscation des écoles, à la décision sur la manière dont nos revenus doivent être dépensés, sur le type de quartiers dans lesquels nous devons vivre, et à un système judiciaire dont les agences gouvernementales dépendent pour faire appliquer leurs décrets.

Une défense déposée par Alan Stuart en Arkansas le 3 juillet 1978 notait qu'un substitut de Hearsay avait déposé la plainte contre lui, en violation de la Constitution des États-Unis, et qu'un substitut de Hearsay était son accusateur, alors qu'il avait le droit d'être confronté à son accusateur. Stuart a souligné que le District Attorney était à la fois un "Officier de la Cour" relevant du pouvoir judiciaire et un fonctionnaire chargé de l'application de la loi relevant du pouvoir exécutif, ce qui le plaçait en violation flagrante de la doctrine de la séparation des pouvoirs et du système d'équilibre des pouvoirs mis en place par la Constitution. Stuart a également souligné que le titre d'"Officier de la Cour" est un titre de noblesse inconstitutionnel et que tous les avocats font automatiquement partie de la branche judiciaire du gouvernement, qu'ils soient élus, embauchés ou nommés. L'article 1er, sections 9 et 10, interdit les titres de noblesse. Le substitut au ouï-dire étant un avocat et le juge également un avocat, il existe un conflit d'intérêts puisque des avocats ou des auxiliaires de justice représentent les deux parties. Stuart a déclaré que tous les juges avocats doivent se récuser en raison du conflit d'intérêts, ce qui les empêche de présider un procès équitable. Cela semble constituer une alternative utile aux abus actuels commis par des juges qui prétendent agir dans le cadre d'une "procédure légale régulière".

Felix Cohen a écrit dans la Columbia Law Review de juin 1935,

> L'expression "due process of law" ne signifie rien à la lumière des récentes décisions judiciaires qui ont montré qu'il s'agit d'une expression métaphysique de dissimulation (une autre justification omniprésente de la tyrannie judiciaire est l'expression très abusive "avoir son jour au tribunal", qui signifie que simplement en vous permettant de mettre les pieds dans ses enceintes sacrées, le juge vous donne accès à plus de justice que ce qui vous est dû, et en vous accordant ce gracieux privilège, le juge est alors libre de rendre n'importe quelle décision horrible qu'il lui plaît. NOTE DE L'ED.)

Le Dr Cohen poursuit,

> "Les concepts juridiques (par exemple, les sociétés ou les droits de propriété) sont des entités surnaturelles qui n'ont pas d'existence vérifiable, sauf aux yeux de la foi. Les règles de droit, qui se réfèrent à ces concepts juridiques, ne sont pas des descriptions de faits sociaux empiriques, mais plutôt des

théorèmes dans un système individuel. La jurisprudence est une branche particulière de la science du non-sens transcendantal".

Ainsi, M. Cohen, qui a travaillé pendant de nombreuses années dans le domaine de la jurisprudence, en arrive à la conclusion inéluctable que sa longue expérience s'est en réalité déroulée dans le domaine de la fantaisie. Peu d'Américains se rendent compte que, pendant qu'ils sont assis au tribunal et écoutent leur avocat rémunéré les "défendre", eux et leurs intérêts, les juges doivent s'efforcer de ne pas sourire aux absurdités qu'ils sont payés pour écouter. Comme le souligne Alan Stuart dans sa plainte, tout ce qui se passe au tribunal est du ouï-dire et des substituts, qui sont en fait régis par des concepts abscons de la Kabbale ou d'autres formules mystiques dont le citoyen n'est jamais conscient. Le présent auteur a entendu beaucoup d'"absurdités transcendantales" dans nos tribunaux, précisément ce que décrit le Dr Cohen, et a finalement été en mesure de définir son origine dans "*La malédiction de Canaan*" comme la présentation moderne de l'ancien culte de Baal, tel qu'il a été affiné dans la Kabbale et dans les lois actuelles. Ce n'est pas un hasard si ce "non-sens transcendantal" est supervisé par un juge qui porte des robes noires. Dans la terminologie juridique, on parle de "culte de la robe", car depuis les origines de l'humanité, la robe de la justice est traditionnellement blanche. On ne s'est jamais demandé quand ni comment la robe de la justice était soudain devenue noire, mais c'est à ce moment-là qu'elle a commencé. Au lieu de la couleur de la pureté sans tache, nous avons maintenant la robe noire comme signe de la justice babylonienne, des préceptes cananéens issus de Nemrod, présentés sur fond d'orgies sexuelles et de la folie des sacrifices d'enfants qui caractérisaient les "rites religieux de Baal et d'Ashtoreth". Cependant, force est de constater qu'il n'y a aucune volonté de tromper qui que ce soit. Le juge apparaît devant nous dans sa robe noire babylonienne, comme le grand prêtre des rites de Nemrod. C'est nous qui n'émettons aucune objection et ne demandons pas au juge ce qu'il est advenu de sa robe blanche. Le dôme du palais de justice lui-même est un autre symbole de la loi babylonienne, et il est conçu à dessein pour confirmer que nous entrons maintenant dans la juridiction de la justice babylonienne, qui nous est infligée par un labyrinthe byzantin d'intrigues secrètes et de conspirations mondiales.

Le caractère de ceux qui revêtent la robe noire est amplement documenté par les archives publiques. Le 18 juillet 1977, le magazine Time a relaté les exploits du juge Yarbrough de la Cour suprême du Texas. “Yarbrough a été enregistré en train de faire une déclaration au sujet d’un homme qui avait témoigné contre lui : “Je veux que Kemp soit effacé… la meilleure chose à faire serait de le faire moi-même si j’avais un pistolet et un silencieux”. Yarbrough faisait référence à un système de fraude de 1974, dans lequel Kemp avait témoigné contre Yarbrough et son associé, John Rothkopf, après qu’ils eurent reçu un paiement de 30 000 dollars pour une collection de pièces de monnaie rares, qu’ils n’ont jamais livrée. Yarbrough a ensuite utilisé sa position judiciaire pour obtenir de faux papiers et une nouvelle identité pour Rothkopf, qui s’est caché comme un fugitif en Louisiane et au Texas pendant plusieurs années. Yarbrough a ensuite été inculpé par un grand jury d’Austin (Texas) pour sollicitation de meurtre, faux, obstruction à la justice et parjure.

La Cour suprême du Texas a fait couler beaucoup d’encre en raison de la procédure de sélection de ses membres. Ils font campagne comme n’importe quel autre politicien pour être élus et doivent dépenser des millions de dollars pour leur campagne. Traditionnellement, la plupart des fonds de campagne proviennent de l’association des avocats du Texas (Texas Trial Lawyers Association), les avocats individuels contribuant jusqu’à 25 000 dollars à la campagne d’un seul candidat. Le président de la Cour suprême, Thomas Phillips, bien que se présentant sans opposition, a réussi à réunir un fonds de campagne de 1, I million de dollars auprès de quelque 4 500 donateurs. Le jugement record de 10,5 milliards de dollars que Pennzoil a obtenu contre Texaco a été suivi d’une consternation publique, lorsqu’il a été révélé que les avocats qui représentaient Pennzoil avaient versé plus de 355 000 dollars aux neuf juges de la Cour suprême du Texas entre 1984 et 1987, avant l’annonce par la Cour qu’elle refuserait une audience pour réexaminer le jugement de 10,5 milliards de dollars contre Texaco. Trois des juges ont alors démissionné de la Cour, bien qu’un candidat actuel à la Cour ait également levé 1,1 million de dollars de fonds de campagne, presque tous donnés par des avocats qui plaideront par la suite des affaires devant ce même juge, s’il gagne l’élection. Dans le cas contraire, ils plaideront devant un autre juge auquel ils ont également apporté des fonds de campagne substantiels.

Depuis la fin de la Seconde Guerre mondiale, les juges sont de plus en plus critiqués par l'opinion publique pour leurs abus de pouvoir, leur corruption et leurs décisions arbitraires, mais peu de choses ont été faites pour améliorer la situation. Le vilain secret du pouvoir judiciaire est que les juges sont toujours nommés par des hommes politiques et que les antécédents moraux ou intellectuels des juges et des hommes politiques ne sont jamais pris en considération. C'est ainsi que le poète Ezra Pound a décrit le président Harry Truman dans "*The Cantos*" : "Truman était loyal envers son espèce, la pègre". Il s'agit d'une citation directe de Rex Lampman, journaliste de longue date à Washington, que j'avais emmené rendre visite à Pound. Cependant, Pound ne faisait que répéter ce que la plupart des Américains savaient déjà. Truman est resté fidèle tout au long de sa carrière à Boss Pendergast, qui a été envoyé en prison pour une escroquerie à l'assurance de plusieurs millions de dollars. Le 10 mars 1952, le New Republic a noté que la nomination par Truman de quelque cent vingt-cinq juges fédéraux "a affaibli le pouvoir judiciaire fédéral et diminué son prestige". La poignée de main politique a connu son plus grand triomphe avec la nomination de Tom Clark à la Cour suprême des États-Unis". Clark était décrit dans la New Republic comme un lobbyiste du pétrole issu de la législature de l'État du Texas et un protégé du sénateur Tom Connally. Rétrospectivement, les copains que Truman a nommés à la magistrature fédérale n'étaient probablement pas pires que le morne cortège d'avocats et de lobbyistes, d'hommes de confiance et d'hommes de main, qui ont été nommés à la magistrature par les présidents suivants. Le président Carter a probablement porté le prestige de la magistrature à un niveau encore plus bas en nommant quelque 300 activistes politiques issus des rangs des féministes et des agitateurs des classes minoritaires, un club d'aliénés qui a transformé les palais de justice fédéraux en asiles.

Dans le Harpers de septembre 1934, Mitchell Dawson écrit : "Juger les juges" : "Son Honneur et ses confrères ont le pouvoir de statuer sur les droits, les devoirs, les privilèges et les immunités de tout le monde et de tout ce qui se trouve dans leurs bailliages respectifs. L'ensemble des pouvoirs et des responsabilités qui incombent ainsi au pouvoir judiciaire est effroyable". Dawson poursuit en commentant les attributs moraux d'un tel pouvoir. Il a noté que trois juges figuraient parmi les porteurs du cercueil de Big Jim Colosimo, "le premier des gros bonnets du commerce de l'alcool et de la contrebande". Big Jim était le protégé d'Edward G. Robinson, qui a incarné le gangster Rico dans le célèbre film "Little Caesar". Deux juges et un ancien juge se sont joints au cortège de représentants de la ville et de l'État qui ont suivi le cercueil en argent massif contenant le corps d'Angelo Genna, le célèbre condamné et tueur. La Commission de lutte contre la criminalité de Chicago a déclaré : "Un certain juge municipal était familièrement connu des milieux criminels sous le nom de "caisse enregistreuse". Un magistrat a été démis de ses fonctions pour avoir accepté un "prêt" de 19 600 dollars d'Arnold Rothstein, le célèbre joueur. Les preuves ont montré que le truquage des affaires dans les tribunaux de première instance était une activité bien établie".

Voilà pour la situation judiciaire en 1934. L'American Law Journal a noté dans son numéro de février 1988 qu'un juge de première instance du Wisconsin et l'associé principal du plus grand cabinet d'avocats de l'État, le cabinet de 278 avocats Foley et Larder, risquaient maintenant des sanctions pour avoir tenu des discussions ex parte à l'automne 1986. Comme nous l'avons souligné, les discussions ex parte, au cours desquelles des avocats et/ou des juges opposés tiennent des conférences secrètes pour discuter d'affaires en l'absence des parties, constituent l'un des problèmes les plus graves d'un système juridique qui oppose les avocats au reste des citoyens. Au Texas, un juge a été sévèrement critiqué parce qu'il avait prononcé une peine relativement légère à l'encontre d'un criminel qui avait abattu deux hommes. Le juge a répondu avec surprise : "Mais ce n'étaient que des pédés". Cette réponse a suscité une protestation nationale de la part du puissant lobby homosexuel. À Seattle, le juge Gary Little, juge de la Cour supérieure du comté de King, s'est suicidé après avoir appris qu'un journal de Seattle prévoyait de publier un article sur les abus sexuels qu'il commettait depuis vingt ans à l'encontre des accusés de sexe masculin qui comparaissaient devant son tribunal. Les médias locaux avaient délibérément étouffé l'affaire pendant des décennies. Un journaliste a finalement admis qu'il avait ouvert la porte du bureau de Little dans les bureaux du procureur général de l'État, en 1968, et qu'il avait trouvé Little en train d'embrasser un étudiant blond aux yeux bleus. Pendant des années, des témoignages ont été enregistrés par des mineurs qui se plaignaient que Little avait abusé d'eux alors que leur affaire était en cours de délibération dans son tribunal. Certains d'entre eux avaient été invités à passer la nuit dans sa maison de Seattle ou dans sa maison de campagne sur une île.

À New York, le procès sensationnel de l'ancienne Miss America Bess Myerson s'est prolongé pendant des semaines, avant son acquittement. Myerson, qui se surnommait elle-même “la reine des Juifs”, risquait des peines allant jusqu'à trente ans de prison pour obstruction à la justice, fraude postale, corruption et conspiration. Elle et son amant, un entrepreneur, avaient impliqué la juge Hortense Gabel dans la procédure de divorce de son amant. Le principal témoin contre la juge était sa propre fille, que la presse a décrite comme “excentrique” et souffrant de dépression.

Le juge Louis Fusco Jr. de la Cour suprême de l'État de New York, politiquement influent, qui faisait l'objet d'une enquête de la part du procureur Rudolph W. Giuliani, accusé d'avoir indûment dirigé des affaires vers une compagnie d'assurance dirigée par un ami, a annoncé qu'il ne briguerait pas un nouveau mandat. Le président de la compagnie d'assurance en question était connu comme un ami de longue date du juge, dont le neveu a été nommé vice-président de la compagnie. Un autre juge important du Bronx, l'ancien Surrogate Bertram Gelfand, a été évincé l'année dernière pour mauvaise conduite.

Le 24 août 1986, le Las Vegas Sun a mis en garde contre “l'implication inquiétante que les juges fédéraux — ou tout autre citoyen — resteront sujets à des poursuites malveillantes pour avoir simplement dénoncé l'injustice”. L'affaire en question était la persécution malveillante du juge fédéral Harry Claiborne, qui s'est finalement retrouvée devant le Congrès. Le Congrès a alors voté sa destitution. Qu'est-ce qui se cache derrière cette affaire ? La Haute Cour du Nevada avait déjà rendu une décision, State Bar of Nevada v. Claiborne, 756 P2d 464 (1988), selon laquelle Claiborne n'avait été coupable que de “simple négligence”. Le juge Claiborne, porteur d'un fier nom sudiste, avait servi avec distinction dans l'armée de l'air américaine pendant la Seconde Guerre mondiale. Il est ensuite devenu l'un des avocats de la défense les plus respectés de l'Ouest, consacrant plus de 30% de son temps à des affaires pro bono (sans rémunération) pour le bien public, un pourcentage probablement plus élevé que celui de n'importe quel autre avocat aux États-Unis. Après sa nomination au poste de juge, Claiborne a continué à s'engager du côté du public. Il a réprimandé les agents du FBI et de l'IRS qui portaient devant son tribunal des accusations fantaisistes et mal préparées, généralement fondées sur les seules informations fournies par leurs informateurs rémunérés. Dans le secteur des informateurs rémunérés, si vous ne trouvez rien de compromettant pour le sujet, vous n'êtes pas payé. Cela stimule constamment l'imagination.

Les agents du ministère de la Justice ont lancé une campagne concertée pour bloquer la nomination de Claiborne à la magistrature fédérale en septembre 1978. N'ayant pas atteint leur objectif, ils ont alors entamé une campagne visant à le détruire. Un éditorial du Reno Gazette Journal a été cité avec approbation par le juge Steffen : "Le ministère de la Justice et le FBI étaient tellement furieux contre le juge Claiborne que le besoin de vengeance les a rendus aveugles à tout, sauf à un désir ardent. Le gouvernement fédéral ne pouvait se reposer sur ses lauriers après que Claibome eut dénoncé les avocats de sa force de frappe comme étant des 'bâtards pourris' et des 'escrocs et Hars'. Il ne pouvait supporter les insinuations de Claibome sans riposter".

Les représailles des agents fédéraux se sont heurtées à l'impossibilité de trouver des motifs d'inculpation. Ils ont été contraints de faire appel à l'un des personnages les plus louches du pays, Joe Conforte, le tenancier de bordel le plus célèbre du monde. Pendant trente ans, Conforte a exploité le célèbre Mustang Ranch, qui n'a jamais eu de mustangs. En mai 1976, un célèbre boxeur argentin a été abattu devant le Mustang Ranch de Conforte. Trois éditorialistes du Reno Gazette Journal ont reçu le prix Pulitzer pour leurs articles dénonçant les activités de Conforte. En 1977, lui et sa femme ont été inculpés pour fraude fiscale. Il a ensuite fui le pays pour échapper à un redressement fiscal de plus de vingt-six millions de dollars, ainsi qu'à deux procès intentés après la mort du boxeur argentin. Les agents du fisc ont compris que Joe Conforte serait le véhicule idéal pour coincer le juge Claibome. Ils lui ont proposé de témoigner sur de prétendus "pots-de-vin" versés au juge Claibome. En échange, il serait autorisé à retourner aux États-Unis, l'ensemble des vingt-six millions de dollars, à l'exception de trois millions et demi, lui serait pardonné, il aurait la garantie de ne pas purger plus d'un an dans une prison de type "country club", et toutes les autres charges retenues contre lui seraient abandonnées. C'était une offre qu'il ne pouvait pas refuser. Le fait que les agents de l'IRS soient prêts à renoncer à plus de vingt-deux millions de dollars d'impôts impayés prouve qu'ils ne prennent pas au sérieux la collecte des impôts ; il est bien plus important pour eux de maintenir la dictature légale sur les citoyens américains, en invoquant la règle de Lénine de 1917, “la confiscation de tous les biens comme punition pour avoir dissimulé des revenus”. En fait, les agents fédéraux ont payé Conforte plus de vingt millions de dollars dans le cadre d’une conspiration visant à commettre un parjure et à faire obstruction à la justice — une procédure normale dans notre “système juridique”. En fait, le témoignage de Conforte contre le juge Claibome a été documenté par la suite comme étant un faux témoignage. Néanmoins, le juge Claibome a été inculpé, condamné et mis en accusation par le Congrès. Il a purgé une courte peine de prison et exerce à nouveau la profession d’avocat dans l’État du Nevada, malgré les menaces des agents fédéraux de le “coincer” à nouveau. Le point a été fait. Le gouvernement fédéral a envoyé un message depuis le district de Columbia aux juges de tous les États : coopérez avec Washington, ou pas.

Les juges de l’establishment ont été traités avec beaucoup plus de bienveillance dans les poursuites, notamment le juge James M. Landis. Ancien assistant juridique du juge de la Cour suprême Louis Brandeis, chef de file du mouvement sioniste, Landis a ensuite été nommé doyen de l’école de droit de Harvard, la chasse gardée du révolutionnaire viennois Felix Frankfurter. Landis est devenu l’un des premiers “Brain Trust” du New Deal de FDR. Il est nommé président de la Securities Exchange Commission et devient l’éminence grise du président John F. Kennedy. Comme beaucoup d’éminents fonctionnaires de Washington, il n’a pas pris la peine de payer des impôts sur le revenu. En tant que membre de notre “Nomenklatura”, il ne voyait pas la nécessité de se conformer aux normes imposées aux paysans et au “hoi polloi”. Il a été révélé qu’il n’avait pas payé d’impôts sur le revenu pour les années 1956 à 1960. La presse s’empresse de le défendre comme “un défenseur de longue date de l’éthique dans le gouvernement”. “Alors qu’il est accusé d’un retard de cinq ans dans le paiement de ses impôts, il est également cité comme correspondant dans un procès de divorce à Washington. Landis plaide coupable pour les accusations fiscales et paie des arriérés d’impôts sur des revenus de 410 000 dollars.

Dans le système judiciaire de Chicago, qui était encore sous l’emprise des restes de la mafia Capone, une opération d’infiltration a permis de mettre la main sur dix juges d’un réseau d’une soixantaine de fonctionnaires, qui ont été reconnus coupables de corruption. En 1974, un juge du comté de Cook, Earl Strayhom, a été accusé de ne pas avoir rempli les formulaires d’impôt fédéral sur le revenu pour les années 1966 à 1968, d'avoir omis de déclarer 49 000 dollars de revenus et de ne pas avoir payé 26 000 dollars d'impôts et de pénalités. Il a résolu les accusations en négociant un paiement de 11 000 dollars.

À Austin, au Texas, un communiqué de l'AP daté du 6 novembre 1988 indique qu'une juge du Texas a été réprimandée par la Commission de l'État sur la conduite judiciaire pour avoir "permis à son enfant de courir dans sa salle d'audience pendant les procédures". Elle a également traité des plaideurs et d'autres personnes de "pures ordures" et a menacé de tuer un avocat. Elle a finalement quitté le tribunal en pleurant et en proférant des menaces à l'encontre des avocats. Elle a dit à un avocat qu'elle avait un pistolet et qu'elle pourrait lui faire deux trous dans le dos avant qu'il ne quitte la salle d'audience. La Commission a noté avec sévérité que,

> "Les commentaires du juge Anthony ne sont pas compatibles avec le tempérament requis d'un membre de la magistrature.

Au cours de cette même période, le procureur du comté de Mariposa, Ca. Le procureur J. Bruce Eckerson aurait démissionné sous la pression de procès incessants et d'allégations criminelles de corruption et de mauvaise conduite ; le greffier de la chancellerie de Rankin Cy., Ms. a fait l'objet de neuf chefs d'accusation pour détournement de fonds, et le procureur du comté de Middlebury Vt. Robert Andres a été inculpé de 400 dollars pour avoir "donné un coup de pied au visage d'un homme". Pendant ce temps, le Dr Elizabeth Morgan a passé vingt et un mois en prison après avoir été incarcérée par le juge Herbert Dixon de la Cour supérieure du district pour outrage à magistrat. Dixon est noir, le Dr Morgan est blanche. Dixon lui avait ordonné de remettre sa fille Hilary, âgée de six ans, à son ex-mari, qui, selon le Dr Morgan, abusait sexuellement de l'enfant depuis l'âge de deux ans. Les témoignages de médecins et de psychiatres indiquant que l'enfant avait été abusée ont été jugés "irrecevables". Le Dr Morgan a passé son temps à écrire des livres pour enfants et s'est fiancée à un juge de la Cour d'appel.

L'une des voies ouvertes au Dr Morgan serait l'habeas corpus. Les Commentaires de Kent soulignent, I, 619, que "toute restriction de la liberté d'un homme est, aux yeux de la loi, un emprisonnement, quels que soient le lieu et la manière dont la restriction est effectuée". Kent ne s'attendait guère à ce qu'une femme puisse être enfermée pendant près de deux ans sans condamnation.

Le Corpus Juris Secundum 39A HC 159 stipule qu'un requérant en habeas corpus a le droit de se représenter lui-même dans la poursuite de la procédure ; la présence du requérant au tribunal n'est pas nécessaire pour débattre des questions de droit, mais la présence du requérant est nécessaire lorsque des questions de fait doivent être débattues. Dans les cours fédérales, l'habeas corpus offre un recours pour les erreurs juridictionnelles sans limite de temps. Le Dr Morgan pourrait citer CJS 39A, sec. 163, "Une personne dont la détention est illégale, ou une tierce personne en son nom, peut généralement présenter une demande d'habeas corpus ; puisqu'il est destiné à tous ceux qui peuvent être privés de leur liberté sans cause suffisante et que cette personne est en mesure de remettre en question leur détention ou la privation d'autres droits". L'assignation doit être introduite contre la personne compétente, généralement celle qui a la garde effective du prisonnier. Le titre est Petition for Writ of Habeas Corpus.

L'assignation doit être motivée, généralement par le fait que

> "Le pétitionnaire demande à la Cour d'émettre un ordre pour que les défendeurs montrent les raisons pour lesquelles cette pétition ne devrait pas être acceptée et le pétitionnaire libéré ; que la Cour fixe un délai de trois jours pour le retour du pétitionnaire à son domicile. Par conséquent, le requérant demande à la Cour d'émettre une ordonnance demandant aux défendeurs de justifier les raisons pour lesquelles cette requête ne devrait pas être acceptée et le requérant libéré ; que la Cour fixe dans l'ordonnance un délai de trois jours. Que la Cour inscrive l'affaire à l'ordre du jour dans les cinq jours suivant le retour ; que la Cour entende et statue sur cette affaire et, à l'issue de l'audience, délivre un bref d'Habeas Corpus et un ordre enjoignant aux défendeurs de libérer le pétitionnaire de leur garde".

La loi ayant établi que toute "contrainte" est un motif de délivrance d'une ordonnance d'habeas corpus, non seulement la contrainte physique ou l'emprisonnement du requérant, mais toute oppression ou "contrainte" gouvernementale est également un motif d'ordonnance d'habeas corpus, le défendeur désigné étant l'agent gouvernemental responsable de cette contrainte. Ainsi, un acte d'habeas corpus peut être déposé contre tout agent fédéral, qu'il s'agisse de l'IRS, du FBI, du BATF, de la CIA ou de l'ONU, qui impose des contraintes à tout citoyen de cette nation, qu'il s'agisse d'extorsion, d'intimidation ou de menaces à l'encontre de l'occupation d'une personne ou des membres de sa famille. La section 171B, CJS 39A, stipule que l'assignation doit être faite devant le tribunal inférieur ou le juge approprié ; la sec. 172B stipule que l'assignation doit être délivrée, ou que le tribunal doit indiquer les raisons pour lesquelles elle n'est pas délivrée. La section 179 stipule que "l'ordonnance d'habeas corpus a une autorité prépondérante sur toutes les autres ordonnances". Idaho ; in re Dodd, 24I P 2d. En vertu d'une loi fédérale, les procédures devant les tribunaux d'État en attente d'une procédure devant un tribunal fédéral pour un bref d'habeas corpus seront nulles et non avenues". Ainsi, un prisonnier qui demande un writ of habeas corpus devant une cour fédérale peut, en théorie, interrompre la procédure engagée contre lui devant une cour d'État.

L'ECJS 39A note que l'habeas corpus est une prérogative de common law d'origine ancienne adressée à une personne détenant une autre, lui ordonnant de produire le corps du prisonnier désigné à une date et en un lieu déterminés, de faire, de se soumettre et de recevoir tout ce que le tribunal considérera à cet égard ; il est appelé "the great writ" et constitue un "civil remedy". Le terme dérive du latin "Tu as le corps".

L'ECJS 4I note que

> "Une personne emprisonnée pour avoir commis un acte qui ne constitue pas une infraction peut être libérée sur habeas corpus. Hill v. Sanford, C.C.A. Ga. 13IF 2d 417. Ceci s'applique également à une personne détenue en vertu d'une loi ou d'une ordonnance inconstitutionnelle ou invalide ; ceci constitue un motif d'habeas corpus".

Nous estimons donc que toute oppression ou pression inconstitutionnelle à l'encontre d'un citoyen américain justifie une ordonnance d'habeas corpus, c'est-à-dire une ordonnance visant à alléger cette pression et à la faire cesser. L'habeas corpus est inscrit dans la Constitution, à l'article 9, et ne peut être suspendu pour quelque raison que ce soit.

La section 37 du CJS 39A stipule

> "L'habeas corpus peut être autorisé lorsqu'il y a eu privation de droits fondamentaux ou constitutionnels. Il a été jugé que les

> questions tranchées par un tribunal compétent ne peuvent être examinées dans le cadre d'une procédure d'habeas corpus devant un autre tribunal, que des principes constitutionnels soient ou non en jeu. Craig v. U.S., C.A., C.C.A. Cal. 89 F 2d 980."

CJS 39 A sec 39,

> "L'ordonnance d'habeas corpus est conçue pour permettre à une personne dont la liberté est restreinte d'être entendue immédiatement afin de déterminer la légalité de sa détention. Walker v. Wainwright, Fla. 88, S.Ct 962, 390 US 335, L.Ed. 2d 1215.

L'habeas corpus constitue un recours ou une décision rapide et prompte du droit d'une personne à être libérée d'une contrainte illégale, ou à être libre de toute contrainte jugée intolérable par la société". Bland v. Rodgers, D.C. 332 F.Supp. 989.

Ainsi, l'impression largement répandue selon laquelle l'ordonnance d'habeas corpus ne s'applique qu'aux personnes détenues en prison n'est qu'une application de l'ordonnance. Il peut et doit être utilisé pour s'appliquer à chaque cas d'oppression illégale et inconstitutionnelle par un agent du gouvernement contre un citoyen américain, "quelle que soit la contrainte intolérable déterminée par la société". Notez qu'il n'est pas dit "ce que le tribunal détermine". C'est le peuple qui a la compétence finale et la détermination en matière de "contrainte intolérable", et il doit exercer sa compétence en déterminant cette contrainte. La loi s'applique non seulement à la détention forcée et illégale du corps d'une personne, mais elle offre également un recours juridique immédiat à toute contrainte indue imposée à tout citoyen des États-Unis dans sa recherche de la vie, de la liberté et de la propriété. Pour la première fois, nos citoyens disposent d'une arme qui leur permet d'agir contre tout acte d'oppression commis par des agents du gouvernement ou des fonctionnaires fédéraux assoiffés de pouvoir, dont beaucoup sont secrètement à la solde de puissances étrangères. LIBERTE MAINTENANT ! Tel est le message que nous transmet l'ordonnance d'habeas corpus. Si un agent fédéral, étatique ou local agit pour vous opprimer, le moment est venu de déposer un avis auprès du tribunal compétent, en nommant cette personne, en précisant la nature de la contrainte et en demandant un acte d'habeas corpus qui vous libérera de cette contrainte. Si le juge répond à votre requête en la rejetant au motif que vous n'êtes pas réellement détenu, vous devez déposer à nouveau l'assignation, en précisant la nature exacte de l'assignation et en notant que les statuts n'exigent pas que vous soyez réellement détenu physiquement. L'assignation peut être délivrée sur réception de tout ordre gouvernemental qui vous empêche d'accomplir un acte juridique ou qui tente de vous priver de vos biens personnels. L'impôt sur le revenu est la principale contrainte qui pèse sur tous les citoyens de cette nation, car il constitue un privilège principal sur l'ensemble de nos revenus et de nos biens personnels, à la demande du système de la Réserve fédérale, qui est le privilège secondaire sur l'ensemble des revenus et des biens personnels aux États-Unis. L'assignation peut donc être déposée contre l'IRS ou contre le système de la Réserve fédérale, ou les deux ; ses ramifications peuvent être étendues à toutes les contraintes qui nous ont été imposées par le roi George et la Banque d'Angleterre. L'assignation doit indiquer que, agissant en sa qualité d'agent, il a délibérément et intentionnellement cherché à vous priver de vos libertés constitutionnelles et vous a ainsi empêché d'exercer vos privilèges de citoyen aux États-Unis (ou dans les États)". Le juge doit alors vous permettre d'argumenter devant lui sur la nature de votre restriction ; il doit ensuite décider s'il s'agit d'une restriction, ce qui, à la lumière des faits présentés, serait difficile à nier. Dans l'affirmative, il n'a d'autre recours que de vous accorder l'habeas corpus.

La Convention sur le génocide adoptée par notre Congrès offre également à nos concitoyens la possibilité de demander réparation en vertu de ses dispositions. Par exemple, le présent auteur a été empêché de se marier ou de fonder une famille par les actes malveillants d'agents fédéraux, qui m'ont continuellement renvoyé d'un emploi rémunéré, mettant ainsi fin à ma carrière, et qui ont cherché à me faire interner dans un asile d'aliénés, ce qu'ils n'ont pas réussi à faire. Ceci constitue clairement un acte de génocide selon les termes de la Convention, car les actions entreprises contre moi par ces agents fédéraux étaient uniquement inspirées par le fait que je faisais partie, de par ma naissance, d'un groupe de citoyens américains désignés pour une action punitive et une éventuelle extermination par lesdits agents fédéraux, dans le cadre de l'objectif fédéral de commettre un génocide à l'encontre de mon groupe racial. La convention sur le génocide a été rédigée après la Seconde Guerre mondiale pour protéger les sionistes et uniquement les sionistes ; elle n'a jamais été invoquée pour aucun autre groupe. Les sionistes ont cherché à l'utiliser pour punir, mettre hors la loi et exterminer tous leurs ennemis actuels et potentiels, ce qui englobait tous les autres groupes dans le monde. Cependant, le langage de la Convention ne pouvait pas être écrit expressément pour se limiter aux conspirateurs sionistes, ouvrant ainsi la porte à n'importe qui pour l'invoquer dans la protection d'autres groupes.

En décembre 1948, les Nations unies ont proposé la Convention pour la prévention et la répression du crime de génocide, dont la législation a été transmise par le président Truman au Sénat pour ratification. Le sénateur Percy de l'Illinois a mené le combat pour la ratification de la Convention sur le génocide. Des auditions ont eu lieu en 1950, 1970, 1971, 1977 et 1981. La convention a été officiellement ratifiée par l'American Bar Association en 1976. Le Parlement britannique l'a ratifiée en adoptant la loi sur le génocide de 1969. Le Canada a ensuite suivi.

L'acte II de la loi stipule que

> "Dans la présente convention, le génocide s'entend de l'un quelconque des actes ci-après, commis dans l'intention de détruire, en tout ou en partie, un groupe national, ethnique, racial ou religieux, comme tel :
>
> a. tuer des membres du groupe ;
>
> b. causer des dommages corporels ou mentaux graves aux membres du groupe ;
>
> c. le fait d'infliger délibérément au groupe des conditions d'existence devant entraîner sa destruction physique totale ou partielle ;
>
> d. imposer des mesures destinées à prévenir les naissances au sein du groupe.
>
> e. le transfert forcé d'enfants du groupe vers un autre groupe".

La dernière disposition a été conçue uniquement pour permettre de récupérer les enfants juifs adoptés par des familles gentilles pendant la Seconde Guerre mondiale afin de les sauver, l'article 3 étant destiné à obliger ces familles à restituer les enfants au groupe juif. 3 était destinée à obliger ces familles à rendre les enfants au groupe juif. Cependant, les quatre autres dispositions de la loi s'appliquent à l'expérience du présent auteur, comme le montre "A Writ for Martyrs", qui reproduit 120 pages de mon dossier au FBI, et qui établit par des documents officiels du gouvernement que lesdits actes de génocide ont été commis contre ma personne. La Convention sur le génocide stipule sans équivoque que l'intention de détruire une partie du groupe, c'est-à-dire un seul membre du groupe, est la même que l'intention de détruire le groupe tout entier. Ainsi, la section d est prouvée par des documents gouvernementaux dans mon cas, tout comme les sections a, b et c.

Le terme "génocide" a été inventé par un propagandiste sioniste nommé Rafael Lemkin, qui voulait, dans son livre "Axis Rule in Occupied Europe", que le terme "génocide" soit utilisé uniquement pour désigner les conditions de vie des Juifs sous l'occupation nazie pendant la Seconde Guerre mondiale. Il ne pouvait donc s'appliquer à aucun autre groupe racial et ne serait théoriquement plus valable à la fin de cette guerre. Il s'agit d'une désignation temporelle pour une situation historique spécifique, qui n'a jamais été destinée à être appliquée au bénéfice de quiconque. Les collaborateurs sionistes enkystés dans le monde entier ont alors conçu l'idée d'une interdiction mondiale du "génocide", destinée à étouffer toute critique de leurs activités subversives et à édicter des mesures dictatoriales pour éliminer toute critique future. Comme aucune nation ne pourrait adopter une mesure visant uniquement à protéger les sionistes, la formulation a dû être élargie pour s'appliquer à tous les peuples. Elle couvre désormais tout groupe dont l'existence future est menacée par des mesures gouvernementales génocidaires, la cible la plus menacée étant aujourd'hui les citoyens de la classe moyenne des États-Unis, qui n'ont encore pris aucune mesure d'autodéfense.

Telle qu'elle a été ratifiée par les États-Unis, la convention sur le génocide stipule ce qui suit,

> "Quiconque, étant un ressortissant des États-Unis ou relevant par ailleurs de la juridiction des États-Unis, commet délibérément, sans motif valable, à l'intérieur ou à l'extérieur du territoire des États-Unis, en temps de paix ou en temps de guerre, l'un des actes suivants dans l'intention de détruire, par la commission de cet acte, ou dans l'intention d'exécuter un complot visant à détruire, la totalité ou une partie substantielle d'un groupe national ethnique, racial ou religieux, est coupable de génocide".

Il convient de noter que la loi établit la compétence dans le monde entier, "à l'intérieur ou à l'extérieur du territoire des États-

Unis", étendant ainsi l'autorité du district de Columbia au monde entier. L'American Journal of International Law note que des questions substantielles sont soulevées quant à la législation d'application. Toutefois, une plainte pour génocide peut être déposée devant n'importe quel tribunal fédéral, et ces questions de mise en œuvre peuvent alors être abordées.

Ces dernières années, les accusations se sont multipliées selon lesquelles l'implication personnelle des juges dans les affaires dont ils sont saisis, le dilemme classique du "conflit d'intérêts", est ignorée. Le Wall Street Journal a noté, le 3 août 1988, qu'"un juge fédéral a refusé de se récuser dans une importante affaire de brevet contre Hewlett-Packard, bien que son fils soit employé par le géant de l'informatique". Le procès, portant sur des droits de brevet, avait été intenté par Apple Computer contre Hewlett-Packard.

Une affaire aux enjeux bien plus importants a fait surface lorsque la société d'investissement Drexel, Burnham et Lambert a demandé que le juge Milton Pollack se retire du procès pour fraude en matière de valeurs mobilières intenté par la SEC (Wail St Journal, 18 octobre 1988). Drexel prétendait que le juge Pollack ne serait pas en mesure de statuer de manière impartiale parce que sa femme, Moselle Pollack, était sur le point de gagner environ 30 millions de dollars dans le cadre d'un rachat par emprunt de l'entreprise familiale, Palais Royal, que Drexel finançait. Ils ont affirmé que le juge Pollack pourrait être partial en raison de ses intérêts familiaux. Mme Pollack vendait sa participation héritée à Bain & Co, Drexel plaçant les titres.

Un article de fond paru dans l'American Lawyer, la publication spécialisée, révélait que Drexel redoutait de comparaître devant le juge Pollack en raison de sa réputation de "pro-gouvernement", comme pratiquement tous les juges des États-Unis, à l'exception de l'infortuné juge Claiborne. L'American Lawyer a cité des descriptions du juge Pollack comme étant "le juge préféré des procureurs", qui dirige un "tribunal kangourou". L'article poursuit,

> "Pollack choisit presque toujours le camp du gouvernement ; une fois qu'il l'a fait, l'impartialité disparaît presque complètement. Il a été rapporté que Pollack convoquait les procureurs américains et discutait avec eux d'affaires en cours ex parte (ce qui est strictement interdit par la loi) et "leur donnait même des conseils sur la manière de traiter l'affaire". Quelqu'un considère-t-il cela comme de l'"impartialité" ? La critique

dévastatrice de l'American Lawyer poursuit : "Pollack est connu pour être un juge rancunier. Sa femme Moselle gagnera trente millions de dollars si Bain Venture Capital de Boston achète le Palais Royal à Mme Pollack, qui, en vertu de la loi sur les conflits judiciaires, est considérée comme la même personne que son mari".

Après que Drexel a déposé une requête en mandamus demandant à Pollack de se récuser, la Securities Exchange Commission a lancé une attaque vicieuse contre les avocats de Drexel, dans laquelle ces derniers ont fermement défendu le juge Pollack. En d'autres termes, cette agence gouvernementale a déclaré : "Nous voulons ce juge parce qu'il est notre juge". De même, Drexel voulait que Pollack soit dessaisi de l'affaire en raison de sa réputation de juge du gouvernement. American Lawyer a conclu : "Le système aura été déshonoré par la mascarade jouée dans cette affaire, dans laquelle les avocats du gouvernement ont dénigré d'autres avocats, déformé les faits, pris des positions juridiques (sur les conflits judiciaires) et se sont mis en quatre pour s'accrocher à un juge qui promet de fournir tout sauf la justice pour laquelle ces avocats sont payés".

Se rendant compte que son navire avait été coulé à quai, Drexel a abandonné tout espoir d'un procès impartial sous Pollack et a cédé, acceptant de payer quelque 650 millions de dollars d'amendes et de pénalités, ce qui était probablement l'objectif de la SEC depuis le début, pour forcer Drexel à payer sans procès, sachant qu'elle ne pourrait pas gagner devant le juge Pollack.

Le 16 février 1989, le Wall Street Journal a publié en première page un autre article sur un juge fédéral célèbre, "David Edelstein, 79 ans, au tempérament bouillant", qui a présidé le procès historique intenté par le gouvernement fédéral à IBM dans les années 1970. Les avocats d'IBM étaient le cabinet Cravath, Swaine et Moore, déjà cité. Le Journal a pris note des "inimitiés entre le juge, IBM et le pugnace cabinet d'avocats new-yorkais de M. Barr, Cravath, Swaine et Moore. Ces inimitiés sont profondes. Au cours des treize années qu'a duré l'affaire antitrust, l'un des bourbiers juridiques les plus bureaucratiques qui soient, le juge Edelstein s'est rendu célèbre en se déchaînant contre les avocats de Cravath. Cravath a cherché à deux reprises à dessaisir le juge de l'affaire antitrust, une mesure drastique qui aboutit rarement, quel que soit le tribunal". En fait, demander à un juge de se dessaisir d'une affaire pour cause de préjudice est une démarche kamikaze, car les juges qui ont des préjugés sont la norme dans nos tribunaux, et c'est une démarche suicidaire à la fois pour l'avocat et pour son client. Non seulement le juge refuse de se retirer, comme cela s'est produit dans cette affaire, mais il a maintenant encore plus de raisons de justifier ses préjugés profondément enracinés. Cravath a déclaré dans son mémoire : "L'esprit du juge Edelstein est tourné contre IBM. Aucun tribunal n'a jamais été saisi d'un dossier de partialité aussi long et cohérent que celui du juge Edelstein". Cravath a ensuite étayé son mémoire de deux cartons de documents détaillant ses griefs, affirmant qu'Edelstein, entre autres choses, "abusait régulièrement" des témoins d'IBM, aidait le gouvernement à mener ses contre-interrogatoires et modifiait secrètement la transcription du procès dans l'affaire antitrust précédente". S'agit-il d'un parti pris ? Les juges du gouvernement ont-ils systématiquement des préjugés en faveur du gouvernement et contre quiconque ose remettre en question les actes tyranniques des agences gouvernementales et de leurs agents ? Le ciel est-il bleu ? Et plus important encore, la justice existe-t-elle aux États-Unis ? Le célèbre avocat Gerry Spence répond dans son dernier livre : "Absolument pas ! Au début de cet ouvrage, l'auteur a noté que les avocats et les juges conspirent régulièrement pour faire obstruction à la justice en modifiant des transcriptions, en supprimant des documents et en subornant des parjures, comme IBM l'a découvert, à sa grande consternation.

Le Journal note que "le juge Edelstein, un New-Yorkais ironique, a longtemps été considéré comme une force irascible et impatiente dans la salle d'audience. Nommé par Harry Truman, il entame sa trente-huitième année sur le banc fédéral". Le Journal note également que "les juges ne peuvent normalement être révoqués que pour leur conduite en dehors de la salle d'audience".

Le juge Edelstein est donc l'un de ces juges dont la New Republic a souligné le 10 mars 1952 qu'ils avaient, par la nomination de Truman, "affaibli le pouvoir judiciaire fédéral et diminué son prestige". Pourtant, quelque 38 ans plus tard, il est l'un des juges sionistes que Truman a nommés dans le cadre de son contrat de réélection en 1948 pour reconnaître et soutenir l'État d'Israël. Le B'nai B'rith maçonnique a désigné ces juges, et Truman les a régulièrement nommés comme un fardeau que la nation entière doit supporter. Edelstein n'est que l'un des nombreux juges colériques, acerbes et partiaux qui servent à New York et dans de nombreux autres États en raison de leurs associations politiques et fraternelles. Le lien sioniste gouverne leur choix en raison du lien maçonnique primordial. C'est depuis longtemps un truisme à New York que l'Anti-Defamation League of B'nai B'rith, la branche terroriste de cette organisation, nomme et transmet TOUS LES CANDIDATS à des postes de juges à New York et dans toutes les autres zones métropolitaines des États-Unis. La crainte de l'ADL est telle qu'aucun homme politique américain n'ose faire quoi que ce soit qui puisse être interprété comme offensant par ses agents omniprésents et toujours vigilants, qui se sont attachés comme des sangsues à tous les aspects de la vie américaine. La fureur dont font preuve la plupart des juges américains lorsqu'un citoyen comparaît devant eux sous l'accusation d'être un "protestataire fiscal" ou d'être affilié à un groupe suspecté de patriotisme, s'explique par le fait que la présence d'un tel Américain dans son tribunal est un affront direct aux affiliations sionistes et maçonniques du juge. Dans la plupart des cas, l'Américain n'est pas conscient qu'il a offensé le juge, ni des préjugés violents qui seront manifestés à son encontre. Il ignore encore plus que s'il n'est pas franc-maçon, il sera traité le moins possible devant le tribunal. Aucune force en Amérique n'ose contester la domination de l'ADL sur notre processus de sélection des juges, qui reçoit ensuite une approbation encore plus routinière de la part du comité de sélection de l'ABA, après qu'il se soit assuré que le candidat répondait à l'approbation de l'ADL. La carrière brillante de feu Roy Cohn, dont l'ascension fulgurante a été interrompue par le SIDA, contacté par l'un de ses nombreux call-boys payés 500 dollars la nuit, reposait uniquement sur le fait que son père était l'un des principaux responsables de l'ADL de New York et qu'il avait lui-même été nommé juge. Avec ce parrainage familial, Roy Cohn ne pouvait pas se tromper, malgré ses nombreuses années d'évasion fiscale, de consommation de drogue et de promiscuité sexuelle, qui n'ont jamais entaché l'admiration inconditionnelle que son ami, le propagandiste de la CIA William Buckley, lui témoignait dans les pages de son organe, la National Review.

Parce que la partialité secrète et les loyautés en coulisses créées par les affiliations conspiratrices furtives de l'ADL et des francs-maçons ont désormais empoisonné l'ensemble du système judiciaire américain, nous nous sommes habitués aux actes les plus despotiques de nos juges. Une grande partie de l'influence pernicieuse exercée par le pouvoir judiciaire peut être attribuée à la carrière d'Oliver Wendell Holmes, un descendant des conspirateurs de la banque de la Nouvelle-Angleterre et de l'abolitionnisme du "One World". Holmes est à l'origine de la nouvelle orientation de la jurisprudence américaine, de l'essor d'un mouvement libéral iconoclaste qui a remis en cause le concept traditionnel d'impartialité judiciaire. La doctrine révolutionnaire de Holmes a été exprimée lorsqu'il a écrit : "Il me semble que l'on n'a pas toujours suffisamment tenu compte du fait qu'une même chose peut être prise en considération ou non, selon qu'elle est traitée par les deux parties". Il s'agit là d'une contradiction directe avec l'idée traditionnelle selon laquelle le "droit" est un concept fixe. Holmes affirme qu'il n'y a pas de véritable base pour décider si une chose dans une affaire juridique est une considération ou non ; cela ouvre la porte à toutes sortes de déviations et ouvre la voie aux concepts du droit de l'amirauté, le droit des marchands, dans lequel les droits individuels ne sont plus un sujet de préoccupation. L'effet néfaste du dicton de Holmes peut être constaté dans l'érosion du caractère sacré traditionnel du droit des contrats. L'ouvrage définitif de Presser et Zwineldon, "Law and American History", affirme que "la théorie classique du contrat a pris fin". D'autres auteurs parlent de "la mort du contrat". Mais comment cela est-il possible, si le droit commercial a été consacré par nos tribunaux ? Le droit des contrats n'est-il pas fondamental pour le droit commercial ? Pas du tout ; le droit commercial ignore les droits et les responsabilités individuels au profit d'un service dévoué à la plus grande influence et au plus grand pouvoir. Tout contrat peut être et sera annulé si une partie peut apporter suffisamment d'argent et d'influence pour le soutenir.

Holmes déclare également : "La vie du droit n'a pas été la logique, elle a été l'expérience". Cette affirmation s'oppose à la définition de Lord Coke, selon laquelle le droit est la raison, et justifie les décisions judiciaires constamment changeantes de notre époque, dans lesquelles les tribunaux se prononcent d'abord en faveur de quelque chose, puis, peu de temps après, renient leur propre précédent en se prononçant contre cette chose. En fait, l'État de droit a pris fin, car le concept du droit en tant que force fixe a été remplacé par la doctrine holmésienne selon laquelle il n'y a pas de principes fixes ou d'éthique en droit ; il n'y a que l'"expérience".

L'"expérience" a ouvert la porte à la mainmise des Pollack et des Edelstein sur nos tribunaux ; aux principes de la Révolution américaine se substituent les visées sanguinaires de la Révolution française, où les tribunaux deviennent des tribunaux kangourous pour une brève halte sur le chemin de la guillotine ; les Tribunaux révolutionnaires jugent les Américains, non pour un délit légal, mais parce qu'ils se sont opposés à la dictature du Comité de salut public. Jacques Bainville a écrit que pour écrire une histoire exacte de la Troisième République française, il faudrait connaître les procès-verbaux des assemblées maçonniques. Cette nécessité s'applique également à l'histoire d'organisations telles que la Société des Nations et son successeur actuel, l'Organisation des Nations Unies. M. Léon de Poncins a publié un compte-rendu complet du Congrès du Corps des Francs-Maçons des pays alliés et neutres qui s'est tenu à Paris du 28 au 30 juin 1917 et qui a abouti à l'insertion *en blanc de la* proposition de la Société des Nations dans les conditions de paix convenues lors de la Conférence de Paix de Versailles.

On demandait à un directeur d'une grande banque new-yorkaise comment il était possible à la haute finance de protéger le bolchevisme, un système hostile aux biens meubles dont l'existence est nécessaire à l'industrie bancaire, ainsi qu'aux richesses représentées par les terrains et les bâtiments, qui ne sont pas moins nécessaires aux banques. Le banquier répondit : "Ceux qui s'étonnent de notre alliance avec les Soviets oublient que la nation d'Israël est le plus nationaliste de tous les peuples, car c'est le plus ancien, le plus uni et le plus exclusif. Mais ses yeux sont tournés vers l'avenir plutôt que vers le passé, et son royaume n'est pas de ce monde. D'abord cette phrase : comme la papauté, elle est œcuménique et spirituelle. Mais ensuite, vous direz que le marxisme est l'antithèse du capitalisme, qui est tout aussi sacré pour nous. C'est précisément pour cette raison qu'ils sont directement opposés l'un à l'autre, que cela met dans nos bandes les deux pôles de la planète et nous permet d'en être l'axe. Nous sommes rois pour que les prophéties s'accomplissent, et nous sommes prophètes pour ne pas cesser d'être rois. Ils nous prennent pour des oiseaux de proie, mais nous sommes des charognards. Israël est le microcosme et le germe de la Cité de l'avenir".

L'arrogance de nos juges provient de l'assurance qu'ils ont qu'ils représentent un pouvoir supérieur au gouvernement légal des États-Unis. Il n'est pas étonnant qu'ils se moquent de la Constitution et qu'ils insultent tout citoyen qui se présente devant eux en invoquant la protection de la Constitution. L'arrogance maçonnique de ces juges est illustrée par le nom du juge Irving Cooper. Le Time Magazine a noté le 30 mars 1962 que le membre du Congrès Manny

Celler, dont la carrière politique empestait la corruption et le double jeu, avait envoyé le nom de son vieil ami et allié, le juge Irving Cooper, approuvé par l'ADL, en tant que juge fédéral pour le prestigieux South Side District de New York. Cooper était né à Londres, fils de Max et Ruth Shimansky. Celler s'attendait à une confirmation facile de son ami et fut stupéfait lorsque de nombreux témoins vinrent présenter page après page des témoignages accablants contre lui. L'un d'eux raconte que lorsqu'elle a utilisé le mot "nous" dans sa déposition devant le juge Cooper, il a crié "nous ! nous ! nous !" environ cinq fois, signifiant ainsi que "j'avais osé me mettre dans sa classe". Comment osez-vous dire "nous" ? Theo a commencé à délirer. Ses yeux se sont mis à pétiller. Son visage est devenu violet ; il ressemblait à une réincarnation du diable, ou quelque chose comme ça". De nombreux autres témoins ont déclaré que le juge Cooper excoriait et humiliait publiquement les avocats et les autres personnes qui comparaissaient devant lui. Il nous tournait le dos et réprimandait le groupe". De nombreux autres témoins potentiels ont craint de témoigner de son comportement notoire, et ce pour de bonnes raisons. Malgré ces témoignages accablants, Cooper a été confirmé à l'unanimité dans ses fonctions de juge fédéral. Vingt-cinq ans plus tard, le Who's Who le cite toujours comme juge fédéral du district sud de New York.

Le fait qu'un juge puisse être confirmé dans ses fonctions après un témoignage aussi préjudiciable prouve que l'influence maçonnique l'emporte sur toute autre considération lorsqu'il s'agit de nommer un juge à la magistrature. La presse a publié des centaines d'articles sur des juges apoplectiques, jurant et obscènes qui maltraitent tous ceux qui ont la malchance d'entrer dans leur tribunal, mais rien n'est fait. Il y a la peur constante engendrée chez leurs sujets par ces juges tyranniques ; il y a le mythe de "l'immunité judiciaire" qui n'a aucun fondement constitutionnel ; et surtout, il y a le terrible pouvoir maçonnique caché derrière la magistrature.

La mainmise du B'nai B'rith sur nos tribunaux conduit à des abus financiers extrêmes, à une extension continuelle des pots-de-vin, des faveurs et de l'influence indue que les praticiens de la Volonté de Canaan exercent sur tous ceux qui se présentent devant eux : La Chambre de commerce de l'État de New York a analysé 3 500 affaires de saisie et a constaté que 75% des administrateurs judiciaires ayant perçu des honoraires de plus de 2 500 dollars étaient "soit des travailleurs politiques actifs, soit des amis personnels ou des parents de juges" (Reader's Digest, novembre 1948).

Parmi les tribunaux qui génèrent un flux constant de revenus pour leurs proches, aucun n'est plus célèbre que le tribunal d'homologation, dont le roi est la fameuse Surrogate Court de Suffolk, à New York. Théâtre de nombreuses batailles familiales historiques, ce tribunal homologue les testaments des familles les plus riches du pays. Les honoraires se chiffrent en centaines de millions de dollars. Cet auteur a assisté à des séances de ce tribunal concernant un testament que l'avocat a prolongé pendant plus de huit ans, simplement parce qu'il souhaitait conserver l'affaire dans ses livres. Lors de ces conférences, j'étais souvent supposé être un avocat et j'ai été pris à part par des avocats de certains des plus grands cabinets du pays, qui m'ont délicatement laissé entendre qu'ils "apprécieraient" toute l'aide que je pourrais leur apporter pour mener l'affaire à son terme. J'avais du mal à admettre que nous maintenions l'affaire afin d'avoir une excuse pour nous rendre quotidiennement à la plage, une raison bien moins sinistre que la détermination de la plupart des avocats à soutirer le dernier dollar à leurs clients.

Lorsque l'on entre dans un tribunal tristement célèbre comme le Suffolk Probate, on ne peut que sourire de la déclaration naïve de Platon : "La justice est la vertu suprême, qui s'harmonise avec toutes les autres vertus." L'administration de la justice en Amérique nous avertit que le système le plus idéaliste peut en peu de temps devenir un cauchemar. Jeremy Bentham a dénoncé "le plus grave de tous les griefs : la tyrannie de la loi élaborée par les juges". Les protestations des citoyens contre les abus juridiques ont retenti tout au long de l'histoire. La Magna Carta xiv promettait que "nous ne ferons de justiciers, de gendarmes, de shérifs ou d'huissiers que parmi ceux qui comprennent la loi du royaume et sont bien disposés à l'observer". Amos 5:7 critique ceux qui abusent de la procédure : "Vous qui transformez les jugements en absinthe". L'une des causes sous-jacentes de la Révolution française était une pléthore de procès, qui s'éternisaient de génération en génération et appauvrissaient tout le monde, sauf les avocats. Hélas, le peuple a échangé ces tribunaux oppressifs contre la justice sommaire des tribunaux révolutionnaires. Charles Dickens a été amené à écrire sur les terribles épreuves endurées par les Anglais empêtrés dans des procès depuis de nombreuses générations dans sa célèbre affaire Jarndyce

v. Jarndyce, qui était basée sur des faits réels dans les tribunaux anglais. Bien que le comportement des avocats et des juges ait été décrit par Dickens sous forme de satire, il peut être observé dans n'importe quel tribunal américain aujourd'hui.

Lord Campbell s'est plaint, dans sa vie des Chief Justices du XVIIIe siècle, que la magistrature était occupée par des "moines juristes, totalement ignorants de la nature humaine et des affaires des hommes". Les décisions de ces moines juristes ne témoignent pas tant d'une ignorance de la nature humaine que d'une opposition inaltérable à celle-ci, car leurs décisions sont dictées par leurs allégeances secrètes et leur agenda caché.

Un juge américain respecté, le juge Learned Hand, n'a jamais été désigné pour siéger à la Cour suprême, bien que l'on reconnaisse généralement qu'il était notre juriste le plus éminent. Dans ses mémoires, "Cinquante ans de service", il déclare : "J'avoue que lorsque je regarde mon service, il semble avoir été pour l'essentiel insignifiant. En tant que plaideur, je devrais redouter un procès plus que toute autre chose, à l'exception de la maladie ou de la mort", discours prononcé le 10 août 1959 devant la Cour d'appel des États-Unis.

Le juge Samuel Rosenman, ancien conseiller du président Franklin D. Roosevelt, a déclaré au barreau de la ville de N.Y., en octobre 1964 : "Regardons en face ce triste fait : dans de nombreux — bien trop nombreux — cas, les bancs de nos tribunaux aux États-Unis sont occupés par des médiocres — des hommes de peu de talent, dont les performances ne se distinguent pas, qui sont techniquement déficients et ineptes". Pourtant, ce sont ces hommes qui continuent à siéger, car personne ne peut les révoquer. Le président de la Cour suprême du New Jersey, Arthur Vanderbilt, a déclaré : "Au cours des huit siècles ou plus pendant lesquels la fonction judiciaire a évolué dans le système juridique anglo-américain, trois éléments essentiels ressortent de la définition d'un véritable juge : l'impartialité, l'indépendance et l'immunité".

Le Handbook for Judges de 1961 (American Juridicative Society, Chicago) cite le canon 3 des juges. Canon 3, "Il est du devoir de tous les juges des États-Unis de soutenir la constitution fédérale et celle de l'État dont ils administrent les lois ; ce faisant, ils doivent observer et appliquer sans crainte les limitations et garanties fondamentales". Ce canon contraste fortement avec le comportement des juges dont la fureur est suscitée par un citoyen plaidant ses droits constitutionnels.

Les juges. Le canon 4 stipule qu'"un juge ne doit pas permettre que son nom soit utilisé pour des sollicitations et des contributions caritatives". Il s'agit du canon judiciaire le plus utilisé. Non seulement les juges font constamment de la sollicitation (synonyme de prostitution), mais ils font savoir qu'une contribution à leur œuvre de bienfaisance préférée pourrait bien affecter leur décision dans un litige futur. La perversion la plus évidente de ce canon est la pratique des juges qui condamnent des criminels endurcis à des "travaux d'intérêt général", c'est-à-dire à travailler gratuitement pour une organisation caritative choisie personnellement par le juge. Il s'agit en soi d'une sollicitation et d'une contribution. Une personne jugée coupable d'un crime est censée aller en prison, pas devenir un travailleur social. Robert McFarlane, reconnu coupable d'un délit politique, a été condamné à 200 heures de travaux d'intérêt général. Oliver North, également coupable d'un délit politique, a été condamné à 1500 heures de travaux d'intérêt général. L'idiotie de cet arrangement a été dénoncée par Ezra Pound il y a plus de cinquante ans, dans son livre "A Guide to Kulchur" : "L'imbécillité de l'Amérique à partir de 1900 a été la perte de tout sens de la frontière entre les affaires publiques et privées". L'éradication de cette frontière est un objectif crucial de l'État marxiste. Un éditorial antérieur de Pound dans son magazine The Exile déclarait : "La république, res publica, signifie, ou devrait signifier "la convenance publique" : quand ce n'est pas le cas, c'est un mal, qu'il faut améliorer ou amender pour qu'il n'y ait plus d'existence décente, ou qu'il y en ait une. Cette définition de la république devrait terroriser tous les bureaucrates. L'idée de faire quelque chose pour l'intérêt public les amènerait en effet à renoncer à l'existence.

Sermon électoral de Samuel West, 1776, notes,

> "Mais si je recommande à tous les chrétiens, dans le cadre du devoir qu'ils ont envers les magistrats, de les traiter avec l'honneur et le respect qui conviennent, personne ne peut raisonnablement supposer que je veux dire qu'il faut les flatter dans leurs vices, ou les honorer et les caresser alors qu'ils cherchent à miner et à ruiner l'État ; car ce serait trahir méchamment nos justes droits, et nous serions coupables de notre propre destruction. Nous devons persévérer avec fermeté

> et force d'âme dans le maintien et la défense de toute la liberté que la divinité nous a accordée". Un vieil adage juridique dit : "Heureux les fauteurs de troubles". Un autre, encore plus ancien, affirme que s'il n'y a qu'un seul avocat en ville, il mourra de faim, mais qu'il en arrive un deuxième et tous deux deviendront riches. Un proverbe espagnol dit qu'"un paysan entre deux avocats est comme un poisson entre deux chats".

De Tocqueville affirme qu'"en Amérique, il n'y a ni nobles ni hommes de lettres, et le peuple est enclin à se méfier des riches : les avocats forment donc la classe politique la plus élevée et la partie la plus cultivée de la société. Si l'on me demandait où je situe l'aristocratie américaine, je répondrais sans hésiter qu'elle ne se trouve pas parmi les riches, qui ne sont unis par aucun lien commun, mais qu'elle occupe la magistrature et le barreau". ("La démocratie en Amérique")

L'un des premiers préceptes d'un juge américain est qu'il exercera tout son pouvoir pour harceler et disqualifier le fléau de la profession juridique, un citoyen qui refuse d'engager un avocat et qui choisit de se représenter lui-même devant le tribunal, comme le veut son droit constitutionnel. Ces francs-tireurs, qui se présentent comme des "avocats pro se" ou, plus récemment, comme des "In Propria Personae", sèment la consternation parmi les avocats et les juges. Une personne qui se présente comme son propre avocat menace l'ensemble du fonctionnement financier de notre système juridique, "Let's Make a Deal". Un avocat ne peut pas conclure un accord avec un profane dans le cadre d'un litige, car cela saborderait le système. Au cours de mes quarante années de représentation, j'ai rencontré toutes les réactions des juges, allant de la tolérance condescendante à l'hostilité pure et simple. Au début, je me trouvais à l'extérieur du cabinet d'un juge lorsque j'ai entendu le juge élever la voix à mon intention : "Vous pouvez être sûr d'une chose", a-t-il dit à l'avocat de la partie adverse, "tant que je serai juge, vous ne verrez jamais une opinion favorable de ma part pour quelqu'un qui essaie de se représenter lui-même dans mon tribunal".

Ce juge, comme ses collègues, est resté fidèle à sa détermination. Je n'ai jamais obtenu l'égalité de traitement dans son tribunal. Il semblait déterminé à me donner une leçon lorsque je comparaissais, et était toujours déçu lorsque je revenais pour en redemander. Un avocat a même essayé de m'aider alors que je ne connaissais pas encore les échappatoires juridiques. Je n'avais aucune idée de ce qui se passait lorsque le juge m'a demandé : "Allez-vous déposer une requête, M. Mullins ?" Je ne savais pas ce qu'était une requête, et cet avocat m'a dit : "Dites-lui que vous allez déposer la requête." J'ai laissé passer l'occasion. Cet avocat, qui n'était manifestement pas fait pour le monde conspirationniste de la pratique juridique, l'a rapidement abandonné pour une carrière politique. Philip Stern cite l'édit d'un professeur de la faculté de droit de Harvard lorsqu'un étudiant a remis en question l'équité des techniques juridiques : "Si vous croyez à l'équité et à la justice, vous devriez fréquenter une école de théologie". Les professeurs de droit informent leurs étudiants qu'une fois qu'ils auront suivi une formation juridique, ils ne seront plus jamais les mêmes. Leur vision de tout, de la morale à la vie sociale, change du tout au tout, puisqu'ils s'engagent à vie dans la vie de moine juriste et le culte de la robe noire. Ils ont désormais rejoint le monde mystique de Babylone et ont mis de côté les convenances de la vie normale et la citoyenneté américaine pour une vocation étrangère.

Philip Stern et le professeur Fred Rodell de l'université de Yale s'accordent à dire que la personne agissant en tant que Pro Per a peu de chances de voir son affaire jugée par un jury. La règle VIL, Sec. 2, de la Cour d'appel des États-Unis stipule que "les mémoires qui ne sont pas signés par des avocats membres du barreau de cette cour et pleinement qualifiés en vertu des dispositions de cette règle ne seront pas pris en considération par cette cour". Lorsque j'ai interjeté appel auprès de la Cour d'appel des États-Unis, la décision a prouvé que les juges n'avaient même pas lu le mémoire ; un assistant juridique les avait probablement informés qu'il n'était pas admissible, et ils ont signé un refus pro forma de l'appel. En 1977, le président de la Cour suprême, M. Berger, a ordonné que le pouvoir judiciaire américain n'accepte pas les affaires dans lesquelles les plaignants n'ont pas qualité pour agir en vertu des règles de procédure.

Le juge dispose de deux armes efficaces contre les personnes qui se présentent en tant qu'avocat pro se : il peut leur accorder des honoraires d'avocat, ce qui peut être ruineux, ou il peut invoquer la règle 11, qui pose un certain nombre de conditions, à savoir qu'une plaidoirie doit être "bien fondée en fait", "justifiée par le droit existant" et d'autres facteurs, ce qui donne au juge une énorme marge de manœuvre pour invoquer la règle 11 contre les personnes qui se représentent elles-mêmes. Le juge de district Richard L.

Williams a invoqué la règle 11 à l'encontre d'un professeur à la retraite, J. Carl Poindexter, en lui imposant une amende de 11 202 dollars pour avoir intenté une action en justice contre des fonctionnaires de Virginie dans le cadre d'une affaire fiscale. M. Poindexter a qualifié ces sanctions d'"oppression de type soviétique", en particulier lorsque les défendeurs du gouvernement se voient accorder des honoraires d'avocats de la part de citoyens qui intentent une action en justice pour violation des droits civils. Il a déclaré : "La règle 11 viole le plus essentiel de tous les droits civils — le droit de faire respecter ses droits civils en ayant librement accès aux tribunaux. Si les avocats sont intimidés par cette menace, ils n'accepteront aucune affaire émanant de défendeurs de droits civils s'ils risquent d'être sanctionnés".

Le présent auteur a intenté un procès à une ville et à un comté pour violation des règles de sélection des jurés, procès qui a été rejeté par le tribunal fédéral sans argumentation, mais pas avant que l'avocat du gouvernement ne se soit levé trois fois en criant "frais d'avocat". Dans ce cas, ils se seraient élevés à quelque 25 000 dollars, somme que je n'avais pas. Le juge a refusé d'accorder des honoraires d'avocat, parce qu'il n'avait pas jugé l'affaire, et qu'il courait le risque d'une annulation si je faisais appel, ce que je serais obligé de faire plutôt que de payer 25 000 dollars que je n'avais pas. L'excellent ouvrage de Charles Ashman, "The Pinest Judges Money Can Buy", cite des centaines de pages de documentation sur la corruption des juges, à commencer par la déclaration de Sir Francis Bacon, alors qu'il était Lord Chancelier d'Angleterre : "J'accepte généralement des pots-de-vin des deux parties, de sorte que l'argent sale ne puisse jamais influencer ma décision."

Le Deutéronome stipule que "Tu n'auras point d'égards pour les personnes, et tu ne recevras point de présents ; car les présents aveuglent les yeux des sages et détournent les paroles des justes".

Le 11 juin 1973, la Commission de qualification judiciaire de Californie a recommandé la censure de deux juges de Los Angeles qui avaient délivré de nombreux formulaires de libération vierges et présignés à des amis garants. Le juge Mitchell Schweitzer, qui a siégé pendant vingt-six ans à la Cour des sessions générales avec le soutien des partis démocrate et libéral, a été décrit en ces termes,

> "Certains avocats considèrent le tribunal de Schweitzer comme un cirque. Le juge crie, il renifle, il souffle et il cajole les avocats effrayés et leurs clients pour qu'ils plaident à l'amiable afin de gagner du temps. Mais je dois admettre que c'est divertissant".

Au Congrès, l'arrangeur Nathan Voloshen utilisait le bureau du président de la Chambre John McCormack comme quartier général privé pour régler des affaires liées à l'impôt sur le revenu. Le Dr Irving Helpert, urologue à Dayton, lui a donné 300 000 dollars pour arranger une affaire et n'a plus jamais entendu parler de lui. Helpert a été condamné à une amende. Abe Portas est diplômé de l'école de droit de Yale et devient le protégé d'Harold Ickes, membre du cabinet de la FDR, qui le nomme sous-secrétaire à l'intérieur. Fortas devient ensuite le confident de Lyndon B. Johnson, qu'il représente dans une affaire de primaire sénatoriale où Johnson avait été exclu du scrutin. Portas a sauvé la carrière politique de Johnson en remportant l'affaire, ce qui a permis à Johnson d'accéder plus tard à la présidence. En tant que président, Johnson a nommé Portas pour remplacer Arthur Goldberg au siège traditionnellement juif de la Cour suprême. Portas, qui allait être nommé Chief Justice, a accepté 15 000 dollars de Troy Post pour donner une conférence à l'American University, puis s'est lié avec le marchand de roues Louis Wolfson, qui a payé Portas 20 000 dollars et l'a engagé à vie pour un montant de 20 000 dollars par an. Le 14 mai 1969, Portas démissionne de la Cour suprême.

Le juge William Douglas de la Cour suprême a épousé sa quatrième femme à l'âge de 66 ans, après le divorce de sa troisième épouse. Le député Gross a préparé des articles de mise en accusation contre Douglas, qui recevait 12 000 dollars par an de la fondation Parvin, une fondation de trois millions de dollars créée par Parvin lorsqu'il a vendu l'hôtel Flamingo de Las Vegas, lié à la mafia ; Parvin a été cité comme co-conspirateur avec Louis Wolfson. Le député Gerald Ford a également demandé la mise en accusation de Douglas après qu'il eut écrit un article pour la Evergreen Review, paru dans un numéro du magazine contenant des photos et des articles pornographiques. Contrairement au cas précédent de Sir Francis Bacon, Douglas n'a jamais été mis en accusation. Bacon a été mis en accusation après qu'il eut été prouvé qu'il avait reçu quelque 12 230 livres de pots-de-vin, avec vingt-huit chefs d'accusation à son encontre. Le jugement a été le suivant

> “Le Lord Chancellor s’est laissé aller à de grandes exactions de la part de ses serviteurs, tant en ce qui concerne les sceaux privés qu’en ce qui concerne la vente d’injonctions.

L’invocation de la règle 11 par les juges fédéraux a pour but de fermer les tribunaux aux recours des particuliers et de permettre à leur aristocratie secrète, avec son agenda caché, de poursuivre ses pratiques de corruption. Lysander Spooner a écrit en 1952,

> “L’effet juridique de ces reconnaissances constitutionnelles des droits des individus à défendre leurs biens, leurs libertés et leurs vies contre le gouvernement est de légaliser la résistance à toute injustice et oppression, de quelque nom et de quelque nature que ce soit, de la part du gouvernement. Sans le droit de résistance du peuple, tous les gouvernements deviendraient tyranniques à un degré dont peu de gens sont conscients. Les constitutions sont totalement inutiles pour limiter la tyrannie des gouvernements, à moins qu’il ne soit entendu que le peuple contraindra, par la force, le gouvernement à rester dans les limites constitutionnelles. En pratique, aucun gouvernement ne connaît de limites à son pouvoir, si ce n’est l’endurance du peuple. Les tyrans n’ont que faire des discussions qui ne doivent aboutir qu’à des discussions. Les discussions qui n’interfèrent pas avec l’application de leurs lois ne sont pour eux que du vent. Le suffrage est tout aussi impuissant et peu fiable”.

CHAPITRE 5

LA COUR SUPRÊME

> *"Le germe de la dissolution de notre gouvernement fédéral se trouve dans la constitution du pouvoir judiciaire fédéral."*
> Thomas Jefferson.

La question de savoir si l'on peut affirmer que le gouvernement fédéral est en voie de dissolution ou s'il a finalement obtenu le pouvoir suprême sur les citoyens des États-Unis n'a pas encore été résolue. Jefferson nous a mis en garde,

> "L'objet principal de mes craintes est le pouvoir judiciaire fédéral. Ce corps, comme la gravité, toujours actif, avec un pied silencieux et une avance inoffensive, gagnant du terrain pas à pas et conservant ce qu'il gagne, engloutit insidieusement les gouvernements (des États) dans les mâchoires de ce qui les nourrit".
> *Écrits de Thomas Jefferson*, v.10:189.

Jefferson a également déclaré

> "Il y a longtemps que je suis d'avis, et je n'ai jamais hésité à l'exprimer (bien que je ne choisisse pas de l'insérer dans un journal, ni de me faire son champion comme Priam en armure), que le germe de la dissolution de notre gouvernement fédéral se trouve dans la constitution du pouvoir judiciaire fédéral : Un corps irresponsable (car l'impeachment est à peine un épouvantail), travaillant comme la gravité nuit et jour, gagnant un peu aujourd'hui et un peu demain, et avançant d'un pas silencieux comme un voleur sur le champ de notre juridiction, jusqu'à ce que tout soit usurpé aux États, et que le gouvernement de tous soit consolidé en un seul. Je m'oppose à cela, car lorsque tous les gouvernements, nationaux et étrangers, dans les petites

> comme dans les grandes choses, seront attirés vers Washington comme centre de tous les pouvoirs, cela réduira à néant les contrôles exercés par un gouvernement sur un autre, et deviendra aussi vénal et oppressif que le gouvernement dont nous nous sommes séparés. Ce sera comme en Europe, où chaque homme doit être soit un piquet, soit un goujon, soit un marteau, soit une enclume. Nos fonctionnaires et les leurs sont les produits d'un même atelier, fabriqués avec les mêmes matériaux et par la même bande. Si les États regardent avec apathie cette descente silencieuse de leur gouvernement dans le gouffre qui doit les engloutir tous, nous n'avons qu'à pleurer sur le caractère humain rendu incontrôlable autrement que par une verge de fer, et les blasphémateurs de l'homme, incapable de se gouverner lui-même, deviennent ses véritables historiens." *Écrits* v.15:331.

Jefferson poursuit (v.15, p.341),

> "Notre gouvernement suit actuellement une voie si régulière qu'elle montre par quel chemin il passera à la destruction, c'est-à-dire d'abord par la consolidation, puis par la corruption, qui en est la conséquence nécessaire. Le moteur de la consolidation sera le pouvoir judiciaire fédéral ; les deux autres branches seront les instruments corrompus".

Il a poursuivi en disant

> "Nous voyons déjà le pouvoir, installé à vie, les fondations sont déjà profondément posées pour l'anéantissement des droits constitutionnels des États, et la suppression de tout contrôle, de tout contrepoids au pouvoir engloutissant dont ils sont censés faire une partie souveraine. Si jamais ce vaste pays est placé sous un seul gouvernement, il s'agira d'une corruption des plus étendues, indifférente et incapable de s'occuper sainement d'une surface aussi vaste. Cela ne sera pas supportable et vous devrez choisir entre la réforme et la révolution. Si je connais l'esprit de ce pays, l'une ou l'autre est inévitable. Avant que le chancre ne devienne invétéré, avant que son venin n'atteigne une partie du corps politique au point de devenir incontrôlable, il faut appliquer un remède".

Jefferson n'était pas le seul parmi les Pères fondateurs à nous mettre en garde contre les dangers que représentait un pouvoir judiciaire débridé. Aujourd'hui, la Cour suprême représente tout ce contre quoi ils nous ont mis en garde : un pouvoir excessif, la destruction du système d'équilibre des pouvoirs et l'anéantissement du principe de séparation des pouvoirs. Cette évolution est due à la "modification" systématique de la Constitution, qui devait protéger les citoyens contre les excès de pouvoir du gouvernement et les abus qui en découlent. Pour réaliser cet amendement, il était nécessaire d'engager les États dans une guerre civile ou, plus précisément, dans une révolution constitutionnelle, avant que cet objectif puisse être atteint. Les amendements 13, 14 et 15 qui ont suivi ont effectivement abrogé les garanties constitutionnelles que les Pères fondateurs avaient élaborées avec tant de soin. En lieu et place de l'intention originelle de la Constitution, nous étions désormais confrontés à l'application impitoyable du marchand de lois. Le droit commercial ne respecte aucun droit individuel, n'offre pas de procès avec jury et rend inutile la procédure d'appel. Le droit commercial a transformé les cours d'appel, y compris la Cour suprême elle-même, en tampons d'approbation des procédures d'amirauté et des décisions des tribunaux inférieurs.

La profession juridique a soigneusement caché au peuple américain le fait que nous n'avons plus de système de cour d'appel, parce que la procédure d'appel continue de générer des milliards de dollars d'honoraires. La profession juridique continue de brandir la carotte sur le bâton : "Nous avons d'excellentes raisons de faire appel. Le tribunal a commis une erreur réversible dans de nombreux aspects de cette affaire." Bien sûr, le tribunal a commis une erreur réversible, et chaque erreur sera confirmée par la cour d'appel. Bien que la procédure judiciaire américaine reste un jeu de roulette russe pour le plaideur, un avocat sait exactement quelles sont les chances d'un appel. Si le client a suffisamment d'argent pour faire appel, il fera appel.

Abraham Lincoln a également exprimé son inquiétude au sujet du pouvoir judiciaire, le 4 mars 1861 :

> "Si la politique du gouvernement sur des questions vitales affectant l'ensemble du peuple doit être irrévocablement fixée par des décisions de la Cour suprême, le peuple aura cessé d'être son propre gouverneur, ayant dans cette mesure pratiquement remis son gouvernement entre les mains de cet éminent tribunal.

La déclaration des droits a été annexée à la Constitution pour garantir au peuple américain que ses libertés nouvellement acquises, résultat d'une révolution réussie, ne seraient pas abrogées par un gouvernement tyrannique ultérieur. Depuis plus d'un siècle, la Cour suprême nie activement ces droits. L'ère actuelle de l'activisme judiciaire a commencé lorsque Oliver Wendell Holmes a inauguré l'ère du "positivisme" à la Cour suprême. Holmes a abrogé la règle du droit écrit en adoptant son point de vue personnel selon lequel le juge ne se contente pas de lire et d'interpréter la loi, mais qu'il l'écrit également. Holmes soutenait que le droit ne repose pas sur des vérités fondamentales ou universelles (ce qui revient à nier la définition du droit en tant que "pouvoir fixe"), mais plutôt sur les "nécessités ressenties de l'époque", plus psychologiques.

Dans les années 1920, la faculté de droit de Yale a poursuivi la révolution juridique de Holmes avec l'essor du "réalisme juridique". Cette doctrine affirme que le juge est la loi. Pendant ce temps, Roscoe Pound enseignait sa doctrine de la "jurisprudence sociologique" à la Harvard Law School, qui exigeait "une science juridique pragmatique et sociologique". Il s'agit en fait d'une simple reformulation de la théorie du matérialisme dialectique de Karl Marx. Ce qui avait été imposé au peuple russe par la force armée devait être imposé au peuple américain par fiat judiciaire. Lorsque Franklin Delano Roosevelt a nommé Felix Frankfurter à la Cour suprême, le premier aparté jubilatoire de Frankfurter au juge William O. Douglas était le suivant : "Si nous pouvons garder le juge en chef Hughes de notre côté, il n'y a aucune réécriture de la Constitution que nous ne puissions faire". Il s'agit du même Felix Frankfurter, immigrant viennois et révolutionnaire socialiste, que le président Theodore Roosevelt avait qualifié d'"homme le plus dangereux d'Amérique". Frankfurter a saisi l'occasion d'utiliser la Cour suprême pour imposer une tyrannie socialiste à tous les citoyens américains.

Le Wall Street Journal a ouvert ses pages éditoriales à des opinions critiques à l'égard du système juridique de Frankfurter. Le 7 février 1989, le professeur de droit Stephen L. Carter a averti que "les décisions des tribunaux sont la loi du pays dans le sens où les parties sont légalement obligées de s'y conformer. Elles ne sont cependant pas la loi fondamentale du pays — pas, du moins, dans le sens où la Constitution elle-même est fondamentale". En fait, les décisions de la Cour post-Frankfurter ne sont contraignantes pour les parties que par l'intermédiaire du droit commercial, et non en raison d'une orientation constitutionnelle. Carter conclut son argumentation par l'avertissement suivant : "L'obéissance aux tribunaux fait évidemment partie des plus fondamentales de nos traditions, mais l'obéissance à la Constitution l'est certainement encore plus". Cela va à l'encontre de l'activisme judiciaire de Holmes-Frankfurter et de l'imposition de la procédure d'amirauté au peuple américain. Sa devise est "les décisions de la Cour suprême sont la loi du pays", même si ces décisions s'inversent régulièrement, pour atteindre la condition d'instabilité nationale que les saboteurs ont planifiée. Le critique juridique Wait Mann nous apprend que le sceau de la Cour suprême n'est pas le sceau judiciaire standard de la jeune fille aux yeux bandés et de la balance de la justice, mais qu'il s'agit d'une copie du sceau de la fonction présidentielle ! Les notes figurant dans le code américain, 28 USC 44 et 28 USC 88, annexe 1, indiquent que la Cour suprême actuelle n'est pas la véritable Cour suprême, mais un imposteur. La Cour suprême originale existe toujours dans le district de Columbia, mais son nom a été changé pendant la présidence de Roosevelt afin d'avoir une cour qui soutiendrait son National Recovery Act, une législation qui a été copiée directement de l'État corporatif de Mussolini par Gerard Swope, le président de General Electric, et vassal de longue date de Bernard Baruch.

La Cour suprême originelle est définie dans la Constitution, à l'article III, et dans les U.S. Statutes at Large de 1789, le Judiciary Act. Depuis que Roosevelt l'a remplacée, les tribunaux américains sont dépourvus de toute compétence en matière de poursuites et de procès en première instance. Ainsi, le code pénal américain ne contient pas de spécifications de crimes, mais des spécifications d'actes manifestes, c'est-à-dire d'outrages criminels pour violation d'injonctions antérieures. Les tribunaux s'appuient sur la procédure d'injonction basée sur la violation d'une décision de justice, plutôt que de proposer un procès légal selon les principes constitutionnels, où les preuves sont débattues et admises ou refusées, et où un jury prend la décision finale. Dans le cadre de cette procédure d'injonction, seul l'acte manifeste de violation de l'injonction doit être prouvé pour obtenir une condamnation. La "dénonciation", qui a pris la place des actes d'accusation pour les violations de lois, doit seulement affirmer qu'une violation de l'injonction a eu lieu. Le crime lui-même ne sera jamais poursuivi. Le code pénal américain lui-même était à l'origine un code civil, car le code pénal, titre 18, était inclus dans le code judiciaire civil et le code de contrôle des étrangers, titre 8. L'amendement 14 a ensuite été rédigé afin de donner au gouvernement le pouvoir de traiter les citoyens américains comme des étrangers, comme l'ont décidé Frost v. RC,

27I US 583, 596-7, qui nous a définis comme de simples étrangers, et Lehigh RR. v. Russia, 2I F.2d 396, qui a statué que les pouvoirs d'application de la loi en Amérique ne s'appliquaient qu'aux étrangers, aux relations étrangères et aux affaires internationales.

La doctrine de la suprématie du pouvoir judiciaire fédéral a été fixée au cou du peuple américain comme un joug irrévocable parce que cela s'est fait insidieusement et sous le couvert d'événements plus frappants et plus dramatiques, tels que la guerre de Sécession. Après la Seconde Guerre mondiale, les militants de la justice, qui avaient complètement muselé les dirigeants de nos deux partis politiques, ont imposé une série de décisions stupéfiantes qui, en fait, ont fait savoir au peuple américain qu'il ne lui restait plus aucun droit à faire valoir. Cette situation a été dramatisée par le gouverneur de l'Arkansas, Orval Faubus, dans un discours prononcé devant la législature de l'Arkansas le 26 août 1958, dans lequel il a cité abondamment les résolutions adoptées par la conférence des présidents des cours suprêmes des États au début de ce mois, concluant par leur constatation que,

> "La Cour suprême a usurpé les droits réservés aux États par la Constitution. Elle n'est pas seulement l'arbitre final de la loi ; elle est le décideur de la politique dans de nombreux domaines sociaux et économiques majeurs.

Les prétentions des activistes à la suprématie judiciaire remontent à l'affaire historique Marbury v. Madison, en 1803. Cette décision a été prise par le président de la Cour suprême, John Marshall, qui avait été nommé à la Cour par le président John Adams, chef de file de l'école séparatiste de la Nouvelle-Angleterre. Marshall a statué que le pouvoir judiciaire avait le pouvoir d'annuler toute loi ou acte du Congrès qui violait la Constitution en vertu de l'article m, section 2, paragraphe 1, ou "la loi suprême". 1, ou de la clause "loi suprême du pays", Art. Cependant, l'affaire Marbury v. Madison, au lieu d'être un examen approfondi établissant la Cour comme arbitre final du pouvoir gouvernemental, était en fait une querelle politique partisane sur le butin d'une victoire électorale. Le Congrès avait adopté le 13 février 1801 un nouveau projet de loi sur les tribunaux de circuit, qui autorisait seize juges fédéraux supplémentaires. Le président Adams a immédiatement nommé des fédéralistes, qui ont été confirmés par le Sénat le 2 mars, et leur nomination a été signée par le président Adams et scellée par le secrétaire d'État John Madison le 3 mars. L'affaire Marbury v.

Madison est née d'une situation comparable : l'adoption, le 27 février 1801, de la loi organique sur le district de Columbia, qui prévoyait la nomination par le président de juges de paix pour les villes de Washington et d'Alexandrie dans le district. Le 2 mars, le président nomma vingt-trois juges pour Washington et dix-neuf pour Alexandria et les fit sceller par le secrétaire avant minuit le 3 mars, les fameux "midnight justices of the peace" (juges de paix de minuit). Les commissions furent remises le soir même par James, le frère de Marshall. Cependant, William Marbury, de Washington, n'a pas reçu sa commission, ce qui a donné lieu à un litige en décembre 1801 ; l'affaire a finalement été entendue par la Cour suprême en février 1803. John Marshall estimait que les commissions étaient valides lorsque le sceau des États-Unis était apposé, et non lorsqu'elles étaient délivrées. Aujourd'hui, la Cour suprême ne dispose d'aucun dossier sur cette affaire ni d'aucun document s'y rapportant. Le seul enregistrement est celui réalisé par le journaliste William Cranch. La Cour a statué que Marbury avait droit à la commission en raison du pouvoir de la Cour de statuer sur la validité d'un acte du Congrès. Toutefois, la Cour a refusé d'émettre un mandat, tranchant ainsi en faveur de Madison (I Cranch, p. 70). La Cour a déclaré que la Constitution interdisait l'octroi du pouvoir de délivrer l'assignation, mais que la Cour avait le pouvoir de contrôle judiciaire. La Cour a statué que la Constitution était la loi supérieure et primordiale, immuable par des moyens ordinaires, et la loi suprême du pays. La section 13 du Judiciary Act de 1789 tentait de donner à la Cour suprême le pouvoir d'émettre un mandamus dans le cadre d'une procédure initiale contre un fonctionnaire des États-Unis, y compris le secrétaire d'État ; la Cour a conclu que l'article ILI de la Constitution interdisait l'octroi d'un mandamus dans le cadre d'une procédure initiale contre un fonctionnaire des États-Unis, y compris le secrétaire d'État. ILI de la Constitution interdisait l'octroi d'un tel pouvoir par le Congrès à la Cour suprême.

Ainsi, le dilemme initial, à savoir que le secrétaire d'État James Madison avait travaillé jusque tard dans la nuit pour signer des commissions de juges de paix pour le parti fédéraliste, y compris la commission de Marbury, a vu une partie de son travail anéantie lorsque le nouveau secrétaire d'État, Thomas Jefferson, voyant la pile de commissions signées le lendemain matin, a décidé qu'il ne les autoriserait pas et les a jetées dans la corbeille à papier. Marbury intente alors un procès pour obtenir la commission qui lui avait été promise pour son dévouement au service du parti. En tranchant l'affaire, le juge en chef Marshall, l'un des leaders du parti fédéraliste, a habilement évité la question principale soumise à la Cour, celle de la politique partisane, et a déplacé la question vers celle des pouvoirs gouvernementaux, en décidant que l'arbitre final serait dorénavant la Cour Suprême.

Thomas Jefferson a donné son avis sur l'arrêt Marbury v. Madison en déclarant : "Rien dans la Constitution ne leur a donné (à la Cour suprême) le droit de décider pour l'exécutif, pas plus que l'exécutif ne peut décider pour eux. Cette opinion ferait du pouvoir judiciaire une branche despotique". En 1819, Jefferson a encore mis en garde contre la suprématie du pouvoir judiciaire en déclarant : "Dans cette hypothèse, la Constitution n'est qu'un objet de cire entre les mains du pouvoir judiciaire, qu'il peut tordre et modeler à sa guise". Cependant, la Cour a veillé à ne pas faire étalage de son nouveau pouvoir. Entre 1803 et 1870, la Cour n'a déclaré inconstitutionnels que six actes du Congrès, dont trois ont été décidés en 1870. De 1871 à 1899, elle a annulé seize fois la décision du Congrès, un pouvoir qui a été de plus en plus utilisé de 1900 à 1936, pendant la période de l'activisme judiciaire holmésien. Au cours de cette période, la Cour a rendu cinquante et une décisions contre le Congrès.

La bataille pour la création d'une banque centrale américaine a également donné lieu à des décisions historiques de la Cour suprême. Après que les Rothschild européens eurent chargé Alexander Hamilton de créer une banque centrale aux États-Unis, immédiatement après la révolution américaine, Thomas Jefferson a mené la lutte contre l'adoption de cette banque. Dans l'affaire McCulloch v. Madison. 1819, la Cour suprême a soutenu la banque contre les États. Dans l'affaire Craig v. Missouri, 1830, la Cour suprême a invoqué l'interdiction constitutionnelle de la monnaie émise par les États pour invalider les certificats de prêt émis par un État, une décision qui a gravement affecté la croissance des banques d'État et encouragé la demande d'une banque centrale. Roger Taney, qui s'est longtemps battu contre la banque centrale, a été récompensé pour son opposition par le président Andrew Jackson, qui l'a nommé à la Cour suprême en 1836. En 1837, la Cour Taney a annulé l'arrêt Craig v. Missouri dans l'affaire Briscoe v. Bank of Kentucky, et a confirmé la loi de l'État autorisant l'émission de billets de banque par une institution de l'État. Lawrence Tribe commente cette décision,

> "L'effondrement du système bancaire central et la désorganisation des finances nationales qui en a résulté ont largement contribué à déclencher la dépression économique dévastatrice de 1837".

Bien que Tribe soit un juriste réputé, il ne semble pas connaître les faits de l'histoire monétaire. Henry Clews a déclaré, dans son livre "Twenty-Eight Years in Wall Street", p. 157,

> "La panique de 1837 a été aggravée par la Banque d'Angleterre qui, en un jour, a jeté tout le papier lié aux États-Unis.

Comme le présent auteur l'a souligné dans *Secrets of the Federal Reserve*, l'ordre de refuser tout titre, action ou prêt américain est venu directement de Nathan Mayer Rothschild, qui a ainsi délibérément précipité la panique de 1837. L'objectif était de punir les États-Unis pour avoir refusé la banque centrale de Rothschild et de faire baisser le prix de toutes les actions dans une panique financière, ces actions étant alors disponibles à l'achat par les Rothschild à un prix beaucoup plus bas. Tribe est-il au courant de ces détails ? Professeur de droit à Harvard depuis l'âge de vingt-sept ans, il est décrit par le magazine Time comme l'un des avocats les plus puissants des États-Unis. Il a longtemps été dans la fourchette des cinq cents dollars de l'heure pour des consultations, et on peut compter sur lui pour présenter une justification acceptable des programmes de l'Establishment.

Avec l'avènement du pouvoir sioniste à la Cour suprême en 1916, le président Woodrow Wilson ayant nommé à la Cour le chef de l'Organisation sioniste mondiale, Louis Brandeis, la Cour a cessé de se consacrer à l'intronisation de la suprématie judiciaire pour se consacrer à un nouveau programme, la suprématie des intérêts sionistes dans le monde entier. Les décisions de la Cour suprême n'étant pas contraignantes pour les autres nations, ce programme a d'abord permis de placer les intérêts sionistes sous le contrôle des bureaux fédéraux à Washington, où ils ont ensuite été exportés dans le reste du monde en tant qu'intérêts "américains". Le président Wilson a nommé Louis D. Brandeis à la Cour suprême le 1er juin 1916 ; il y a siégé pendant vingt-deux ans. Un autre sioniste, Benjamin Cardozo, a été nommé le 1er février 1917 et a siégé pendant vingt-trois ans, jusqu'en 1939 ; le siège juif a ensuite été attribué à Felix Frankfurter par Roosevelt en 1939. Arthur Goldberg a siégé à la Cour pendant trois ans ; Abe Portas a été nommé le 4 octobre 1968, puis a démissionné à la suite d'accusations d'implication avec de riches sionistes qui avaient des affaires devant la Cour.

La nomination de Brandeis à la Cour suprême a été expliquée comme le résultat d'une contribution de 50 000 dollars de Bernard Baruch à la campagne de réélection de Wilson, ainsi que comme un effort de chantage de la part des dirigeants sionistes qui tenaient Wilson en otage pour les lettres Peck, dont un certain nombre auraient établi une liaison secrète entre Wilson et un amant. La nomination de Brandeis a été affectée par ces deux éléments. Militant social infatigable, il a suscité une forte opposition pendant des années en raison de ses travaux controversés, mais il a finalement été confirmé par le Sénat. Il était connu dans le monde entier pour le fanatisme avec lequel il dirigeait l'Organisation sioniste d'Amérique ; il ne cessait de participer à des réunions sionistes et à des sessions politiques, déclarant pour mémoire que "les affaires sionistes sont les seules choses importantes aujourd'hui", une allégeance curieuse pour un juge de la Cour suprême, censé être "impartial". Wilson a ensuite nommé le mentor de Brandeis, Bernard Baruch, à la tête du Conseil des industries de guerre pendant la Première Guerre mondiale, et l'associé de Baruch, Eugene Meyer, à la tête de l'Administration des finances de guerre, chargée des Liberty Loans. Baruch se vantera plus tard devant le Congrès qu'en tant que tsar de l'économie des États-Unis, il exerçait quotidiennement plus de pouvoir que n'importe quel autre homme de la nation. C'est Baruch qui, avec Brandeis et Wilson lors de la conférence de paix de Versailles, a rédigé les évaluations des réparations impossibles à imposer à l'Allemagne, ce qui a rendu la Seconde Guerre mondiale inévitable. Le juge Hugo Black est une figure centrale de la Cour suprême dans les années 1940 et 1950. Dans sa biographie de Black, Max Lerner note qu'il a rejoint les francs-maçons avant d'avoir atteint l'âge de 21 ans. L'étape suivante de sa carrière politique fut l'adhésion au Ku Klux Klan, bien que la charte du Klan interdise expressément l'admission de Juifs, de francs-maçons ou de catholiques. Black s'est présenté au Sénat avec le soutien actif du Klan et a gagné. Il a ensuite soutenu le plan de regroupement des tribunaux de Roosevelt au Sénat et a été lui-même nommé à la Cour en guise de récompense. Après sa prestation de serment, on apprend à Washington que Black est un membre actif du Ku Klux Klan depuis 1927. Malgré les protestations des libéraux et des communistes qui composaient l'entourage de Roosevelt, Black a refusé de démissionner de la Cour et Roosevelt a refusé de demander sa démission. Un accord est conclu et Black devient l'un des membres les plus libéraux de la Cour. Il s'emploie activement à contrebalancer les votes des "quatre cavaliers" de la Cour Hughes, les conservateurs dévoués que sont Pierce Butler, Willis van Devanter, George Sutherland et James McReynolds. En tant que chef de file de l'"activisme judiciaire" de la Cour, Black a dirigé la rédaction de la décision contre la prière dans les écoles en 1954 en tant que doctrine absolutiste. Dans une affaire de prière en 1962, Black a affirmé que, par le biais du 14e amendement et de la Déclaration des droits, les restrictions imposées aux États ont été incorporées dans la Constitution. Cette affirmation est devenue la base de l'aile libérale de la Cour dans les arguments futurs, bien que d'autres décisions de la Cour suprême aient réfuté l'affirmation de M. Black. Dans l'affaire Adamson v. Cal. 1947, le juge Frankfurter a statué que

> "L'idée que le quatorzième amendement était un moyen déguisé d'imposer aux États toutes les règles qu'il semblait important aux hommes d'État du dix-huitième siècle d'inscrire dans les amendements fédéraux a été rejetée par les juges qui ont eux-mêmes été témoins du processus par lequel le quatorzième amendement est devenu partie intégrante de la Constitution.

Dans l'affaire Engel et al v. Vitale et al, Steven Engle et d'autres parents du New Hyde Park N.Y. v. Union Free District #8, les plaignants se sont opposés à une prière non confessionnelle du State Board of Regents contenant vingt-deux mots tirés de la constitution de l'État : "Dieu tout-puissant, nous reconnaissons notre dépendance à ton égard et nous implorons tes bénédictions sur nous, nos parents, nos enseignants et notre pays". Cette prière inoffensive avait été répétée au début de chaque journée scolaire, avec le serment d'allégeance ; les élèves n'étaient pas obligés de se joindre à son récital. La Cour suprême elle-même ouvrait chaque jour ses sessions par la prière "God Save the United States and This Honorable Court" (Dieu protège les États-Unis et cette honorable Cour) ; la prière était également utilisée à l'ouverture des deux chambres du Congrès. Cependant, le juge Black a affirmé que la prière à l'école servait à instaurer une religion d'État et violait ainsi la clause d'établissement de la Constitution. "Le Congrès ne fera aucune loi concernant l'établissement d'une religion ou interdisant son libre exercice. “L’argument de Black selon lequel cette clause interdisait toute expression religieuse la transformait en fait en une interdiction du libre exercice de la religion. La question de la prière a continué à se poser à plusieurs reprises devant la Cour suprême ; en 1984, la célèbre “règle du renne” de la Cour a statué que les crèches et les menorahs ne pouvaient être autorisées sur le domaine public que si elles étaient accompagnées de symboles laïques tels que des rennes, le Père Noël ou ses elfes. Cette décision a été qualifiée de “raisonnement torturé” ; il ne s’agit pas du tout d’un raisonnement, mais plutôt d’une tentative consciente d’inhiber et finalement de détruire l’exercice de la religion aux États-Unis.

Une succession de décisions socialistes activistes de la Cour a changé la qualité de vie de tous les Américains. L’arrêt Shelby v. Kraemer, 433 USI 1984 1948, a rendu illégaux les contrats immobiliers restrictifs et a transformé la capitale des États-Unis, quartier résidentiel de la classe moyenne blanche, en une ville majoritairement noire et rongée par la criminalité, aujourd’hui surnommée “la capitale mondiale de la criminalité”. Son maire, M. Barry, est constamment critiqué pour ses liens étroits avec des trafiquants de drogue connus, dont certains ont été arrêtés. Barry dirigeait auparavant une organisation noire appelée “Pride” qui collectait des fonds auprès des commerçants juifs de la Septième rue de Washington en échange de l’assurance que leurs magasins ne seraient pas vandalisés ou incendiés. Après que des millions de dollars eurent disparu dans les coffres de Pride, le maire Barry a demandé à sa femme d’assumer la responsabilité de la somme de 675 000 dollars, qui s’était mystérieusement volatilisée.

Si une armée d’invasion avait tenté de détruire la capitale de notre pays, comme l’ont fait les Britanniques pendant la guerre de 1812, elle se serait heurtée à une résistance armée. Toutefois, lorsque la décision de la Cour suprême a déclenché une vague de “fuite des Blancs” et livré la ville aux Noirs, aucune protestation n’a été entendue. L’arrêt Shelby v. Kraemer n’a pas, comme on l’a cru à tort, rendu illégales les clauses raciales dans les contrats immobiliers. Elle a toutefois repris les termes largement utilisés dans ces contrats, tels que ceux cités dans l’affaire Ringgold v. Denhardt : “La maison située sur le lot actuellement érigé ne sera utilisée que comme maison d’habitation et ne sera pas donnée, vendue, louée ou sous-louée à un nègre ou à une personne d’origine africaine ou mongole”. De nombreuses conventions raciales excluaient également les Juifs ou d'autres groupes, dans le but de maintenir la composition ethnique de certains quartiers. La valeur des biens immobiliers dépendait en grande partie de ces restrictions. Une fois ces restrictions abandonnées, la valeur des biens immobiliers chutait.

Au lieu d'interdire ces contrats, la Cour suprême n'a pas abordé la question de front. Si elle l'avait fait, elle aurait violé la disposition constitutionnelle relative à l'altération des contrats. Les juges de la Cour suprême ont mené une attaque de flanc contre leur objectif ; alors que leur lâcheté ne leur permettait pas d'interdire de tels contrats, ils ont décidé que les tribunaux ne feraient plus respecter de tels contrats en les confirmant légalement. Leur "règle de droit" a échappé à une position nécessaire en établissant que les dispositions d'un tel contrat ne pouvaient pas être appliquées par les tribunaux.

La célèbre interview de Philip Elman dans la Harvard Law Review, vol. 1987, p. 817, a révélé que le ministère de la Justice était intervenu activement pour obtenir la décision dans l'affaire Shelley v. Kraemer, en déposant un mémoire d'amicus curiae de 150 pages pour les plaignants, qui a ensuite été publié sous la forme d'un livre. Elman déclare : "J'avais des amis qui travaillaient à la NAACP, à l'ACLU, à l'American Jewish Congress, à l'American Jewish Committee et dans d'autres organisations". Elman, en tant qu'"assistant juridique à vie" de Felix Frankfurter et confident le plus proche, travaillait pour les plaignants en tant qu'amicus curiae pendant que son employeur, Frankfurter, entendait l'affaire en vue de rendre un avis "impartial". Elman affirme que le Solliciteur général des États-Unis, Philip Perlman, lui avait demandé de préparer le mémoire de l'amicus curiae, une procédure encore une fois irrégulière, car le greffier d'un juge ne peut intervenir ni au nom des plaignants ni au nom de la défense. Le mémoire est finalement apparu avec les noms de cinq avocats juifs comme auteurs. Perlman en fut troublé et demanda à Elman : "Ne pouvez-vous pas trouver des gentils pour travailler sur ce dossier ?" Nous constatons donc que les mêmes organisations qui ont orchestré la plainte Brown v. Board of Education ont également orchestré la décision Shelley v. Kraemer qui a détruit la capitale de notre nation. Leur présence était illégale, constituait une conspiration et une obstruction à la justice.

L'auteur de ces lignes vivait dans une agréable maison de Capitol Hill lorsque la décision de la Cour suprême a été annoncée. En l'espace de quelques mois, les spéculateurs immobiliers ont commencé à faire venir une famille noire par quartier, la fameuse pratique du "block-busting". À la vue de l'invasion noire, les propriétaires blancs vendaient immédiatement leurs maisons pour seulement un dixième du montant qu'ils avaient investi. Du jour au lendemain, des fortunes se sont constituées, Washington devenant une ville noire. Une décision de la Cour suprême a transformé une ville blanche endormie du Sud avec une population noire minoritaire en l'une des plus grandes villes noires du monde, une enclave rongée par la criminalité et la pauvreté, entourée de banlieues blanches aisées dans le Maryland et la Virginie.

Les journaux ont publié des titres tels que "La peur devient une industrie d'un milliard de dollars", alors que les ventes de serrures, de systèmes d'alarme, de programmes de sécurité et d'armes à feu — oui, d'armes à feu — montaient en flèche. De nombreuses femmes ont découvert que si elles choisissaient de vivre dans le district de Columbia, elles devaient apprendre à se servir d'une arme de poing, ces mêmes armes que le sénateur Teddy Kennedy et d'autres cœurs sensibles cherchent à refuser à tous les Américains qui ne sont pas des criminels. Alors que les vols et les meurtres de chauffeurs de taxi montaient en flèche dans le district, de nombreux chauffeurs de taxi ont cessé de prendre des passagers noirs et ont refusé de livrer des passagers dans les zones à forte criminalité. Un groupe d'avocats noirs a récemment intenté un procès à plusieurs compagnies de taxis, parce qu'ils avaient été dépassés à plusieurs reprises lorsqu'ils avaient essayé de payer la caution d'un taxi. Le maire Barry avait déjà fait adopter par le conseil municipal une mesure imposant automatiquement aux chauffeurs de taxi une amende de 100 dollars pour avoir refusé un passager. Le *Washington Post*, en relatant le litige entre les avocats yuppy, a mentionné que 97% des chauffeurs de taxi du district de Columbia étaient noirs. Les avocats noirs poursuivaient leurs collègues de race ! Le Post a également interviewé le chauffeur de taxi Albert K. Acheampong, qui a déclaré : "Je fais beaucoup de discrimination. Je paierai l'amende de 100 dollars. Je ne vais pas risquer ma vie". Le snobisme de dirigeants noirs tels que le maire Barry, qui sont entourés de gardes du corps et de chauffeurs armés, est typique du fait qu'ils souhaitent infliger une amende de 100 dollars à d'autres Noirs parce qu'ils craignent d'être assassinés dans ce que la presse a coutume d'appeler "la capitale mondiale du crime". Dans les villes occidentales, de fausses fusillades sont mises en scène pour les touristes ; à Washington, les fusillades qui se déroulent sur la colline du Capitole sont réelles. Néanmoins, le maire Barry a récemment été cité dans Newsweek comme faisant remarquer que “le taux de criminalité dans le district de Columbia, si l’on ne compte pas les meurtres, est inférieur à celui des autres grandes villes américaines”.

Dans l’affaire Corn. of Pa. v. Board of Directors of City Trusts of Philadelphia, la Cour suprême a statué, dans l’arrêt 353 US 230, 1957, que Stephen Girard, un patriote de la période révolutionnaire, décédé en 1831, avait commis une erreur en léguant sa grande fortune à des “écoles pour orphelins blancs pauvres”. Les fonds, qui ont servi à fonder le Girard College en 1848, ne pouvaient plus être dépensés aux fins que Girard avait conçues, selon la Cour suprême. En dépit d’une longue série de décisions antérieures qui respectaient les directives testamentaires, la Cour a jugé que le testament de Girard, à la lumière des exigences sociologiques actuelles, était désormais considéré comme discriminatoire ; son argent ne pouvait plus être dépensé au profit des garçons orphelins blancs et pauvres.

Un agriculteur a été poursuivi en justice pour avoir cultivé des céréales au-delà des règles du ministère de l’agriculture et pour avoir donné le surplus à manger à son bétail. Un tribunal de première instance a jugé que certains pouvoirs sont accordés au Congrès par la Constitution et que d’autres lui sont conférés ultérieurement par un amendement ; à l’origine, le Congrès n’avait pas le pouvoir de promulguer un impôt sur le revenu ou d’interdire la fabrication et la vente de boissons alcoolisées ; mais aucun amendement à la Constitution n’a accordé au Congrès le pouvoir de réglementer l’agriculture. La Cour suprême a annulé cette décision en statuant Per Curiam le 24 février 1949 : “Le jugement est annulé”. Wickard v. Filburn, 317 US 111.” La Cour n’a pas rendu de décision écrite, car sa décision d’annuler l’arrêt avait violé à la fois le neuvième et le dixième amendement.

Tout au long de notre histoire, les conditions de nomination à la Cour suprême sont restées les mêmes : un soutien politique solide. Au cours du dix-neuvième siècle, les candidats ont souvent été rejetés par le Sénat pour des raisons politiques partisanes. En 1930, le Sénat a rejeté un candidat exceptionnellement distingué, le juge John J. Parker, en raison de ses opinions conservatrices sur les relations raciales et le droit du travail. Une campagne de propagande concertée menée par les dirigeants politiques des syndicats a persuadé le Sénat de le refuser, ce qui préfigure les fameuses auditions Bork de notre époque.

En raison d'impasses politiques telles que le rejet choquant du juge Bork à la Cour suprême, le professeur Laurence Tribe a proposé une solution de compromis : la Cour suprême devrait maintenir un équilibre politique constant de trois libéraux, trois modérés et trois conservateurs ; lorsqu'un juge quitte la Cour, il devrait être remplacé par un successeur choisi dans la catégorie à laquelle il appartenait. La suggestion de Tribe a été accueillie avec dérision à Washington, car personne ne peut aujourd'hui dire avec certitude qui est libéral et qui est conservateur, alors que les modérés n'existent plus. Le juge Bork avait été rejeté par le Sénat parce qu'il était trop conservateur, bien qu'il ait été considéré comme extrêmement libéral pendant la plus grande partie de sa vie ; il avait été marié à une juive libérale, une socialiste, et son ami le plus proche avait été pendant des années le célèbre juge de gauche Abner Mikva, dont la carrière au Congrès avait été marquée par ses opinions pro-communistes extrêmes. Depuis l'époque de Brandeis, il y avait un siège juif traditionnel à la Cour suprême, bien qu'aucun siège n'ait jamais été réservé à quiconque aurait pu être considéré comme un tant soit peu antijuif. À la mort de Frankfurter, il fut remplacé par Artie Goldberg ; lorsque ce dernier fut prié de démissionner pour défendre les intérêts sionistes aux Nations unies en tant qu'ambassadeur des États-Unis, il fut remplacé par Abe Portas. À l'époque, personne ne s'attendait à ce que Portas doive démissionner en raison de ses liens avec des personnalités de la mafia de Las Vegas et avec le trafiquant de roulettes Louis Wolfson, qui a été emprisonné par la suite. Pendant qu'il siégeait à la Cour suprême, Portas avait signé un accord avec Wolfson selon lequel il recevrait à vie 25 000 dollars par an de la fondation de Wolfson. L'indignation publique suscitée par cet accord a contraint Portas à démissionner. Son cabinet, Arnold, Portas and Porter, était devenu le plus puissant lobbyiste de Washington. Pendant que Portas siégeait à la Cour suprême, sa femme a pris sa place au sein de la société, lui apportant de nombreux nouveaux comptes importants. Depuis, le cabinet a supprimé le nom de Portas de son nom de marque.

Dans le cadre de la fédéralisation croissante du système juridique, la Cour suprême a décidé que tous les tribunaux d'État devaient désormais suivre les règles fédérales en matière de preuve, qu'elles soient ou non en conflit avec les lois de l'État. Cette décision a imposé des restrictions beaucoup plus importantes au pouvoir de lutte contre la criminalité de la police locale et d'État, ainsi que des tribunaux d'État. Les juges ont renversé les procédures policières traditionnelles. Désormais, aucune preuve ne pourra être présentée au tribunal si l'un des membres de la police a commis une erreur, aussi insignifiante soit-elle, dans la collecte des preuves, même si cela signifie qu'un criminel manifestement coupable et dangereux sera libéré. La fameuse "règle d'exclusion", qui constitue un revirement historique dans l'histoire de la justice pénale aux États-Unis, a été appliquée dans l'arrêt Mallory rendu par la Cour en 1957. La Cour suprême a estimé que les sept heures et demie de détention de Mallory avant sa mise en accusation constituaient une violation de son droit constitutionnel d'être présenté à un magistrat sans "retard injustifié".

En 1961, la Cour suprême a envahi un autre domaine du droit étatique en limitant la capacité des services de police locaux à effectuer des perquisitions en vue de rechercher des preuves incriminantes, un domaine précédemment considéré comme relevant du droit étatique. En 1963, l'arrêt Gideon de la Cour a libéré un criminel condamné, Gideon, au motif que tout indigent tel que Gideon devrait bénéficier d'un avocat fourni et payé par l'État. Cette décision, bien qu'elle n'ait rien apporté à la grande majorité des Américains respectueux de la loi, qui devaient toujours payer pour leur propre représentation juridique, s'est avérée être une grande aubaine pour la profession d'avocat. La Cour suprême n'a plus qu'une seule tâche à accomplir : interdire à tout citoyen de se représenter lui-même devant un tribunal ou de comparaître sans avocat, afin de continuer à jouer le rôle de Père Noël de la profession juridique qu'elle s'est choisi.

En 1964, la Cour suprême a étendu la règle d'exclusion en interdisant les preuves saisies lors des opérations de fouille et de saisie d'une automobile. En 1964, l'arrêt Escobedo a libéré un meurtrier condamné parce qu'il n'avait pas été autorisé à voir son avocat au commissariat avant de faire des aveux complets à la police. En 1966, la Cour suprême a statué sur quatre affaires comprenant l'affaire Miranda v. Arizona. La Cour a décidé que la police ne pouvait pas interroger un suspect s'il refusait, et que le service d'un avocat devait être énergiquement sollicité et financé par l'État si le suspect était indigent. Un autre arrêt a déclaré que la présence d'un policier en uniforme dans la salle d'interrogatoire avait pour effet psychologique de contraindre l'accusé et de violer ses droits au titre du cinquième amendement. L'implication de cet arrêt de la Cour suprême était que chaque fois qu'un criminel était amené dans un commissariat de police, les policiers présents devaient soit se déshabiller, soit s'absenter.

Non seulement ces décisions étaient ridicules, mais elles reflétaient également le dévouement des juges activistes sociaux au bien-être des criminels. Ils reflétaient également leur aversion et leur méfiance à l'égard de la police et des membres du public respectueux de la loi. On pourrait dire que la Cour suprême n'a plus pris la peine de dissimuler son engagement envers les criminels et son dégoût pour les propriétaires bourgeois de la société qui avaient été caricaturés par Karl Marx et d'autres communistes dans leurs écrits. Ils ont décidé que la police devait désormais être menottée, tandis que les criminels avaient carte blanche pour exercer leur métier. En raison de ces décisions et de l'inquiétude croissante des juges à l'égard des communistes, la réaction de l'opinion publique s'est rapidement traduite par des campagnes nationales de mise en accusation des leaders libéraux les plus connus de la Cour, le Chief Justice Earl Warren et le juge William O. Douglas. Earl Warren n'a pas toujours été considéré comme un libéral. Jeune politicien californien, il mène une brillante carrière jusqu'à ce qu'un problème familial menace sa réputation. D'après les recherches du Dr Revilo Oliver, célèbre spécialiste des lettres classiques, son père avait abusé sexuellement d'un certain nombre de jeunes femmes qui étaient ses locataires dans un bidonville de Californie. Plusieurs plaintes pour viol ont été déposées contre lui et Warren comprend qu'il doit agir rapidement. Il est allé parler à son père, qui a été retrouvé la tête fracassée. Le Dr Oliver affirme sans équivoque que Warren a assassiné son propre père afin de protéger sa carrière politique. Il a ensuite été élu procureur général de Californie, mais n'a fait aucun effort pour retrouver le meurtrier de son propre père. L'affaire a été classée.

En tant que procureur général de Californie, Earl Warren a montré peu de tendances libérales. Il a mené le Comité des 100, un groupe californien nativiste, dans une campagne visant à faire interner tous les petits commerçants et agriculteurs japonais après Pearl Harbor. Bien que J. Edgar Hoover et d'autres responsables des services de renseignements aient assuré que ces commerçants avaient fait l'objet d'une enquête et ne représentaient aucune menace, Warren et ses acolytes ont insisté pour que Roosevelt interner les Japonais. Leurs propriétés ont ensuite été achetées pour quelques centimes d'euros par Warren et les membres de son comité. Les terres qu'ils ont obtenues pour quelques cents par acre en 1942 valent aujourd'hui des millions. La fortune de cette campagne n'a pas seulement financé la carrière ultérieure de Warren ; elle a également apporté un soutien financier aux campagnes présidentielles de Richard Nixon et de Ronald Reagan, qui ont été couronnées de succès. Plus tard élu gouverneur de Californie, Warren s'est rendu à la convention républicaine de 1952 avec une délégation californienne qui s'était engagée à soutenir le candidat du parti, Robert Taft. Lors de la convention, Warren s'est vu promettre le poste de Chief Justice s'il passait à Eisenhower. Une offre qu'il ne pouvait pas refuser.

À son arrivée à Washington, Warren apprend que la première affaire inscrite au rôle de la Cour est très urgente. Il s'agit de Brown v. Board of Education, l'affaire de la déségrégation scolaire. Les audiences sur cette affaire avaient commencé le 13 décembre 1952. Le président de la Cour suprême, Fred Vinson, a rapidement fait savoir qu'il était prêt à maintenir l'arrêt de longue date Plessy v. Ferguson, qui avait depuis longtemps établi le principe "séparé mais égal" pour l'éducation américaine. Peu d'initiés à Washington pensaient que les arguments en faveur de Brown v. Board of Education apporteraient des surprises. Ce n'était qu'une affaire parmi d'autres que la National Association for the Advancement of Colored People (Association nationale pour la promotion des personnes de couleur) avait l'habitude de porter devant la Cour. Toutefois, dans cette affaire, la NAACP avait bénéficié d'un fonds spécial de plusieurs millions de dollars, offerts par de riches familles juives new-yorkaises telles que les Spingarns, qui avaient dirigé la NAACP pendant de nombreuses années. Ces fonds ont permis à la NAACP d'engager de nombreux "experts", plus de deux cents témoins, pour un coût de plus de dix mille dollars par jour. D'autres fonds versés à la NAACP provenaient de groupes activistes de gauche tels que le CIO Political Action Committee, dont la majorité des membres cotisants étaient blancs, l'Anti-Defamation League of B'nai B'rith, l'American Jewish Committee et l'American Jewish Congress, l'American Civil Liberties Union et d'autres groupes d'intérêt alliés. Au total, la NAACP s'est présentée au tribunal pour l'affaire Brown v. Board of Education avec un trésor de guerre de dix millions de dollars. En revanche, les États du Sud qui ont plaidé contre Brown ne disposaient que de quelques milliers de dollars pour présenter leurs arguments.

Malgré leurs dépenses massives, les millions de la NAACP, après plusieurs mois d'argumentation, n'ont guère impressionné les juges. La Cour avait initialement prévu deux semaines pour l'audition de l'affaire Brown v. Board of Education. Au fur et à mesure que l'affaire s'éternisait au cours du mandat 1952-53 de la Cour, il est devenu évident que la NAACP cherchait désespérément à gagner du temps. Personne ne pouvait alors envisager le dénouement que la NAACP avait été invitée à attendre. Un plan avait été mis en œuvre pour modifier la composition de la Cour et obtenir ainsi une décision favorable à Brown. L'avocat défenseur des États, John W. Davis, ancien candidat à la présidence, envoya une note à son associé, Robert Fig,

> "Je pense qu'il est parfaitement clair, d'après les preuves internes, que le témoin Clark a rédigé l'annexe qui est signée par les dignes spécialistes des sciences sociales (typiques). Je ne peux que dire que si ce genre d'âneries peut émouvoir un tribunal, que Dieu sauve l'État".

Kenneth Clark, dont le professeur à l'université de Columbia, le Dr Henry Garrett, était le psychologue le plus respecté d'Amérique. Garrett a déclaré que Clark n'avait pas été très brillant lorsqu'il était étudiant. Or, cet étudiant témoignait devant la Cour suprême comme étant à l'origine des "tests de poupées". Il avait montré des poupées noires et blanches à quelques enfants noirs, et il affirmait qu'ils avaient choisi les poupées blanches de préférence aux poupées noires. De ces "tests", Clark a déduit que les enfants noirs souffraient d'un complexe d'infériorité, parce qu'ils avaient choisi les poupées blanches, et que ce complexe avait été créé chez eux parce qu'ils ne pouvaient pas aller à l'école avec des enfants blancs. Aucune preuve n'a jamais été présentée à la Cour pour vérifier les affirmations non étayées de Clarks. Cependant, des procès ultérieurs ont révélé qu'il avait délibérément falsifié son témoignage devant la Cour. Il avait effectué des tests antérieurs dans certains États du Nord, où les écoles publiques étaient intégrées depuis longtemps. C'est dans ces États intégrés que les enfants noirs avaient choisi les poupées blanches ! Dans les États du Sud non intégrés, les enfants noirs avaient choisi les poupées noires. Clark a néanmoins réussi à présenter ses résultats falsifiés à la Cour suprême.

Ce n'était pas la falsification la plus flagrante présentée à la Cour dans l'affaire Brown v. Board of Education. La présence du principal avocat du plaignant, la National Association for the Advancement of Colored People, n'a jamais laissé entendre que cette association n'était pas une association nationale de personnes de couleur. Elle avait été fondée en 1910 par un petit groupe de Blancs. John Dewey, qui allait révolutionner l'éducation américaine sur des bases socialistes, Jane Adams, socialiste depuis toujours, Mary White Ovington, fille unique du millionnaire Theodore Ovington, issu d'une famille abolitionniste bien connue, propriétaire de Ovington's, le magasin le plus en vogue de la Cinquième Avenue de New York, étaient présents à cette réunion. Mary White Ovington était l'exemple même de la riche libérale blanche ; bien qu'elle se soit présentée comme socialiste dans le Who's Who, elle a résidé pendant de nombreuses années dans une suite luxueuse de l'hôtel St. Elle a passé ses dernières années dans l'Upper East Side de Manhattan, un quartier à la mode. Le rabbin Emil Hirschberg, le rabbin Stephen Wise, le docteur Henry Moskovitz, Lillian Wald et Florence Kelly, qui avait changé son nom de Weschnewetsky, étaient également présents lors de la fondation de la NAACP. Un seul Noir était présent lors de la fondation de la NAACP, William E. B. DuBois, un révolutionnaire communiste de longue date qui finit par dénoncer les États-Unis, renonça à sa citoyenneté américaine et partit vivre au Ghana, en Afrique. Pendant de nombreuses années, aucun Noir n'a été autorisé à diriger la NAACP. Mary White Ovington a été présidente du conseil d'administration après sa création. Albert Spingam, issu d'une riche famille juive, a été président de 1911 à 1940. Son frère, Joel Spingarn, un riche éditeur de journaux qui vivait comme la royauté dans un immense manoir, lui a succédé. Il a également fondé la maison d'édition Harcourt Brace. Joel devient trésorier de la NAACP, son frère Arthur en étant le président de 1940 jusqu'à sa mort en 1971. La NAACP a été la chasse gardée de la famille Spingarn depuis sa création jusqu'en 1971. Même lorsque la NAACP défendait l'affaire Brown v. Board of Education devant la Cour suprême, les juges n'ont jamais su qu'aucun Noir n'avait jamais occupé le poste de président de la NAACP.

Walter White, secrétaire de la NAACP de 1931 à 1955, a été décrit dans Current Biography en 1942 : "Ce n'est que parce qu'il insiste lui-même sur son sang nègre (estimé par E. A. Hooten à environ V64e) que quelqu'un le prendrait pour un nègre. Il a la peau claire, les yeux bleus et les cheveux blonds". Le rapport officiel de la convention nationale du parti communiste indique que le parti a "pénétré" la NAACP. Florence Kelly, ou Weschnewetsky, une amie personnelle d'Engels et de Lénine, fait partie de son conseil d'administration, tout comme Felix Frankfurter. Le secrétaire de terrain, William Pickens, également membre du parti socialiste, est actif dans les affaires communistes.

Le nom le plus intéressant parmi les fondateurs de la NAACP en 1910 est celui du Dr Henry Moskovitz. Sa femme, Belle Moskovitz, était l'une des dirigeantes les plus influentes du parti démocrate à New York. Elle a également été directrice secrète du parti communiste pendant des années. "The Red Network" mentionne un certain Dr Moshewitz comme membre du comité central du parti communiste ; on pense qu'il s'agit d'une autre orthographe du nom du Dr Henry Moskowitz. Belle Moskovitz a dirigé le bureau du gouverneur Al Smith pendant huit ans, en alliance avec Robert Moses et le juge Joseph Proskauer, président de l'American Jewish Committee.

Pendant des années, Proskauer a personnellement sélectionné tous les juges de l'État de New York. Louis Howe, l'attaché de presse de Franklin D. Roosevelt, enviait Proskauer ; il lui dit un jour : "Mon Dieu, Joe, vous êtes allé trop loin ; il ne reste plus un seul juge gentil dans l'État". Proskauer le regarda solennellement. "Vous savez, Lou, dit-il, je ne pensais pas atteindre cet objectif avant cinq ans."

Belle Moskovitz, née Belle Lindner, avait épousé un certain Charles Israels ; à la mort de celui-ci, elle épousa le docteur Henry Moskovitz. Dans sa biographie de Roosevelt, Nathan Miller note, à la page 200, que "Moskovitz et Proskauer estimaient que Roosevelt, en tant qu'infirme, ne pourrait pas interférer dans leur direction de la campagne. Comme Al Smith, ils méprisaient le patriciat en politique et considéraient Roosevelt comme une simple vitrine". Lorsque Roosevelt succéda à Al Smith en tant que gouverneur de New York, ce dernier lui dit : "Franklin, vous voudrez bien sûr Mme Moskovitz, et je pense que la meilleure chose à faire est de la nommer secrétaire du gouverneur". Belle Moskovitz était une assistante sociale de longue date, une militante du parti communiste, une dirigeante syndicale, une dirigeante juive, la présidente du Conseil des femmes juives, et la communiste qui a intronisé l'espion atomique Julius Rosenberg au sein du parti communiste. C'est elle qui a mis en place la coalition libérale de juifs, de communistes, de socialistes et de dirigeants syndicaux qui est devenue la base politique imbattable de Roosevelt. À la tête du Parti progressiste, elle propose Oscar Straus au poste de gouverneur ; elle est présentée à Al Smith par l'intermédiaire d'Abram Elkus, associé du juge Proskauer, et devient l'alter ego politique de Smith. Elle devient directrice de la publicité pour le Comité national démocrate et on lui attribue la carrière politique de Newton Baker, Herbert Lehman et Al Smith, mais sa plus grande réussite est d'avoir rendu possible l'élection de FDR à la présidence. Son heure de gloire lui échappe lorsqu'elle tombe dans les escaliers et se tue, quelques jours avant l'investiture de Roosevelt. Quatre mille personnes assistent à ses funérailles au Temple Emanuel de New York. Al Smith la décrit comme "son alter ego".

Ni à l'époque, ni plus tard, personne n'a jamais contesté à Felix Frankfurter, juge en exercice pendant toute la durée des débats sur l'affaire Brown v. Board of Education devant la Cour suprême, un éventuel conflit d'intérêts, parce qu'il avait été directeur de la NAACP pendant dix-huit ans et qu'il était maintenant saisi d'une affaire portée devant la Cour suprême par la NAACP.

La décision que les plaignants de l'affaire Brown v. Board of Education cherchaient à renverser était un précédent bien établi, Plessy v. Ferguson, qui fixait une ligne de conduite observée depuis 1894.

> "Les lois autorisant, voire exigeant, leur séparation (raciale) dans les lieux où elles sont susceptibles d'être mises en contact n'impliquent pas nécessairement l'infériorité d'une race par rapport à l'autre et ont été généralement, sinon universellement, considérées comme des textes relevant de la compétence des législatures des États dans l'exercice de leur pouvoir d'État.

Ainsi, l'annulation de l'arrêt Plessy v. Ferguson nécessitait des témoignages et des preuves qui justifieraient l'annulation du pouvoir de l'État de contrôler son éducation et ses écoles. Aucune preuve de ce type n'a jamais été présentée à la Cour suprême. Au lieu de cela, une conspiration furtive entre les plaignants et un juge de la Cour suprême, impliquant un meurtre, a abouti à la décision unanime en faveur de Brown. Cette conspiration est documentée dans une publication faisant autorité, la Harvard Law Review, 1987, pp. 817 et suivantes, par Philip Elman, assistant juridique et confident de longue date de Felix Frankfurter. Dans une interview sur l'affaire Brown v. Board of Education, Elman a déclaré,

> "Il ne fait aucun doute que le grand stratège de tout cela au sein de la Cour était Felix Frankfurter. Pour reprendre le terme yiddish que Frankfurter utilisait à l'époque, il était le Kochleffel, ou cuillère de cuisine, qui maintenait l'agitation. Frankfurter était en contact avec les avocats qui ont gagné Brown, Jack Greenberg, Thurgood Marshall, William Coleman. Cette victoire a changé le cours des relations raciales aux États-Unis".

Elman n'a montré aucun remords quant au fait que cette "victoire" a été remportée par le biais d'une conspiration, de contacts illicites entre un juge de la Cour suprême et les avocats du plaignant, dans lesquels Elman était le principal intermédiaire. L'interviewer l'interroge sur l'irrégularité évidente de cette situation : "Frankfurter recevait presque quotidiennement un briefing du gouvernement de votre part, auquel Davis (l'avocat de la défense) n'avait jamais eu l'occasion de répondre." ELMAN. "Je me considérais, au sens propre, comme un amicus curiae."

En raison de sa complicité dans la participation illégale à la décision Brown, les livres, essais et articles ultérieurs de Frankfurter ne mentionnent ni l'affaire ni son association avec la NAACP. Dans un article sur les garçons de Scottsboro, ainsi que dans d'autres articles sur les droits civils, il ne mentionne pas le fait qu'il était conseiller juridique de la NAACP. Ses nombreuses biographies omettent généralement cette référence, de même que sa liste dans le Who's Who. "Justice Felix Frankfurter and Civil Liberties", par Clyde A. Jacobs, Univ. Cal. 1961, omet toute mention de la position de Frankfurter au sein de la NAACP ou de Brown, bien que l'on puisse supposer qu'il s'agit d'un élément central du matériel dont le titre est dérivé. Le livre de Philip Kurland, "Felix Frankfurter", "néglige" également de mentionner la NAACP ou Brown. Le livre de Helen Shirley Thomas, "Felix Frankfurter", limite l'association à cinq mots à la page 21, "Felix Frankfurter, legal adviser to NAACP" (Felix Frankfurter, conseiller juridique de la NAACP). La biographie de Liva Baker, "Felix Frankfurter", p. 310, note que Frankfurter était "conseiller juridique de la NAACP". Baker fait également l'aveu surprenant que "la position de Felix Frankfurter ne faisait aucun doute ; il n'avait qu'une seule voie à suivre en ce qui concerne la ségrégation".

Ainsi, un juge “impartial” saisi d’une affaire sur la ségrégation ne laissait planer aucun doute sur sa position. Et qu’en est-il des arguments présentés à la Cour ? En quoi ont-ils influencé la décision ? Elman ne laisse planer aucun doute à ce sujet. Dans son interview, il affirme que les juges avaient déjà pris leur décision. “Les plaidoiries n’ont fait aucune différence dans leur décision. Dans l’affaire Brown, rien de ce que les avocats ont dit n’a fait la différence. Thurgood Marshall aurait pu se lever et réciter “Mary had a little lamb”, et le résultat aurait été exactement le même”. Cependant, la principale preuve mettant en cause à la fois Frankfurter et la décision de la Cour en faveur de Brown est le compte rendu des dix-huit années d’association de Frankfurter avec la NAACP, que lui-même et ses biographes ont tenté de dissimuler. Dans “The Brandeis-Frankfurter Connection : the Secret Political Activities of Two Justices”, Oxford 1982, B. A. Murphy note p. 201 : “En 1930, Felix Frankfurter a mis en place une équipe de juristes chevronnés pour la NAACP afin de plaider contre la ségrégation dans la société”. Bien que Frankfurter ait publiquement démissionné de toutes ses nombreuses affiliations politiques lorsqu’il a été nommé à la Cour suprême par FDR en 1939, y compris la NAACP, il a continué à diriger l’équipe juridique de la NAACP en coulisses, comme il l’avait fait pendant de nombreuses années. Pendant la Seconde Guerre mondiale, Frankfurter fit nommer l’un de ses protégés, William D. Hastie, doyen de la Howard Law School à Washington, par le secrétaire à la Guerre Henry Stimson, un membre clé de la Fraternité de la mort, en tant qu’assistant spécial chargé des problèmes des Noirs dans les services armés. Frankfurter a également demandé à Stimson de nommer ses deux assistants spéciaux au ministère de la Guerre, deux autres protégés de Frankfurter, Harvey Bundy et John J. McCloy. Murphy affirme que cela a été fait “pour fournir à Frankfurter un moyen indispensable d’influencer la politique du département de la guerre”. Pourquoi un juge de la Cour suprême aurait-il besoin d’influencer la politique du ministère de la Guerre en pleine Seconde Guerre mondiale ? Parce que Frankfurter, un immigrant viennois qui avait succédé à Bella Moscovitz, le mentor de FDR, en tant que commandant de la cellule secrète Harold Ware d’agents soviétiques au sein du gouvernement à Washington, devait orienter notre stratégie de guerre en faveur de son objectif principal, le sauvetage de l’Union soviétique de l’attaque des armées allemandes. Murphy affirme que Frankfurter a servi d'intermédiaire constant entre Stimson et FDR tout au long de la guerre.

Tout au long du régime de FDR, Frankfurter n'a cessé de placer ses protégés à des postes clés du gouvernement. Le 24 mars 1933, le secrétaire à l'Intérieur Ickes note dans son journal qu'il a nommé Margold au poste de secrétaire adjoint à l'Intérieur "après en avoir discuté avec Felix Frankfurter". Il explique que Margold avait été "conseiller spécial de la NAACP".

Il était nécessaire pour Frankfurter d'éviter toute mention de son association de dix-huit ans avec la NAACP lors de l'audition de Brown par la Cour, car il avait personnellement organisé, sélectionné et formé les avocats qui plaidaient l'affaire. Il avait inauguré la campagne de la NAACP contre la ségrégation ; chacun des avocats qui comparaissaient devant lui était son protégé personnel ; et un autre protégé, Elman, servait secrètement d'amicus curiae pour Brown. Ces preuves documentées démontrent que la décision concernant Brown a été prise de manière illégale, par le biais de contacts inappropriés avec des avocats, d'une conspiration visant à entraver la justice, et qu'elle n'est pas valable. La conspiration étant imprescriptible, la décision de la Cour dans l'affaire Brown v. Board of Education est désormais invalidée, ce qui ramène la situation à la règle de Plessy v. Ferguson, qui maintenait des écoles "séparées mais égales". Toutes les écoles racialement intégrées aux États-Unis, qu'elles soient publiques ou privées, fonctionnent désormais dans l'illégalité.

L'interview d'Elman à la Harvard Law Review relate également les propos exacts de Frankfurter lorsqu'Elman l'a rencontré à Union Station après l'annonce de l'infarctus de Vinson. Elman affirme que Frankfurter a déclaré "joyeusement" et "sarcastiquement" : "Je suis en deuil". Phil, c'est la première preuve solide que j'ai jamais eue qu'il y a vraiment un Dieu". Elman révèle également que Frankfurter avait des noms de code pour chacun de ses collègues juges, ce qui démontre son mépris et sa haine absolus à leur égard ; son nom privé pour le juge Stanley Reed était Chamer, le mot yiddish pour "imbécile".

Elman exprime également son dégoût pour le témoignage du Dr Kenneth Clark dans l'affaire Brown au sujet de ses tests de poupée. "Il a banalisé la vérité fondamentale et s'est rendu ridicule, ainsi que la NAACP. John Davis était l'avocat de la Caroline du Sud. Il a démoli le test de la poupée. Il a cité un article de Clark, 'Racial identity and Preference in Negro Culture', 1947, dans lequel Clark déclarait qu'ils avaient fait passer ce test non seulement à des enfants noirs des États du Sud, mais aussi à des enfants noirs des États du Nord, et que le résultat étrange était que les enfants du Sud étaient nettement moins susceptibles de rejeter la poupée blanche que les enfants du Nord".

Elman attribue également à Frankfurter l'utilisation par Warren de l'expression "avec toute la rapidité voulue" pour intégrer les écoles dans l'arrêt Brown. Il affirme que cette phrase a été citée à l'origine par Holmes dans le poème de Francis Thompson, "The Hound of Heaven", et que Frankfurter l'a tellement appréciée qu'il l'a citée dans trois de ses décisions.

Nous avons donc une décision de la Cour suprême qui a modifié le système éducatif dans l'ensemble des États-Unis, obtenue par le meurtre d'un président de la Cour suprême et son remplacement par Earl Warren, qui s'est placé entièrement dans les mains de Frankfurter. Nous avions un amicus curiae pour Brown qui était l'assistant juridique de Frankfurter, conseillant une équipe d'avocats plaidant pour Brown qui avaient été triés sur le volet et formés par Frankfurter à la NAACP "pour plaider contre la ségrégation". Aucune autre affaire jamais entendue par la Cour suprême ne pue autant la conspiration, les activités illégales, la contamination inappropriée d'un juge de la Cour suprême et l'annulation absolue de la décision subséquente par ces facteurs documentés.

L'argument académique en faveur de Brown et de la NAACP a été fourni par un volumineux ouvrage "savant", "Le dilemme américain", rédigé par un socialiste suédois, Gunnar Myrdal. Myrdal et sa femme Alva étaient tous deux des boursiers Rockefeller de longue date. Elle a été membre du Parlement suédois, directrice de l'UNESCO et membre de nombreuses organisations des Nations unies. Elle et son mari ont parcouru les États-Unis en 1929 et 1930 en tant que boursiers Rockefeller, où ils ont développé un mépris profondément ancré pour les travailleurs autochtones américains. Gunnar Myrdal a travaillé de 1938 à 1942 sur "An American Dilemma" ; il a été financé par la Fondation Carnegie, qui était dirigée par les intérêts Rockefeller en tant que filiale de la Fondation Rockefeller. Le livre, de 1483 pages, a été publié en 1944 par Harper Bros. New York. Carnegie a été dirigé pendant de nombreuses années par Frederick Keppel, un directeur d'Equitable

Life and Guaranty Trust, la banque qui a cherché tout au long des années 1920 à accroître le financement américain et la reconnaissance du régime soviétique. Carnegie avait également financé “An African Survey” de Lord Hailey et avait donné des millions de dollars aux instituts de Tuskegee et de Hampton. Myrdal avait également passé un an aux États-Unis en tant que membre du Laura Spelman Rockefeller Fund. À cette époque, le personnel de Carnegie comprenait, outre Keppel, Ralph Bunche, cité comme membre du parti communiste, M. F. Ashley Montague, propagandiste communiste infatigable, Eugene Horowitz, Herbert Goldhamer, Melville Herskovitz, Edward Shils et Benjamin Malzberg.

“An American Dilemma”, qui n’a jamais été lu par aucun des juges, empeste le mépris de Myrdal pour les citoyens blancs du Sud nés dans le pays. À la page 563, nous lisons,

> “Le faible niveau d’éducation et de culture générale dans le Sud blanc est un autre facteur de fond important Un autre facteur de fond important dans la causalité du lynchage et d’autres formes majeures de violence est l’isolement, la monotonie de la vie quotidienne et l’ennui général de la vie rurale et des petites villes du Sud”. Myrdal accuse ensuite les gens d’être “bornés, intolérants, évangélistes”. Il désapprouve leur “religion évangéliste”.

A la page 565, Myrdal approuve “la force croissante du libéralisme sudiste”. A la page 582, il écrit “il y a une grande classe de Blancs du Sud qui sont également pauvres, sans éducation, grossiers et sales”. On peut imaginer le fastidieux Myrdal reculer d’horreur devant les “Blancs sales du Sud”. En tant qu’élitiste et bénéficiaire des milliards de Rockefeller, cela a dû être une épreuve pour lui de voyager pendant quatre ans dans le Sud pour ses recherches sur “le problème du Noir américain”. Le problème n’est pas du tout le Noir, mais les Blancs du Sud, grossiers et sales. À la page 597, il parle des “Blancs de la classe inférieure du Sud”, mais il n’utilise jamais cette terminologie pour parler des Noirs. Il a également suivi la ligne du parti communiste en incluant plusieurs pages de dénonciations véhémentes des statistiques policières sur la criminalité des Noirs. On peut se demander ce que Myrdal penserait de la première page du *Washington Post*, qui relate quotidiennement l’incidence stupéfiante de la criminalité noire, qui a fait de notre capitale nationale la capitale mondiale du crime. Si les juges ou les avocats des systèmes scolaires du Sud avaient pris la peine de jeter un coup d'œil aux 1483 pages de "An American Dilemma", ils auraient été choqués par son parti pris rabique contre le Sud et ses citoyens blancs. Pourtant, ce livre a été cité comme l'un des principaux facteurs ayant influencé la décision finale de la Cour suprême en faveur du plaignant dans l'affaire Brown v. Board of Education ! Cette preuve, qui n'a jamais été présentée à la Cour, a en fait remis en cause son propre objectif. Pourquoi les enfants noirs seraient-ils améliorés s'ils étaient forcés d'aller à l'école avec des "Blancs du Sud grossiers et sales" ? Il s'agissait peut-être d'un stratagème subtil pour aider les Blancs du Sud en leur donnant l'occasion de fréquenter des enfants noirs immaculés, s'exprimant bien, très intelligents et motivés.

La session 1952-53 de la Cour suprême s'est achevée sans qu'aucune décision n'ait été annoncée dans l'affaire Brown v. Board of Education. Il était alors prévu que l'affaire soit reportée à la session suivante. Toutefois, l'issue prévue n'a jamais fait l'objet d'un doute. Le juge Reed et d'autres personnes bien informées ont déclaré qu'ils s'attendaient à ce que le juge en chef Vinson confirme l'arrêt Plessy v. Ferguson, s'opposant ainsi à toute intégration raciale dans les écoles. John W. Davis, l'avocat des États du Sud qui se défendaient, a annoncé que la décision contre Brown v. Board of Education serait prise par 6 voix contre 3. La décision est attendue peu après l'ouverture de la session d'automne. Le 5 juin 1953, les cinq affaires de ségrégation portées devant la Cour ont été inscrites au rôle pour une nouvelle audience le 12 octobre 1953. Les observateurs de Washington s'attendaient à ce que l'audience soit brève et que Vinson rende ensuite l'arrêt 6-3 contre Brown. Cela avait déjà été établi par des mémorandums internes de la Cour.

Cet avis n'a jamais été publié ; le 8 septembre 1953, à 3 h 15 du matin, le Chief Justice Vinson est décédé subitement d'une crise cardiaque dans sa suite du prestigieux Wardman Park Hotel. Âgé de 63 ans seulement et jouissant d'une santé robuste, Vinson n'avait montré aucun signe de problème de santé. Ce n'était qu'une de ces étranges "crises cardiaques gouvernementales" qui ont joué un rôle si important dans les grandes décisions politiques. Malgré le choc causé par sa mort soudaine, les initiés de Washington ne voyaient aucune raison de modifier leurs prévisions selon lesquelles la NAACP perdrait encore les procès relatifs à la ségrégation, peut-être sur la base d'une décision 5-4 au lieu de la décision 6-3 anticipée.

Néanmoins, quelques protagonistes saluèrent la nouvelle de la mort de Vinson comme “un jour de libération”. Le juge Frankfurter, informé de la mort de son collègue de longue date, s’esclaffa joyeusement : “C’est la première indication que j’ai jamais eue qu’il y a vraiment un Dieu”. Il faisait référence au dieu cananéen Baal, agent de Lucifer, qui avait apparemment été appelé à se débarrasser du juge en chef Vinson. Des années passèrent avant que Frankfurter lui-même ne soit révélé comme le chef secret de l’influente cellule communiste de Harold Ware à Washington. À la mort de Bella Moscovitz, Frankfurter avait hérité de sa direction des agents communistes de l’administration Roosevelt. À l’époque où Frankfurter siégeait à la Cour suprême, son frère, Otto Frankfurter, purgeait une longue peine à la prison d’État d’Anamosa, dans l’Iowa. Le 5 octobre 1953, le président Eisenhower a annoncé qu’il avait nommé Earl Warren pour remplacer le juge Vinson en tant que président de la Cour suprême. On remarqua immédiatement que Warren, nouveau venu à Washington, s’était placé dans le groupe de Frankfurter. Rien n’indique encore que cette nouvelle nomination modifiera la décision attendue dans l’affaire Brown. Les plaidoiries reprirent de manière désultée, mais des mois passèrent, l’affaire restant dans les limbes. Les journalistes de Washington s’attendaient toujours à ce qu’une brève annonce soit faite, annonçant qu’une décision avait été prise à l’encontre de Brown. Le 17 mai 1954, à 12 h 52, sans aucun préavis, le président de la Cour suprême, M. Warren, commence à lire la décision de la Cour dans l’affaire Brown v. Board of Education. Il déclare tout d’abord que toutes les preuves présentées par la NAACP ont été “non concluantes”, ce qui semble confirmer le fait que Brown a perdu. Cependant, le juge Warren a ensuite déclaré : “EN TANT QUE DÉCISION UNANIME DE LA COUR,

> Nous concluons que dans le domaine de l’enseignement public, la doctrine “séparé mais égal” n’a pas sa place. Par conséquent, nous estimons que les plaignants et les autres personnes dans la même situation, pour lesquelles les actions ont été intentées, sont, en raison de la ségrégation dont ils se plaignent, privés de l’égale protection des lois garantie par l’amendement. Compte tenu de notre décision selon laquelle la Constitution interdit aux États de maintenir la ségrégation raciale dans les écoles, il serait impensable que la même Constitution impose une obligation moindre au gouvernement fédéral”.

La déclaration de Warren selon laquelle la Constitution interdit les "écoles où règne la ségrégation raciale" dépasse la portée des arguments de la NAACP ; la Constitution ne dit en fait rien à ce sujet. Cette décision a déclenché le chaos dans l'ensemble de l'enseignement public aux États-Unis. Cette décision étonnante, d'autant plus étonnante qu'elle a été rendue à l'unanimité, au lieu de la décision tant attendue de 6 contre 3 contre Brown, n'était fondée sur aucune preuve juridiquement acceptable. Les manipulations de poupées de Clark et les dénonciations vicieuses de Myrdal à l'encontre des Blancs du Sud constituaient des "preuves" dont la plupart des tribunaux se seraient moqués. Des rumeurs ont immédiatement commencé à circuler selon lesquelles Vinson avait été "éliminé" afin de mettre fin à son opposition à un jugement en faveur de Brown. Son fils, Fred Vinson (un camarade de classe du présent auteur à l'université de Washington et Lee), est également décédé subitement alors qu'il travaillait au ministère de la Justice.

Les "preuves" de Kenneth's Clark, dont il s'est avéré par la suite qu'elles avaient été déformées, menaçaient toujours la validité de l'arrêt de la Cour suprême. Jack Greenberg, avocat de la NAACP, a ensuite porté une affaire de déségrégation devant la Cour d'appel du cinquième circuit, qui a rendu une décision préétablie, comme suit,

> "Nous réaffirmons qu'aucun tribunal fédéral inférieur ne peut s'abstenir d'agir comme l'exige la Cour suprême dans l'arrêt Brown (1954), même si ce tribunal conclut que la Cour suprême a commis une erreur de fait ou de droit.

Cette décision étonnante a tenté de dicter que Brown ne pourrait jamais être annulée, même s'il était prouvé qu'elle était erronée, comme c'était le cas. Toutefois, dans une affaire ultérieure, Evers v. Jackson Ms. Municipal School District, 232 F. Supp. 241, 1964, le juge Fed. Le juge Sidney Mize a fait remarquer

> "Dans cette affaire, la preuve que les différences raciales sont d'une importance telle qu'elles exigent raisonnablement la séparation des écoliers à des fins éducatives est accablante, incontestée et incontestable. De l'avis de la Cour, les faits de cette affaire mettent en évidence une situation très grave et, de fait, exigent une réévaluation et un réexamen complet des constatations et conclusions de la Cour suprême des États-Unis dans l'arrêt Brown de 1954".

Les initiés de Washington concluent alors que le juge en chef Vinson a bel et bien été assassiné dans le cadre d'un sinistre complot visant à imposer l'intégration raciale des écoles à tous les Américains par l'utilisation de troupes armées. Earl Warren est devenu gouverneur de Californie à la suite d'un meurtre, et président de la Cour suprême des États-Unis à la suite d'un autre meurtre.

Le juge Felix Frankfurter n'a jamais été critiqué pour le fait qu'il était directeur de la NAACP au moment où il s'est prononcé en sa faveur. Il n'a pas non plus révélé qu'il avait personnellement choisi les avocats de la NAACP, Jack Greenberg, un associé de longue date, et Thurgood Marshall. Thurgood Marshall a ensuite été nommé à la Cour suprême lui-même, où il n'a pas réussi à se disqualifier dans le long cortège d'affaires à caractère racial dont la Cour était saisie. Fidèle jusqu'au bout, il a toujours voté pour ses employeurs, la NAACP.

En 1987, la Harvard Law Review a rapporté "un fait stupéfiant" à propos de l'arrêt historique de la Cour suprême dans l'affaire Brown vs. Board of Education "qui a déclaré inconstitutionnelles les écoles publiques où régnait la ségrégation raciale ; le juge Felix Frankfurter a eu des contacts secrets, inappropriés et contraires à l'éthique avec un avocat du plaignant, dans le but d'obtenir une victoire de ce côté-là. Il y est parvenu". Detroit Free Press, 29 mars 1987. L'éditorial précise que si cela avait été connu, "Frankfurter aurait été mis en accusation, démis de ses fonctions et ruiné". En fait, l'association de Frankfurter pendant de nombreuses années avec Jack Greenberg et Thurgood Marshall au sein de la NAACP est la preuve qu'une conspiration légale a eu lieu et que l'affaire Brown v. Board of Education est de ce fait totalement invalidée. Toutes les personnes qui se disent lésées par l'intégration forcée des écoles peuvent désormais intenter une action contre le gouvernement, de même que tout district scolaire ayant subi les conséquences négatives de cette décision.

Il semble aujourd'hui évident que l'un des autres objectifs de la décision Brown v. Board of Education était de détruire la classe moyenne noire indépendante qui se développait rapidement dans l'ensemble des États-Unis. Une élite noire, composée principalement de pasteurs et d'éducateurs, avait réussi à élever le niveau des Noirs dans de nombreux domaines, menaçant ainsi le système de plantation traditionnel par lequel les révolutionnaires communistes tels que Frankfurter et les riches libéraux blancs tels que Mary White Ovington utilisaient les citoyens noirs à leurs propres fins. Les Noirs ont donc autant de raisons que les Blancs, sinon plus, de poursuivre le gouvernement pour les dommages résultant de l'affaire Brown v. Board of Education. D'agréables quartiers résidentiels noirs sont aujourd'hui des zones gangrenées par la drogue et la criminalité, où personne n'est en sécurité ; il n'y est possible ni de mener une vie familiale stable ni de mettre en place un système éducatif efficace. L'arrêt Brown a été rappelé dans le *Washington Post* du 22 avril 1989, dans une interview de Charles Lofton. Lofton avait été directeur de l'école secondaire d'élite noire, Dunbar High School, qui a formé de nombreux dirigeants noirs dans la région de Washington. Il a déclaré que

> "J'avais plus d'influence sur mes élèves dans un environnement ségrégé. Ils nous utilisaient comme modèles. J'étais à Dunbar lorsque l'intégration a eu lieu et cela nous a mis KO. Nous avions reçu la crème de la crème, mais avec l'intégration, les élèves ont dû aller dans les écoles de leur zone. J'ai perdu certains de mes meilleurs professeurs, parce qu'il n'y avait tout simplement pas la même demande pour des matières telles que le latin ou les calculs avancés. En partie à cause de l'intégration, nos enfants n'ont pas une image aussi positive d'eux-mêmes. Nous avons perdu toute une génération, celle qui va de seize à trente-deux ans, et nous ne la retrouverons jamais".

La destruction calculée de l'élite noire a rendu possible le contrôle total de la population noire par le gouvernement. Les enseignants et les ministres noirs dévoués ont été écartés, remplacés comme modèles par des trafiquants de drogue et des démagogues politiques. Un éducateur noir se désole : "Nous réalisons maintenant qu'un crime terrible a été commis. Une génération entière de jeunes Noirs a été délibérément jetée à la casse par de faux dirigeants qui ont laissé la communauté noire désorganisée et sans espoir". Les dirigeants noirs s'inquiètent également d'une apparente campagne visant à éliminer toute la population noire d'Afrique par l'inoculation délibérée du sida, la famine et la disette. Le continent noir pourra alors être rendu aux Rothschild et aux bons soins de Global 2000, comme une région largement inhabitée et riche en ressources naturelles, qui pourra être pillée à loisir. Après l'affaire Brown, le président de la Cour suprême, Earl Warren, s'est rendu compte que le juge William O. Douglas était son plus fidèle partisan au sein de la Cour libérale. Dans une affaire de déségrégation ultérieure, Douglas a émis l'opinion étonnante que "personne n'a le droit de fréquenter une école publique ségréguée". En raison de sa quête incessante de jeunes femmes, Douglas commença bientôt à montrer de sérieux signes de dégénérescence mentale et physique. Il devient de plus en plus paranoïaque, affirmant que des dispositifs d'écoute ont été installés dans ses bureaux ; il demande parfois à ses avocats de sortir dans le couloir pour poursuivre leurs conversations. Il a essuyé encore plus de critiques lorsqu'il s'est remarié, dans le cadre de l'affaire très médiatisée de l'"épouse enfant". Un article du *New York Times* du 21 août 1988 cite l'opinion de J. Edgar Hoover sur le juge Douglas, telle que révélée dans les dossiers du FBI : "Bien sûr, Douglas est fou et n'est pas en très bonne santé". Pendant des années de dégénérescence sénile, le juge Douglas a continué à occuper son siège à la Cour suprême. Ses écrits constituent une énigme permanente pour les greffiers et autres fonctionnaires de la Cour. Dans "The Brethren", on peut lire, p. 243, que "les anciens greffiers étaient régulièrement appelés à contribuer à la signification des notes de Douglas et de ses références souvent incomplètes à d'anciennes affaires ; ses phrases étaient presque un code privé, dont le sens n'était évident que pour lui". Le livre évoque ensuite l'incontinence persistante de Douglas, qui a poussé sa famille à lui demander de démissionner. Il répondit avec indignation : "Non ! Il n'y aura personne à la Cour qui se soucie des Noirs, des Chicanos, des accusés et de l'environnement". Malgré leur exaspération croissante face à la présence de Douglas, le protocole empêche les autres juges de porter plainte contre lui. Il avait depuis longtemps perdu le contrôle des fonctions inférieures de son corps, et les odeurs nocives qui se dégageaient continuellement de son fauteuil provoquaient parfois des malaises physiques chez ses collègues.

Au moment où la décision de ségrégation a été annoncée, les Noirs occupaient tous les emplois subalternes de service et d'entretien à la Cour suprême. Il n'y avait pas une seule secrétaire noire dans tout le bâtiment. Le personnel de la Cour recevait régulièrement l'ordre d'effectuer des travaux personnels sur leur temps libre pour les juges, comme porter des tapis d'Orient au nettoyeur, faire des courses et parcourir la ville pour d'autres raisons. La Cour n'était pas soumise aux lois sur le service civil et les employés pouvaient être licenciés immédiatement, sans appel. De nombreux risques professionnels existaient dans tout le bâtiment; le personnel de service noir travaillait sur des échafaudages branlants, ce qui entraînait parfois des blessures graves. Les grandes portes en bronze étaient régulièrement nettoyées et polies à l'acide chlorhydrique, dont l'utilisation était interdite depuis longtemps dans l'industrie américaine.

Après la mort de Douglas, le juge Thurgood Marshall représentait la tendance la plus libérale de la Cour. Protégé du juge sioniste Brandeis, il avait été membre de l'ACLU pendant de nombreuses années, avait étudié à la version new-yorkaise obligatoire de l'école Lénine, la New School for Social Research, et avait été conseiller spécial de la NAACP de 1937, date à laquelle il avait été personnellement approuvé par Felix Frankfurter, jusqu'en 1961. Lors d'un récent discours, il a dénoncé de manière cinglante la Constitution. La rumeur court à Washington qu'il souffre de la maladie d'Alzheimer. Un article de Terry Eastland, avocat au ministère de la Justice, paru dans le National Review du 21 avril 1989, intitulé "While Justice Sleeps", note que Marshall dort pendant les plaidoiries et passe la plupart de son temps dans les locaux de la Cour à regarder des comédies de situation à la télévision, dont l'une des préférées est "I Love Lucy". Il laisse ses assistants rédiger ses opinions et a déclaré à Life Magazine, à propos des pétitions : "Je n'accorde aucune chance à un trafiquant de drogue ! C'est dégoûtant ! Bien que la Cour suprême rende 130 avis par an, Marshall n'en reçoit que 15. Il refuse de prendre sa retraite et espère en vain que les démocrates gagneront en 1988, afin qu'un autre libéral puisse être nommé à sa place.

Dans *The Brethren*, Marshall est décrit comme étant en surpoids, buvant trop, mangeant trop, et complètement dégoûté de son travail. Il a eu une crise cardiaque, dont il ne s'est jamais complètement remis, mais il refuse de prendre sa retraite tant qu'un président démocrate n'aura pas été élu.

L'histoire de la Cour suprême révèle un recul constant par rapport au rôle qui lui a été assigné, à savoir la protection des droits légaux de tous les citoyens américains. En 1833, la Cour a statué que la Déclaration des droits n'offrait qu'une protection contre l'autorité fédérale, mais pas contre l'action de l'État. Dans l'affaire Barron v. Baltimore, la ville a été poursuivie parce qu'elle avait réduit la valeur de la propriété du plaignant. Barron affirmait que cela constituait une prise de possession de sa propriété sans compensation appropriée, et violait donc le cinquième amendement. Le président de la Cour suprême, M. Marshall, a statué que la Déclaration des droits ne garantissait que contre "les empiétements appréhendés du gouvernement général, et non contre ceux des gouvernements locaux". La décision de Marshall n'a jamais été renversée, bien qu'elle ait été remplacée par les trois amendements de la guerre de Sécession, les 13ème, 14ème et 15ème. En ce qui concerne les clauses restrictives, la Cour a rejeté l'affaire Corrigan v. Buckley en 1926, confirmant ainsi les clauses restrictives. Vingt-deux ans plus tard, la Cour a effectivement annulé les clauses restrictives en interdisant à l'État de les appliquer. Dans les affaires Shelley v. Kraemer et McGee v. Sepes, 1948, le président de la Cour suprême, M. Vinson, s'est prononcé avec l'abstention de trois juges,

> "Nous estimons qu'en accordant l'application judiciaire des accords restrictifs dans ces affaires, les États ont refusé aux pétitionnaires l'égale protection des lois et que, par conséquent, l'action des tribunaux d'État ne peut être maintenue.

En 1989, la Cour a quelque peu hésité à soutenir les cas de discrimination positive, en déclarant qu'"une personne ne peut être privée de ses droits légaux dans une procédure à laquelle elle n'est pas partie". Cela semblait mettre fin à l'ère des class actions dans laquelle des décisions affectant de larges groupes d'Américains avaient été régulièrement rendues, même si la plupart d'entre eux n'avaient jamais été parties à l'action.

En 1945, la Cour a vainement tenté de freiner la monopolisation croissante des médias en statuant que "le premier amendement présuppose que la diffusion la plus large possible d'informations provenant de sources diverses et antagonistes est essentielle au bien-être du public". Cette décision a ensuite servi de base à un arrêt de la Cour de 1978 qui a empêché les propriétaires de quotidiens d'acheter des stations de radio et de télévision dans les mêmes villes que leurs journaux, et d'établir ainsi un monopole médiatique. Cette décision semble avoir eu peu d'effet pour empêcher les magnats des médias d'étendre leurs empires. On a récemment prédit qu'au cours de la prochaine décennie, quatre sociétés géantes contrôleront l'ensemble des communications mondiales.

La Cour suprême a statué dans l'affaire Totten v. U.S., 92 U.S., que "l'ordre public interdit le maintien d'une action devant une cour de justice, dont le procès conduirait inévitablement à la divulgation d'éléments que la loi elle-même considère comme confidentiels, ou au sujet desquels elle ne permettra pas que la confidentialité soit violée". Cette disposition semble garantir le respect de la vie privée, mais elle n'a pas empêché les juges d'ordonner régulièrement que tous les documents et dossiers personnels soient remis à la partie adverse dans les procès généraux.

La direction maçonnique considérable de la Cour suprême tout au long de son histoire a été documentée en 1988 par le livre de Paul A. Fisher, "Behind the Lodge Door" (Derrière la porte de la Loge). Vétéran de l'OSS et du Corps de contre-espionnage, Fisher a utilisé ses talents considérables en matière d'analyse du renseignement pour construire un dossier irréfutable sur la domination de la Cour par les francs-maçons. Il commence par le juge en chef Marshall, qui était grand maître des loges de Virginie, et démontre que le serment secret des francs-maçons a toujours joué un rôle majeur dans les décisions de la Cour. Il note que le plan de FDR pour remplir la Cour a été élaboré par quatre francs-maçons, que FDR a ensuite nommés à la Cour, Black, Byrnes, Minton et Jackson.

Une autre étude récente montre que neuf des seize membres de la commission judiciaire du Congrès sont des francs-maçons, ce qui prouve que l'influence maçonnique continue d'imprégner non seulement la Cour suprême, mais aussi l'ensemble du pouvoir judiciaire. Cette influence s'étend non seulement aux juges, mais aussi à leurs assistants juridiques. Dans "The Brethren", on nous dit que les assistants juridiques du bureau du président de la Cour suprême exerçaient un grand pouvoir. "La façon dont les choses fonctionnaient dans le cabinet du président leur conférait une influence considérable. Warren leur disait comment il voulait que les affaires soient traitées" - voilà pour l'"impartialité". Woodward et Bernstein citent également le successeur de Warren, le Chief Justice Burger, à propos de Warren : "négligé, motivé par la politique, plus intéressé par les résultats que par le raisonnement juridique, un homme sans honnêteté intellectuelle."

Bien que la loi RICO (Racketeer Influenced and Corrupt Organizations), adoptée par le Congrès, ait été détournée par le ministère de la justice de son objectif déclaré de lutte contre le crime organisé pour en faire une arme de terrorisme contre les entreprises légitimes, la Cour suprême a récemment refusé de reconnaître cette perversion. Plus d'un millier de procès RICO sont intentés chaque année ; 93% d'entre eux n'ont aucun lien avec le crime organisé. Le Wall Street Journal et d'autres publications ont dénoncé à plusieurs reprises ce viol de la justice. Néanmoins, le 26 juin 1989, la Cour Suprême a refusé de mettre un terme à cette loi. La Cour a statué 9-0 pour continuer les poursuites civiles pour des dommages triples, bien que le juge Scalia ait admis que la loi est “si vague qu’elle viole la Constitution”.

La Cour est désormais confrontée à la nécessité de déterminer si le pouvoir judiciaire peut imposer des impôts directs. Le juge de district Russell Clark avait ordonné que les impôts fonciers de Kansas City augmentent de 95% pour payer les coûts de la déségrégation forcée, et avait ignoré la volonté des électeurs en autorisant le district scolaire à émettre 150 millions de dollars d’obligations pour l’amélioration des immobilisations. La 8e Cour d’appel du circuit des États-Unis a confirmé l’action arbitraire du juge, qui bafoue clairement la Constitution et qui abroge totalement l’art. 1, sec. 8 en donnant aux tribunaux le pouvoir de taxer. La Cour Suprême devrait rendre une décision dans cette affaire d’ici octobre 1989.

L’action du juge Clark est typique de l’activisme social dans lequel la Cour suprême elle-même a pris l’initiative. Un article du *Washington Post du* 28 décembre 1988 déclarait : “Nombreux sont ceux qui, à Washington, considèrent qu’il s’agit d’un activisme judiciaire débridé ; sept juges forcent cette riche commune, Bedminster, N. J., à construire des logements pour les moins fortunés, triplant ainsi presque sa population. Le sénateur Gerald Cardinale a déclaré à propos des juges : “Ils pensent, comme tous les planificateurs sociaux, que leur vision de la société est supérieure à celle des autres. La Cour est en train de détruire le processus démocratique”. Depuis des années, la Cour suprême du New Jersey est dirigée par le président de la Cour suprême, Robert Wilentz, héritier du pouvoir politique exercé par son père, député démocrate et militant du B’nai B’rith. David Wilentz avait poursuivi Bruno Hauptmann dans l’affaire de l’enlèvement de Lindbergh. Comme l’a révélé Anthony Scaduto dans son livre révolutionnaire “Scapegoat”, Wilentz n’avait jamais jugé une affaire criminelle de quelque nature que ce soit ; il avait été nommé procureur général par le gouverneur Harry Moore en guise de récompense politique pour avoir fait basculer le soutien du pouvoir maçonnique du B’nai B’rith vers la campagne de Moore.

Wilentz est déterminé à faire condamner Hauptmann, malgré l’absence de preuves. Il a réuni un groupe de témoins prêts à se parjurer, étayant leur incroyable témoignage par des “preuves” grossièrement fabriquées. Le principal témoin de Wilentz était Amandus Hochmuth, âgé de 87 ans, qui a déclaré que Hauptmann l'avait abordé en voiture le jour de l'enlèvement et lui avait demandé comment se rendre à la résidence des Lindbergh. Les dossiers de la sécurité sociale ont prouvé que Hochmuth n'était pas seulement aveugle à cause de la cataracte, mais qu'il était aussi désespérément sénile. Wilentz a également caché au jury le livre de paie de Reliance Property Mgmt. qui prouvait qu'au moment de l'enlèvement, Hauptmann travaillait à New York ! Lorsque J. Edgar Hoover fut informé des activités de Wilentz, il ordonna avec indignation à tous les agents du FBI de se retirer de l'affaire. Il refusait que le travail du Bureau soit contaminé par un parjure aussi grossier ; Hoover s'attendait également à ce que le toit s'écroule sur Wilentz lorsque sa conspiration serait dévoilée. Hoover fit remarquer à son associé, Clyde Tolson : "Je ne sais pas si Hauptmann ira un jour en prison, mais je suis sacrément sûr que Wilentz y ira". En effet, avec la puissance du B'nai B'rith derrière lui, Wilentz réussit à faire condamner Hauptmann et à le faire électrocuter. Pendant des années, sa veuve, Anna Hauptmann, s'est efforcée de faire éclater au grand jour cette machination, mais elle s'est heurtée à la raillerie des pouvoirs bien établis des médias et du système judiciaire.

Wilentz illustre l'arrogance débridée des magistrats qui exercent quotidiennement leur pouvoir dans nos tribunaux. L'Associated Press a noté le 29 décembre 1988 qu'un juge de Ft. Lauderdale, J. Leonard Fleet, condamne régulièrement les avocats qui lui déplaisent ou qui sont en retard au tribunal, ou même si leur mode vestimentaire l'offusque. Il leur ordonne de se rendre dans un supermarché et d'acheter de la nourriture pour les pauvres. Là encore, il s'agit d'activisme social qui n'a rien à voir avec l'administration de la justice. Cependant, c'est typique du viol de la justice.

Le Portland Me. Press Herald a récemment dénoncé la pratique selon laquelle les juges fédéraux à la retraite perçoivent leur plein salaire, même s'ils n'instruisent plus d'affaires. Il a cité l'ancien président de la Cour suprême, Warren Burger, qui reçoit 115 000 dollars par an. L'éditorial note que vingt pour cent de tous les juges seniors perçoivent un salaire complet, même s'ils ne travaillent pas. Cependant, au vu des actes de tyrannie judiciaire omniprésents, il serait peut-être préférable de les mettre tous à la retraite. L'affaire Yonkers, qui a fait la une de la presse quotidienne tout au long de l'année 1988, est caractéristique de la dictature judiciaire qui terrifie aujourd'hui nos concitoyens. Le juge fédéral

Leonard Sand a personnellement décidé que la ville de Yonkers, la quatrième ville de New York, ne faisait pas assez pour "éliminer la discrimination raciale". Il a ordonné à la ville de construire mille nouveaux logements pour les Noirs dans des quartiers résidentiels où une intégration raciale substantielle avait eu lieu. Les habitants s'étant opposés à cet ordre, il a imposé des amendes de 500 dollars par jour à trois conseillers municipaux de Yonkers et une amende d'un million de dollars par jour à la ville elle-même. Le juge résidait à Chappaqua, une riche banlieue blanche au nord de Yonkers. Le chroniqueur Pat Buchanan a écrit,

> "Ce qui se passe à Yonkers est un scandale. Un dictateur en robe noire, formé à Harvard et élu par personne, ordonne à la quatrième ville de New York, contre la volonté de sa population et de ses élus, de dépenser des millions de dollars d'impôts pour construire des logements sociaux dont elle ne veut pas et dont elle n'a pas besoin, dans des zones que Sand seul déterminera. Si Yonkers refuse, le juge détruira la ville financièrement et emprisonnera ses élus. Quelqu'un peut-il m'expliquer ce que George III a fait à nos ancêtres pour que cela soit comparable ?

Les troupes britanniques qui auraient tenté d'appliquer un décret aussi dictatorial que celui du juge Sand se seraient heurtées à une rébellion armée. L'explication cachée de l'action du juge Sand, comme l'a expliqué le présent auteur dans *The World Order*, est que chaque fonctionnaire a pour objectif secret d'aggraver et d'augmenter les tensions raciales par tous les moyens possibles, afin de provoquer un conflit enragé et de fournir l'excuse pour une répression gouvernementale active contre tous les groupes. Les minorités continuent d'être des pions impuissants dans ce programme évident mais jamais ouvertement déclaré.

La Cour Suprême a de nouveau rendu la population folle de rage en approuvant, le 4 juillet, la profanation du drapeau. Un certain Joey Johnson, un New-Yorkais qui se fait l'écho des principes les plus rigoureux du léninisme, a déclaré que "le drapeau est un symbole d'oppression, de meurtre international et de pillage d'un empire malade et mourant". Il a ensuite été arrêté au Texas pour avoir brûlé publiquement le drapeau. La Cour suprême, dans l'affaire Texas v. Johnson, a statué à 5 contre 4 que brûler le drapeau était un exercice de liberté d'expression protégé par le premier amendement en tant que déclaration politique. La première page du *Washington Post* titrait : "La Cour annule la loi sur la profanation du drapeau". Juste en dessous se trouvait un autre article de fond, "Les États-Unis soviétiques deviennent des partenaires". La majorité des juges a décidé que la condamnation pour outrage au drapeau n'était pas conforme au premier amendement. Le juge Stevens a exprimé son désaccord : "La valeur du drapeau en tant que symbole ne peut être mesurée. La Cour a donc tout à fait tort". Le président de la Cour suprême, M. Rehnquist, a déclaré : "La valeur du drapeau en tant que symbole ne peut être mesurée,

> "Le drapeau est devenu le symbole visible de notre nation. Des millions d'Américains le considèrent avec une vénération quasi mystique, quelles que soient leurs croyances sociales, politiques ou philosophiques".

Pat Buchanan a écrit une autre chronique cinglante sur la décision relative à l'autodafé des drapeaux. Le 6 juillet 1989, il a déclaré

> "Depuis 30 ans, une cour despotique inscrit dans notre Constitution et notre droit sa propre idéologie aride, ses propres préjugés, sa propre vision de la manière dont une société rationnelle devrait se gouverner, rejetant comme autant de déchets les sentiments, les traditions et les croyances les plus profonds du peuple américain, toute la sagesse accumulée par la race Un peuple majoritairement chrétien s'est vu imposer un concept étranger et laïc de la bonne société.
>
> ... L'Amérique d'aujourd'hui est composée de deux pays, dont les valeurs s'opposent. Là où ils célèbrent la dissidence tapageuse, nous la tolérons. Là où ils pensent que le marché des idées doit rester ouvert à tous les sentiments, aussi pernicieux, séditieux ou dégoûtants soient-ils, nous pensons qu'il y a des limites à la toxicité de la pollution morale qu'une République démocratique peut supporter Nous avons eu assez de lois élaborées par les juges".

CHAPITRE 6

LE TRIBUNAL COMME ARÈNE

Selon la légende, la “cour” désignait à l’origine la cour du palais du roi Salomon, où les litiges étaient entendus lorsque le temps le permettait. À l’époque médiévale, la “cour” était la cour de la volaille, où les poulets pouvaient courir librement et picorer des vers. 1377 Lengl. P.P.O.B. vx 466 “Just as Capones in a court come to mannes whistlynge”. La cour désignait également les enceintes qui entouraient le tabernacle juif. Plus tard, elle a été désignée comme l’endroit où le souverain ou un autre haut dignitaire résidait et tenait sa cour, accompagné de sa suite. 1480 Caxton Descr. Eng. 17, “Les messagers de Rome sont venus à la cour du grand Arthur”.

Le tribunal est l’arène où se déroule la procédure civile. La base de toute la procédure civile aux États-Unis est l’application implacable de l’ancienne maxime juridique : “Faire frire le cochon dans sa propre graisse”. Cela signifie que les parties à un litige sont manœuvrées par leurs avocats et par les ordres du juge pour entrer dans la poêle et grésiller jusqu’à ce qu’elles soient réduites à un tas d’os. La graisse rendue est ensuite répartie entre les avocats avares et les autorités judiciaires participantes. Si vous êtes un citoyen américain dont la fortune personnelle s’élève à quelque 300 000 dollars, vous pouvez décider d’engager un procès pour recouvrer une dette, des dommages-intérêts à la suite d’une blessure ou tout autre paiement auquel vous estimez avoir légalement droit. Jusqu’à ce qu’ils s’enfoncent dans les sables mouvants, la plupart des Américains considèrent les litiges comme une affaire relativement simple. Ils engagent un avocat moyennant des honoraires raisonnables, celui-ci présente les faits à un juge, éventuellement devant un jury ; la partie adverse expose sa version des faits et une décision est rendue, assortie d’une injonction de payer. L’avocat déduit alors ses honoraires et le justiciable rentre chez lui avec sa collection.

Le résultat habituel est très éloigné de ces développements. Au lieu de percevoir ce qui lui est dû, le citoyen possédant 300 000 dollars de biens personnels peut découvrir que non seulement sa valeur nette a disparu, mais qu'il doit maintenant à son avocat 50 000 dollars supplémentaires, plus les demandes reconventionnelles formulées à son encontre par la partie adverse, qui ont été acceptées par le tribunal, et qu'à l'heure actuelle même, des fonctionnaires sont en route pour son domicile afin de l'expulser. S'agit-il de justice ? Bien sûr que non. C'est le droit commercial en action, dans lequel toutes les réalités juridiques sont transformées en fictions juridiques. À tout moment au cours d'un litige, un plaignant peut se voir infliger des amendes mineures, des peines de prison arbitraires et d'autres malheurs, tandis que son objectif initial, à savoir percevoir les sommes qui lui sont dues, s'éloigne dans le temps et ne sera jamais réalisé.

Les premières incursions du présent auteur dans nos salles de justice, il y a une quarantaine d'années, ont été marquées par une ignorance totale des détails de la procédure judiciaire. Comme la plupart des Américains, je supposais naïvement que si vous aviez un grief, vous alliez au tribunal, exposiez votre grief et la partie adverse présentait une réfutation. Le juge impartial, après avoir écouté attentivement les deux parties, rendait alors un verdict équitable. Fin de l'affaire. La réalité s'est avérée bien différente, à tel point que je suis devenu un habitué des palais de justice pendant une quarantaine d'années, non pas parce que je cherchais à me divertir, mais parce que j'y retournais sans cesse pour voir quel nouvel outrage allait être perpétré à mon encontre. Mon premier juge, dont j'ai appris plus tard qu'il n'avait jamais rendu un verdict impartial de toute sa carrière, éteignait fréquemment son appareil auditif et restait assis dans un silence béat pendant que les avocats en sueur (c'était avant l'ère des salles d'audience climatisées) s'efforçaient de prononcer chaque mot, dans l'espoir de faire bonne impression sur Son Honneur. J'ai également appris que le juge n'avait pas vraiment besoin d'écouter les témoignages car, dans la grande majorité des cas, sa décision avait été prise bien avant que l'affaire ne soit jugée. Il n'avait donc aucune raison de s'encombrer de l'ennuyeuse corvée d'écouter des jours et des heures de témoignages contradictoires et souvent mensongers.

J'ai également appris rapidement que les avocats, dans la plupart des cas, n'avaient aucunement l'intention de voir mes plaintes aboutir à un procès. Leurs manœuvres juridiques visaient uniquement à se débarrasser de moi, un objectif auquel le juge souscrivait sans réserve. En tant que personne se représentant elle-même, sur des bases constitutionnelles, je représentais une menace pour la base économique de tous les membres de la profession juridique. Quatre-vingt-dix pour cent des affaires entendues dans nos tribunaux pourraient être présentées sans la présence d'un avocat. Le virus de l'avocat pro se est le sida de la profession juridique, qui pourrait décimer ses rangs.

Dans ma première affaire, chaque fois que je me présentais au tribunal, ce qui n'était pas sans inconvénient puisque je résidais alors dans un autre État, les avocats de la partie adverse manifestaient d'abord leur surprise, puis leur désapprobation à l'idée que j'étais arrivé. Ils demandaient immédiatement un nouveau report. Une fois que j'avais quitté l'État, ils s'empressaient de reprogrammer une autre audience, espérant que je ne pourrais pas revenir. Cette mascarade a duré plusieurs années et a finalement été rejetée pour cause de prescription.

Les mystères de la procédure civile, qui à l'époque semblaient constituer un code impénétrable, m'ont finalement été dévoilés par l'un des cabinets d'avocats les plus compétents de l'État. J'avais poursuivi un homme qui avait tenté de me tuer (voir chap. L'étrange cas du conducteur schizophrène). Comme il conduisait illégalement, il fallait m'empêcher de porter l'affaire devant les tribunaux. Les membres du cabinet s'attendaient à me faire la courte échelle, mais comme l'auteur du délit était un commerçant important, l'associé principal du cabinet s'est personnellement chargé de l'affaire. Il a commencé sa campagne en posant cinquante-neuf questions inquisitoriales, la première série d'interrogatoires, supposant que soit je refuserais d'y répondre et que je les rejetterais, ce qui me débarrasserait de l'affaire, soit je m'embrouillerais dans mes réponses à tel point qu'il pourrait faire classer l'affaire. Dans la plupart des cas, les interrogatoires, auxquels on répond sous serment, ne peuvent être traités qu'en concertation avec l'avocat. On ne peut guère attendre d'un profane qu'il y réponde sans creuser un trou profond dans son dossier. Le refus de répondre signifie que les avocats de la partie adverse comparaissent devant le tribunal et demandent le rejet de l'affaire par défaut. Les juges accordent toujours un rejet par défaut comme méthode rapide pour se débarrasser d'un avocat pro se odieux.

Rédacteur infatigable, j'ai répondu aux interrogatoires par quelque quatre-vingts pages de réponses, profitant de l'occasion pour interpoler de nombreux événements de ma carrière afin d'illustrer les points que je soulevais. Il s'ensuivit un nouvel imbroglio en chambre. Cette affaire a duré environ trois ans, au cours desquels les avocats très bien payés ont essayé toutes les astuces de leur répertoire. Le résultat fut que j'ai reçu un cours avancé de procédure civile qu'aucune école de droit n'aurait pu me donner.

Après quarante ans, j'ai analysé le processus de la procédure civile, en le réduisant à trois points qui ne doivent jamais être ignorés ; 1. Répondez à tout. 2. Nier tout. 3. Répondre à temps. Le refus de répondre à une enquête préalable au procès, aussi intrusive soit-elle, est considéré par l'adversaire comme un motif de rejet, que le juge accepte généralement. Les interrogatoires, les demandes d'admission et les dépositions sont les trois vaches sacrées de la communication préalable au procès. Bien que je n'aie jamais manqué d'y répondre, j'ai toujours déposé, lorsque j'ai reçu des demandes pour ces procédures, des requêtes pour annuler les interrogatoires, des requêtes pour refuser les dépositions et des requêtes pour refuser les demandes d'admission. Cela obligeait les avocats de la partie adverse (j'étais toujours confronté à au moins deux, parfois trois ou quatre, avocats à chaque session) à aller devant le tribunal et à demander une ordonnance. Le juge a semblé surpris par ces requêtes de ma part, car l'enquête préalable au procès est le pain et le beurre de la profession d'avocat. Dans tous les cas, le juge a rendu une ordonnance stipulant que je devais répondre à la procédure de pre-trial discovery. Cependant, mes requêtes reportaient généralement les séances de plusieurs mois, ce qui alourdissait le compteur de l'avocat de la partie adverse, alors que mon compteur consistait uniquement à allumer ma machine à écrire électrique.

J'ai à plusieurs reprises déposé des objections à la communication préalable des pièces, en soulignant, avec justesse de ma part, que cela signifiait que l'avocat de la partie adverse plaidait tout simplement l'affaire lui-même, sans la présence d'un juge ou d'un jury. L'avocat procède à de longs interrogatoires sous serment, dans le cadre d'une procédure qui vise uniquement à harceler l'autre partie, à lui imposer de lourdes dépenses et, avec un peu de chance, à l'affaiblir physiquement au point qu'elle ne se rende plus compte de ce qu'elle dit. Il est alors probable qu'il fasse une déclaration qui détruira l'ensemble de son dossier. Ce sont les mêmes principes de l'Inquisition espagnole qui sont utilisés par l'Internal Revenue Service et par d'autres agences gouvernementales. Vous êtes soumis au troisième degré jusqu'à ce que vous avouiez, que vous ayez tort ou non. L'abus de cette procédure prouve qu'il s'agit d'une violation flagrante de l'interdiction constitutionnelle des bills of attainder. L'objectif de l'enquête préalable au procès est de vous soumettre à un acte d'accusation ordonné par le tribunal, de sorte que vous deviez vous "souiller", faire un aveu préjudiciable et témoigner contre vous-même en violation du cinquième amendement contre l'auto-incrimination. Ah, dit le juriste, mais vous parlez de procédure civile ; le cinquième amendement ne concerne que la procédure pénale dans laquelle un citoyen accusé d'un crime est protégé contre l'auto-incrimination. Toutefois, si le cinquième amendement protège une personne contre le fait de témoigner contre elle-même dans le cadre d'une accusation pénale, il est tout aussi constitutionnel que la même protection soit étendue à un citoyen témoignant dans le cadre d'une affaire civile. Le cinquième amendement précise que "nul ne peut être contraint, en matière pénale, à témoigner contre lui-même". Cet amendement prévoit une protection spécifique contre l'auto-incrimination ; il ne stipule pas qu'un citoyen peut être contraint de témoigner contre lui-même dans une action civile, bien que son libellé ne mentionne dans ce cas que les affaires pénales.

Art. I, sec. 10 stipule expressément qu'"aucun État n'adoptera de loi d'exécution". Pourtant, des juges de l'État ont à plusieurs reprises, sur une période de quarante ans, rendu des ordonnances m'obligeant à me soumettre à une enquête inquisitoire préalable au procès dans le seul but de m'atteindre, moi et ma plainte, dans le cadre d'une flagrante loi d'exécution. Les juges peuvent agir de la sorte parce qu'ils président un tribunal de l'Amirauté et que la loi sur les marchands n'interdit pas les bills of attainder. Dans le cadre d'une procédure d'amirauté, un citoyen américain ne bénéficie d'aucune garantie constitutionnelle, c'est pourquoi les juges ont librement accordé des mandats d'arrêt à mon encontre. Le quatrième amendement garantit "le droit du peuple à la sûreté de sa personne, de son domicile, de ses papiers et de ses effets, contre les perquisitions et les saisies abusives". Pourtant, on m'a ordonné à plusieurs reprises de remettre à l'avocat adverse tous mes papiers personnels, mes photographies, mes documents financiers, mes formulaires fiscaux pour des périodes allant de vingt à trente-cinq ans, afin qu'il puisse trouver des éléments préjudiciables à utiliser contre moi dans le cadre de la procédure d'auto-incrimination. En vertu de la loi sur les marchands, les juges ont utilisé la procédure d'amirauté pour m'ordonner de "me tenir et me livrer", selon l'expression consacrée des voleurs de grand chemin britanniques, me forçant ainsi à remettre mes biens aux bandits.

Les trois principes que j'ai développés sous le nom de "loi de Mullins" méritent d'être développés. Le premier, "Répondre à tout", signifie précisément cela. Le refus de répondre signifie un rejet de votre affaire et des sanctions, tant financières que pénitentiaires, seront prises à votre encontre. Or, en me représentant moi-même, j'ai constaté que les parties adverses refusaient presque systématiquement de répondre à mes interrogatoires, ou marquaient chaque question d'un "Non pertinent" ; leur avocat avait préalablement obtenu du juge la garantie que, parce que j'étais un avocat pro se, aucune sanction ne serait prononcée à l'encontre de son client. Il s'agit toutefois d'une esquive flagrante que vous ne devez jamais utiliser lorsque vous vous représentez vous-même, car des sanctions seront prises à votre encontre. Si vous n'aimez pas la question, par exemple "Quelle est la couleur de vos cheveux ?", vous pouvez répondre "Même mon coiffeur n'en est pas sûr", et expliquer longuement pourquoi votre grand-père a quitté le vieux pays et pourquoi l'agriculture familiale a perdu de son attrait ces dernières années. La réponse ne doit pas dépasser 1 500 mots.

La deuxième maxime, "Tout nier", est plus cruciale. Peu d'Américains savent que notre système judiciaire fonctionne sur la base d'une duplicité totale. Tout dans le processus judiciaire est conçu pour tromper l'adversaire. Vous ne voyez peut-être aucun inconvénient à répondre à une question par une réponse directe qui ne met apparemment pas en péril votre dossier, mais l'avocat finira par l'utiliser contre vous. N'avouez que votre nom.

Le troisième principe, répondre à temps, fait également partie du bourbier juridique. Un jour de retard signifie que vous n'avez plus rien à faire dans votre affaire. La plupart des Américains supposent qu'un juge sera indulgent et autorisera un jour de retard dans la réponse. Cela ne se produira jamais si vous vous représentez vous-même, bien que les juges aient l'habitude d'accorder toutes sortes de délais à leurs confrères. La moindre erreur de la part d'un avocat pro-se fera tomber le juge contre lui, qui rejettera sa plainte. Malgré tous les efforts de leurs secrétaires, les avocats ne répondent souvent pas à temps, parce qu'ils sont par nature paresseux et désœuvrés. Dans les villes où une fraternité maçonnique confortable crée un lien entre le juge et l'avocat, de tels manquements peuvent entraîner une légère réprimande, voire aucune. Les avocats sont également souvent en retard pour plaider des requêtes ou pour comparaître devant le tribunal, et parfois ne se présentent pas du tout. Là encore, le juge se contente généralement d'un léger amusement ou d'un geste d'indulgence. Dans les mêmes cas, les avocats pro se voient généralement leur affaire rejetée d'emblée.

Le problème de l'utilisation de la désignation "avocat pro se", que le présent auteur utilise depuis de nombreuses années, est qu'elle est définie dans le Black's Law Dictionary comme "For Himself" (pour lui-même), ce qui pourrait signifier qu'il se présente en tant qu'autre personne qui se présente "pour lui-même". Le Black's Law Dictionary le définit également comme "en personne", ce qui semble adéquat. Les puristes préfèrent l'appellation "In Propria Personae" qui, selon le Black's, signifie "En sa propre personne". Dans les deux cas, vous devenez l'avocat attitré. Quel que soit le nom que vous utilisez, votre principal problème n'est pas le nom que vous vous donnez, mais le fait que vous comparaissez devant un tribunal d'amirauté qui vous refuse la protection de la Constitution.

La profession juridique a mis en place des normes de protection généreuses pour celui qui souhaite se représenter lui-même. The Standards Relating to Trial Courts, American Bar Assn Commission on Standards of Judicial Administration, 1976, sec. 2.23. Conduite des affaires dans lesquelles le plaideur a comparu sans avocat.

> "Lorsqu'un plaideur entreprend de se représenter lui-même, le tribunal doit prendre toutes les mesures raisonnables et nécessaires pour assurer un procès équitable.

Je n'ai jamais rencontré de juge ou d'avocat ayant lu cette recommandation.

Le 27 mai 1977, le président de la Cour suprême Warren Burger s'est adressé à l'American Bar Association,

> "Dans les tribunaux fédéraux, le droit à l'autoreprésentation est protégé par la loi depuis les débuts de notre nation. La section 35 du Judiciary Act de 1789, 1 Stat. 73, 92, adoptée par le premier Congrès et signée par le président Washington, un jour

> avant que le cinquième amendement ne soit proposé, prévoit que dans tous les tribunaux des États-Unis, les parties peuvent plaider et gérer leurs propres causes, personnellement ou avec l'assistance d'un avocat. Ce droit est actuellement codifié dans la section 1654 du 28 USC".

Les décisions de la cour d'amirauté vont souvent à l'encontre du bon sens, ainsi que de la loi, en raison des ravages créés par des pronunciamentos judiciaires illogiques dont le but réel fait partie du programme du gouvernement caché. Ainsi, le juge Charles Wohlstetter, président de Contel Corp. décrit le démantèlement judiciaire d'American Telephone and Telegraph comme "probablement la décision la plus stupide et la plus dommageable qui ait jamais été prise dans l'histoire des affaires dans n'importe quel pays". Il a été suggéré que le prestige de l'Union soviétique était constamment affecté par son système téléphonique arriéré, alors que les États-Unis disposaient du meilleur système téléphonique au monde. La décision judiciaire a été que nous devions abandonner notre système téléphonique qui fonctionnait bien parce qu'il s'agissait d'un "monopole" et le diviser en petites unités inefficaces qui, espérons-le, seraient aussi inefficaces et arriérées que le système téléphonique soviétique. De nombreux clients mécontents pensent que cet objectif a été atteint.

La Constitution stipule clairement, Art. 1, Sc. 10, qu'"aucun État n'adoptera de loi portant atteinte à l'obligation des contrats". Pourquoi était-il nécessaire d'inscrire cette interdiction dans la Constitution ? Pour "promouvoir le bien-être général" grâce à la stabilité des entreprises. Cependant, l'école libérale holmésienne prétend aujourd'hui que les contrats ne sont que des mots, qui peuvent signifier ce que l'on veut, et qu'ils ne peuvent donc pas être respectés. En 1968, la Cour suprême de Californie a statué dans l'affaire Pacific Gas & Electric vs. G. W. Thomas Drayage & Rigging que même si un contrat contenait une clause d'indemnisation claire, les mots ne réglaient pas la question. Le Chief Justice Traynor a rejeté la notion de common law selon laquelle les parties doivent être libres de négocier entre elles, en observant que les individus peuvent utiliser des mots, c'est-à-dire des contrats, pour répartir les risques et les bénéfices, est un vieux point de vue qui est "un vestige d'une foi primitive dans le pouvoir inhérent et la signification inhérente des mots. Les mots, cependant, n'ont pas de référents absolus et constants".

En tant qu'artisan des mots depuis toujours, j'utilise des mots pour communiquer certains faits. Dans un contrat, les mots définissent les obligations des parties. On pourrait supposer que cela suffirait même pour un tribunal d'amirauté, mais le droit commercial s'est maintenant engagé sur une toute nouvelle voie, guidée par le libéralisme holmésien, selon lequel de simples mots ne définissent pas les dispositions d'un contrat, parce qu'ils sont des vestiges pathétiques du primitivisme. Le juge Traynor a en fait cité, à l'appui de son opinion, des preuves sémantiques et anthropologiques selon lesquelles seuls les primitifs attribuent aux mots une signification contraignante. Le système élaboré de tabous et d'interdictions verbales dans les groupes primitifs, les noms totémiques et protecteurs dans les langues turques et finno-ougriennes du Moyen-Âge, les échantillons verbaux mal placés des Presieuses, la coutume paysanne suédoise consistant à guérir le bétail malade frappé par la sorcellerie en lui faisant avaler une page tirée du psautier et mise dans de la pâte à pain". "Le *Wall Street Journal* parle d'une "preuve juridique à l'emporte-pièce". La prochaine étape consistera peut-être à faire mâcher et avaler à un accusé ses propres aveux, qui, après tout, ne sont que des mots. Le Journal cite cette décision comme une évolution dangereuse du droit des contrats, notant que "l'affaire Pennzoil v. Texaco a fait comprendre aux investisseurs du monde entier que tout pouvait arriver dans une salle d'audience du Texas". Le problème ne se limite pas au Texas. Le présent auteur compare depuis des années la procédure civile américaine à la roulette russe. Vous entrez dans la salle d'audience, l'avocat vous tend un pistolet chargé après avoir fait tourner le barillet, vous le mettez sur votre tête et vous appuyez sur la gâchette. Tel est notre système juridique.

Aujourd'hui, les avocats se présentent devant les tribunaux pour obtenir d'énormes indemnités pour des découvertes juridiques telles que le "syndrome de stress post-traumatique", qui a été défini dans le manuel de l'American Psychiatric Assn en 1980 et qui a donné lieu à des milliers de procès lucratifs. Il a été affiné pour englober de nombreux cas de stress plus spécifiques — le syndrome de la femme battue, le syndrome du viol, le syndrome de l'enfant maltraité, le syndrome post-avortement, le syndrome de l'artefact d'oppression, qui a été inventé pour les Noirs comme une nouvelle version du vaudou juridique, et le trouble de la victimisation. La communauté homosexuelle a fait pression avec succès sur l'American Psychiatric Assn pour qu'elle retire l'homosexualité de son Manuel diagnostique et statistique, où elle avait été conservée pendant de nombreuses années comme base rentable pour recruter des clients dans la communauté homosexuelle ; elle est désormais contenue dans une annexe indépendante. Vous avez peut-être négligé le fait que vous pourriez être victime d'un trouble paraphilique coercitif — quelqu'un vous a-t-il déjà ordonné de faire quelque chose ? Consultez votre avocat. La véritable mine d'or a été trouvée dans les procès pour discrimination sexuelle intentés contre des entreprises ; si vous ne pouvez pas prouver qu'il y a eu discrimination sexuelle, vous devrez peut-être vous rabattre sur une plainte infaillible, le harcèlement sexuel. Lorsque votre patron vous a souri ce matin, il se peut qu'il ait en fait ri — cela vous coûtera au moins 300 000 dollars, entre les mains d'un bon avocat. Ces stimulations de l'imagination juridique sont le fruit de la libéralisation des programmes d'études des facultés de droit. Adieu aux Commentaires de Kent et à la Constitution. Coke et Blackstone ont disparu depuis de nombreuses années. Les programmes mettent désormais l'accent sur le droit des contrats et la formation des marchands de droit. Parmi les offres plus ésotériques, citons la "pensée juridique féministe" à la très réputée faculté de droit de l'université de Virginie, qui a formé Robert et Teddy Kennedy, ainsi que le droit des relations raciales et le droit des réfugiés. L'école de droit de l'université de Géorgie propose trois heures de droit de l'amirauté ; les écoles de droit proposent généralement des cours approfondis sur l'impôt fédéral sur les successions, les trusts et d'autres développements de l'État droit commercial.

Nous oublions peut-être que la République des États-Unis d'Amérique a été fondée par des réfugiés qui fuyaient précisément ce type de dictature légale en Europe. Les individus d'Europe du Nord qui étaient nés dans la catégorie des citoyens aptes et capables étaient persécutés et tués par le nombre croissant d'inaptes, incapables de rivaliser. Ils se sont donc réunis dans des conspirations secrètes et ont utilisé leur pouvoir combiné pour exterminer leurs concurrents aptes. Le fait que l'extermination ou l'expulsion des aptes ait causé des ravages dans la nation et ruiné l'économie était moins important que l'objectif de promouvoir la survie des inaptes.

Ne cherchant pas à se venger de leurs ennemis, les aptes émigrèrent en Amérique, souhaitant seulement s'échapper et, dans une certaine mesure, interdire aux inaptes de les poursuivre jusqu'à ces rivages. Les "fit" ont élaboré une formule d'autonomie qu'ils ont appelée “Constitution”. Ce document remarquable n’était pas simplement une demande de protection, au sens juridique du terme, mais une résolution contraignante par laquelle ils s’engageaient à se protéger et à protéger leurs descendants de la férocité et de l’impitoyabilité des inaptes. Un système d’autonomie républicaine a été conçu, qui proscrivait soigneusement les machinations des inaptes et exigeait la protection des aptes contre cet ennemi dévoué. Pour s’assurer que les inaptes ne pourraient jamais utiliser les pouvoirs du gouvernement contre les aptes, les fondateurs ont puisé dans les plus grandes traditions de la civilisation occidentale, choisissant les dispositions les plus admirables des lois grecques, romaines et anglaises. Ils ont divisé le gouvernement en trois compartiments, afin d’empêcher tout département d’établir un pouvoir dictatorial. Cette république constitutionnelle était divisée entre le législatif, l’exécutif et le judiciaire. Dès le départ, le pouvoir judiciaire a été considéré comme le moins puissant et le moins impliqué dans les processus de gouvernement. Il existait en tant qu’arbitre potentiel si l’exécutif ou le législatif tentaient d’exercer un pouvoir excessif. D’après la Constitution, le pouvoir judiciaire n’était censé ni faire la loi ni l’exécuter. Ce système tripartite était conçu, comme le Titanic, pour maintenir à flot un ou plusieurs compartiments, même si l’un d’entre eux était frappé par une catastrophe.

Les fondateurs ont cherché à se protéger contre une répétition de leurs expériences malheureuses avec les bandes de la noblesse noire en Europe, qui étaient devenues les champions des inaptes sur les listes ; ils ont donc essayé de limiter le pouvoir excessif de l’exécutif, en faisant du président une sorte de figure de proue, et en comptant sur le pouvoir législatif, plus représentatif, pour faire preuve de retenue dans la gestion des affaires publiques. Le résultat est que nous voyons un Congrès impérial mener des procès politiques sans que le pouvoir judiciaire, dont les pouvoirs semblent avoir été usurpés, n’y trouve à redire. Le pouvoir judiciaire ne s’y oppose pas parce qu’il s’est réservé des pouvoirs véritablement despotiques. Vous vous inquiétez de la criminalité, de la violence et de la drogue dans l’école de votre enfant ? Le pouvoir judiciaire ne vous laissera rien faire. Si les citoyens protestent contre les conditions de vie dans leurs écoles, le pouvoir judiciaire intervient et prend le contrôle des écoles. Êtes-vous favorable aux manifestations religieuses publiques ? Le pouvoir judiciaire interdit ces manifestations, même si, en tant que citoyen américain, vous disposez d'un droit de propriété direct dans tous les lieux publics.

Cependant, le véritable despotisme du pouvoir judiciaire a été atteint par sa destruction continue et furtive de la Constitution et son remplacement par le véhicule dictatorial de la noblesse noire, la cour d'amirauté, qui a été engendrée par l'affrètement de la Banque d'Angleterre, son empire mondial d'espionnage, le Secret Intelligence Service, et par ses énormes profits tirés du commerce des esclaves et de la drogue. Parce que les juges ne permettent plus à la Constitution de jouer un rôle dans leurs décisions, leur réaction à l'introduction d'arguments constitutionnels dans les tribunaux va de la dérision à la colère. Certains juges autorisent l'introduction d'arguments constitutionnels, sachant qu'ils n'affecteront pas la décision. D'autres juges s'insurgent contre toute référence à la Constitution, qu'ils considèrent comme un affront direct à la procédure d'amirauté de leur tribunal. La situation reste cachée aux citoyens américains, car les médias n'ont pas le droit de mentionner les questions constitutionnelles. Au lieu de cela, nous avons droit à d'interminables histoires désolantes sur un chien à trois pattes en Finlande ou sur un paraplégique en Nouvelle-Zélande qui s'est mis au patinage sur glace. Se complaire dans la "compassion" et la "sollicitude" est désormais le substitut d'une préoccupation responsable pour le sort de notre nation.

L'évolution tragique des Américains qui ont été privés de leur Constitution est due au fait que la noblesse noire a très tôt remarqué le talon d'Achille de notre système constitutionnel, à savoir le pouvoir de contrôle judiciaire. L'"intention originelle" de la Constitution était qu'aucune branche du gouvernement ne puisse exercer un pouvoir totalitaire sur les deux autres branches ou sur le peuple américain. Cette intention initiale a été subvertie en remplaçant le droit constitutionnel par le droit marchand. Le système jeffersonien d'équilibre des pouvoirs inscrit dans notre Constitution interdit à une branche du gouvernement de dominer les autres branches. Cependant, le droit commercial permet au pouvoir judiciaire d'émettre des édits impériaux selon lesquels personne, même le président, n'est "au-dessus de la loi". Le pouvoir judiciaire évite habilement de mentionner que "la loi" à laquelle il se réfère est le décret absolu du droit commercial, ou que les agents fédéraux qui se présentent sur le pas de votre porte ont été envoyés là en violation flagrante de la Constitution, mais sur commission directe du tribunal d'amirauté.

Cette mascarade ne peut réussir que si vous, les citoyens, ne savez pas ce qui se passe. Pour ceux qui s'informent, la porte est ouverte pour qu'ils puissent exercer leurs droits constitutionnels en tant que citoyens américains. Andrew Melechinsky est depuis longtemps actif sur les listes avec son Mouvement de renaissance constitutionnelle à Fairfield, Conn. Lorsque des hommes de main du gouvernement ont intenté un procès contre lui, Melechinsky a répondu par une déclaration sous serment dans le registre foncier d'Enfield, v. 582, p. 1036, dont il a envoyé une copie à ses accusateurs. Il évite ainsi de donner compétence au tribunal d'amirauté en comparaissant et en plaidant. Melechinsky a déposé un "avis de renonciation à la compétence illégale en matière d'équité" : "Le soussigné, Andrew Melechinsky, n'est pas sous la juridiction de l'IRS. Il n'a aucun lien avec l'IRS. Aucun jury n'a jamais trouvé de cause probable. Aucun jury n'a jamais déclaré de responsabilité." Melechinsky cite ensuite sa personne, ses biens, ses livres et ses dossiers qui sont privés, protégés et garantis par les quatrième et dixième amendements. Il déclare : "1demandons à un tribunal (par opposition à l'équité), à un juge neutre et à un jury de causes probables de décider s'il y a ou non lieu d'intenter une action contre moi Le personnel fédéral, dans sa capacité officielle, peut être poursuivi en dommages-intérêts par une personne lésée par un décret d'équité illégal. Ceci est une mise en demeure ; gouvernez-vous en conséquence" signé, Andrew Melechinsky ; notarié.

Dans une affaire où il a été agressé par un adjoint, Melechinsky a déposé un recours en incompétence ; le juge a ensuite plaidé en dépit de ses objections. Melechinsky a ensuite déposé une REPUDIATION OF USURPATION OF JURISDICTION AND ADDITIONAL COUNTER COMPLAINT AND CLAIM FOR DAMAGES (REPUDIATION DE L'USURPATION DE JURISDICTION ET DEMANDE DE DOMMAGES-INTÉRÊTS SUPPLÉMENTAIRES).

Le juge l'a rejetée. Un autre juge (Noren) s'est suicidé après avoir enfermé Melechinsky pour avoir exercé son droit de garder le silence. Si davantage de citoyens pouvaient suivre l'exemple de Melechinsky, nous pourrions assister à une vague de suicides parmi les fonctionnaires corrompus du système judiciaire. Leurs pouvoirs ne peuvent être exercés que dans le royaume des ténèbres. La lumière les détruira.

Andrew Melechinsky a rédigé un projet de modification simple qui devrait être inclus dans tous les codes nationaux :

> "Chaque fois qu'il y a divergence entre les règles de l'équité et les règles de la common law concernant la même question, les règles de la common law prévalent.

Tout citoyen peut légitimement s'opposer à l'attribution d'une juridiction sur sa personne à un tribunal, car les tribunaux américains sont devenus les approbateurs et les protecteurs officiels de tous les types de déviations et de perversions. La Cour d'appel de New York a récemment statué, par quatre voix contre deux, que le mariage est officiellement "une distinction juridique fictive", ouvrant ainsi la porte à l'approbation par l'État des couples homosexuels, des associations d'animaux et d'autres combinaisons bizarres. C'est cette même cour qui, il y a quelques années, a annulé la condamnation de deux homosexuels pour des actes sexuels dans une librairie, au motif que, les actes ayant eu lieu dans une librairie, il s'agissait d'un acte de "liberté d'expression" protégé par la Constitution !

En raison de la majorité démocrate au Congrès, les commissions sont dominées par des démocrates de gauche, dont la commission judiciaire n'est pas la moindre. Newsweek a fait état de la partialité de cette commission en citant le député Chuck Douglas, le 10 avril 1989,

> "Je ne sais pas si vous savez qui est Barney Frank, mais c'est l'un des deux membres qui ne s'intéressent qu'aux membres de leur propre sexe. Cela vous donne une petite idée de ce qu'est la commission".

La référence du député à son collègue, Barney Frank, témoigne d'une certaine irritation à l'égard du parcours personnel de ce dernier. Malgré le fait que Frank se délecte publiquement des histoires concernant son "orientation" homosexuelle, il en est à son cinquième mandat au Congrès et a remporté 70% des voix lors des élections de 1988 dans le district 4 du Massachusetts. Le 26 août 1989, l'Associated Press a publié des révélations du Washington Times selon lesquelles l'amant de Frank, qu'il avait payé 80 dollars pour leur première rencontre, puis 20 000 dollars par an pour ses "fonctions", avait mis en place un réseau de prostitution masculine à partir de l'appartement de Frank au Capitole. L'amant, qui se faisait appeler "Greg Davis", avait été accusé de sodomie orale, de trafic de stupéfiants et de contribution à la délinquance d'un mineur. Il a également été accusé de possession de cocaïne, la "drogue de prédilection" de nos dirigeants éclairés.

Frank est stupéfait de l'intérêt du public pour ces révélations. En tant que résident de longue date de Sodom-sur-le-Potomac, un lieu de prédilection pour ceux qui sont de son avis en raison de la profusion de jeunes marins et de Marines, be ne voyait que peu de mérite à cette histoire. Il a justifié sa conduite en affirmant, lors d'une conférence de presse d'une heure, qu'il "entretenait une relation homosexuelle monogame depuis environ deux ans avec une personne très sensée et d'une grande influence" (sans problème, bien sûr). (sans enjeu, bien sûr).

Son collègue du parti démocrate, le président de la Chambre des représentants Tom Foley, qui a récemment remplacé le président de la Chambre des représentants Jim Wright du Texas, a pris la défense de Frank en faisant l'éloge des "services exceptionnels rendus par Frank à sa circonscription et à la nation". Il s'est prudemment abstenu d'expliquer que les services rendus par Frank avaient pu aller au-delà de l'appel du devoir.

Le parti pris d'extrême gauche de la commission judiciaire a un effet inévitable sur le type de décisions rendues par les juges, qui s'inspirent de la position politique de la commission. Le citoyen doit également être conscient des différences d'origine constitutionnelle des tribunaux devant lesquels il comparaît. De nombreuses "juridictions" actuelles sont en fait des juridictions administratives créées par le Congrès. Elles sont connues sous le nom de "juridictions de l'article I" parce qu'elles étaient à l'origine des juridictions territoriales établies par le Congrès dans les territoires avant qu'ils n'accèdent au statut d'État. La plus typique de ces juridictions administratives est la Tax Court, dont les juges, bien qu'agissant avec les pouvoirs d'un juge fédéral, ne sont pas et ne peuvent pas être des juges fédéraux, parce qu'ils sont nommés pour des périodes de quinze ans, alors que les juges fédéraux, en vertu de l'Art. III, sec. I de la Constitution, sont nommés à vie, sauf en cas de destitution. Un tribunal légitime aux États-Unis est un tribunal de l'article III. Une cour territoriale de l'article I autorisée par le Congrès dépend entièrement de la procédure d'amirauté pour ses décisions, ce qui signifie qu'elle fonctionne comme une succursale de la Banque d'Angleterre par le biais de la London Connection (voir *Secrets of the Federal Reserve*, par Eustace Mullins). La question de la légitimité des juges de l'article III se pose également avec acuité. Plusieurs personnes ont semé la consternation dans les rangs de la magistrature en demandant qu'un juge de l'article III préside leur procès, c'est-à-dire un juge qui fonctionne en vertu de la Constitution, c'est-à-dire un juge qui se qualifie en vertu de l'article III, section 1, qui exige que les juges de l'article III soient des juges de l'article III. III, Sec. 1, qui stipule que "les juges reçoivent une indemnité qui ne peut être diminuée pendant la durée de leurs fonctions". Étant donné que tous les juges d'aujourd'hui ont des paiements retenus sur leurs salaires pour la sécurité sociale, l'assurance, les charges fiscales et autres déductions, il ne fait aucun doute que ces déductions "diminuent la rémunération" des juges pendant qu'ils sont en fonction. Par conséquent, lesdits juges ne peuvent plus être qualifiés de juges en vertu de l'article III de la Constitution. Les personnes qui demandent un véritable juge de l'article III lors de leur procès soulèvent un problème difficile à résoudre.

Étant donné que l'article I ne confère au Congrès aucun pouvoir d'établir des tribunaux de quelque nature que ce soit aux États-Unis, la Cour fiscale, en tant que tribunal de l'article I, n'a aucune compétence à l'égard d'un Américain qui est citoyen d'un État. Pour éviter que cette question et d'autres ne soient soulevées devant la Cour fiscale, celle-ci refuse d'autoriser quiconque à se présenter devant elle pour contester les principes de base de la loi sur l'impôt sur le revenu. Le présent auteur a comparu devant le tribunal des impôts en tant qu'avocat pro se, et l'"insuffisance" a été résolue à la hâte par un jugement du tribunal déclarant que je n'avais pas d'insuffisance fiscale. À l'époque, je n'avais pas fait de recherches sur le dilemme de l'article I, mais si j'ai l'occasion de comparaître à nouveau devant le tribunal des impôts, la question sera soulevée.

Au cours de mon séjour au tribunal des impôts, j'ai pu constater que les personnes qui y comparaissaient étaient les victimes les plus évidentes d'une autorité fédérale tyrannique et follement avide. Il y avait un couple de personnes âgées pathétiques, habillées de façon minable, avec de nombreux sacs d'épicerie remplis de tickets de caisse ; un jeune retardé mental vêtu de vêtements usagés, qui n'avait guère conscience de ce qui lui arrivait ; et un entrepreneur qui avait accepté d'énormes pots-de-vin dans le cadre d'un contrat de pavage de l'État, sans se rendre compte que, bien que la corruption soit un fait omniprésent de la vie et qu'elle soit acceptée par le gouvernement, celui-ci exige également que tous les pots-de-vin, sans exception, soient déclarés en tant que revenus. La division des enquêtes criminelles de l'IRS l'a alors conduit sur un toboggan graissé jusqu'au pénitencier.

Une cour territoriale telle que la Cour fiscale, qui est située illégalement dans n'importe quel État des États-Unis, illustre l'audace de la cour d'amirauté pour remplacer nos cours constitutionnelles dans toute la nation. Depuis cinq cents ans, la jurisprudence anglo-américaine exige la preuve de l'intention d'enfreindre la loi — le principe de mens rea — avant de pouvoir obtenir une condamnation pénale. Comme l'a souligné le juge James Buckley de la cour d'appel de Washington, en annulant la condamnation pénale de Lynn Nofziger, collaborateur du président Reagan, pour de vagues accusations de "lobbying", les procureurs doivent prouver à la fois l'existence d'un acte criminel (actus reus) et l'existence d'une intention coupable (mens rea). Malgré son acquittement, la bataille juridique de Nofziger lui a coûté un million et demi de dollars. Tout comme notre droit constitutionnel a été supplanté dans son "intention originelle" par la tyrannie audacieuse des tribunaux de l'amirauté, la nécessité de prouver la mens rea a également été rejetée comme un bagage excédentaire par les marchands de droit. Le juge de la Cour suprême Robert Jackson a précédemment qualifié l'exigence d'intention "d'aussi universelle et persistante dans les systèmes juridiques matures que la croyance en la liberté de la volonté humaine et la capacité et le devoir de l'individu normal de choisir entre le bien et le mal qui en découlent".

Les procès politiques des collaborateurs républicains de la Maison Blanche à Washington, qui sont régulièrement condamnés par des jurys démocrates noirs, ne permettent pas d'établir l'intention, mais les victimes sont rapidement mises sous quille juridique par la procédure d'amirauté avant que leurs avocats ou elles-mêmes ne réalisent ce qui est en train de leur arriver. Dans la plupart de ces cas, leurs avocats demandent entre un et trois millions de dollars pour les défendre ; pour ce genre d'argent, il faut être d'accord avec l'establishment. Cependant, ces mêmes procès politiques ont mis en évidence des aspects du système de jurys qui ne sont absolument pas qualifiés pour prendre une décision juste ; en tout état de cause, ces procès n'ont jamais eu un tel objectif. Ils ont été conçus pour marquer un point politique, et la "justice", ou son viol, était une question secondaire. Le doyen Griswold de la faculté de droit de Harvard a déclaré : "Le procès avec jury est, dans le meilleur des cas, une apothéose pour l'amateur. Pourquoi devrait-on penser que douze personnes venues de la rue, sélectionnées de diverses manières pour leur manque de compétence générale, devraient avoir une capacité particulière à trancher des controverses entre personnes ? David Peck qualifie le procès par jury de "destiné à l'assimilation de ce qui n'est pas familier par l'inexpérimenté". Le professeur Prosser ridiculise "les douze femmes au foyer, les aides boulangers et les chômeurs que l'on trouve aujourd'hui aux États-Unis". Dans les procès politiques de Washington, North, Nofziger, Deaver et autres, le juge et le jury sont expressément sélectionnés pour obtenir la condamnation d'un opposant politique. L'urne a été transférée dans la salle des jurés.

Le nombre magique de douze utilisé pour le jury est tiré de la numérologie kabbalistique ; douze est connu comme un nombre de complétude, tout comme sept. Sur les vingt-deux lettres de l'alphabet hébreu, douze sont définitivement liées aux douze signes du zodiaque. Onze ou treize jurés seraient plus pratiques, car ils réduiraient les risques de blocage. Cependant, douze répond au besoin d'identifier le processus judiciaire avec le culte de Babylone, tout en se conformant à l'importance du nombre douze dans de nombreux aspects de notre existence : la journée de douze heures, les douze mois, les douze disciples de Jésus, les douze travaux d'Hercule, et bien d'autres usages. L'Apocalypse indique que la marque de Dieu a été placée sur 12 000 personnes de chacune des douze tribus, soit 144 000 personnes qui survivront et se tiendront sur le mont Sion avec l'Agneau. L'Apocalypse décrit également la nouvelle Jérusalem comme étant entourée de douze portes, sur lesquelles se tiennent douze anges ; la muraille a douze pierres de fondation portant les noms des douze apôtres et est ornée de douze joyaux ; l'arbre de vie à l'intérieur de la ville porte douze sortes de fruits ; les dimensions de la ville sont des multiples de douze.

L'affaire Bushell, jugée il y a plus de trois cents ans à Londres, est une affaire historique dans laquelle les jurés ont estimé que chacun avait le droit de pratiquer son culte selon sa propre conscience. Cette affaire marque la naissance du système moderne de jury. L'importance du jury dans l'annulation d'un juge arbitraire a été pervertie par les "instructions" du juge au jury. Ces instructions modifient l'ancien concept du jury en tant que "trial per pais", c'est-à-dire procès par le pays, c'est-à-dire "par le peuple", par opposition à notre système actuel de droit commercial, qui est un procès par le gouvernement. Personne ne devrait jamais être jugé par "le gouvernement", c'est-à-dire par un pouvoir arbitraire, mais seulement par ses pairs, ceux qui ont les mêmes origines, les mêmes objectifs et les mêmes ambitions que soi. Comme le souligne Lysander Spooner, "An Essay on the Trial by Jury" (Essai sur le procès par jury)

> L'objet de ce procès "par le pays" ou par le peuple, de préférence à un procès par le gouvernement, est de se prémunir contre toute forme d'oppression de la part du gouvernement. Pour atteindre cet objectif, il est indispensable que le peuple, ou "le pays", juge et détermine ses propres libertés contre le gouvernement, au lieu que le gouvernement juge et détermine ses propres pouvoirs sur le peuple.

Le pouvoir arbitrairement étendu du juge d'"instruire" le jury fait partie du même processus de commercialisation du droit qui a été utilisé pour étendre les tribunaux législatifs de l'article I basés dans le district de Columbia et créés par le pouvoir législatif exclusif du Congrès sur le district de Columbia, art. 1, sec. 8, C1 17, par une interprétation secrète de la clause sur le commerce de la Constitution. 1, Sec. 8, C1 17, par une interprétation secrète de la clause de commerce de la Constitution. Ces tribunaux législatifs n'avaient pas le pouvoir de punir, mais ce pouvoir a été "assumé" plus tard par le biais de la procédure d'amirauté. Le résultat est que les tribunaux fédéraux à travers les États-Unis sont des tribunaux législatifs étendus du district de Columbia qui n'ont aucun pouvoir légal ou judiciaire pour "punir" tout citoyen américain, ou pour prononcer des sentences punitives à notre encontre. En outre, ils siègent illégalement dans les États, car la Constitution, article I, section 8, clause 17, les limite au siège du gouvernement, le district de Columbia. Ce problème a été "résolu" en étendant le district de Columbia à l'ensemble des États-Unis !

Les tribunaux sont devenus la chasse gardée d'une petite partie de la profession juridique américaine, ces dix pour cent qui comprennent les membres de l'American Association of Trial Lawyers, qui compte 63 000 membres sur les 707 000 membres licenciés de la profession juridique américaine. Ces avocats, dans leur quête d'honoraires de plusieurs millions de dollars, ont créé une taxe de 300 milliards de dollars par an sur les entreprises américaines, que Peter Huber définit comme la récolte de la responsabilité délictuelle actuelle, un montant supérieur à notre déficit commercial ; cette taxe permet au travailleur moyen qui gagne un procès pour harcèlement sexuel ou discrimination sexuelle de recevoir une indemnité de 602 000 dollars, et des indemnités encore plus importantes dans les procès pour licenciement abusif, une indemnité moyenne de 732 000 dollars, selon le Wall Street Journal du 3 février 1989. Après dix ans de procédure, selon le *Washington Post* du 9 mai 1989, les procès intentés par les Vietnam Veterans of America ont abouti au versement de deux millions de dollars aux vétérans qui affirmaient avoir été victimes d'un empoisonnement à la dioxine, et de vingt millions de dollars à leurs avocats ! Mais c'est impossible, pourrait-on faire remarquer. Les honoraires conditionnels représentent un tiers de la somme allouée. Les deux tiers devraient revenir à la victime. Telle que proposée par l'avocat, une affaire prise en charge sur la base d'honoraires conditionnels prévoit bien un tiers pour l'avocat et deux tiers pour la victime. Toutefois, en raison des frais de justice, des frais de recours, etc., l'avocat se retrouve souvent avec 90% de l'indemnité. La victime, au lieu de se voir attribuer 66% des dommages-intérêts, n'en reçoit souvent que 5 ou 10%.

Une action encore plus flagrante des avocats plaidants consiste à persuader leurs clients d'être "magnanimes" et de revoir leurs attentes à la baisse. Un tel appel à la générosité d'un client se produit généralement après que l'avocat a été approché par l'avocat de la partie adverse, qui lui a dit : "Écoutez, nous n'avons aucune chance de gagner ce procès. Vous allez nous anéantir. Retournez-y et dites à votre client qu'il doit se contenter d'une victoire morale, et oubliez toute récompense pécuniaire." Aucun avocat n'accepterait une procédure aussi scandaleuse, à moins qu'une allocation privée ne vienne stimuler sa générosité. Un exemple frappant de cet appel à la "magnanimité" s'est produit lorsque l'American Medical Association s'est retrouvée face à un désastre, après avoir été reconnue coupable d'association de malfaiteurs dans le but de maintenir son monopole médical illégal sur l'ensemble du territoire des États-Unis, en essayant de détruire les compétences concurrentes de la chiropraxie. Le 27 août 1987, après onze années de manœuvres juridiques désespérées, la juge fédérale Susan Getzendammer du tribunal de district des États-Unis a reconnu l'AMA coupable d'avoir conspiré pour détruire la profession de chiropracteur. L'AMA risquait des centaines de millions de dollars de dommages et intérêts qui, après condamnation, auraient pu être triplés à titre de dommages et intérêts punitifs. Leurs avocats ont persuadé les chiropraticiens d'accepter une "victoire morale", avec pour résultat que les membres de cette profession doivent encore payer des millions de dollars à leurs avocats pour le procès qu'ils ont "gagné" ! De la magnanimité, quelqu'un ?

Dans le Maryland, une nouvelle décision de justice constitue un premier coup contre la "loterie des litiges". Elle stipule qu'à l'avenir, les procès intentés contre des professionnels devront prouver l'existence d'une "réelle malveillance" pour obtenir des dommages-intérêts punitifs. Cette décision n'a aucun effet sur les dommages-intérêts compensatoires, mais Richard P. Gilbert, juge en chef de la cour d'appel spéciale du Maryland, a annulé une condamnation à 750 000 dollars à l'encontre d'un ophtalmologiste, ce qui constitue un nouveau départ dans le domaine des fautes médicales. La Cour a défini la "malveillance réelle" comme "l'accomplissement d'un acte sans justification ou excuse légale, mais avec un motif maléfique ou rancunier influencé par la haine, le but étant de blesser délibérément ou délibérément le plaignant". Il s'agit là d'une description précise de la campagne menée pendant trente-trois ans par le FBI contre le présent auteur ("A Writ for Martyrs", par Eustace Mullins), qui a abouti à un jugement de cinquante millions de dollars à l'encontre du gouvernement.

La responsabilité du gouvernement américain dans une autre affaire est apparue dans l'affaire Shimoda (American Journal of International Law. v. 59, 1965) : Un particulier a poursuivi le gouvernement japonais pour les dommages subis lors du bombardement atomique d'Hiroshima et de Nagasaki dans une action intentée le 7 décembre 1963. Le tribunal de district de Tokyo a jugé que les États-Unis avaient violé le droit international en larguant des bombes atomiques sur Hiroshima et Nagasaki, et que le plaignant n'avait aucun motif de se retourner contre le gouvernement japonais. L'article 19 du traité de paix avec le Japon renonce à toutes les réclamations du Japon et de ses ressortissants contre les puissances alliées et d'autres nations découlant de la guerre ou d'actions entreprises en raison de l'existence de la guerre. Le gouvernement japonais a également fait état de sa protestation diplomatique auprès des États-Unis dans une note officielle présentée par l'intermédiaire du gouvernement suisse le 10 août

1945, dans laquelle les attaques étaient considérées comme "une nouvelle offense à la civilisation de l'humanité". Elle décrit le bombardement aérien des villes d'Hiroshima et de Nagasaki comme un acte d'hostilité illégal et le bombardement aveugle de villes non défendues, citant en outre l'interdiction des gaz toxiques comme proscrivant de telles attaques Art. 23, Règlement de La Haye concernant la guerre terrestre de 1899 et Protocole général de 1925. La récupération par un citoyen japonais était improbable en vertu du principe du fait accompli, mais elle a eu lieu. Bien que le bombardement atomique d'Hiroshima et de Nagasaki ait réellement eu lieu, il s'agissait d'une réalité légale qui, après coup, ne pouvait être traitée que comme une fiction juridique, l'histoire étant essentiellement une fantaisie, par opposition au présent réel et à l'avenir inimaginable.

En raison de l'importance accordée au tribunal en tant qu'arène romaine pour les procès politiques, le tribunal en tant que lieu où les criminels sont amenés à la barre de la justice pour expier leurs crimes a été réduit à l'insignifiance. Le 5 janvier 1986, le *New York Times a* reproduit un éditorial de 1983 sur le tribunal pénal de New York, intitulé "Le crime du tribunal pénal". "Rarement une institution publique n'a été aussi ouvertement méprisée par ceux qui y travaillent et ceux qui y passent. Les juges la qualifient d'imposture et de fraude. Les avocats disent que la justice est imprévisible. Seule une affaire sur cent est jugée". Ce ratio ne s'applique pas au nombre de délinquants politiques qui sont jugés, reconnus coupables et condamnés. Ce ratio est de cent sur cent. La procédure est impitoyablement mise au pilori dans un livre récent, "RAILROAD : U.S.A. Vs. LYNDON LAROUCHE ET AL". Le crime de LaRouche est d'avoir brigué la présidence des États-Unis à quatre reprises en tant que candidat politique indépendant, dans une nation "bipartisane" qui n'autorise que deux partis politiques, chacun ayant le même programme d'oppression marxiste et de révolution mondiale. LaRouche a été traduit devant le juge en chef Albert Bryan Jr. de la Cour fédérale du district Est, dont le traitement des délinquants politiques a valu à son tribunal le surnom de "Rocket Docket". Le 20 novembre 1988, le *Washington Post* titrait : "Le procès LaRouche devrait être rapide ; Alexandria's Rocket Docket Federal Court" (Le procès LaRouche devrait être rapide ; Alexandria's Rocket Docket Federal Court). LaRouche a qualifié le tribunal de "seul chemin de fer des États-Unis qui fonctionne à l'heure". Lors d'une réunion secrète dans son bureau d'Alexandrie, à l'automne 1988, le procureur américain Henry Hudson a décrit le tribunal de Bryan comme "notre fenêtre d'opportunité" et "notre dernière chance d'attraper LaRouche". C'est un fait avéré qu'il faut entre trois et cinq ans pour qu'une affaire soit traitée par notre système judiciaire surchargé. Pourtant, LaRouche a été inculpé le 14 octobre 1988 et déclaré coupable le 16 décembre 1988 ! L'affaire a débuté par une lettre d'Henry Kissinger au directeur du FBI William Webster (le défendeur dans le procès intenté par le présent auteur contre le FBI) le 19 août 1982, "suggérant" qu'il était temps de faire quelque chose au sujet de LaRouche. Kissinger contrôlait le Conseil consultatif du renseignement extérieur du président, qui a donné à la force de frappe de LaRouche le soutien officiel de la Maison Blanche. Le sénateur Robert Dole a commenté l'accusation de "conspiration" portée contre LaRouche par le groupe de travail secret. "Conspiration ? C'est ce qu'ils font quand ils n'arrivent pas à vous coincer pour autre chose".

LaRouche a réagi à l'acte d'accusation en dressant la liste des agences fédérales et étatiques qui avaient juré de lui faire la peau : le FBI, les services secrets américains, l'IRS, le procureur général de la circonscription Est de la Virginie, les services postaux américains, le BATF, le bureau du procureur général de la Virginie, la police de l'État de la Virginie, la corporation de l'État de la Virginie, etc. Atty Gen., la police de l'État de la Virginie, la commission des corporations de l'État de la Virginie, la commission israélo-virginienne. Commission ; Virginia-Israel Commission. Quelqu'un qui a toutes ces agences contre lui ne peut pas être tout à fait mauvais. William Weld et Henry Kissinger avaient mis sur pied une équipe spéciale du gouvernement, la General Litigation and Legal Advisory Section of the Criminal Division, Justice Department, pour en finir avec LaRouche. Il fut rapidement jugé et condamné, le juge Bryan notant avec virtuosité lors de sa condamnation que "l'idée qu'il s'agit d'une poursuite inspirée par la politique, motivée par la politique, est un non-sens errant".

On ne peut qu'admirer la capacité du juge Bryan à dire cela sans rire. LaRouche n'a jamais été qu'un personnage politique ; il n'a jamais été buraliste ou travailleur social. Au cours des débats, le 19 janvier 1989, le juge Bryan a déclaré que toute information demandée aux jurés par la défense serait du "harcèlement". M. Webster, avocat de la défense, a répondu : "Je préférerais un autre terme, Votre Honneur". BRYAN. Je sais. C'est mon terme. Ce n'est ni le vôtre, ni celui des gouvernements". L'idée qu'un avocat de la défense puisse "harceler" un juré potentiel qui se prononcera plus tard sur l'innocence ou la culpabilité de son client est ridicule. Le juge Bryan avait un long passé d'activités anti-LaRouche, ayant déjà participé à la fermeture et à la saisie de publications de LaRouche, et ayant plus tard rejeté une requête qui faisait appel d'une procédure secrète ex parte et du fait que le gouvernement américain (lire Kissinger) avait exercé une restriction préalable à l'encontre d'une société d'édition en violation du premier amendement. Bryan a rejeté la requête.

LaRouche a fait appel de la sentence du juge Bryan dans l'affaire n° 89-5518 devant la Cour d'appel des États-Unis selon le 4ème amendement, invoquant de nombreuses violations des droits constitutionnels, une ingérence dans le processus de sélection du jury et bien d'autres violations. L'appel citait le principe de droit suivant : "*Difficilem oportet aurem habere ad crimina ;* dans un tribunal, il ne faut pas descendre pour écouter des calomnies". Il s'agit d'un principe fondamental de légalité. Les appels ont cité la condamnation de LaRouche pour défaut de remboursement de prêts, "un fait qui s'est produit et qu'aucune partie dans cette affaire n'essaie de nier, n'est pas un acte criminel en soi". Les prêts étaient des prêts politiques, qui sont juridiquement différents des prêts commerciaux, des prêts à des fins éducatives, etc. En tout état de cause, les agents fédéraux ont mis LaRouche dans l'impossibilité de suivre ou de rembourser les prêts parce qu'ils ont saisi des millions de documents lors d'une descente à son siège de Leesburg, en Virginie, le 6 octobre 1986.

En raison de sa situation géographique, LaRouche a été contraint de faire appel devant la fameuse Cour d'appel du 4ème (qui a rejeté un appel du présent auteur pour des motifs si incroyables qu'il était évident qu'aucun membre de la Cour n'avait jeté un coup d'œil sur les plaidoiries). LaRouche était confronté à un problème supplémentaire avec le circuit 4ème ; le père du juge Bryan, Albert V. Bryan Sr. était lui-même juge à la Cour du 4ème amendement de 1961 jusqu'à sa mort en 1984, et la Cour avait maintenu un record de rarement renverser les décisions de l'actuel juge Bryan. La Circuit Court est connue pour être extrêmement protectrice à l'égard d'Albert Jr. et du "rocket docket".

Se représenter soi-même devant un tribunal, comme le fait cet auteur depuis maintenant une quarantaine d'années, est une expérience exaltante. Elle permet de choisir à volonté dans tout le répertoire de la stratégie juridique, sans crainte ni faveur. Curieusement, le mot "stratégie" est rarement utilisé dans la profession juridique, car ses membres préfèrent les techniques sournoises de la conspiration et de la trahison. Un jour, j'ai demandé à un ancien "homme le plus riche du monde" qui était impliqué dans une bataille juridique : "Quelle est votre stratégie ?". Cette question l'a laissé perplexe. Peut-on croire que Napoléon n'avait aucune stratégie dans sa succession de victoires fulgurantes à travers l'Europe ? Il a commencé à perdre lorsqu'il a tempéré son génie militaire par des considérations politiques. Waterloo n'était plus très loin.

Une fois qu'un plaideur s'est frayé un chemin dans le bourbier de la recherche de preuves avant le procès, il dispose d'un certain nombre de stratégies. Si vous êtes défendeur, vous déposez une "motion to dismiss". Si vous êtes demandeur, vous déposez une requête en jugement sommaire. Ces requêtes sont pro forma et aboutissent rarement, mais elles vous donnent un autre tour de batte. Les demandes reconventionnelles sont toujours bonnes à prendre, de même qu'un procès intenté à l'avocat de la partie adverse. Ces actions ne nécessitent que peu de préparation. Il suffit de consulter le dossier de l'affaire et de noter tous les actes illégaux que l'avocat a perpétrés à votre encontre. Certains de mes consultants conseillent de porter plainte contre le juge ; il est à noter que toutes les personnes que je connais et qui m'incitent régulièrement à le faire n'ont elles-mêmes jamais porté plainte contre un juge. Il n'y a aucun risque de le retourner contre vous, il est déjà contre vous. Le problème est qu'une telle action ouvre la porte à des actions punitives d'outrage, de renvoi en prison ou de tout ce qu'il peut inventer pour vous faire sortir de sa salle d'audience et vous mettre en prison.

Le comportement à la cour est important, même s'il ne vous permettra pas de vous faire des amis ; rien ne peut le faire. Vous devez être bien parlé, bien habillé et imperturbable. Presque tous les juges devant lesquels j'ai comparu ont fait de leur mieux pour m'inciter à m'emporter, par des actions si manifestement préjudiciables que la plupart des plaignants auraient dû réagir. Comme vous êtes entouré d'hommes armés, tout geste qui pourrait être interprété comme "violent" entraînerait une réponse inévitable. A une occasion, j'ai brandi un gros anneau maçonnique que j'avais récupéré lors d'une vente aux enchères dans un asile de fous, et je l'ai exhibé devant le juge à chaque fois que j'en avais l'occasion. Cela ne faisait pas la moindre différence ; ils savent qui est franc-maçon et qui ne l'est pas.

Dans un discours prononcé en 1940 devant l'American Bar Association, John W. Davis, éminent juriste, a énoncé les dix principes de l'argumentation judiciaire :

1. Changez de place dans votre esprit avec le tribunal.
2. Indiquer la nature de l'affaire et un bref historique.
3. Exposez les faits.
4. Indiquez ensuite les règles de droit applicables sur lesquelles vous vous fondez.
5. Il faut toujours viser la veine jugulaire.
6. Réjouissez-vous lorsque le tribunal pose une question.
7. Lire avec parcimonie et uniquement par nécessité.
8. Éviter les personnalités.
9. Connaître son discours d'un bout à l'autre.
10. Asseyez-vous.

Les avocats perdent rarement une occasion de semer le chaos dans les affaires internationales — la carrière de feu John Foster Dulles en témoigne amplement. Le 6 février 1989, The Nation a relevé une nouvelle évolution, la "révolution par le contentieux", comme en témoigne l'action d'un marchand de roulettes de Washington, William Rogers, du cabinet Arnold and Porter (anciennement Arnold, Fortas and Porter). Dans le cadre des efforts déployés par les initiés de Washington pour renverser Noriega au Panama, qui, d'une manière ou d'une autre, était passé du statut de partenaire des opérations gouvernementales de lutte contre la drogue à celui de concurrent, Rogers a donné à l'opposant politique de Noriega et président apparent du Panama, Eric Delvalle, le contrôle de quelque 50 millions de dollars d'actifs panaméens aux États-Unis. The Nation a noté que cela pourrait faire de Rogers le révolutionnaire le mieux payé de l'histoire.

Dans le cadre d'une prétendue campagne contre le crime organisé, le Congrès a adopté la loi RICO en 1970. Ce projet de loi visait à “éliminer” le crime organisé en l’inculpant au titre des dispositions générales de la nouvelle loi Racketeer Influenced and Corrupt Organization, ou RICO (Organisation influencée par les racketteurs et corrompue). D’une manière inexpliquée, l’application de la loi a, d’une certaine manière, ignoré le crime organisé. Les personnes inculpées en vertu de la loi RICO étaient des hommes d’affaires légitimes qui, bien souvent, avaient négligé de verser les bonnes contributions politiques. En bref, la loi RICO, au lieu de punir la mafia pour son racket, s’en prenait aux hommes d’affaires qui avaient refusé de céder à l’extorsion du Congrès. Le président de la Cour suprême, William Rehnquist, s’est adressé à la Brookings Institution le 7 avril 1989, notant que la RICO était à l’origine de près d’un millier d’affaires par an.

> “La RICO civile est aujourd’hui utilisée d’une manière que le Congrès n’avait jamais envisagée lorsqu’il a promulgué la loi. Le temps est venu pour le Congrès d’adopter des amendements à la RICO civile afin d’en limiter la portée”.

Cependant, la Cour suprême, lors d’un récent appel concernant une affaire RICO, a refusé dans son arrêt de limiter la RICO de quelque manière que ce soit. Ses mesures punitives, telles que le triplement des dommages-intérêts et des amendes, ont été utilisées pour acculer de nombreuses entreprises américaines à la faillite. Aucun soulagement n’est en vue.

Les actions en diffamation constituent un autre domaine lucratif pour les tribunaux. Pourtant, le Wall Street Journal a noté dans un article d’opinion, le 13 juillet 1989, que la plupart des plaignants dans les actions en diffamation ne voulaient pas de paiement monétaire, mais une justification publique. Une étude menée pendant trois ans par l’université de l’Iowa, commencée en 1982, a révélé que seul un quart des personnes ayant intenté une action pour diffamation souhaitaient obtenir une indemnité pécuniaire. Les trois quarts d’entre eux ont déclaré qu’ils auraient été satisfaits si l’article prétendument faux avait été corrigé. Deux facteurs sont intervenus : d’une part, l’arrogance débridée et la richesse des médias, alors poursuivez-moi ; d’autre part, le fait que la plupart des plaignants pour diffamation sont représentés par des avocats qui perçoivent des honoraires conditionnels. Une rétractation ou des excuses publiques ne rapporteraient rien à ces avocats. Par conséquent, ils refusent de recourir à l’arbitrage ou d’offrir à la publication incriminée la possibilité de présenter des excuses. Le Journal a commenté "l'influence des avocats, dont les intérêts peuvent ne pas correspondre à ceux de leurs clients". Il s'agit là d'un fait tellement fondamental de notre système juridique qu'il est étonnant que quelqu'un doive le mentionner. Il est évident que les intérêts de l'avocat ne correspondent pas à ceux de son client. Le refus du public américain de reconnaître cette réalité incontournable est à l'origine de la plupart de nos problèmes avec la profession juridique.

CHAPITRE 7

LE MINISTÈRE DE LA JUSTICE

La plupart des Américains pensent qu'ils disposent à Washington d'un rempart supérieur pour leurs libertés, qui n'est pas au-dessus de la Constitution, mais qui existe pour donner vie à la Constitution en poursuivant les violations de leurs libertés. Ce rempart est connu sous le nom de ministère de la Justice. Malheureusement pour notre confortable supposition, le Département de la Justice existe, et a été créé, non pas comme un rempart de justice pour les citoyens américains, mais comme un instrument permettant de commettre des crimes politiques à notre encontre.

Le Congrès a créé le ministère de la Justice en 1870, près d'un siècle après la signature de la Déclaration d'indépendance. Le siècle précédant la création du ministère de la justice a été une période de croissance et de prospérité sans précédent pour la nation américaine. Le siècle qui a suivi sa création a été une période de déclin constant. Comment cela s'est-il produit ? L'Amérique a commencé son existence en tant que terre d'opportunités, terre de liberté et terre de justice. Des trois, la justice a toujours été la plus inaccessible, mais elle existait, même si elle était déformée ou inadéquate. Après 1870, les activités du ministère de la Justice ont eu pour effet de mettre définitivement hors de portée de la plupart des Américains la possibilité d'obtenir justice devant les tribunaux. Cela ne signifie pas que la justice ne pouvait pas être obtenue. Elle a toujours existé pour quelques privilégiés, pour ceux qui ont créé le ministère de la Justice et qui ont ensuite bénéficié de sa création.

Le ministère de la Justice, de par sa nature même, n'a aucun parti pris ou préjugé permanent dans son mode de fonctionnement. Il n'existe que pour servir ses créateurs et directeurs, les PIP, ou Parti au pouvoir, également connus sous le nom de Pervertis au pouvoir, en raison de leur propension à pervertir tous les aspects de l'existence américaine. Bien que tous les départements gouvernementaux de Washington soient en permanence entachés d'opportunisme politique, le département de la justice est le plus répréhensible, car il est présenté comme l'arbitre final de nos problèmes. De tous les ministères, le ministère de la Justice est la prostituée la plus flagrante, annonçant hardiment qu'elle est prête à faire n'importe quoi pour ses souteneurs.

Au cours des trente dernières années, le présent auteur a régulièrement informé le ministère de la Justice d'actes criminels graves commis et relevant directement de la compétence de ce ministère. Ces lettres étant envoyées en recommandé avec accusé de réception, le ministère a régulièrement répondu à ces notifications et a tout aussi régulièrement refusé de prendre des mesures. Les violations des droits civils signalées reçoivent la même réponse du ministère de la justice, généralement sur un ton narquois, selon laquelle je devrais engager un avocat privé si je pense vraiment que mes droits ont été violés. Les notifications de vol de routine, d'utilisation du courrier pour frauder et de conspiration pour frauder, toutes amplement documentées, ont reçu la même réponse, à savoir que je devrais engager un avocat privé. Il s'agit du même ministère de la justice qui a récemment dépensé quelque quarante millions de dollars pour déterminer comment le colonel Oliver North avait payé deux pneus !

Lorsque j'ai écrit à M. Oliver (Buck) Revell en 1986 (l'actuel directeur intérimaire du FBI) pour me plaindre des violations continues de mes droits d'auteur sur mon livre, *Secrets of the Federal Reserve*, j'ai reçu une réponse datée du 28 mai 1986 disant que "le FBI mène des enquêtes criminelles et des poursuites en matière de droits d'auteur généralement dans les domaines des enregistrements sonores, des films et des œuvres audiovisuelles) le FBI n'ouvrira pas d'enquête criminelle concernant cette affaire". Peu de gens savent que les vastes ressources du FBI ont été détournées pendant des années pour protéger les profits de quelques magnats du cinéma hollywoodien, qui sont également parmi les plus grands donateurs de fonds politiques pour les campagnes nationales. Les ressources du FBI sont limitées à l'arrêt des copies non autorisées des films et des enregistrements de ces magnats. Face au refus du FBI d'agir dans ce domaine, j'ai saisi les tribunaux de l'État, puis les tribunaux fédéraux, de plusieurs actions en justice contre les auteurs de violations de mes droits d'auteur. À chaque fois, le juge est intervenu activement en faveur du défendeur, et mes plaintes ont été jetées à la poubelle.

L'activité manifeste du ministère de la Justice au nom des pouvoirs politiques en place prouve que les cinq mille juristes qui y travaillent gagnent leur salaire. Lorsqu'ils ne font pas des courses humiliantes pour les chefs de parti, on peut les trouver en train de conspirer avec le redoutable KGB pour commettre des atrocités contre des citoyens américains, ou de s'adonner à leur passe-temps favori, en se portant volontaires pour mener à bien des opérations contre les détracteurs de l'État d'Israël.

D'un certain point de vue, le ministère de la Justice peut agir pour protéger le public. On frémit à l'idée de l'effet que cela pourrait avoir si ses cinq mille avocats étaient soudainement libérés et lâchés sur un public qui ne se doute de rien. Les conséquences seraient désastreuses et pourraient entraîner l'effondrement total de la nation. Un visiteur de ces lieux sacrés s'est plaint que la fumée de marijuana était si épaisse dans un bureau qu'il ne pouvait pas lire son dossier. Depuis quelques décennies, le ministère de la justice est la première étape de la faculté de droit pour les jeunes diplômés arrogants de Harvard, Columbia et Yale. La révélation, au plus fort de l'imbroglio du Watergate, qu'un jeune avocat du ministère de la justice était devenu très populaire dans les soirées de Washington et de New York est caractéristique. En échange de fournitures d'or d'Acapulco, il diffusait les bandes super-secrètes du Watergate lors de soirées libérales de jeunes, et était la coqueluche du circuit. L'épisode n'a fait jaser qu'un jour et a été rapidement oublié.

Depuis l'avènement de Franklin D. Roosevelt en 1933, le ministère de la Justice n'a cessé de faire preuve d'un parti pris “libéral”. Le long cortège de conseillers républicains de la Maison Blanche condamnés et envoyés en prison reflète non seulement le pouvoir du Congrès démocrate, mais aussi les préjugés écrasants des avocats du ministère. Tout comme la Cour suprême, on peut dire que le ministère de la Justice a lu les résultats des élections, mais l'interprétation qu'il en fait se situe à un niveau beaucoup plus bas et plus mesquin. L'attachement des fonctionnaires du ministère à l'étatisme, plus connu sous le nom de marxisme, n'a jamais été un secret à Washington. Toutefois, ces dernières années, des rumeurs ont fait état de l'existence de deux philosophies de gouvernement contradictoires au sein du ministère de la Justice. En fait, la rivalité la plus active et l'opposition de longue date de deux sectes fanatiques se sont retrouvées dans les couloirs de la justice. En 1933, avec la domination soudaine de l'aile stalinienne du parti communiste, qui a pris la direction absolue du parti démocrate, les fonctionnaires du gouvernement ont rivalisé d'ingéniosité pour montrer leur nouvelle loyauté. De grandes affiches de Lénine et de Staline sont placées dans les bureaux et les maisons des hauts fonctionnaires ; l'Internationale est régulièrement chantée lors des fêtes de fin de semaine organisées par ces fonctionnaires, et l'on peut voir des étudiants sérieux se pencher sur la dernière édition des discours de Staline publiée par l'International Publishers. Toutefois, il ne s'agissait là que des signes d'une loyauté fanatique. Ces fonctionnaires n'étaient pas des communistes de pacotille ; ils étaient activement engagés dans des activités d'espionnage dans les couloirs de notre gouvernement. Les membres de la célèbre cellule Harold Ware, présidée par Felix Frankfurter et ses protégés omniprésents, connus sous le nom de "Happy Hot Dogs", ont été nommés à des postes clés dans les ministères. Des fonctionnaires de longue date, qui avaient servi avec compétence et compétence pour des salaires très bas, ont été relégués à l'arrière-plan, irréversiblement entachés de leur réputation de "bons Américains". Peu de ces malchanceux pouvaient même se vanter d'avoir un accent étranger.

Les staliniens sont restés fermement à la tête du parti démocrate pendant de nombreuses décennies. Entre-temps, un groupe rival s'était installé aux États-Unis, les partisans de Léon Trotski, qui s'étaient engagés en faveur d'une "révolution mondiale immédiate". Ils s'opposent farouchement aux staliniens, qui reprennent le dicton de Staline "le socialisme dans un seul pays", c'est-à-dire la Russie, bien qu'une forme plus pure de communisme ait été établie sur les rives du Potomac, peut-être le seul véritable gouvernement communiste qui ait jamais existé dans le monde. En 1940, Staline, craignant que Trotski ne sème la discorde au seuil de la guerre mondiale, l'a fait assassiner à Mexico. Les trotskistes avaient désormais un martyr et une cause digne d'un soutien financier continu de la part des diverses fondations Rockefeller exonérées d'impôts. Les trotskistes se sont finalement retrouvés sous l'égide de la Ligue pour la démocratie industrielle, un nom fantôme pour l'ancien Parti socialiste des travailleurs, le mouvement trotskiste en Amérique.

Fermement attachée aux principes du marxisme et à la doctrine de la révolution mondiale de Trotsky, la Ligue pour la démocratie industrielle commence à infiltrer les groupes conservateurs américains. Après 1948, la LID devient le nid des plus fervents propagandistes israéliens aux États-Unis. S'affichant d'abord comme "néo-conservateurs", ils deviennent progressivement plus militants et virulemment anti-staliniens. En 1980, avec l'élection de Ronald Reagan à la présidence, la LID, se cachant derrière ses contacts au sein de l'Institut Hoover de l'Université de Stanford, a pris le contrôle de l'administration Reagan. Reagan s'est retrouvé sans le savoir dans le rôle hollywoodien du général Coster, complètement encerclé par les Indiens à Little Big Horn, tandis que les quelques partisans véritablement conservateurs qui lui restaient étaient réduits à néant. Les trotskistes disposaient désormais d'un pouvoir total à la Maison Blanche. Ils rédigent des discours virulents que Reagan doit prononcer, dénonçant le régime de Moscou comme l'Empire du Mal et menaçant de venger la mort de Trotski par une guerre totale contre les Soviétiques.

Les réalités de la politique internationale les ont contraints à atténuer ces toxines, mais ils ont continué à développer des régimes "anticommunistes" en Amérique latine. Après le fiasco de l'élection de Goldwater, les "néocons", les trotskistes qui considéraient désormais Tel-Aviv comme leur Kremlin, ont pris le contrôle du parti républicain par défaut, car le contrôle de l'Est, la direction traditionnelle des républicains à Wall Street, a vacillé sous la direction incertaine de Nelson Aldrich Rockefeller. Au Nicaragua, les "néocons" ont trouvé une occasion en or. Pendant des décennies, le Nicaragua avait été le terrain de jeu de sociétés bancaires telles que J & W Seligman Co. et Brown Bros (aujourd'hui Brown Bros. Harriman, la société familiale du président George Bush). Le dictateur nicaraguayen, le général Alberto Somoza, a invité quelques entrepreneurs israéliens dans son pays, dans l'espoir de profits rapides. Ils lui ont rapporté des millions, mais ont maltraité la population de manière si impitoyable qu'une réaction s'est produite. Les sandinistes, un groupe communiste stalinien, ont pris le pouvoir, exilé Somoza, qu'ils ont ensuite assassiné, et saisi les entreprises israéliennes. Les Israéliens ont commencé à financer un mouvement d'opposition, appelé "contras".

Lorsque Reagan est entré à la Maison Blanche en 1980, les "néocons" ont cherché à obtenir un financement américain pour le mouvement des contras, dans l'espoir de récupérer les entreprises israéliennes au Nicaragua. Cependant, le Congrès démocrate, toujours fermement attaché au soutien du communisme stalinien dans le monde entier, a refusé d'autoriser le soutien des États-Unis aux contras. Une impasse s'est alors créée, qui a paralysé le gouvernement américain pendant près d'une décennie. Les "néocons" de Kissinger, menés par ses protégés personnels, John Poindexter et Oliver North, et supervisés par Elliott Abrams du Département d'État (gendre du pouvoir israélien), Midge Decter et Norm Podhoretz de Commentary, la publication d'agit-prop de l'American Jewish Committee, ont cherché à financer les contras par le biais de dons exonérés d'impôts. Le Congrès a alors interdit le soutien aux contras par les amendements Boland.

Pour punir ceux qui soutenaient les contras, le Congrès a cherché à prendre le contrôle de la branche exécutive du gouvernement. Le système traditionnel d'équilibre des pouvoirs a été jeté par-dessus bord, le Congrès nommant des "procureurs spéciaux" chargés de crucifier North et d'autres boucs émissaires des "néocons". Même les procès, qui sont traditionnellement l'apanage du pouvoir exécutif, ont été pris en charge par le Congrès, qui a organisé des procès télévisés spectaculaires à Moscou pour ses victimes, comme North, dans la grande tradition de Josef Staline. Le public américain, totalement abasourdi par le spectacle de deux ailes du parti communiste s'affrontant à mort à Washington comme des pitbulls fous, n'a jamais été informé par la presse servile, désormais largement sous domination étrangère, de la véritable nature de la lutte. Pendant ce temps, l'économie, les frontières nationales, l'environnement, l'armée et d'autres responsabilités du gouvernement national ont été abandonnées, laissant la nation vaciller puis sombrer dans le désarroi le plus total.

Une autre opération coûteuse et très médiatisée du ministère de la justice a été la poursuite éperdue des "criminels de guerre nazis", près d'un demi-siècle après les faits, une campagne dont l'équivalent serait l'inculpation des responsables soviétiques du régime actuel pour les meurtres de masse commis pendant les purges des années 1930 par Staline. Bien que ces "crimes" présumés aient eu lieu en dehors de la juridiction américaine, les principes de notre système juridique en matière de commerce des lois ont permis au gouvernement américain de prendre des mesures contre des personnes qui sont devenues par la suite des citoyens américains. La justice a mis en place l'Office of Special Investigations, qui a agi comme le bureau américain du KGB, et a également travaillé en étroite collaboration avec le Mossad, les services de renseignements israéliens, pour fabriquer des "preuves" contre plusieurs citoyens américains âgés qui auraient été "gardiens" dans des camps de concentration allemands il y a près de cinquante ans. L'OSI a dépensé plusieurs millions de dollars pour que ces victimes âgées soient déportées et exécutées. L'un des directeurs de l'OSI était Nate Lewine, qui est mystérieusement devenu l'avocat obligatoire des cadres républicains de la Maison Blanche accusés de "trafic d'influence" et d'autres délits.

Nate Lewine a commencé sa carrière lucrative au ministère de la Justice en tant qu'agent principal de l'équipe "Get Hoffa" du ministère (qui pourrait être à l'origine de l'assassinat de John F. Kennedy). C'est un ancien camarade de chambre de Philip Heymann, directeur de la division criminelle du ministère de la justice sous le président Carter, et aujourd'hui à la faculté de droit de Harvard. Walter Sheridan, chef de l'équipe "Get Hoffa", était le mentor de l'opération pour les coups bas. Ce groupe a pris la défense de Stephen Bryen après qu'il ait été accusé d'avoir transmis des secrets de défense au Mossad. Bryen fait maintenant partie de l'équipe de son associé de longue date, le secrétaire adjoint à la défense Richard Perle. L'attaque vicieuse contre John Tower lorsqu'il a été nommé secrétaire à la défense a été orchestrée par le groupe du Mossad à la défense ; ils craignaient qu'il ne s'oppose à la poursuite de leurs activités d'espionnage pour le compte d'Israël. Le tristement célèbre Bureau des enquêtes spéciales avait été mis sur pied à la demande de la députée Elizabeth Holtzman, avec l'aide de Heymann et Lewine. Il a été mis en place spécifiquement comme une unité de coups bas du Mossad et du KGB, opérant sous une couverture profonde au sein du ministère de la Justice. Les clients de Lewine allaient généralement en prison après l'avoir payé des millions de dollars. Il a d'abord défendu le député George Hansen, qui était accusé de ne pas avoir rempli correctement les formulaires de déclaration d'éthique. Son véritable délit était de s'être rendu en Iran pour tenter de libérer des otages américains, envahissant ainsi les réserves sacrées du Moyen-Orient, qui étaient depuis longtemps la propriété du Mossad et des politiciens israéliens. Hansen a payé un million de dollars à Lewin pour qu'il soit envoyé en prison fédérale, où il a été traité avec une telle brutalité que 258 membres du Congrès ont adressé une pétition au Bureau des prisons pour qu'il allège ses souffrances. Des millions d'Américains ont inondé Reagan de demandes de libération conditionnelle de Hansen ; toutes leurs requêtes ont été jetées dans la corbeille à papier de la Maison Blanche par les "néocons" narquois qui tenaient Reagan en captivité.

Michael Deaver, le plus proche confident de Reagan, fut la prochaine victime. Lewine lui demanda trois millions de dollars. Deaver fut condamné. Les Américains n'ont guère réagi au cortège de procès-spectacles moscovites qui se sont déroulés à Washington depuis l'épisode du Watergate, "le scandale du siècle", au cours duquel un bureau démocrate avait été cambriolé par des hommes de main républicains. Des cadres blancs républicains de la Maison Blanche ont été jugés par des jurys démocrates noirs et condamnés à chaque fois, le dernier en date étant Oliver North. Il ne s'agit pas de racisme de la part des jurys, mais plutôt du "processus de Moscou", dans lequel les staliniens démocrates jurent de condamner les néoconservateurs trotskistes républicains, quelles que soient les charges ou les preuves retenues contre eux. Cette parodie de procédure judiciaire est typique du système judiciaire des "marchands de droit", qui fonctionne uniquement sur la base du pouvoir et de l'argent. Aucune norme juridique ne doit s'appliquer.

L'Office of Special Investigations s'est transformé en un petit groupe de fanatiques conspirateurs qui ont pris le contrôle de toutes les opérations du ministère de la Justice. Ce groupe était connu sous le nom de "Nesher", le mot hébreu pour "aigle". Ses origines peuvent être trouvées dans un livre de John J. Dziak, historien de la Defense Intelligence Agency, "Chekisty : A History of the KGB". Dziak expose un bureau mondial d'espionnage et d'assassinat dirigé par le KGB par l'intermédiaire du Dr Max Eitington, un proche collaborateur de Sigmund Freud. C'est Eitington qui a introduit l'utilisation de la psychiatrie et des drogues dans l'espionnage international. Il a également préparé les documents pour le procès secret de 1937, qui a abouti à l'exécution des neuf principaux généraux de l'armée soviétique. Il s'est avéré par la suite que ces documents avaient été préparés par la Gestapo d'Hitler. Eitington avait pleinement coopéré avec Reinhard Heydrich pour préparer ces "preuves", en utilisant les mêmes techniques que celles employées plus tard par le ministère américain de la justice pour utiliser de fausses preuves du KGB afin de faire expulser et exécuter des citoyens américains par l'OSI.

Parmi les nombreux meurtres organisés par Max Eitington, on peut citer l'assassinat du fils de Trotski, Léon Sedov, dans un hôpital parisien, de Rudolf Kleist, un trotskiste allemand dont le corps décapité a été retrouvé dans la Seine, et de Walter Krivitsky, un transfuge du KGB qui a été assassiné dans un hôtel de Washington, à quelques mètres seulement des salles du Congrès. Le frère d'Eitington dirigeait les opérations d'espionnage à l'étranger du KGB, dont les dépenses étaient financées par les revenus du Soviet Fur Trust. Max Eitington a créé l'Institut psychiatrique de Berlin, dont les diplômés sont ensuite venus aux États-Unis pour créer des antennes de l'Institut Tavistock (le département de la guerre psychologique de l'armée britannique), qui a procédé à un lavage de cerveau systématique des responsables des principales fondations et institutions éducatives américaines.

Le groupe Eitington, connu sous le nom de Killerati, a été un pionnier dans l'utilisation des drogues et de la psychiatrie dans les opérations d'espionnage. Ses techniques ont servi de base aux services secrets britanniques et à leur filiale, la Central Intelligence Agency. La prise de contrôle du ministère de la justice par Nesher, issu de ce groupe impie, a fourni un terrain de rencontre idéal pour les forces ostensiblement hostiles du KGB et du Mossad. Grâce aux fonds illimités fournis par le contribuable américain, ils ont pu mener à bien leurs sinistres campagnes mondiales de meurtre et de destruction systématiques dans tous les pays du monde. Nesber a financé des équipes de mors pour assassiner des Palestiniens qui coopéraient avec le gouvernement américain, assurant ainsi la continuité du chaos, dont Israël se nourrit, dans tout le Moyen-Orient, et a abouti à la prise d'otages américains, non pas en représailles contre les États-Unis, mais pour se protéger contre d'autres tentatives d'assassinat par le Mossad. Nesher a renversé Duvalier en Haïti, provoquant un chaos généralisé et des souffrances dans ce pays. Pendant ce temps, le principal agent de Nesher au sein du gouvernement américain, Jonathan Pollard, s'affairait à sécuriser des milliers de pages de documents américains vitaux pour ses employeurs israéliens, afin d'assurer un chaos économique supplémentaire et des catastrophes diplomatiques étrangères pour notre nation. Pollard opérait sous l'égide du sous-secrétaire à la défense Fred Ikle, dont les liens avec la Suisse sont aujourd'hui impliqués dans un vaste scandale. Les deux principaux collaborateurs d'Ikle, Richard Perle et Stephen Bryen, ont également joué un rôle important dans les opérations de Nesher. Ils ont créé un autre groupe de façade, JINSA, l'Institut juif pour les affaires de sécurité nationale, pour couvrir leurs opérations furtives, en étroite collaboration avec le procureur de Moscou et l'avocate soviétique Natalya Kaleznikova, et le cerveau de l'affaire de l'Irangate, David Kimche, le directeur du Mossad, qui était le contrôleur de Pollard. La dissimulation de Pollard a été menée par le procureur général adjoint Arnold Burns et Nate Lewin de Nesher. Le cabinet d'avocats de Burns s'occupait de la comptabilité du syndicat Lansky par l'intermédiaire de la Sterling National Bank. Burns a mis en place quinze abris fiscaux illégaux grâce à des relations israéliennes, ce qui a permis d'échapper à quelque 40 millions de dollars d'impôts. Une enquête sur les opérations de Burns a été stoppée par le chef de la division criminelle du DJ, William Weld, de la famille de banquiers de Wall Street dont le contrôle de la Bank of Boston a permis de verser des paiements à Pollard pour ses opérations d'espionnage. Il s'est avéré que les antécédents du groupe Nesher provenaient des intérêts bancaires et d'espionnage suisses, dont l'un des promoteurs, Tibor Rosenbaum, avait financé la conquête israélienne de la Palestine. La police suisse était dirigée par Elizabeth Ikle Kopp, cousine du secrétaire adjoint à la défense Fred Ikle. Elle était mariée à Hans Kopp, qui dirigeait une holding d'un milliard de dollars pour des groupes d'espionnage opérant dans le monde entier, la Shakarchi Trading Co. Shakarchi gère des sommes énormes pour la CIA, le Mossad et d'autres opérations d'espionnage. Dix millions de dollars provenant de la vente illégale d'armes à l'Iran dans le cadre du programme Iran Contra ont d'abord été déposés à la Chase Manhattan Bank à New York par le marchand de roues arabe Adnan Khashoggi ; l'argent a ensuite été transféré au Crédit suisse, puis blanchi par les dirigeants de Shakarchi. Cet argent a servi à financer la livraison de 1000 missiles TOW à la CIA, destinés à être livrés clandestinement à des terroristes iraniens. À la suite des enquêtes menées sur les transactions liées à Iran Contra, M. Kopp et son épouse font désormais l'objet d'une enquête, tandis que M. Khashoggi croupit dans une prison suisse. L'affaire devrait mettre au jour d'intéressantes corrélations entre le cartel international de la drogue, l'espionnage international et les services de renseignement israéliens.

Le ministère de la justice était auparavant dirigé par Edwin Meese III, ami de Ronald Reagan, qui avait publiquement dénoncé l'Union américaine pour les libertés civiles. Meese a été chassé de son poste et contraint d'engager Nate Lewin comme avocat personnel pour le défendre contre toute une série d'accusations, dont aucune n'a jamais été prouvée. Meese fut alors remplacé par un républicain de l'establishment libéral de l'Est, Dick Thornburgh, ancien gouverneur de Pennsylvanie. Thornburgh avait été directeur de l'ACLU ! Il dirige aujourd'hui quelque 77 000 employés au ministère de la Justice et a annoncé son intention de démanteler quatorze forces de frappe régionales contre le crime organisé. Sous Meese, le personnel du ministère de la Justice a augmenté de 34%, tandis que ses réalisations se sont réduites comme peau de chagrin. Thornburgh avait développé une relation confortable avec la société de courtage Merrill Lynch lorsqu'il était gouverneur de Pennsylvanie ; sa plus grosse dépense a été l'autorisation d'une émission d'obligations de 807 millions de dollars pour améliorer l'autoroute de Pennsylvanie, qui se dégradait rapidement. Il est ensuite devenu directeur de Merrill Lynch avec un salaire de 35 000 dollars par an. L'ancien président de Merrill Lynch, Donald Regan, a été chef de cabinet du président Reagan à la Maison Blanche.

Le ministère de la Justice continue d'offrir un foyer spirituel à des personnages que l'on pourrait qualifier très généreusement de "cinglés". Le *Washington Post* du 11 mars 1989 a relaté l'étrange histoire du procureur fédéral Judy Russell, qui avait été largement saluée comme "l'un des jeunes avocats les plus prometteurs des États-Unis". Elle a simulé des menaces de mort à son encontre et a été diagnostiquée schizophrène, "avec quatre personnalités distinctes". Elle a été déclarée non coupable d'entrave à la justice "pour cause d'aliénation mentale".

Le FBI a continué à offrir de l'argent à une foule de personnalités étranges. Un membre bien connu du conseil municipal de Richmond, en Virginie, Henry Richardson, avait plaidé coupable en février 1988 de possession de drogues dangereuses et d'attirail de drogue. Il a été condamné à une amende de cinquante dollars et a reçu un contrat du FBI pour identifier d'autres consommateurs de drogue au sein du gouvernement de la ville. Son avocat, Michael Morchower, a déclaré dans un communiqué de presse, le 29 avril 1989, que

> "M. Richardson pourrait avoir escroqué le FBI de six mille dollars. M. Richardson a envoyé le FBI sur une fausse piste avec des informations qui n'avaient aucune valeur.

Plus tard, Richardson a admis sa dépendance à l'héroïne et s'est vu réclamer dix mille dollars pour sa "cure" dans une institution locale.

Le procureur général Dick Thornburgh, qui avait été choisi pour ce poste ministériel par le président George Bush, promet de donner une nouvelle orientation, encore plus libérale, au ministère de la justice. Lorsque l'on se souvient que George Bush a mené une campagne active contre l'ACLU (son adversaire, Michael Dukkakis, s'est vanté d'avoir longtemps été membre de l'ACLU) tout au long de sa campagne présidentielle, il devient plus surprenant que, dès son accession à la Maison Blanche, Bush ait immédiatement choisi un directeur de l'ACLU pour occuper le poste le plus sensible de son cabinet.

Thornburgh annonce ensuite sa nomination la plus cruciale, le choix de son procureur général adjoint. Il nomme Robert Fiske Jr, un choix qui fait hurler de rage la plupart des conservateurs républicains. Fiske était depuis longtemps connu comme l'agent libéral de l'American Bar Association de 1984 à 1987. En tant que membre dominant du "comité de sélection" de l'ABA, Fiske avait transmis aux organisations d'activistes libéraux les plus véhéments les noms des candidats à la magistrature au cours de ses années de "sélection". Ces activistes ont ensuite déterré l'historique complet de chaque candidat, l'examinant soigneusement pour y déceler le moindre signe de pro-américanisme. Les noms de ceux qui n'avaient pas fait l'obédience rituelle aux forces libérales les plus puissantes de la nation en coulisses ont été jetés à la poubelle. Seuls ceux qui avaient des antécédents libéraux éprouvés et authentiques ont reçu la recommandation de l'ABA pour être nommés. Le système judiciaire du pays s'est ainsi retrouvé chargé de juges dont l'histoire personnelle embrassait la drogue, la "libération" sexuelle et qui épousaient ouvertement les principes les plus violents d'organisations de gauche virulentes.

Le processus de sélection de l'ABA n'était pas aussi important sous l'administration des présidents démocrates. Jimmy Carter était connu pour les activistes libéraux, quelque trois cents juges, qu'il a placés dans les tribunaux du pays. En revanche, sous les administrations républicaines, la procédure de filtrage de l'ABA était cruciale pour les démocrates staliniens, car elle leur permettait de subvertir et de bloquer les programmes républicains. Les juges soupçonnés d'être "conservateurs" se heurtaient à une phalange d'opposants au sein du comité de sélection de l'ABA.

En 1985, Fiske a été contraint d'admettre qu'il avait effectivement envoyé les noms des candidats de Reagan à des postes judiciaires conservateurs à des activistes libéraux bien connus tels que l'Alliance for Justice Judicial Selection Project, afin de déterminer si les candidats avaient des antécédents prouvés de "partialité" à l'égard des femmes ou des minorités. Le résultat a été que les candidats de Reagan se sont heurtés à des mois d'atermoiements, d'animosité ouverte et, dans de nombreux cas, de refus de leur nomination à un poste de juge. Lorsque Thornburgh a nommé Fiske au poste de procureur général adjoint, les initiés de Washington ont considéré qu'il s'agissait d'un paiement à un saboteur pour sa carrière de démolisseur notoire, détruisant les chances de Reagan de nommer une magistrature plus conservatrice. Fiske, dont la mère était une Seymour, issue d'une importante famille de Wall Street, était devenue partenaire du prestigieux cabinet de Wall Street Davis Polk and Wardwell. L'un des observateurs juridiques les plus respectés de Washington, Paul Kamenar, de la Washington Legal Foundation, a décrit Fiske comme "fondamentalement un milieu de type libéral, un avocat de Wall Street, un républicain de type country club".

Bien que le précédent procureur général, Edwin Meese ILI, ait quitté ses fonctions dans l'ombre, après avoir été impliqué dans le fameux scandale Wedtech avec l'État d'Israël, il pourrait être justifié si l'on examine le bilan de son successeur, Dick Thornburgh. Diplômé de Yale et ami personnel de longue date du président George Bush, Thornburgh est également un protégé de Don Regan, ancien chef de cabinet du président Reagan à la Maison Blanche et directeur de la gigantesque société de courtage Merrill Lynch. Thornburgh n'est pas seulement devenu directeur de Merrill Lynch, il est également directeur de la chaîne de pharmacies géante, Rite Aid Corporation, qui est entachée de scandales. Le descendant de la famille Rite Aid, Martin Grass, a été arrêté dans la chambre 158 de l'hôtel Sheraton Airport de Cleveland. Les procureurs l'ont saisi alors qu'il était en train de remettre un chèque de 33 000 dollars à Melvin Wilcyznski, un membre votant du conseil pharmaceutique de l'État. En retour, M. Wilczysnki avait signé une lettre non datée de démission du conseil de l'ordre des pharmaciens. L'ensemble de l'incident a été filmé par les procureurs, qui avaient également enregistré quatre conversations téléphoniques antérieures entre Grass, ancien vice-président exécutif de Rite Aid, récemment nommé président de la société, et Wilczynski. La nouvelle de l'arrestation a fait chuter l'action Rite Aid de 1 875 $, à 34,75 $. Rite Aid est la plus grande chaîne de pharmacies du pays, avec 2270 magasins et 28 000 employés. Elle possède 65 magasins de pièces détachées automobiles, ADAP, et une chaîne de 40 librairies de détail, Encore. Elle possède également une chaîne de nettoyage à sec, Begley Corp, dont Martin Grass est le directeur.

L'intérêt démesuré de Rite Aid pour l'Ohio State Board of Pharmacy est dû à l'acquisition de 162 magasins Gray Drug Fair en 1987. Rite Aid possède 349 magasins dans l'Ohio. Les membres du State Board of Pharmacy avaient infligé à Rite Aid une amende de 50 000 dollars en janvier 1989, pour avoir permis à des employés n'appartenant pas à la pharmacie d'avoir accès à des médicaments sur ordonnance. Le conseil avait auparavant refusé d'accorder à Rite Aid un délai de grâce pour corriger les nombreux problèmes de sécurité des médicaments qui étaient endémiques dans ses magasins. Le compte rendu de l'affaire par le Wall Street Journal, très complet, indique que Martin Grass avait prévu de présenter la démission de M. Wilczynski au gouverneur Richard J. Celeste, qui, comme Grass l'avait dit à Wilczynski, avait accepté de nommer des pharmaciens choisis par Rite Aid pour occuper les futurs postes vacants au sein du conseil de la pharmacie de l'État. Selon les procureurs, Rite Aid tentait d'empêcher le conseil pharmaceutique de prendre des mesures d'exécution à son encontre. Les enquêteurs ont appris que le plan Grass, auquel Celeste aurait participé, consistait à remplacer trois membres du conseil pharmaceutique par des partisans de Rite Aid et à évincer le directeur exécutif du conseil. Quatre-vingt-dix des magasins Gray Drug Fair rachetés par Rite Aid ont été perquisitionnés en deux jours et accusés de ne pas disposer de systèmes d'alarme de sécurité adéquats, ainsi que d'autres infractions.

Dans l'État de New York, Rite Aid a été impliqué dans un autre imbroglio lorsque le vice-président de la société chargé des affaires gouvernementales et des relations commerciales a menacé de boycotter le New York State Employees Prescription Plan, lorsque de nouveaux tarifs ont été proposés en 1986. La Federal Trade Commission a alors accusé Rite Aid d'imposer illégalement une augmentation du taux de remboursement des prescriptions, ce qui a coûté à l'État de New York sept millions de dollars supplémentaires.

Un analyste bien connu de la chaîne pharmaceutique de Wall Street a noté que "Marty voulait montrer à son père qu'il pouvait faire face à tout ce qui se présenterait au cours de sa présidence. À ce rythme, il ne sera jamais nommé président de la Fédération des philanthropies juives (un poste qui jouit d'un grand prestige personnel dans la communauté)". L'analyste faisait référence aux antécédents du père de Marty Grass, Alex Grass, un avocat de Miami qui avait épousé un membre de la hiérarchie des magasins Rite Aid. Il a épousé Lois Lehrman (la famille Lehrman est le principal actionnaire de Rite Aid). Grass est ensuite devenu directeur de l'exploitation du géant pharmaceutique, ce qui l'a amené à jouer un rôle de premier plan dans les activités philanthropiques de la communauté. Il figure actuellement sur la liste des présidents de l'Appel juif unifié, du Fonds de dotation israélien, de la Fédération juive, de l'Agence juive pour Israël et du Centre israélien d'études sociales et économiques. Il est le beau-frère du célèbre néoconservateur Lewis Lehrman, qui a dirigé le rachat du parti républicain par de riches néoconservateurs en 1980. Alors qu'il était encore président des magasins Rite Aid, Lehrman s'est présenté au poste de gouverneur de New York, battant tous les records de dépenses lors de sa campagne, qui s'est soldée par un échec. Bien que les loyalistes de sa campagne lui aient assuré qu'"un candidat juif ne peut pas perdre à New York", il a tenu à dépenser sept millions de dollars pour des publicités télévisées, alors que son adversaire, Cuomo, n'en a dépensé qu'un million et demi. Les collaborateurs de la campagne de Cuomo lui ont également assuré qu'il ne pouvait pas perdre, en lui disant qu'"un Italien catholique ne peut pas perdre à New York". Lorsque les votes ont été comptés, ils avaient raison.

Lehrman s'est ensuite présenté comme un conservateur convaincu, dotant son propre "think-tank de droite", modestement baptisé "l'Institut Lewis Lehrman". Lehrman est également le principal bailleur de fonds de groupes "conservateurs" bien connus tels que la Heritage Foundation, dirigée par un socialiste fabien britannique, et l'American Enterprise Institute, qui sont tous deux des opérations d'agit-prop parrainées par Rockefeller et se faisant passer pour des "groupes politiques de droite".

Lehrman avait déjà été reconnu (principalement par son magazine préféré, la National Review) comme le génie idéologique à l'origine de la fameuse "révolution de l'offre" du président Reagan. Lehrman était également un ardent défenseur des principes "goldbug" de l'économiste français Jacques Rueff. Lehrman est ensuite devenu le mentor d'un ancien libéral, David Stockman, qui avait changé de camp lorsque les Républicains ont pris le pouvoir. Lorsque Stockman et son acolyte, Jack Kemp (aujourd'hui choisi par Bush pour diriger le gigantesque projet de santé, d'éducation et de protection sociale à Washington) ont publié un rapport controversé au début de l'administration Reagan, mettant en garde contre "l'approche d'un Dunkerque économique", il était de notoriété publique à Washington qu'ils n'avaient fait que plagier un rapport antérieur de Lehrman parvenant à la même conclusion.

En 1977, Lewis Lehrman a placé trois millions de dollars de sa fortune personnelle en plein essor dans l'Institut Lehrman, installé dans une luxueuse maison de ville de Manhattan. Lorsque Lewis Lehrman a annoncé son intention de se présenter au poste de gouverneur de New York, les actions de la famille Lehrman dans Rite Aid valaient 92 millions de dollars, dont la part de Lewis Lehrman était de 60 millions de dollars. Pendant sa campagne, la valeur de l'action a augmenté de dix points, atteignant un maximum de 40 à la bourse. Les analystes de Wall Street pensaient apparemment que la société Rite Aid tirerait un avantage financier de la présence de son principal actionnaire au poste de gouverneur. En fait, Lehrman a dépensé quelque dix millions de dollars au cours de sa campagne, tandis que ses actions dans Rite Aid ont augmenté de 15 millions de dollars, ce qui signifie qu'il a augmenté sa fortune personnelle de cinq millions de dollars en briguant un poste dans la fonction publique. Il s'agit là d'un revirement unique par rapport au schéma habituel des événements dans le domaine politique aux États-Unis, où de pauvres garçons de ferme se consacrent à une vie de service public et se retrouvent avec des actions de sociétés d'une valeur de cinquante millions de dollars, comme l'a fait le défunt Lyndon Baines Johnson.

Lewis Lehrman faisait depuis longtemps partie du très petit groupe de dieux du panthéon de William Buckley, dont l'éloge était régulièrement fait dans les pages du journal d'agit-prop de la CIA, la National Review ; les compagnons de Lehrman dans cet étrange panthéon étaient Sir James Goldsmith, un parent et partenaire des

Rothschild d'Europe ; Bill Casey, directeur de la CIA, Jeane Kirkpatrick, surnommée "Miss Israël" par les Washington set, et Milton Friedman, l'infatigable porte-parole de l'École viennoise d'économie des Rothschild. Ces dieux étaient connus collectivement sous le nom de "néocons", argot intellectuel pour "néoconservateurs", qui étaient bien représentés au conseil d'administration de la prêtrise trotskiste aux États-Unis, la Ligue pour la démocratie industrielle financée par Rockefeller, l'ancien Parti socialiste ouvrier (Valhalla du martyr Léon Trotski, victime de l'insatiable pulsion de mort de Staline). La fascination des Rockefeller pour Trotski remonte aux jours grisants de 1917, lorsque le vieux John D. lui-même a vu Trotski partir pour déclencher la révolution bolchevique en Russie. John D. a charitablement mis dix mille dollars dans la poche de Trotski alors qu'il se lançait dans sa carrière de révolutionnaire mondial, ce qui constitue un changement surprenant par rapport au don habituel de Rockefeller d'un centime à ceux qu'il approuvait.

Malgré l'image de perdant de Lehrman, qui était aggravée par son aura de grande richesse et son habitude d'acheter ceux qu'il souhaitait impressionner, les pages de la National Review étincelaient d'hommages aux grandes actions de Lehrman dans la vente d'aspirine au public. William Buckley a également une chronique quotidienne dans laquelle il a sorti l'artillerie lourde pour soutenir la candidature de Lehrman (26 octobre 1982), faisant l'éloge de Lehrman comme "un brillant fonctionnaire" qui était également "proéminent dans les affaires juives". Lehrman découvrit plus tard que personne à New York ne lisait les déclarations de Buckley, ce qui explique peut-être sa défaite.

Frustré dans sa quête du poste de gouverneur de New York, qui lui permettrait d'accéder à la Maison Blanche tant convoitée, comme en témoigne l'étrange carrière de Franklin Delano Roosevelt, Lehrman a jeté son argent et son influence dans la carrière politique de Jack Kemp, qui s'est avéré aussi difficile à vendre à l'opinion publique américaine que Lehrman lui-même. National Review a décrit Kemp comme "le fugitif politique de l'école économique de Lew Lehrman". Malgré le soutien influent de Lehrman, la quête de Jack Kemp pour la présidence, ainsi que les autres ambitions politiques de Lehrman, ont sombré sans laisser de traces.

La fortune de Lehrman provient de son grand-père, un colporteur itinérant dont le stock principal, comme se plaisait à le rappeler son petit-fils, se composait de lacets de chaussures et de sucre. Le grand-père a finalement accumulé suffisamment d'argent pour ouvrir une petite épicerie qui, comme c'est souvent le cas dans notre climat de création de richesse, est devenue une grande chaîne d'épicerie en gros. Lorsque les rapports des comptables ont montré que les bénéfices tirés des médicaments dépassaient de loin ceux, bien moindres, de la viande et des pommes de terre, l'eider Lehrman s'est lancé dans la vente au détail de médicaments. Une fois les millions accumulés, son petit-fils Lew a pu épouser une protestante, Louise Stillman, membre de la plus prestigieuse famille de banquiers de New York et banquiers historiques (National City Bank, aujourd'hui Citibank) des milliards de revenus de Rockefeller provenant de Standard Oil, le monopole le plus prospère du monde. Deux des filles de Stillman avaient épousé des membres de la famille Rockefeller, ce qui a permis à Lew Lehrman d'entrer dans l'aura dorée de la famille. Étudiant à Harvard, Lew Lehrman a reçu une bourse d'enseignement Carnegie et une bourse Woodrow Wilson. Il est depuis longtemps admis dans les plus augustes établissements de l'Ivy League qu'une grande richesse familiale ne doit pas être considérée comme un obstacle à l'octroi de bourses à un étudiant, même si les donateurs les destinaient à l'origine à des universitaires dans le besoin.

Alex Grass, l'avocat de Miami qui a épousé la sœur de Lew, prospère également avec Rite Aid. La campagne politique qui a augmenté la fortune de Lew d'environ 20% a eu un effet correspondant sur les avoirs d'Alex et de sa femme Lois. Cependant, Alex Grass se sentait oppressé par l'envie et l'aversion croissantes que lui inspirait son beau-frère plus célèbre, une situation habilement décrite par l'écrivain Michael Kramer dans le New York Magazine. Grass a rapidement intenté un procès en diffamation de 24 millions de dollars contre New York, dont on n'a plus entendu parler ces dernières années. Dans le numéro du 5 avril 1982 du New York Magazine, Kramer note, à la suite de longues discussions avec les dirigeants de Rite Aid, qu'"Alex a toujours été jaloux de Lew". Pendant des années, des luttes intestines considérables ont éclaté au sein de l'entreprise, Alex et Lew se battant chacun pour étayer ses affirmations selon lesquelles lui et lui seul était responsable de la croissance phénoménale de Rite Aid et de ses profits florissants. Alex Grass, qui n'était pas un grand publiciste, avait choisi de se promouvoir en s'immergeant dans les affaires juives, atteignant finalement le poste le plus convoité de la philanthropie juive, lorsqu'il fut nommé président national de l'Appel juif unifié (United Jewish Appeal). Lehrman continua à se consacrer aux "affaires publiques", engageant le dynamique rédacteur de discours de Robert F. Kennedy, Adam Walinsky, pour rédiger ses pronunciamiento. La rivalité entre les deux parents s'est finalement apaisée lorsque Lehrman s'est retiré de la société et qu'Alex a pu nommer son fils président. Les initiés pensent que c'est la détermination frénétique des Grass à "se montrer" Lew qui a conduit à l'implication de Marty dans le scandale des pots-de-vin de l'Ohio. Comme indiqué précédemment, l'implication profonde du nouveau procureur général dans les scandales de Rite Aid soulève de sérieuses questions quant aux motivations du président Bush pour une "Amérique plus gentille et plus douce", mais pas nécessairement plus honnête.

Outre M. Thomburgh, les autres directeurs de la société Rite Aid sont Richard Kogan, président de la société pharmaceutique Schering Plough, qui pèse trois milliards de dollars. Kogan a également les liens nécessaires avec Londres, puisqu'il est directeur de l'une des cinq grandes banques anglaises, National Westminster, qui a fourni le dernier choix en date pour diriger la Banque d'Angleterre. Parmi les autres directeurs de Schering Plough, citons William A. Schreyer, président de Merrill Lynch ; Harold McGraw, président du géant de l'édition commerciale McGraw Hill ; Virginia Dwyer, directrice de la Federal Reserve Bank of New York, de Baton Corp, de Georgia Power et de Southern Company, qui a fait beaucoup parler d'elle récemment ; et James Wood, président d'A&P Co.

Les agences fédérales n'ont pas cherché à savoir si la position de Kogan à la tête de l'un des plus grands fabricants de médicaments du pays posait un conflit d'intérêts avec sa position de directeur de la plus grande entreprise de vente au détail de médicaments du pays. Les autres administrateurs de Rite Aid sont Leonard Stem, Philip Neivert, Henry Taub et Gerald Tsai Jr. Anciennement connu sous le nom de "Boy Wonder" de Wall Street, Tsai est aujourd'hui président de la société holding Primerica, qui possède la société d'investissement de Wall Street, Smith Barney Co. et Continental Life, ainsi que Fingerhut, une entreprise de textile qui réalise un chiffre d'affaires de 800 millions de dollars par an. Parmi les administrateurs de Primerica, on trouve le plus célèbre des rouleurs de Washington, Joseph Califano Jr, connu comme l'avocat-lobbyiste le mieux payé de Washington, et ancien secrétaire à la santé, à l'éducation et à la protection sociale, le plus grand gâchis du monde. Charles Hugel est également directeur de Primerica ; il est président de Combustion Engineering Co, l'un des plus fervents partisans du "commerce avec la Russie soviétique" et de l'USTEC, l'organisation secrète des hommes d'affaires qui tente désespérément de sauver l'économie de l'Union soviétique qui s'effondre, tous frais payés par le contribuable américain, et de sauver la philosophie marxiste léniniste du gouvernement d'un oubli bien mérité. Califano siège avec Hugel au conseil d'administration de Combustion Engineering. Hugel est également président de RJR Nahisco, directeur de Pitney Bowes et directeur de Baton Corp, la création de feu Cyrus Baton, un protégé de John D. Rockefeller qui s'est rendu célèbre pour ses liens avec le KGB soviétique en parrainant les mystérieuses "Conférences Pugwash" et qui a été présenté pendant des années dans la presse américaine comme "le financier le plus pro-communiste de la nation".

Le dernier directeur de l'actuelle Rite Aid Corp. à attirer notre attention est Henry Taub, président du géant Automatic Data Processing Corp. (1,38 milliard de dollars par an). Les finances de l'entreprise sont gérées par la Manufacturers Hanover Bank de New York, la banque Rothschild, selon des audiences peu connues du Congrès. Parmi ses directeurs, on trouve Alan Greenspan, un directeur de J. P. Morgan Co. qui est maintenant en charge du système monétaire de la nation en tant que président du Conseil des gouverneurs de la Réserve fédérale ; Joseph Califano, mentionné précédemment ; Laurence Tisch, le magnat qui a avalé le géant des médias CBS ; et Frederick Malek, connu comme l'un des piliers de l'administration déchue de Nixon.

Bien que les dirigeants et administrateurs de Rite Aid aient de nombreux liens historiques avec le destin d'Israël, pays du Moyen-Orient en proie à l'agitation, aucun n'est plus important qu'Henry Taub. Il est directeur du Technion américain, qui finance l'industrie scientifique israélienne en plein essor, de la Bank Leumi Trust, qui a financé la prise de contrôle de la Palestine sur les Arabes par l'intermédiaire de Tibor Rosenbaum, de Suisse et d'autres pays occidentaux, et d'autres agences juives. Maxwell Rabb, ancien directeur de Rite Aid et protégé des Lehrman, est l'éminence grise de l'administration Eisenhower qui, depuis de nombreuses années, représente les intérêts "américains" en tant qu'ambassadeur des États-Unis en Italie. H. Guyford Stever, directeur de Schering-Plough, qui a occupé de nombreux postes gouvernementaux importants dans des agences telles que la NASA, la National Science Foundation, le président de l'université Carnegie-Mellon, le président du comité conjoint des États-Unis et de l'URSS pour la science et la technologie, le conseil des gouverneurs de l'Israel Science Foundation et le directeur du géant de l'industrie de la défense, la TRW Corp. Stever est membre de l'exclusif Cosmos Club de Washington et du célèbre Bohemian Club de Californie, où l'élite se réunit pour planifier ses objectifs personnels pour le grand avenir américain.

La sinistre combinaison d'intérêts bancaires et juridiques exposée dans ces liens a été décrite en détail dans le livre de cet auteur, *The World Order*. Les conclusions de ce livre sont confirmées par les procès spectaculaires qui ont eu lieu à Washington ces dernières années, au cours desquels des personnes soupçonnées de "conservatisme" ont été délibérément mises au pilori par les adeptes d'Un seul monde, le mouvement politique libéral historique. Pour se protéger devant les tribunaux, ces intérêts particuliers se sont donné beaucoup de mal pour s'assurer que les affaires seraient entendues par des juges dont il était prouvé qu'ils étaient favorables à leurs objectifs cachés. L'instrument utilisé a été une agence dont peu d'Américains ont entendu parler, le Comité permanent du pouvoir judiciaire fédéral de l'American Bar Association. Ce groupe relativement inconnu, élu par personne, a exercé un droit de veto virtuel sur les candidats à la magistrature pendant de nombreuses années, limitant son approbation aux juges potentiels ayant des antécédents étendus au service de ses objectifs largement inexprimés, mais bien connus et bien compris. Un éditorial du Wall Street Journal du 22 mars 1989 notait que "la politique déguisée en évaluation objective a caractérisé le rôle quasi-officiel de l'ABA dans la sélection des juges pendant les années Reagan". La Washington Legal Foundation, un groupe d'intérêt public, poursuit aujourd'hui l'ABA en justice, parce que le comité permanent a refusé de donner à cette fondation conservatrice des informations sur les candidats qu'il avait volontiers partagées avec des groupes de gauche. Le comité permanent a maintenu ses principes de délibérations à huis clos et de votes secrets, à l'instar de son précepteur, le Conseil des gouverneurs de la Réserve fédérale. L'action en justice de la WLF se fonde sur le fait que l'ABA a toujours envoyé des informations sur les candidats à la magistrature à la NAACP, à People for the American Way, à l'ACLU et à d'autres organisations libérales de premier plan, tout en refusant catégoriquement de communiquer ces informations à des groupes conservateurs tels que la WLF. Le processus de l'ABA a garanti la nomination de juges activistes libéraux qui sévissent aujourd'hui dans la magistrature américaine, et qui représentent pour la plupart des Américains qui n'entrent pas dans cette catégorie. La Washington Legal Foundation soutient que "les enquêtes ont été menées et continuent d'être menées de manière à pénaliser ou à discréditer les candidats qui défendent ou professent des principes ou une idéologie conservateurs, et à retarder ou à empêcher leur nomination par le président".

En réponse, l'ABA maintient qu'elle n'étudie que "le tempérament judiciaire" des candidats, mais n'explique pas pourquoi elle n'envoie les noms des candidats potentiels à la magistrature qu'à des organisations de gauche. Stewart Dunnings, membre du comité de l'ABA, a déclaré qu'il souhaitait limiter la sélection des juges aux candidats qui s'engageaient à mettre en œuvre des mesures d'action positive. Susan Liss, directrice de People for the American Way, a révélé que l'ABA avait l'habitude de communiquer les noms des candidats potentiels à l'Alliance pour la justice, qui regroupe des organisations de défense des droits civiques telles que la NAACP et l'ACLU. Cette pratique permettait à ces groupes de lancer une offensive contre les candidats potentiels bien avant que leurs noms ne parviennent au président ou que les groupes conservateurs ne puissent les défendre. Le sénateur Orrin Hatch a décrit ce processus comme suit : "Il exerce un droit de veto virtuel sur nos candidats à la magistrature. Le sénateur Gordon Humphrey s'est également opposé avec force au sinistre fonctionnement en coulisses de l'ABA, déclarant à la commission judiciaire du Sénat que "le système est une vieille relique moisie, corrompue et malodorante qui devrait être enterrée rapidement dans l'intérêt de la santé publique". Le sénateur Humphrey a ensuite écrit une lettre au président Bush pour se plaindre du fait que, pendant le mandat de Robert Fiske en tant que président du comité permanent de l'ABA, "il existe des preuves que les évaluations du comité ont été entachées de préjugés idéologiques à l'encontre des candidats conservateurs sélectionnés par le président Reagan". Il a déclaré que Fiske avait divulgué les noms des candidats potentiels à des groupes libéraux activistes qui pouvaient les cibler en vue de représailles avant même que leurs noms ne soient annoncés au public. Malgré ces protestations, l'avocat général Thomburgh a annoncé le 2 juin 1989 qu'il avait toujours choisi Fiske comme adjoint à l'avocat général et qu'il avait l'intention de continuer à envoyer les noms des candidats à la magistrature à la commission permanente de l'ABA. Thomburgh a prétendu que le comité avait promis de changer son parti pris libéral, ce à quoi les membres du comité ont promptement rétorqué qu'ils n'avaient pas changé et n'avaient pas l'intention de changer leurs méthodes d'approbation des candidats à la magistrature. Ils ont continué à nier que les positions religieuses ou philosophiques des candidats affectaient leurs conditions d'approbation, en dépit du fait que la page éditoriale du Wall Street Journal a accordé une place considérable à la protestation d'Arthur Schwab le 11 avril 1989, selon laquelle l'ABA avait bloqué sa nomination judiciaire pour des raisons religieuses et politiques, principalement parce qu'il était un chrétien pratiquant. Il a présenté une récitation de 20 pages de sa plainte concernant une "enquête" de trois ans sur sa candidature par l'ABA. Sa nomination à la cour d'appel du troisième circuit en Pennsylvanie a été retirée par le président Reagan, parce qu'il n'a pas pu obtenir l'approbation de l'ABA. Le membre de la commission chargé de l'interroger, Jerome Shestack, est connu pour être l'un des plus libéraux des 15 membres de la commission permanente. Il a notamment demandé à Schwab pourquoi ses enfants fréquentaient une école chrétienne, alors que l'ABA affirme ne pas tenir compte de l'appartenance religieuse dans l'approbation des candidats potentiels. Shestack a également été directeur du Lawyers Committee for Civil Rights Under Law (Comité des avocats pour les droits civils en droit), une organisation d'extrême gauche, et a siégé au comité de Joe Biden pour la présidence, alors même que l'ABA organisait l'assaut de la commission judiciaire de Biden contre Robert Bork.

La détermination de l'Ordre Mondial à empêcher la sélection de tout juge qui ne serait pas engagé dans leur sinistre programme international n'a pas seulement été un viol de la justice, elle a été la servante du viol du peuple américain tout entier. Les conséquences de cette campagne font actuellement rage à Washington, dans ce que l'on appelle "une frénésie alimentaire", alors que les conservateurs se vengent des outrages commis contre leurs candidats au cours des trente dernières années par le comité permanent de l'ABA sur le pouvoir judiciaire fédéral. La conspiration libérale contre les candidats conservateurs a atteint son apogée lors des auditions de Moscou sur la candidature du juge Robert Bork à la Cour suprême, suivies par le rapport de l'ABA, qui a fait l'objet d'une large fuite, sur son successeur nominal, le juge Douglas Ginsberg, qui aurait fumé une cigarette de marijuana quelques années auparavant. Les auditions de Bork, dont la durée a été largement dépassée, ont provoqué un effondrement de la confiance des Américains dans les procédures gouvernementales, ce qui s'est traduit par une chute de 500 points du marché boursier lors du krach d'octobre 1987. Ces accusations étaient fondées sur le fait qu'il n'avait pas inscrit certains éléments sur la ligne appropriée, à une époque où la plupart des membres du Congrès admettaient qu'ils ne savaient pas comment remplir correctement les formulaires nouvellement requis. Hansen, républicain et mormon d'un État de l'Ouest, l'Idaho, a été mis au pilori parce qu'il critiquait depuis longtemps les abus brutaux commis par les agents de l'Internal Revenue Service à l'encontre des citoyens américains et parce qu'il s'était ingéré dans la politique du Moyen-Orient. C'est parce que Hansen s'était rendu en Iran pour tenter d'obtenir la libération d'otages américains, mettant ainsi en péril une opération d'un milliard de dollars de la Chase Manhattan Bank, qu'il a été choisi pour être crucifié. Nate Lewin, du fameux Bureau des enquêtes spéciales du ministère de la Justice, a été engagé pour défendre Hansen. Lewin demanda à Hansen un million de dollars pour le défendre ; Hansen fut dûment condamné sur ordre du Mossad pour avoir osé faire irruption dans les égouts de la conspiration politique du Moyen-Orient, où il n'était pas le bienvenu. Il a purgé chaque jour de sa peine dans la plus brutale des prisons fédérales, à Petersburg, en Virginie, malgré les appels de 258 membres du Congrès en faveur d'une libération conditionnelle. Il a été jugé “trop dangereux” pour les serviteurs de l'Ordre mondial pour bénéficier d'une libération conditionnelle anticipée, bien que les dossiers du tribunal aient montré qu'il n'avait pas profité des prétendues “violations”.

Le traitement brutal infligé au député Hansen a fait comprendre à certains membres du Congrès qu'ils devaient riposter sous peine d'être détruits. Ils s'attaquèrent alors au plus célèbre des trafiquants de roues de Washington, le président démocrate de la Chambre des représentants, James Wright. Wright était l'un des membres les plus dévoués à la gauche du Congrès et avait soutenu la guerre stalinienne contre les efforts trotskistes des républicains pour aider le mouvement Contra au Nicaragua. Une liste de 69 violations de l'éthique a été dressée contre Wright, bien que le Wall Street Journal ait déclaré que la liste originale en comptait 116, mais qu'elle avait été réduite presque de moitié par ceux qui souhaitaient protéger Wright des conséquences de ses propres actions. Au plus fort de l'enquête, Wright est encore plus compromis par une affaire de famille. Son protégé personnel, John Mack, dont le frère avait épousé la fille de Wright, s'est révélé avoir bénéficié d'un traitement extrêmement favorable après avoir commis l'un des crimes les plus choquants de la région de Washington. En 1973, Mack avait attiré une jeune fille de vingt ans dans l'arrière-boutique d'un magasin de rabais où il était employé. Il s'est emparé d'un marteau et lui a fracassé le crâne à coups répétés, exposant son cerveau en cinq endroits. Il l'a ensuite poignardée à cinq reprises dans la poitrine, près du cœur, laissant une partie de ce dernier à découvert, puis lui a tranché la gorge à plusieurs reprises. Il a ensuite porté le corps de sa victime, Pamela Small, jusqu'à sa voiture et l'a conduite dans une région isolée, où il l'a laissée pour morte. Étonnamment, elle a repris connaissance quelque huit heures plus tard et s'est rendue à une station Exxon, où elle a persuadé le préposé de l'emmener à l'hôpital. Elle subit alors une opération chirurgicale de sept heures ; son poumon gauche s'était affaissé et son cœur nécessitait d'importantes réparations. Mack a ensuite été arrêté, et de puissantes influences se sont mises en place pour le défendre. Il a simplement été accusé de "blessure malveillante" et a été condamné à une peine de 15 ans. Au lieu d'être envoyé dans une prison d'État, il purge sa peine dans la prison du comté, où il travaille comme cuisinier. Le député Wright avait écrit au juge pour offrir un emploi à Mack avant même qu'il ne soit condamné. Grâce à cette opportunité, Mack est libéré au bout de 27 mois. Wright lui obtient un emploi dans la salle du courrier du Congrès, à 9000 dollars par an (l'auteur de ces lignes gagnait à peine 1500 dollars par an en tant que préposé à la bibliothèque du Congrès, mais n'avait pas de protecteur au Congrès). L'influence de Wright grandit en même temps que celle de son protégé. John Mack devint le directeur exécutif du Democratic Steering and Policy Committee et fut décrit par les journalistes comme l'administrateur le plus influent du personnel du Congrès sur la colline du Capitole. Cependant, la victime de Mack continue de vivre et de travailler dans la région de Washington. Il y a plusieurs années, en 1987, le bureau de Wright a convoqué les principaux journalistes de Washington, les reporters du Capitole pour le *Washington Post*, le *New York Times* et le Wall Street

Journal, pour une consultation sur l'affaire Mack. L'objectif était de prévenir une tempête de feu à propos de l'agression de Small. Ces journalistes, y compris le représentant de CBS, ont convenu qu'il s'agissait d'une "vieille histoire" et qu'elle n'avait pas d'intérêt prévisible. Les journalistes admettent aujourd'hui qu'ils ont "tout gâché". Ce qui semble plus probable, c'est qu'ils ont eu l'occasion de s'attirer les faveurs de l'homme politique le plus puissant du Capitole, Jim Wright, qui était le troisième en lice pour la présidence des États-Unis, et qu'ils l'ont fait à la manière de Washington.

Lorsque l'histoire a été publiée dans le *Washington Post* le 4 mai 1989, les efforts habituels pour "limiter les dégâts" ont été déployés. Wright a fait une déclaration à la presse en disant qu'il n'avait pas été "informé des détails du crime", donnant apparemment l'impression qu'il pensait que Mack avait été accusé d'avoir traversé la rue en dehors des clous. Dans sa déclaration, M. Wright a fait l'éloge de M. Mack, qu'il a qualifié de "personne exemplaire et véritablement inspirante, dotée d'une remarquable capacité de développement intellectuel". D'autres dirigeants démocrates se sont joints à M. Wright pour faire l'éloge des réalisations de M. Mack. Sa femme était l'assistante exécutive du membre du Congrès Mavroules, un démocrate de premier plan. En fait, Mack avait fait preuve des plus grandes qualités pour l'activité politique, d'un instinct pour la jugulaire, d'une soif de sang et d'une capacité d'action directe telle qu'une tentative de meurtre de sang-froid. Le présent auteur a maintes fois fait des conférences sur le caractère criminel de ceux qui briguent un poste politique ; Mack a maintenant vérifié les déclarations les plus fortes à ce sujet. Face au concert d'éloges des démocrates à l'égard de cet être humain remarquable, des récits d'autres actes commis par Mack ont fait surface. La phalange démocrate de défenseurs est ébranlée par la défection de plusieurs féministes radicales, alarmées par le fait que Mack ne s'est jamais excusé pour ses actes et n'a jamais cherché à dédommager sa victime, qui a pris en charge ses frais d'hospitalisation. La députée Pat Schroeder et d'autres femmes du Capitole ont exprimé leur malaise d'avoir à traiter avec Mack dans leur vie politique, et parce que Mack avait défendu ses actes en disant qu'il avait été "stressé" (la circulation à Washington est en effet très stressante), Schroeder a publiquement manifesté son inquiétude qu'il puisse à nouveau être envahi par le "stress" alors qu'elle était dans son bureau en train de discuter des politiques du Parti démocrate dont il était l'arbitre final. Face à ces protestations, Wright suggère à Mack de démissionner, une décision motivée par le fait que Wright lutte désormais pour sa propre survie politique. Le départ de Mack ne l'aidant guère, Wright finit par annoncer sa propre démission. L'Associated Press note qu'il est ovationné par ses collègues de la Chambre.

Un autre démocrate libéral de premier plan, le député Tony Coelho, a ensuite annoncé qu'il démissionnait de son poste de whip du parti démocrate et qu'il quittait la vie politique. Il a eu du mal à expliquer son association avec le roi des junk bonds, Michael Milken, qui a gagné 500 millions de dollars l'année dernière et qui a apparemment essayé de partager la richesse en faisant participer Coelho à une ou deux affaires. Le Post a révélé que le député Tommy Robinson avait dans son équipe un mannequin de 22 ans, payé 60 000 dollars par an. Il devait 100 000 dollars à son père (Jerry Jones, un riche pétrolier propriétaire des Cowboys de Dallas).

Le Comité national républicain, en commentant le départ imminent de Coelho, a réagi à la vive défense par Coelho de John Mack, qui se trouvait être son partenaire commercial, en déclarant que c'était la deuxième fois que Coelho prenait la défense d'un homme condamné pour une agression contre une femme. La commission s'est ensuite excusée, après avoir été informée que la première fois que Coelho avait défendu un homme condamné pour une agression, c'était sur un garçon et non sur une femme. Tels sont les pièges de la description des égouts publics de Washington.

Bien que la presse se soit délicatement abstenue de s'attarder sur les détails de l'intervention de Coelho en faveur d'un criminel condamné, le New Republic, dans son numéro du 12 juin 1989, a noté que le membre du Congrès était intervenu non seulement en faveur de son partenaire commercial et confident politique personnel, John Paul Mack, mais aussi en faveur de David Weichert. Weichert était le fils de John Weichert, un contributeur de la campagne de Coelho en 1982 qui avait donné plusieurs milliers de dollars à la cause de Coelho. Il demandait maintenant à Coelho d'intervenir en faveur de son fils, qui était sur le point d'être condamné pour un meurtre au premier degré. Ce crime était suffisamment brutal pour être comparé à l'agression de Mack. Weichert avait enlevé, torturé et tué un jeune attardé parce qu'il craignait que celui-ci ne témoigne contre lui dans une affaire de cambriolage. Weichert a étouffé le jeune, l'a poignardé, l'a battu furieusement avec une batte de base-ball et l'a forcé à creuser sa propre tombe. Selon le récit de son complice, il a jeté le jeune dans la tombe alors qu'il était encore vivant, s'est emparé de la pelle et a jeté la terre, enterrant sa victime vivante. Coelho a immédiatement pris fait et cause pour le meurtrier, en contactant le juge et en lui faisant comprendre qu'en tant qu'homme politique influent de Washington, il était profondément préoccupé par cette affaire. Le juge s'est excusé en informant Coelho qu'il ne pouvait pas faire grand-chose pour la sentence, car la condamnation pour ce crime était désormais assortie d'une peine obligatoire d'emprisonnement à vie.

Au lendemain de la démission de Wright, le chroniqueur R. Emmett Tyrell Jr. a noté que l'un des assistants de Wright avait été emprisonné pour fraude fiscale, tandis que l'assistant de presse de Wright et son bras droit dans les relations avec les médias, George Mair, avait écrit un ouvrage émoustillant en 1982, intitulé "The Sex Book Digest : Un coup d'œil entre les couvertures de 113 des livres sexuels les plus érotiques, les plus exotiques et les plus édifiants".

Le parti démocrate avait conservé le contrôle de la Chambre des représentants grâce à la coalition formée par Franklin Delano Roosevelt au début des années 1930 avec l'aide de Bella Moscowitz, un organisateur communiste new-yorkais de premier plan. Il s'agissait d'un consensus entre les communistes, les Noirs, la mafia et divers autres groupes d'intérêt, qui exerçait un contrôle de fer sur les machines politiques corrompues des plus grandes villes du pays. Bien que cette étrange coalition ait pu contrôler la Chambre des représentants, elle n'a pas pu obtenir une majorité présidentielle, ce qui a eu pour conséquence une administration républicaine tenue en échec par une alliance activiste et fanatique entre les communistes et les démocrates sionistes. Paralysée par cette impasse, la nation s'enfonça dans un désarroi encore plus profond, ses biens étant dépouillés par une horde d'extraterrestres avides, tandis que les infrastructures construites au prix de tant d'efforts par les générations précédentes tombaient dans l'oubli, apparemment irréparables.

Les dirigeants démocrates alarmés, avec le sang de Robert Bork, John Tower et d'autres personnes nommées par le président sur leurs bandes, criaient maintenant que la "frénésie alimentaire" devait cesser, que le départ de Wright, Mack et Coelho aurait dû satisfaire ceux qui pleuraient le massacre rituel de George Hansen, Robert Bork et John Tower sur les bandes d'une équipe démocrate fanatique et stalinienne de la morsure du Congrès. Toutefois, les dirigeants républicains ont fait remarquer qu'ils disposaient encore d'une longue liste d'autres piliers démocrates présentant des listes encore plus longues de violations éthiques et financières. Malgré tout, la lutte continue.

CHAPITRE 8

UNE DURETÉ IGNOBLE

Notre coutume actuelle d'enfermer les criminels dans des prisons coûteuses est une relique coûteuse de la pensée humaniste. Elle remonte à la Renaissance en Italie. Dans le monde classique de la Grèce et de Rome, la société se protégeait en tuant ou en exilant les criminels, c'est-à-dire les personnes qui présentaient un danger clair et immédiat pour la société. L'objectif était d'éliminer une menace pour le bien commun. Avec la renaissance de l'influence humaniste sur la société, une renaissance à la manière d'un Phénix d'un culte qui avait été craint et haï par la société depuis les rites assoiffés de sang de Baal et Ashtoreth, quelque cinq mille ans plus tôt (voir *La malédiction de Canaan*[7] d'Eustace Mullins), est apparu le prétexte "compatissant" de préserver et de choyer l'élément criminel. L'idée de maintenir une telle menace à perpétuité aurait semblé le comble de la folie aux penseurs classiques, qui ont élaboré la base culturelle de notre civilisation. Au Moyen Âge, les détenteurs du pouvoir ont construit d'immenses châteaux, des forteresses où ils pouvaient se défendre contre leurs ennemis. Dans les entrailles de ces châteaux, des cachots étaient construits pour incarcérer les ennemis dont la mort soudaine aurait pu libérer des forces dangereuses ; les prétendants au pouvoir ou les martyrs religieux qui, pour diverses raisons, pouvaient être autorisés à vivre pendant de nombreuses années, mais dont l'emprisonnement lui-même constituait une mort vivante.

Avec l'infiltration croissante de la noblesse noire dans la monarchie européenne, l'aristocratie a été persuadée que l'emprisonnement des criminels pouvait servir de moyen de dissuasion et d'avertissement pour les autres qui représentaient une

[7] Publié par Omnia Veritas Ltd. www.omnia-veritas.com.

menace pour la société. Les prisons les plus célèbres issues de ce concept sont la Tour de Londres et la Bastille à Paris. La Tour de Londres est devenue le lieu de résidence de nombreux délinquants politiques de premier plan, dont Sir Edward Coke. En France, la Bastille abritait un curieux mélange de criminels endurcis et de délinquants politiques. La libération d'un total de sept prisonniers à la Bastille le 14 juillet 1789, qui est aujourd'hui la fête nationale française correspondant à notre 4 juillet, a permis de libérer quatre faussaires professionnels, un libertin qui avait été emprisonné sur l'insistance de sa famille exaspérée, et deux aliénés. L'un des fous est alors porté dans les rues par une foule en liesse. Il se prend pour Jules César et croit que Rome est redevenue le centre du monde. La seule victime de la libération a été le directeur, qui a été traîné dans la rue et mis en pièces par la foule. Quatre jours plus tôt, le directeur avait insisté pour que soit libéré le prisonnier le plus célèbre de la Bastille, le marquis de Sade, qui n'avait cessé d'envoyer des notes depuis la fenêtre jusqu'à la rue en contrebas pour demander sa libération. Le "Jour de la Bastille" ne célèbre pas seulement le triomphe de la folie et du sadisme, mais aussi le triomphe de la conspiration maçonnique sur la monarchie française. Quelque soixante ans plus tôt, l'avènement de la Maison de Hanovre à Londres avait installé la franc-maçonnerie en Angleterre sous le patronage royal.

Au début du XIXe siècle, des réformateurs tels que Jeremy Bentham, protégé de la Compagnie des Indes orientales, et William Godwin, dont la fille a écrit "Frankenstein", ont inventé les fondements intellectuels d'une structure fantaisiste appelée système "correctionnel". Le terme "prison" étant jugé trop calomnieux, les "prisonniers" sont désormais appelés "victimes de la société" qu'il faut "corriger" et à qui il faut inculquer des attitudes sociales "correctes". Au lieu de protéger la société contre les criminels, ce sont désormais les criminels qui doivent être choyés et soignés pendant qu'ils préparent le jour de leur revanche sur la société. Les héritiers du culte de Baal, les humanistes, prétendaient que le "mauvais environnement" était à l'origine de la classe criminelle. En retirant le criminel de cette situation malheureuse pour le placer dans une prison où il pourrait être soigné, on "corrigerait" ses tendances criminelles. Les humanistes ont alors développé une nouvelle science sociale, la pénologie, qui, comme toutes les idées fausses engendrées par cette nouvelle vague, la psychologie, l'éducation civique et le bien-être social, a progressivement fusionné pour former une énorme combinaison moderne ou un trust, nourri par les fondations humanistes exonérées d'impôts. La pénologie a commencé par les efforts louables de quelques personnes consciencieuses pour améliorer les conditions de vie difficiles des prisonniers au début des années 1800. Rappelons que la vie était dure pour la plupart des Américains à cette époque et qu'il était peu probable que les prisons soient maintenues dans des conditions de vie meilleures que celles dont jouissaient les pionniers moyens. Les conditions se sont lentement améliorées, mais au tournant du siècle, les prisons étaient devenues un élément de la bureaucratie globale, ce qui signifiait qu'elles faisaient partie du système des dépouilles, de la corruption et de l'influence politique. Comme les asiles d'aliénés et les autres institutions gouvernementales, les prisons sont devenues des mines d'or pour ceux qui ont la chance d'exercer un pouvoir politique, la plupart des fonds alloués à l'alimentation et aux soins des prisonniers étant empochés par ceux qui maîtrisent le processus démocratique. Face aux difficultés rencontrées pour influencer la bureaucratie, les humanistes ont commencé à développer de nouvelles méthodologies dans leur campagne pour la réforme des prisons. Leur première découverte fut qu'aucun être humain ne devrait jamais être incarcéré. Cette idée n'avait rien de révolutionnaire : c'était le précepte des fondateurs de la civilisation classique. Les humanistes ont commencé à mettre en œuvre leur objectif de vider les prisons par des formules de placement à l'extérieur, de libération conditionnelle anticipée et de congés familiaux pour les prisonniers. Le problème est que ces techniques ont entraîné une augmentation spectaculaire de la criminalité et que les prisons sont devenues plus surpeuplées que jamais. Les humanistes ont également développé des programmes de psychothérapie intensive pour les prisonniers qui n'étaient pas encore éligibles au programme de libération. Les prisonniers libérés, dont la plupart étaient des récidivistes ou des psychopathes criminels habituels, ont commis des crimes horribles, ce qui a suscité l'indignation du public et la demande de millions supplémentaires pour la protection de la police et la construction de nouvelles prisons. Face à la perspective d'une augmentation considérable de leur financement, les bureaucrates de l'industrie du crime ont réalisé que les procédures humanistes étaient en fait la preuve des résultats gratifiants de la nouvelle science de la pénologie. Chargée de dépenser plus de millions qu'elle ne l'avait jamais envisagé, la bureaucratie pénitentiaire s'est convertie avec enthousiasme aux avantages évidents de la pénologie sociale activiste.

La “science” de la pénologie s’est imposée après la Seconde Guerre mondiale, lorsqu’une horde d’humanistes rapaces, endoctrinés par les professionnels des sciences sociales de l’Institut Tavistock et de ses nombreux satellites américains, ont obtenu des emplois lucratifs dans tout le système pénitentiaire. L’Institut Tavistock a été créé après la Première Guerre mondiale, en tant que branche du département de guerre psychologique de l’armée britannique, pour étudier les méthodes de contrôle des soldats choqués par les obus. L’objectif était d’utiliser ces malheureuses victimes de la guerre comme cobayes, en les testant pour déterminer le degré de tension nécessaire pour que l’être humain moyen craque sous l’effet du stress. La technique du lavage de cerveau communiste est l’un des résultats les plus réussis de ces études. Elle a donné lieu à une foule de perfectionnements, tels que la “technologie de la motivation” et la “gestion du stress”, que les responsables de l’éducation et du gouvernement, ainsi que les dirigeants d’entreprise, sont aujourd’hui tenus de suivre dans l’une des filiales de l’Institut Tavistock réparties sur l’ensemble du territoire américain. L’objectif de ces techniques de lavage de cerveau est d’amener le sujet à admettre une faute sexuelle, une peur cachée ou une autre faiblesse exposant un talon d’Achille par lequel il peut ensuite être “manipulé” pour le reste de sa carrière. L’objectif est de contrôler les gens. Elle trouve son origine dans les techniques jésuitiques de l’Inquisition au Moyen-Âge et constitue aujourd’hui la base de tout le fonctionnement du gouvernement des États-Unis, en particulier des services engagés dans le travail de “renseignement”, tels que la CIA, l’IRS et d’autres secteurs conspirationnistes.

L’objectif de la confession jésuitique est toujours le contrôle. C’est pourquoi le système judiciaire américain insiste non seulement sur la confession, mais aussi sur l’expression de remords en cas de condamnation. De nombreux Américains qui ont été reconnus coupables d’un délit politique dans nos tribunaux refusent de manière moralisatrice d’exprimer des remords, ce qui justifie que le juge jubilatoire leur inflige une peine beaucoup plus sévère que celle qu’il aurait pu prononcer s’ils avaient rampé et craché des récriminations émotionnelles. Ce phénomène a été démontré de manière flagrante à la fin des procès politiques à grand spectacle appelés “procès du Watergate”. Les délinquants politiques républicains ont été condamnés à de lourdes peines par un tribunal contrôlé par les démocrates, la peine la plus longue ayant été infligée à l’ancien collaborateur de Nixon, G. Gordon Liddy, parce qu’il avait refusé de se rétracter. Cette erreur religieuse lui a valu de passer de nombreuses années en prison, ce qu’il aurait pu éviter en s’inclinant et en apostasiant. Malgré cela, la procédure était plus humaine que celle du Moyen Âge, où le prisonnier était torturé jusqu’à ce qu’il se rétracte, puis brûlé.

L’objectif de notre système de justice pénale n’est pas de retirer le criminel de la société, mais de trouver le levier par lequel il peut être manipulé par les conspirateurs. Que ce soit le sexe, la drogue, une peur irrationnelle ou n’importe quelle faiblesse, peu importe à son “manipulateur” ; l’objectif de la méthode Tavistock est de trouver ce levier. Un autre point clé de la manipulation du sujet est de le convaincre que tout ce qu’on lui fait subir est fait “pour son bien”. Il ne peut progresser tant qu’il n’a pas soulagé son esprit par la technique de la “confession”. Le cynisme effroyable de ces manipulateurs dépasse la capacité de compréhension de la plupart des personnes morales. Ils ne peuvent pas comprendre l’origine satanique de ces techniques, à moins d’être familiers avec le culte de Baal, vieux de cinq mille ans, et la conspiration cananéenne mondiale.

Même après avoir été reconnu coupable et condamné, le prisonnier est encore censé faire continuellement acte de contrition, ce qui lui permettra d’obtenir une libération anticipée par le biais d’une libération conditionnelle ou d’une permission de sortie. Le résultat est que de nombreux prisonniers “trouvent le Christ” au moment où les portes de la prison se referment derrière eux, le plus célèbre étant l’une des victimes du Watergate, Charles Colson, qui a si bien réussi à charmer ses codétenus qu’il a opté pour le travail religieux en prison, plutôt que de reprendre son lucratif cabinet d’avocat.

Bien que le système de libération conditionnelle des prisons reste fermement ancré dans la corruption et l’influence politique, les membres des commissions de libération conditionnelle accordent toujours une grande importance aux expressions jésuitiques de contrition de ceux qui demandent leur libération. Ces expressions offrent également un écran commode pour dissimuler les raisons cachées de la soudaine libération conditionnelle d'un criminel notoire.

La pénologie étant fondée sur l'humanisme, version moderne du culte de Baal, les prisonniers accusés d'activités anti-humanistes, telles que la croyance religieuse, le patriotisme ou la croyance en la Constitution, ne bénéficient jamais d'une libération conditionnelle. Ils purgent toujours l'intégralité de leur peine. Parmi ces délinquants figurent les Américains soupçonnés d'anticommunisme, les réfractaires à l'impôt (que les médias serviles appellent souvent "protestataires" — protester contre une imposition fiscale n'a jamais été un crime aux États-Unis) et les membres de la minorité ethnique blanche qui ont été accusés de "racisme". Dans notre terminologie juridique, un raciste est toute personne qui se réfère publiquement à l'ethnicité raciale blanche. Il est obligatoire pour les Noirs, les Juifs et les Hispaniques d'afficher constamment leur loyauté raciale et de battre ou de tuer quiconque les critique, actions qui sont immédiatement approuvées par les médias et les tribunaux. Si l'un de ces militants accuse un citoyen blanc de "racisme", ce dernier est rapidement arrêté et condamné. Depuis des années, le ministère de la justice fait connaître sa politique selon laquelle seuls les Blancs peuvent être accusés et condamnés pour "racisme". Le présent auteur a reçu des lettres de hauts fonctionnaires du ministère de la justice indiquant que les citoyens blancs des États-Unis n'ont pas de droits civils et ne peuvent prétendre à aucune réparation en cas de violation de ces droits. Le ministère de la justice fonde apparemment sa position sur l'amendement 14 selon lequel des droits et privilèges spéciaux ont été conférés aux Noirs et à d'autres minorités, tout en privant apparemment les citoyens blancs de ces mêmes droits et privilèges. Le dictionnaire anglais Oxford définit le terme "privilège" comme "l'octroi d'un droit" et aussi comme "l'octroi d'une immunité" que le ministère de la justice interprète comme étant conférée aux minorités raciales par l'amendement 14 (adopté sous la loi martiale, donc invalide), mais qui est refusée aux membres des groupes ethniques blancs de cette nation.

Au cours des années 1950, les prétentions humanistes de la pénologie du XIXe siècle, déjà dépassées et discréditées, ont été étendues à des programmes de plus en plus vaporeux et irréalistes. Dans le cadre d'un diktat national de lavage de cerveau, les gardiens de prison ont été contraints d'assister à des séances approfondies sur les "droits de l'homme" et la "sensibilité" organisées par les manipulateurs de Tavistock. Les gardiens ont appris qu'ils devaient s'adresser aux prisonniers en les appelant "Monsieur", qu'ils ne devaient jamais élever la voix contre eux, quelle que soit la provocation, et qu'ils devaient distribuer des menus imprimés dans les cellules avant que les prisonniers ne soient conduits dans les réfectoires. Une nouvelle prison californienne a développé un programme encore plus coûteux, dans lequel les repas sont livrés dans des chariots chauds à chaque cellule ! Les États dominés par les conspirations les plus humanistes, notamment le Massachusetts et le Maryland, ont adopté avec empressement les "avancées" les plus extrêmes de la nouvelle pénologie. Le programme du Massachusetts était si exhaustif qu'il a provoqué la révolte des contribuables. Il a également coûté à son gouverneur, Michael Dukakis, l'élection présidentielle de 1988. Un meurtrier notoire, Willie Horton, avait été libéré dans le cadre de l'un des nombreux programmes de permission de sortie de la nouvelle pénologie ; il s'est empressé de tuer à nouveau. Les universités libérales du Massachusetts avaient déjà endoctriné une horde de praticiens de la pénologie humaniste, dont la plus célèbre était le Dr Norma Gluckstem. Radicale de premier plan à l'université du Massachusetts dans les années 1960, Gluckstem a lancé un programme qui donnait aux étudiants des crédits académiques pour avoir passé du temps dans des cellules de prison avec des prisonniers extrêmement dangereux. L'université du Massachusetts a également promu l'une des doctrines les plus pernicieuses du communisme maoïste, selon laquelle les professeurs et les chefs d'entreprise devraient passer six mois par an à effectuer une forme quelconque de travail manuel.

Il n'est guère surprenant que le Dr Gluckstem ait été nommé à la tête de la prison la plus dangereuse du pays, le tristement célèbre Institut Patuxent, dans le Maryland. Le Patuxent a vu le jour après que des hommes politiques du Maryland se soient rendus au Danemark pour une visite payée. Après les visites obligatoires dans les maisons closes et les magasins de pornographie, les politiciens ont réalisé qu'ils devaient justifier leurs agréables vacances aux frais des contribuables. Ils ont décidé d'"étudier" certaines techniques pénitentiaires innovantes dans une nouvelle institution située à l'extérieur de Copenhague, qui traite les délinquants dangereux par des techniques psychiatriques. Les politiciens ont été immédiatement convaincus que ce programme leur offrait des avantages politiques considérables dans une nation bienveillante et compatissante. Ils sont retournés dans le Maryland, convertis à la "nouvelle vague" de traitement pénitentiaire. C'est ainsi qu'en 1955, l'État du Maryland a créé ce qui est aujourd'hui devenu la prison la plus critiquée et la plus discutée du pays. Salem A. Sarh, chercheur à l'Institut national de la santé mentale, qui étudie depuis trente ans les relations entre la loi et la psychiatrie, note que "c'était l'apogée du mouvement en faveur de la santé mentale. Le sentiment était que le simple fait d'enfermer les gens n'était pas efficace. Il fallait les traiter".

Le "traitement" consistait en des entretiens avec les prisonniers par des experts en santé mentale bien rémunérés, qui leur demandaient : "Pensez-vous que vous êtes dangereux ? Pensez-vous que vous pourriez à nouveau commettre un viol ?" Ces entretiens permettaient aux détenus qui étaient des criminels professionnels de pratiquer le sport d'intérieur favori de nos prisons, le "Schmoozing" ou l'escroquerie des libéraux. Les prisonniers ont immédiatement adopté les techniques Tavistock et jésuitiques consistant à confesser ce que l'intervieweur voulait entendre. "Je suis en prison parce que je n'ai pas pu contrôler ma cupidité", à cause de "mon insensibilité" ou de "mes tendances autodestructrices". "La seule personne à qui j'ai vraiment fait du mal, c'est moi-même." Ces "caresses" convainquent les pénologues que le criminel s'est véritablement réformé et qu'il est désormais un prisonnier modèle, prêt à être réinséré dans la société. L'un des prisonniers ainsi réinsérés était Robert Angell, qui avait assassiné de sang-froid deux policiers lors de la perpétration d'autres crimes. Il a été révélé en novembre 1988 que ce triple meurtrier avait quitté le Patuxent onze fois lors de permissions de sortie non surveillées. Il avait tué un adolescent en 1975, en le choisissant au hasard, puis en l'assassinant, et il avait tué deux policiers à Potomac un an plus tard lors d'un braquage de banque. Le Dr Gluckstem a justifié sa décision de libérer Angell par sa conviction que ce dernier était "une personne complètement différente", qui "regrettait profondément" d'avoir assassiné trois personnes. Le programme Gluckstem d'envoi des criminels les plus dangereux du Patuxent a inauguré un règne de terreur et de peur parmi les habitants de la région. Certains vendirent leur maison et déménagèrent, convaincus qu'ils ne seraient jamais en sécurité tant que le Patuxent resterait un terrain fertile pour le crime. Un prisonnier, en permission non surveillée, a violé et tué un garçon de 11 ans. Un autre prisonnier, Charles Wantland, a été libéré sur parole après avoir purgé cinq ans d'une peine de trente ans ; il a violé et tué un garçon de douze ans à Clinton, dans le Maryland. Quelques semaines plus tard, le violeur James Stavarakis, dont la libération conditionnelle avait été révoquée, s'est enfui alors qu'il bénéficiait d'un placement à l'extérieur du Patuxent et aurait violé une autre femme. Les registres de Patuxent ont prouvé que ses détenus purgeaient des peines beaucoup plus courtes pour des crimes violents que les détenus d'autres institutions du Maryland. Fernando F. Stewart a été libéré sur parole par Patuxent en 1981, sept ans après avoir été reconnu coupable du meurtre d'un policier du comté et condamné à la prison à vie. Interrogé sur la libération de Stewart, le Dr Gluckstem a répondu : “Les gens peuvent changer”. Le programme Gluckstem de placement à l'extérieur quotidien, de permissions de sortir sans surveillance et de libération conditionnelle anticipée était complété par des séances intensives de psychothérapie et de conseil par les pairs. Ces programmes ont été conçus sur mesure pour des criminels endurcis, dont beaucoup ont passé des années dans leur cellule à étudier les études psychologiques et les traités psychiatriques sur l'esprit criminel. Ils se sont empressés d'adopter les techniques jésuitiques de confession et de récrimination comme les clés d'or qui allaient déverrouiller les portes de la prison. La méthode Gluckstem ayant été conçue pour les classes de criminels les plus impitoyables, les meurtriers et les violeurs, ses avantages n'ont jamais été offerts aux prisonniers politiques, aux protestataires et aux constitutionnalistes, qui ont été contraints de purger l'intégralité de leur peine. Le conseil d'administration de Patuxent était composé du Dr Gluckstern, d'autres administrateurs de Patuxent et de professeurs de droit. Sous le feu des critiques pour sa politique, le Dr Gluckstern a protesté : “Cet endroit avait une mission, que l'on croie ou non à cette mission. J'étais en quelque sorte la gardienne d'une institution historique. Et quand on la voit disparaître, on éprouve une certaine tristesse”. Elle faisait référence à la vague croissante d'indignation du public à l'égard de ses méthodes de gestion de l'Institut Patuxent. Russell E. Hamill, vice-président de la commission de justice pénale de Montgomery, a déclaré : “La sécurité publique est trop importante pour être laissée à la psychiatrie”. Il a qualifié le Patuxent de “rien d'autre qu'un bac à sable psychiatrique”. Le président du Sénat de l'État, Mike Miller Jr., a déclaré : “Le Dr Gluckstern a été un désastre”. Refusant d'exprimer la moindre préoccupation pour les victimes de ses détenus choyés, le Dr Gluckstern a disparu de la scène. Le *Washington Post* l'a retrouvée plus tard dans le campement libéral de Telluride, dans le Colorado, où elle tenait une auberge avec petit déjeuner !

Après la fin des programmes de congé sans surveillance et de placement à l'extérieur à Patuxent en décembre 1988, Jerald A. Vaughn, ancien directeur de l'International Assn. of Police Chiefs, a écrit un article d'opinion pour le *Washington Post*, le 13 décembre 1988, dans lequel il soulignait,

> "Les affaires Willie Horton et Robert Angell ne sont pas si uniques que cela. Rien que l'année dernière, plus de 200 000 permissions de sortir ont été accordées à des prisonniers dans nos institutions fédérales et d'État. Environ 5% d'entre eux commettent un acte violent pendant leur permission, soit près de 1000 crimes violents par an. Les prisonniers ne purgent en moyenne que 45% de leur peine. Sous leur forme actuelle, les permissions de sortir des prisons compromettent l'intégrité de notre système de justice pénale et tournent en dérision les sanctions significatives contre les comportements criminels. Le gouvernement a l'obligation morale de protéger le public des criminels jugés coupables de crimes odieux.

L'appréhension croissante du public à l'idée que des criminels puissent se promener dans les rues après avoir été emprisonnés s'est reflétée dans la campagne présidentielle de 1988, au cours de laquelle George Bush, un candidat agréable mais peu inspirant, a dû mener une lutte acharnée pour surmonter l'énorme avance accumulée par le candidat démocrate, Michael Dukakis. Dukakis disposait des médias, de l'ensemble de la communauté universitaire, de la bureaucratie, des syndicats et des minorités, alliés dans la renaissance de l'ancienne coalition Roosevelt qui avait été mise en place par le leader communiste Bella Moskovitz en 1932. Cette phalange du pouvoir politique semblait destinée à écraser l'appel de Bush. Un conseiller de Bush, Lee Atwater, a finalement pris conscience de l'émotion la plus répandue en Amérique, la peur. Il informa le public de la machine pénologique du Massachusetts qui avait lâché sur la nation une horde de criminels vicieux, dont le plus célèbre était Willie Horton. Le peuple a réagi en se rendant aux piscines et en votant contre le programme de psychologie criminelle de Dukakis et de ses démagogues de gauche du Massachusetts.

Néanmoins, la pénologie continue d'être une industrie en pleine croissance aux États-Unis, avec un certain nombre d'entreprises privées qui se lancent dans ce domaine. La Corrections Corp. of

America est le leader de l'industrie ; ses directeurs sont liés aux intérêts du jeu et à l'empire Bronfman de l'alcool. RCA gère l'unité carcérale de Weaversville en Pennsylvanie ; la Fondation Eckerd gère la prison d'Okeechobee en Floride. La bureaucratie pénitentiaire a également développé sa propre version des camps de travail soviétiques, appelée UNICOR. Elle fabrique 192 produits différents dans nos prisons fédérales, en payant les détenus en moyenne 60 cents de l'heure. UNICOR déclare être une société gouvernementale, détenue à 100%, alors que le 6 décembre 1945, le Congrès a adopté la loi 31USCA866 : "Aucune société ne sera créée, organisée ou acquise par le gouvernement fédéral. Aucune société gouvernementale détenue à 100% ne sera maintenue après le 30 juin 1948. L'autorité privée de chaque société devra prendre les mesures nécessaires pour engager une procédure de dissolution ou de liquidation avant cette date". Les bureaucrates d'UNICOR demandent maintenant au gouvernement de doubler sa capacité carcérale pour honorer ses contrats de travail d'esclave en plein essor. Le gouvernement fédéral enlève actuellement de nombreuses personnes et les détient pendant des années dans des prisons.

UNICOR a également conclu de nombreux contrats avec des services gouvernementaux. À la prison fédérale de Lexington, le HUD (Department of Housing and Development) a passé un contrat avec Federal Prison Industries, UNICOR, pour traiter quelque 60 000 demandes de crédit pour des hypothèques. Des prisonniers utilisant 35 terminaux informatiques ont traité les formulaires contenant les numéros de cartes de crédit et d'autres informations bancaires et de crédit essentielles des 60 000 demandeurs. Une prisonnière, Beverly Hirsch, a été horrifiée de constater que de telles informations personnelles étaient mises à la disposition des prisonniers, qui pouvaient transmettre les numéros à des complices à l'extérieur de la prison. Elle a parlé à un journaliste du Lexington Herald Leader, ce qui lui a valu d'être immédiatement placée à l'isolement. Son statut de sécurité a été modifié en statut dérogatoire et elle a été transférée en Californie, loin de ses enfants et de sa mère récemment veuve. Les prisonniers qui ont des démêlés avec la bureaucratie pénologique reçoivent le traitement complet : perte de droits, "thérapie diesel", c'est-à-dire des transferts répétés de plus en plus loin de leurs proches, avec souvent des mois qui passent sans que les proches sachent où ils se trouvent, et "perte de droits pendant le transit". L'U.S. Marshals Service utilise plus de 800 prisons de comté comme "escales" pour les victimes de la "thérapie diesel". En tant que “moucharde” de la corruption dans les prisons, Beverly Hirsch restera “en transit” pendant de nombreux mois.

Un autre prisonnier bien connu, Rudy Stanko, a également été victime de la “thérapie du diesel” pour avoir dénoncé les pratiques d’esclavage d’UNICOR dans nos prisons fédérales. Stanko a été victime de la “thérapie du diesel” dix-huit fois, parfois déplacé d’une prison à l’autre trois ou quatre fois en l’espace de deux ou trois semaines. En moins de deux ans d’emprisonnement, il a été placé à l’isolement 472 jours. L’histoire de ce “criminel” illustre les profondeurs auxquelles notre système de justice pénale a sombré. Stanko était l’un des conditionneurs de viande dont la croissance était la plus rapide aux États-Unis. Un groupe de conditionnement de viande concurrent a tenté de le forcer à cesser ses activités ; en cas d’échec, il lui a proposé de le racheter. Il a refusé. Il a alors été mis au pilori par plusieurs émissions de télévision nationales, où d’anciens employés, qui avaient été soudoyés par ses concurrents, ont affirmé qu’il avait vendu de la viande avariée à des programmes de restauration scolaire. Il a ensuite été inculpé et condamné sur la base de ces faux témoignages ; ses concurrents ont racheté son usine pour dix cents. Stanko a écrit un livre sur son expérience, “THE SCORE”, dont le présent auteur a rédigé la préface. Il identifie ses persécuteurs comme un cartel sioniste, ce qui rend furieux les manipulateurs du gouvernement secret. Stanko a été condamné à une longue peine de prison. Il ne bénéficiera d’aucun traitement psychothérapeutique. Ses geôliers ont reçu l’ordre de lui faire subir le traitement complet : “thérapie diesel” continue, isolement cellulaire et mauvais traitements brutaux qui, après quelques mois, ont causé la mort de nombreux prisonniers politiques. N’ayant jamais commis de crime, Stanko est très désavantagé dans notre système carcéral, qui est géré par et pour les criminels. À ce jour, aucune once de “viande avariée” n’a jamais été identifiée comme provenant de son entreprise de conditionnement de viande. Il s’agit d’un exemple classique de témoins soudoyés, de parjures professionnels et d’une opposition dévouée qui atteint ses objectifs.

Federal Prison Industries est répertorié au 320 1 St. HOLC Bg, Washington D.C. 20534. Dans le Guide du lecteur, le travail en prison est répertorié sous la rubrique “travail des condamnés”. UNICOR, ainsi que la privatisation des industries “correctionnelles”, n’est qu’une des nombreuses retombées de notre problème de criminalité. Les forces de police, ainsi que d’autres secteurs de la bureaucratie, ont connu une croissance énorme. Toutefois, le plus grand bénéficiaire de l'augmentation de la criminalité est le secteur de l'assurance. C'est depuis longtemps un truisme de dire que le secteur de l'assurance dépend presque totalement d'un taux de criminalité élevé et constant ; sinon, les cambriolages, la responsabilité civile et d'autres lignes d'assurance rentables se réduiraient comme peau de chagrin. Les médias coopèrent en dramatisant les dangers quotidiens de la vie aux États-Unis, en particulier dans les grandes villes. Le 16 février 1989, l'Atlanta Journal titrait,

> "La criminalité dans la région métropolitaine a augmenté de 14% en 1988. DOUBLEMENT DE L'AUGMENTATION EN 87. Les forces de l'ordre ont attribué cette hausse à l'augmentation de la consommation de drogue et aux prisonniers libérés trop tôt."

Le 27 janvier 1989, le *Washington Post* titrait,

> "UNE LETTRE D'UNE MÉTROPOLE EFFRAYÉE. La vague de crimes violents ébranle même les New-Yorkais les plus endurcis. La peur rôde dans les métros". L'article indique que 1840 homicides ont été commis à New York en 1988, un chiffre supérieur à celui de la plupart des grands pays du monde. La peur rôde si régulièrement dans la ville que les journalistes sont bien en peine de trouver d'autres clichés pour décrire la situation.

Le Daily News a titré,

> "Trois femmes de Long Island, qui avaient toutes obtenu une ordonnance de protection, ont été tuées par balle en l'espace de neuf jours par leurs maris, qui se sont ensuite suicidés. Les femmes ont en fait été tuées par des psychiatres du gouvernement qui, sous leur nouvelle appellation de "socialement guéris", avaient régulièrement diagnostiqué des fous meurtriers comme ne présentant plus de menace pour la société, même si ces hommes avaient déclaré leur intention d'assassiner leurs épouses dès leur libération. L'histoire se poursuit ainsi : "Un médecin enceinte a été violé et tué à l'hôpital Bellevue, et la police a arrêté et inculpé un vagabond qui vivait secrètement à l'étage 22. La publicité massive s'est concentrée sur le procès de Joel Steinberg, l'avocat de Greenwich Village accusé d'avoir battu à mort sa fille adoptée

illégalement. Deux autres enfants en bas âge sont morts sous la garde de parents dont les dossiers ont été bâclés par les services sociaux de la ville".

Plus de cinquante femmes ont été assassinées ces dernières années après que leurs maris criminels aient été traités et diagnostiqués comme "guéris" par des psychiatres employés par le gouvernement. Des centaines d'enfants ont été tués après que des agences de protection sociale et des travailleurs sociaux prétendument bien formés ont exigé que les juges ordonnent leur retour dans des situations familiales brutales, où ils ont été battus et torturés jusqu'à ce que mort s'ensuive. Les femmes qui ont prévenu les autorités que leur mari avait l'intention de les tuer ont également été régulièrement jugées par les travailleurs sociaux et les psychiatres comme souffrant de délires et, plus grave encore, comme étant coupables de "paranoïa". La paranoïa est l'une des accusations les plus graves qu'un psychiatre puisse porter contre vous. Elle signifie que vous soupçonnez quelqu'un de vouloir vous nuire, ce qui est un délire évident dans ce monde parfait. Dans le *New York Times* du 19 mars 1989, W. H. Wash, rédacteur en chef de Psychology Today, donne une définition de la paranoïa qui fait autorité : "un système élaboré et rigide de croyances délirantes", compliqué par "un système de croyances élaboré et rigide". Il affirme qu'une tendance paranoïaque a caractérisé des hommes politiques populistes tels que Huey Long, avec leurs grandes théories du complot. Il nous informe qu'une personne paranoïaque a un processus de pensée rigide et critique. (Rigide) est le mot favori des psychanalystes libéraux ; il signifie qu'ils doivent trouver un client qui se tienne tranquille pendant qu'ils lui font les poches. Il nous dit également que le paranoïaque se caractérise par sa grandiosité et son hostilité, et que les délires paranoïaques trouvent leur origine dans l'aversion qu'il éprouve à l'égard de lui-même.

Depuis que Max Eitington, le collègue de Sigmund Freud, a présenté la psychiatrie comme un élément clé de la conspiration communiste mondiale, les opposants au communisme ont toujours été diagnostiqués comme souffrant de délires et de paranoïa. La plus grande personnalité paranoïaque de tous les temps a bien sûr été Adolf Hitler, qui a failli renverser l'empire communiste, ce qui prouve qu'Eitington et ses collègues agents du KGB avaient raison de craindre l'ennemi paranoïaque. Aux États-Unis, tout citoyen qui dénonce les activités communistes d'un employé du gouvernement est rapidement conduit à l'asile d'aliénés. Lorsqu'un haut fonctionnaire du département d'État, Felix Bloch, a récemment été photographié en train de remettre une mallette à un agent du KGB, seul un paranoïaque souffrant de délires anticommunistes pourrait prétendre qu'il faisait quelque chose de plus dangereux que d'échanger des photos de famille de vacances à la plage. Nous mentionnons la paranoïa avec autant de détails parce que les psychiatres insistent sur le fait qu'elle est toujours délirante et qu'elle trouve son origine dans la "haine de soi", un problème mental qui n'existe que dans le monde de la psychiatrie. Les cinquante femmes qui ont été tuées par leurs maris fous après s'être vantées à plusieurs reprises qu'elles avaient l'intention de le faire, ont toutes été rejetées par les experts psychiatriques comme souffrant de paranoïa. Apparemment, il s'agit d'une maladie mortelle, puisqu'elles en sont mortes.

Le problème de la criminalité oblige les citoyens américains à vivre dans un état de guerre permanent. Le 29 janvier 1989, le *Washington Post* titrait : "La peur pousse les chauffeurs de taxi de D.C. à défier la loi". Le gouvernement du district de Columbia du maire Barry, en proie aux scandales, avait adopté une loi imposant une amende de 100 dollars à tout chauffeur de taxi qui passerait devant ou refuserait une course "dangereuse". Pour "dangereux", lisez "noir". Le fait que les chauffeurs de taxi de D.C. soient aujourd'hui noirs à 97% et qu'ils sachent ce qu'ils font lorsqu'ils refusent une course n'a pas empêché le régime Barry de les qualifier de criminels. Le 18 janvier 1989, le meurtre d'un chauffeur de taxi de 73 ans dans l'un des quartiers les plus criminels de la ville, au 3rd et Underwood NW, à l'ombre du capitole, a contraint les chauffeurs à se montrer plus prudents dans l'acceptation de leurs courses.

Ces derniers mois, la couverture médiatique mondiale, en particulier en Europe, qui envoie de nombreux touristes à Washington, a valu à la ville le titre de "capitale mondiale du crime". Aucune autre ville ne se rapproche de Washington pour ce qui est de l'obtention du titre de "capitale américaine du meurtre". Avec 372 meurtres en 1988 et 120 de plus au cours des premiers mois de 1989, le maire Barry a agi rapidement pour endiguer le flot de sang. Il a annoncé que 25 policiers seraient affectés à l'arrestation des piétons ! On estime à 10 000 le nombre de contraventions dressées cette année par les forces de police de Barry. Pendant ce temps, le sénateur Mark Hatfield a été témoin d'une fusillade dans la rue près de son bureau, mais n'a pas pris la peine de le signaler. Selon lui, c'est tellement banal qu'il est inutile de remplir un rapport de police, qui sera rapidement enterré. Barry ne fera rien contre la vague de meurtres qui sévit dans la ville, mais les piétons ont été mis en garde.

En raison de l'incapacité des universitaires à voir la cause et le résultat, personne n'a analysé la conquête du titre de "capitale mondiale du crime" comme le résultat inévitable d'un crime antérieur, la décision illégale de la Cour suprême dans l'affaire Shelley v. Kraemer en 1948. Parce que cette décision a été rendue grâce aux efforts de l'assistant juridique du juge Frankfurter en tant qu'amicus curiae, et à ses liens étroits avec les organisations qui avaient intenté le procès, le Congrès juif américain et le Comité juif américain, la décision doit être rayée du dossier comme étant invalide. L'arrêt de la Cour qui a provoqué la fuite des Blancs de Washington et la vague de criminalité qui en a résulté doit être corrigé.

Bien que le Bureau Fédéral des Prisons ait une bonne chose à faire avec son programme de travail d'esclaves, il n'y a pas de réduction conséquente de la vague de criminalité. Le *Time* a noté le 12 mai 1986 que le taux de travail dans les prisons de l'État de New York allait de 32 à 65 centimes de l'heure. La paperasserie pour le département des véhicules à moteur était traitée par la prison pour femmes, le Bayview Correctional Facility. Le 29 août 1988, Time a noté qu'un détenu de la prison californienne de Lompoc avait écrit un article pour le San Francisco Chronicle, "The Gulag Mentality" (La mentalité du goulag), qui révélait l'existence d'un système de travail forcé. Indignés, les responsables de la prison ont immédiatement ordonné une dose de "thérapie au diesel" pour lui. Martin a été envoyé à San Diego, puis à Phoenix. Il a intenté un procès pour entrave à la liberté d'expression, mais le juge a refusé de lever les ordres de transfert, notant que c'était "pour le bien du système correctionnel".

Une étude récente de la Rand Corp. montre que chaque criminel coûte à la société 430 000 dollars par an en butin. Son maintien en prison coûte 25 000 dollars par an, ce qui signifie que la société économise 405 000 dollars par an pour chaque criminel maintenu en prison. L'hébergement des détenus coûte aujourd'hui 16 milliards de dollars par an aux États ; environ 1 milliard de dollars par an est consacré à leurs soins de santé. Le SIDA a posé un nouveau dilemme médical, encore plus coûteux, aux autorités pénitentiaires, tout comme le vieillissement rapide de la population carcérale. En 1987, il y avait 40 000 prisonniers fédéraux, soit un total de 533 000 détenus dans l'ensemble des prisons américaines. La construction de milliers de cellules supplémentaires est constamment réclamée. Les coûts de construction des prisons fédérales varient de cinquante à cent mille dollars par cellule, en fonction du nombre de membres de la famille du Congrès qui sont engagés pour le travail. Les délinquants commettent en moyenne 187 crimes chacun, soit un tous les deux jours, bien que certains délinquants énergiques dépassent ce chiffre. Pour répondre à la demande des responsables de l'administration pénitentiaire, la construction de nouvelles prisons coûterait 130 milliards de dollars et les budgets annuels de fonctionnement des prisons grimperaient de 36 à 60 milliards de dollars par an. Bien que ce chiffre reste raisonnable par rapport aux 249 milliards de dollars que nous dépensons chaque année pour la défense, sans défendre quoi que ce soit, les États-Unis deviendraient probablement encore plus un État policier qu'ils ne le sont actuellement, la véritable répression s'exerçant non pas contre les criminels, mais contre les "dissidents politiques".

La direction dans laquelle les responsables gouvernementaux sont susceptibles d'évoluer a été démontrée de manière flagrante dans l'étrange affaire du membre du Congrès George Hansen. Hansen avait violé le code secret de Washington, selon lequel personne n'interfère dans la politique du Moyen-Orient sans l'autorisation d'Henry Kissinger. Hansen a tenté de faire libérer des otages américains et est rapidement devenu le seul membre du Congrès à être jugé en vertu des nouvelles lois "éthiques", qui obligent les membres du Congrès à rendre compte de leurs transactions financières. Il a dû payer un million de dollars en frais de justice, a perdu sa maison et tous ses biens, et a été enfermé pendant six mois à Petersburg, en Virginie, qui est considérée comme la plus brutale des prisons fédérales. En revanche, le président de la Chambre des représentants, Jim Wright, accusé de 116 violations de l'éthique, ramenées par la suite à 69, a été autorisé à quitter Sodome sur le Potomac sans même une tape sur les doigts. Après avoir purgé sa peine, Hansen a été arrêté pour avoir pris la parole lors d'un rassemblement religieux à Omaha, et ramené à Washington par avion, les mains cruellement menottées dans le dos. Il est alors détenu sous un faux nom afin que les personnes intéressées par son sort ne puissent pas le localiser. Le *Washington*

Post a ironisé le 6 juin 1987 : “Si l’on en croit le ministère de la Justice, les rues américaines sont plus sûres ces jours-ci parce que George Hansen est de retour en prison”. Le Post souligne que Hansen “a été puni bien au-delà de son délit”. En fait, il n’avait jamais commis d’infraction, à l’exception de son hégire non autorisée à Téhéran. Son traitement brutal a été dénoncé par 239 membres du Congrès dans une pétition adressée au président Reagan, ainsi que par 300 000 appels téléphoniques et télégrammes en sa faveur. Tous ont été jetés à la poubelle par les fonctionnaires arrogants de Reagan, contrôlés par Kissinger.

Le fait que le ministère de la Justice, le Federal Bureau of Investigation et le Federal Bureau of Prisons se consacrent à l’application strictement politique de la loi rend inévitable le démantèlement de ces agences, le plus tôt étant le mieux. Nous ne pouvons tolérer que le ministère de la Justice continue d’être l’opération privée des agents sionistes fanatiques, Nesher ; nous ne pouvons permettre au FBI de continuer à servir les pervers au pouvoir en tant que police politique privée, et nous ne pouvons permettre que la vague de crimes se poursuive sans relâche alors que le Bureau fédéral des prisons sert d’endroit commode pour cacher les critiques de nos criminels au sein du gouvernement.

CHAPITRE 9

LE CAS DE L'ÉTRANGE DIRECTEUR

Le 25 avril 1973, le présent auteur a déposé auprès du tribunal de district de Washington, D.C., une demande de dommages et intérêts de trois millions de dollars contre la succession de J. Edgar Hoover, le défunt directeur du FBI. Quelques heures après que l'annonce de ce procès ait été diffusée par les agences de presse nationales, L. Patrick Gray, directeur intérimaire du FBI, qui aspirait à devenir le successeur de Hoover, s'est empressé de retirer son nom de la liste des candidats. Déjà sous le feu des critiques pour avoir brûlé des piles de documents provenant des dossiers du FBI, Gray craint d'être appelé à témoigner lors du procès Mullins. Il quitte la scène de Washington.

J'avais d'abord intenté une action devant la Cour supérieure de Washington, D.C., mais la Cour m'a informé qu'elle avait une limite de cinquante mille dollars pour les actions en dommages-intérêts. J'ai dû déposer un praecipe pour rejeter ma propre affaire et la redéposer devant la U.S. District Court (Cour de district des États-Unis). Bien que j'aie poursuivi la succession privée d'un citoyen américain, l'affaire a été défendue par Harold H. Titus, le célèbre procureur américain des procès du Watergate. Le juge Sirica, lui aussi célèbre dans l'affaire du Watergate, présidait le procès. J'ai protesté contre l'implication du ministère de la justice, en déposant un mémorandum de cessation et d'abstention, au motif qu'une partie ne devrait pas engager l'avocat de la partie adverse. Je payais pour la poursuite de cette action en tant que plaignant et avocat, mais la succession de J. Edgar Hoover, qui consistait en la personne de l'épouse de Hoover, Clyde Toison, était défendue par le ministère de la Justice, le plus grand cabinet d'avocats du monde, employant cinq mille juristes et 72 000 employés pour soutenir les juristes. Le problème était qu'en tant que contribuable, je payais des impôts pour soutenir les opérations du ministère de la Justice, et que le ministère de la Justice fournissait l'avocat de mon adversaire.

Les cinq mille avocats du ministère de la Justice ont une longue histoire d'incompétence dans le traitement des affaires, parce qu'ils sont généralement dominés par une petite bande de traîtres connus sous le nom de "Nesher", le mot hébreu pour "aigle". Lorsque le Nesher a demandé la poursuite d'un Américain pour un délit présumé contre le mouvement sioniste international, le ministère de la Justice a été merveilleusement efficace, totalement implacable et avide d'obtenir une condamnation. Cependant, dans d'autres cas, il a un long palmarès de maladresses, de manques de rigueur et d'inaptitude générale. Le conseiller Titus a déposé un mémorandum à la Cour, notant que le 6 novembre 1973, l'avocat de l'accusé a découvert qu'une requête en irrecevabilité n'avait jamais été déposée, bien qu'une requête ait été préparée pour être déposée le 26 juillet 1973 ! L'avocat a alors demandé que la requête en irrecevabilité soit considérée comme déposée dans les délais.

UNITED STATES DISTRICT COURT
FOR THE DISTRICT OF COLUMBIA

EUSTACE C. MULLINS,

Le plaignant,

V. Action civile

N° 779-73

SUCCESSION DE J. EDGAR HOOVER,

Défendeur.

MÉMOIRE À LA COUR

Le 6 novembre 1973, l'avocat du défendeur chargé principalement de la défense de cette action a vérifié les inscriptions au registre du greffe, ainsi que le dossier de la Cour, pour s'assurer que la Cour avait pris des mesures concernant la requête en irrecevabilité du défendeur. Après vérification des registres officiels, il apparaît qu'une requête en irrecevabilité n'a jamais été officiellement déposée, bien qu'une requête ait été préparée pour être déposée le 26 juillet 1973. L'avocat du défendeur pensait que la requête avait été déposée dans le cours normal des affaires à cette date, et qu'aucune autre action n'avait été entreprise par l'avocat dans l'attente d'une réponse et/ou d'une décision de la Cour. On trouvera ci-joint une copie de la requête du défendeur, qui fait partie de son dossier depuis le 26 juillet 1973.

Le défendeur demande respectueusement que la copie ci-jointe de la requête en irrecevabilité soit considérée comme déposée dans les délais.

HAROLD H. TITUS, JR.

Procureur des États-Unis

Titus a ensuite pris sa retraite du ministère de la Justice, pour cause de nausées. D'autres membres des cinq mille avocats du ministère de la justice qui s'opposaient à moi ont continué à défendre l'affaire. Le résultat fut qu'en l'absence de toute plaidoirie ou de toute comparution du défendeur, le juge du district des États-Unis Joseph Waddy rejeta l'affaire le 10 décembre 1973. Il n'y a eu ni jugement, ni audition de preuves dans cette affaire, ni prise en compte de mes droits constitutionnels. La décision a été rendue conformément à la loi sur les marchands, en tant que décision d'équité par un juge des États-Unis, au nom des États-Unis, comme le mentionne le juge Waddy dans son ordonnance de non-lieu, "l'opposition déposée par les États-Unis"... Je n'avais pas intenté de procès contre les États-Unis ; en tant que citoyen des États-Unis, je me poursuivais moi-même. Le préjudice dont a fait preuve le juge Waddy à mon égard n'était pas dû au fait qu'il était noir et que j'étais blanc, bien que cela ait pu jouer un rôle. Les préjugés étaient fondés sur le fait que j'étais un citoyen américain moyen et que le juge Waddy avait déclaré publiquement qu'il favorisait les activistes libéraux ou de gauche. Lorsqu'un certain nombre d'émeutiers ont été arrêtés dans les rues de Washington pour protéger les citoyens américains, leur vie et leurs biens, le juge Waddy leur a accordé d'énormes sommes d'argent en guise de cadeau du gouvernement des États-Unis, pour les inconvénients qu'ils prétendaient avoir subis du fait de leur détention. Le juge Waddy n'a pas voulu entendre les preuves du harcèlement et de la surveillance que moi et les membres de ma famille avons subis de la part d'agents du gouvernement pendant quelque trente-trois ans, harcèlement documenté par des rapports officiels du gouvernement et qui aurait été soumis au tribunal si j'avais été autorisé à présenter des preuves dans cette affaire. Un préjudice m'a empêché de poursuivre cette demande de dommages et intérêts, bien que des dommages et intérêts aient été librement accordés par ce même juge à des émeutiers qui présentaient un danger clair et actuel pour le peuple des États-Unis.

Le décor était planté pour les actions qui ont précipité ce procès, lorsque le Congrès a créé le “Département de la justice” le 22 juin 1870, prévoyant un système judiciaire national et un procureur général fédéral. En 1908, en réponse aux demandes inaudibles du peuple américain pour une équipe d’“enquêteurs nationaux”, le Congrès a inclus dans le “Sundry Civil Appropriations Bill” pour 1909 les fonds nécessaires à la création d’un “Bureau of Investigation”. À l’origine de cette “demande”, un petit groupe de jacobins, ou canaques maçonniques, qui souhaitaient mettre en place une police politique nationale basée sur des modèles européens. Cette police politique était destinée à mettre en œuvre des programmes conçus et promulgués par d’insidieux conspirateurs internationaux afin d’asservir et de dépouiller le peuple des États-Unis. Cette police politique était destinée à punir les opposants à ces sinistres programmes.

Le procureur général de l’époque, Charles Joseph Bonaparte, membre de la famille de Napoléon, a averti le Congrès, lors des délibérations et des témoignages sur ce crédit, qu’il présentait un danger très réel de mise en place d’“agents provocateurs” dans la branche d’investigation du ministère de la Justice. Bonaparte a fait preuve d’une remarquable clairvoyance en 1908. Le Bureau d’enquête (rebaptisé Bureau fédéral d’enquête en 1935) est devenu un nid d’agents provocateurs sous la direction de J. Edgar Hoover, dont la philosophie en matière de “lutte contre la criminalité” consistait à l’ignorer, car seuls les objectifs politiques comptaient. Ses agents ont vite compris qu’ils devaient trouver quelque chose sur quoi enquêter dans le domaine politique, et s’il n’y avait rien dans ce sens, ils avaient pour mission de le créer, de le planifier, de le financer et d’en être les instigateurs. Le FBI est devenu le B.A.P., le Bureau des Agents Provocateurs.

En mars 1909, le nouveau Bureau d’enquête a commencé ses activités sous la direction du successeur de Bonaparte au poste d’Attorney General, George Wickersham, riche avocat de Wall Street et associé du président William Howard Taft. Le Bureau était encore modeste et ne comptait que quelques agents lorsqu’un jeune préposé à la bibliothèque du Congrès l’a rejoint en 1917, apparemment pour échapper à l’appel sous les drapeaux. J. Edgar Hoover travaillait depuis quelques années sur les ponts de la Bibliothèque du Congrès et suivait les cours de l’école de droit de Georgetown le soir. Après avoir terminé ses études et s’être inscrit au barreau, il possède les qualifications requises pour devenir agent du Bureau. À ce poste, il a également été classé comme "employé essentiel du gouvernement" et a été retiré des listes de jeunes hommes appelés à s'engager dans les forces armées des États-Unis.

À la fin de la Première Guerre mondiale, J. Edgar Hoover est devenu un larbin dans la croisade nationale anticommuniste inspirée par le procureur général Harry Daugherty et mise en œuvre par le chef du Bureau d'enquête, William J. Burns, qui a occupé le poste de directeur de 1917 à 1924. Burns était le détective le plus compétent et le plus célèbre des États-Unis. Il était issu d'une famille qui s'était distinguée depuis longtemps dans la profession des forces de l'ordre. Son père avait été commissaire de police d'une ville en proie au scandale, Columbus (Ohio), où il avait fini par envoyer en prison de nombreux fonctionnaires de premier plan. William Burns lui-même, à l'âge de vingt-quatre ans, avait dénoncé les fraudes électorales de 1883. Il s'est fait une réputation nationale en nettoyant les pots-de-vin à San Francisco, où il a envoyé de nombreux fonctionnaires corrompus en prison. Il a résolu l'attentat à la bombe contre le Times Building en 1910, un acte de terrorisme qui a tué vingt personnes. C'est grâce au brillant travail de détective de Burns que les frères McNamara ont été envoyés en prison pour cet acte de terrorisme gratuit. Burns rejoint ensuite les services secrets américains, où il met au jour un réseau national de contrefaçon qui opérait sans être inquiété depuis environ vingt-cinq ans. À New York, Burns fait à nouveau la une des journaux lorsqu'il élucide le meurtre du célèbre gambier Herman Rosenthal, qui se solde par l'envoi sur la chaise électrique d'un lieutenant de police et de quatre tireurs. À la fin de la Première Guerre mondiale, Burns est enrôlé par le procureur général Daugherty pour mener la lutte contre la révolution aux États-Unis. Les communistes, exultant de leur victoire enivrante sur le tsar de Russie et du massacre sanglant de toute sa famille, considéraient que les États-Unis étaient mûrs pour une prise de pouvoir par les bolcheviks. Leur objectif était de briser les processus ordonnés du gouvernement à tous les niveaux et de profiter de la confusion et de la démoralisation de la population qui en résulteraient pour provoquer une prise de pouvoir nationale par les bolcheviks. Le 2 juin 1919, au cours de cette bataille, la maison de l'Attorney General Mitchell Palmer, située au 2132 R St NW à Washington D.C., un quartier paisible de fonctionnaires, a été dynamitée. Le secrétaire adjoint à la marine, Franklin D. Roosevelt, qui vivait de l'autre côté de la rue, a trouvé des morceaux du corps du bombardier sur le pas de sa porte. Ce bombardement se voulait un acte de représailles contre les célèbres “raids Palmer”, au cours desquels des centaines de révolutionnaires communistes aux yeux sauvages, dont la plupart étaient des étrangers en situation irrégulière, avaient été arrêtés. Le Congrès, comme aujourd’hui, a manifesté sa sympathie pour les révolutionnaires. Dans une contre-attaque concertée contre la campagne du procureur général, la commission du règlement de la Chambre des représentants a convoqué Palmer à une audience officielle, au cours de laquelle des membres hostiles du Congrès l’ont dénoncé pour ses actions contre les révolutionnaires. Ils exigent que les “droits” des étrangers soient protégés. Ceux qui pensent que le Congrès ne se préoccupe que des problèmes des communistes ont vu la preuve démonstrative de leurs convictions dans le procès-spectacle de Moscou que le Congrès a récemment mis en scène avec Oliver North. Cependant, ils ne savent pas que le Congrès a défendu sans relâche le bolchevisme depuis 1920.

En tant qu’assistant junior du directeur Burns, J. Edgar Hoover a participé aux raids Palmer. Cette activité lui a permis de se faire passer pour un militant anticommuniste jusqu’à la fin de sa vie. En fait, Hoover s’est avéré être le cheval de Troie du Bureau d’enquête de Bums. Il était devenu le “protégé” bien connu d’un éminent libéral dans le cadre d’un complot de Wall Street visant à détruire non seulement la campagne anticommuniste, mais aussi l’ensemble de l’administration du président Harding. Cette campagne a abouti à la mort étrange du président Harding, au “suicide” de personnalités de son administration et à la condamnation d’autres personnes, dont le procureur général Harry Daugherty, pour divers chefs d’accusation, les envoyant en prison. Il s’agissait d’une démonstration classique d’un Congrès démocrate mettant en accusation une administration républicaine et jugeant ses fonctionnaires sur la base d’accusations portées par le Congrès. Le principe de l’équilibre des pouvoirs de Thomas Jefferson, selon lequel les trois départements du gouvernement ont des pouvoirs égaux, a été jeté à la poubelle. Nous avons vu à maintes reprises cette même technique, qui a abouti à la destitution d’un président républicain, Richard Nixon, et à l’emprisonnement de ses principaux conseillers, ainsi qu’à la condamnation et à l’emprisonnement de la plupart des conseillers les plus proches de Ronald Reagan. Toutes ces condamnations ont été obtenues grâce au spectacle des “procès-spectacles” typiques de Moscou, rendus célèbres dans le monde entier par le dictateur sanguinaire, Josef Staline, à Moscou en 1938. Le Congrès a bien appris la technique.

Après l'inculpation de Daugherty, il a été remplacé par un libéral bien connu, Harlan Stone, qui était également le mentor de J. Edgar Hoover. Depuis quelques mois, les deux hommes faisaient l'objet d'une discussion virulente de la part des commères omniprésentes à Washington. En tant que détective avisé, Burns est conscient que Stone pourrait faire l'objet d'un chantage, mais il décide d'ignorer la situation. Il est stupéfait lorsque Stone, pour son premier acte officiel en tant qu'Attorney General, lui notifie que toute la campagne anticommuniste du gouvernement est désormais abolie. Stone a dissous la GID, la General Intelligence Division, qui avait été l'épine dorsale de la campagne nationale contre les révolutionnaires communistes. Lorsque Burns a demandé qu'on lui accorde plusieurs semaines pour terminer le travail de la GID, Stone l'a convoqué dans son bureau. C'était la provocation qu'il attendait. Il informa Burns qu'il était renvoyé en tant que directeur du Bureau, à compter de ce moment. L'audace de cette action, qui consistait à congédier sommairement le détective le plus compétent du pays, était typique de l'arrogance du bureaucrate de gauche.

Stone a remplacé Burns par J. Edgar Hoover. D'un seul coup, un jeune homme de vingt-quatre ans aux yeux de rosée, mélancolique et modeste, était devenu l'un des bureaucrates les plus puissants de Washington, un poste qu'il allait occuper jusqu'à la fin de sa vie. Burns alla voir certains de ses puissants amis à Washington, se plaignant que Hoover était entré "par la porte de derrière", mais il découvrit qu'en tant qu'ancien titulaire d'un poste, il n'avait plus aucun poids. Il ne travailla plus jamais pour le gouvernement et fonda sa propre agence de détectives privés, très prospère, qui perdure encore aujourd'hui.

Une fois Burns écarté, Stone a entrepris d'impliquer l'ensemble du ministère de la Justice dans une attaque frontale et massive contre les membres de l'administration Harding. Cette campagne n'était pas seulement destinée à punir les fonctionnaires de Harding pour leur poursuite de la campagne nationale anticommuniste ; elle avait également un objectif plus profond et peut-être plus vital en mettant en scène une dissimulation massive d'un certain nombre d'escroqueries d'un milliard de dollars qui avaient été perpétrées en tant qu'"urgences nationales" pendant la Première Guerre mondiale. Le principal bénéficiaire de cette dissimulation était la Standard Oil ;

Rockefeller avait facturé deux fois aux forces armées des milliards de dollars de pétrole et d'autres fournitures militaires vitales tout au long de la guerre. Une enquête sur l'administrateur des denrées alimentaires Herbert Hoover était également en cours, afin de retracer les activités de ses fonctionnaires sur le marché noir du sucre et d'autres denrées alimentaires. Le second responsable de l'administration alimentaire était Lewis Lichtenstein Strauss, qui est ensuite devenu partenaire de la banque Kuhn, Loeb Co. de Wall Street, le représentant américain des intérêts Rothschild. Hoover lui-même avait été un agent des Rothschild pendant des années, en tant que directeur de Rio Tinto Zinc, l'une des trois entreprises sur lesquelles reposait la fortune des Rothschild. Des enquêtes étaient également imminentes sur l'utilisation des fonds collectés par la Commission de secours belge, que Hoover avait dirigée pendant plusieurs années et dont les irrégularités ont fait l'objet d'un certain nombre de livres, notamment "The Strange Life and Career of Herbert Hoover" (La vie et la carrière étranges d'Herbert Hoover). Une enquête était prévue sur les activités d'Eugene Meyer, associé de Bernard Baruch et directeur de la War Finance Corporation, dont l'administration avait imprimé des milliards de dollars de Liberty Bonds en double exemplaire, l'un étant vendu au public et l'autre constituant l'actif de la fortune de Meyer, qui lui a permis plus tard d'acheter le *Washington Post*, aujourd'hui le journal politique le plus influent des États-Unis. Des appels ont également été lancés pour enquêter sur les activités de Bernard Baruch, qui avait dirigé le War Industries Board et dont les spéculations sur les actions de U.S. Steel et d'autres entreprises de munitions avaient fait de lui l'un des hommes les plus riches des États-Unis.

Toutes ces enquêtes sont tombées dans l'oubli, alors que la presse nationale se livrait à une orgie inégalée de battage médiatique autour d'un "vrai scandale", les opérations pétrolières de Teapot Dome. Aujourd'hui, de nombreux Américains ont une réaction spontanée lorsqu'on leur parle de Teapot Dome, mais ils ne manifestent aucune réaction lorsqu'on leur parle des scandales Rockefeller, Hoover, Meyer ou Baruch. Tous ces scandales ont été mis sous le tapis, alors que l'attention de la nation s'est concentrée pendant les huit années suivantes sur le scandale du "Teapot Dome". Pendant tout ce battage médiatique, la véritable histoire a été complètement occultée. Deux concurrents des intérêts pétroliers de Rockefeller, Harry Sinclair et Edward L. Doheny, avaient été persuadés par des bureaucrates de Washington de s'engager dans un acte de “service public”. On leur demandait, par patriotisme, de pomper un réservoir national de pétrole à Teapot Dome, car les géologues avaient prévenu que le pétrole s’enfonçait lentement dans un substrat sablonneux et qu’il serait bientôt perdu à jamais. Bien que Sinclair et Doheny doutent de pouvoir se permettre un tel geste de service public, ils sont finalement persuadés d’aller de l’avant. Ils créèrent la Mammoth Oil Corporation et louèrent Teapot Dome au secrétaire de l’Intérieur, Albert Fall, dont le nom, à la suite de cet épisode, est entré dans le langage comme “fall guy” ou “patsy”, inspirant également l’expression familière “to take a fall”. Sur les conseils des experts pétroliers de son département, M. Fall approuva systématiquement le bail. À l’époque, Fall possédait le plus grand ranch des États-Unis, Tres Rios au Nouveau-Mexique, soit environ 750 000 acres, une zone de 55 miles de long et de 24 miles de large. Sur instructions secrètes de Washington, les fonctionnaires du fisc du Nouveau-Mexique ont soudainement doublé les taxes sur son ranch, un montant qu’il n’était pas en mesure de payer. Confronté à la perte de ses biens, Fall demande à Sinclair un prêt temporaire pour payer les taxes, ce que Sinclair accepte de faire. Les Rockefeller ont ensuite envoyé l’un de leurs hommes de main les moins recommandables, John Leo Stack, en mission secrète auprès de l’éditeur de journaux le moins recommandable du pays, Frederic Bonfils, propriétaire du Denver Post. Bonfils était devenu éditeur de journaux par un chemin détourné. Il avait organisé une loterie à Kansas City, où les acheteurs de billets avaient appris qu’il n’y aurait pas de billet gagnant. Bonfils quitta précipitamment la ville avant qu’une foule ne le lynche. Avec ses bénéfices, Bonfils arrive à Denver, où il découvre que le journal local, le Post, peut être acheté au comptant. Il l’achète comme un investissement idéal pour une nouvelle opération encore plus rentable que sa fausse loterie. Le Post est devenu son véhicule personnel pour une opération de chantage lucrative. Il créait une fausse page de couverture impliquant une personnalité locale dans un scandale (les scandales étaient toujours réels, même si la page était fausse) et l’envoyait à la victime, en précisant qu’un don approprié, généralement de cinq ou dix mille dollars, permettrait “d’arrêter les presses”. La victime payait toujours.

Stack fait à Bonfils une offre encore plus alléchante. Il promet à Bonfils un paiement en espèces de 200 000 dollars pour l’impression de l’histoire de Teapot Dome. Le récit, en tant qu’opération de Rockefeller, le présentait comme un terrible scandale national, le pillage des réserves de pétrole de la nation par des profiteurs sans scrupules. D'autres rédacteurs en chef avaient déjà refusé Stack, malgré l'offre lucrative, car l'histoire était manifestement fausse et pouvait donner lieu à de coûteux procès en diffamation. Bonfils accepte le pot-de-vin sans hésiter et publie l'histoire du "scandale". Une fois qu'il l'a publiée, d'autres rédacteurs en chef sont prêts à tenter leur chance. En tout état de cause, Sinclair et Doheney n'ont pas eu l'occasion de poursuivre qui que ce soit, car ils ont rapidement été victimes de l'ensemble du personnel juridique du ministère de la Justice.

Bonfils s'est ensuite plaint que Stack avait retenu 40 000 dollars sur l'argent du pot-de-vin ; Stack a prétendu qu'il s'agissait de sa commission pour avoir agi en tant qu'homme de main pour les Rockefeller. Bonfils a finalement renoncé à sa plainte, peut-être parce que les Rockefeller s'étaient engagés à lui proposer des contrats encore plus lucratifs à l'avenir. Le Dictionnaire biographique national fournit des informations supplémentaires sur les escroqueries perpétrées par Bonfils et son partenaire de longue date, Harry Tammen. Dans son ouvrage "American Journalism ; A History of Newspapers in the U.S. through 250 Years", l'historien F. L. Mott les qualifie de "pirates paternalistes du journalisme". Frédéric Bonfils était le petit-fils de Salvatore Buonfiglio, un immigrant corse qui s'est marié avec la famille patricienne de Nouvelle-Angleterre des Aiden, descendants directs de John Aiden. Son petit-fils a changé l'orthographe en "Bonfils", plus français, et est devenu agent d'assurance dans le Midwest. Il a fait une petite fortune dans le boom foncier de l'Oklahoma, et avec cette mise, il a lancé sa propre entreprise, la Little Louisiana Lottery à Kansas City. Les acheteurs de billets ont été scandalisés de constater que la loterie ne payait pas de prix. William Rockhill Nelson, fondateur du Kansas City Star, publie une série d'articles dénonçant Bonfils. Le résultat fut l'arrestation de Bonfils. Des paiements judicieux aux autorités policières lui ont permis de s'échapper avec la majeure partie de ses fonds.

Bonfils se rend ensuite à Denver, où il s'associe à Harry Tammen, barman à l'hôtel Windsor. Tammen avait une activité secondaire lucrative : il vendait de faux scalps de Sitting Bull et de Geronimo aux clients de l'Est qui se promenaient dans le bar. Il organise également des spectacles de chiens et de poneys, qui deviendront plus tard le célèbre cirque Sells-Floto. La famille Sells était à l'époque le nom le plus célèbre de l'industrie du cirque ; le fait qu'aucun membre de la famille ne soit lié à l'activité de Tammen ne l'a pas du tout découragé. Sous la menace de poursuites judiciaires, il finit par conclure un accord avec un parent éloigné de la famille Sells pour utiliser le nom.

Après son succès à la loterie, Bonfils cherche quelque chose de plus rentable que les escroqueries de Tammen. Tammen l'informe qu'il peut acheter l'Evening Post de Denver pour 12 500 dollars. Bonfils l'achète et prend Tammen comme associé. Ils changent le nom en Denver Post et se lancent dans une opération de chantage en roue libre qui leur rapporte gros. Curieusement, aucune de leurs victimes ne les a jamais attaqués, bien qu'ils aient tous deux été blessés par balle dans les bureaux du Denver Post. Le tireur mécontent était un avocat qu'ils avaient engagé pour poursuivre le gouverneur Charles Thomas au sujet d'une grâce que ce dernier n'avait pas accordée, vraisemblablement après avoir accepté l'investissement requis, habituel dans ce genre d'affaires.

Le Dictionnaire biographique national note que "les activités journalistiques du duo sont devenues une question nationale à la suite du rôle joué par le Post dans le scandale du Teapot Dome". Le DNB raconte qu'après avoir accepté le pot-de-vin de Stack, Bonfils a cherché à obtenir des récompenses encore plus importantes en proposant à Harry Sinclair que le Denver Post abandonne tout développement ultérieur de l'affaire. Sinclair a versé à Bonfils 250 000 dollars, avec la promesse de 750 000 dollars supplémentaires si le Denver Post s'abstenait de publier d'autres articles sur le Teapot Dome. Bonfils n'était pas sans détracteurs parmi ses collègues rédacteurs en chef, et certains d'entre eux ont jugé bon d'exposer tous les détails de cet arrangement devant la convention de l'American Society of Newspaper Editors (ASNE). L'ASNE a examiné attentivement les preuves, qui étaient accablantes ; elle a ensuite refusé d'agir, sous prétexte que le pot-de-vin avait été versé juste avant que l'association n'adopte le code national de déontologie !

L'histoire du Teapot Dome est toujours inscrite dans nos livres d'histoire comme "le plus grand scandale de l'histoire", bien que les journalistes contemporains aient pris l'habitude d'attribuer ce titre à un autre procès spectacle de Moscou, les scandales du Watergate. Un Congrès démocrate s'est délecté de l'occasion qui lui était donnée de traîner d'anciens fonctionnaires républicains pendant les huit années suivantes et de marteler leurs "terribles crimes", tandis que les vrais méchants, Rockefeller, Hoover, Meyer et Baruch, ricanaient en arrière-plan. Fall ne fut envoyé en prison qu'en 1931, soit sept ans après les faits. Il fut reconnu coupable d'avoir accepté un pot-de-vin d'Edward L. Doheny, bien que, lors d'un procès ultérieur, Doheny fut acquitté de lui avoir donné le pot-de-vin ! Fall perd son ranch et sa réputation. Il mourut, brisé, en 1944.

La Grande Dépression, qui a suivi ces simulacres de procès à Washington, était le résultat logique de la manipulation délibérée du gouvernement national, du Congrès et des agences fédérales, par les sinistres spéculateurs internationaux. Ces simulacres de procès politiques ont fourni l'écran de fumée idéal derrière lequel les manipulateurs ont pu exécuter leur programme de longue haleine de pillage et de destruction systématique de la nation. Pendant ces années d'or des conspirateurs, J. Edgar Hoover a prospéré à Washington. Il était le seul bureaucrate capable de fournir un corps de police politique pour n'importe quel objectif, à condition que le client ait suffisamment d'argent et de poids politique. Hoover était entré en fonction en tant que protégé personnel d'un activiste libéral dévoué qui avait éliminé à lui seul la contre-attaque du gouvernement contre les communistes en Amérique. Hoover est toujours resté fidèle à son mentor. Il a trouvé un complice capable de satisfaire ses étranges désirs en engageant comme assistant un jeune Washingtonien prometteur, Clyde Toison. Comme Hoover, Toison avait été le protégé d'un puissant fonctionnaire de Washington, l'ancien secrétaire à la Guerre Newton D. Baker. En tant que "secrétaire confidentiel" de Baker, les fonctions de Tolson n'ont jamais été évidentes, mais l'association a été satisfaisante. Après le départ de Baker de Washington, Toison suit les conseils de Hoover et suit des cours du soir, obtenant son diplôme de droit comme l'avait fait Hoover. Comme Hoover, Toison est également un franc-maçon convaincu, actif dans la loge de Washington. Dans toute sa carrière, Hoover n'a accepté qu'un seul poste d'administrateur, celui de directeur de l'influente et riche compagnie d'assurance maçonnique Acacia Mutual Insurance.

La montée en puissance de Hoover au sein du Bureau d'investigation a été précédée d'une intensification de ses activités maçonniques. Le 9 novembre 1920, il est élevé au degré sublime de maître maçon à la Federal Lodge n° 1. En avril 1921, il obtient plusieurs degrés dans la Royal Arch Masons. En juillet 1921, il rejoint la Commanderie n° 1 de Washington. Il est ensuite nommé directeur adjoint du Bureau d'enquête, le 22 août 1921. Le 1er mars 1922, J. Edgar Hoover rejoint le Temple Shrine d'Aimas et, quelques semaines plus tard, il est nommé capitaine dans les services de renseignement de l'armée américaine. Dans "The Royal Masonic Encyclopaedia", Kenneth Mackenzie définit l'acacia comme "la plante symbolique de la franc-maçonnerie". L'acacia, connu sous le nom de Jebbeck en Égypte, fleurit dans les pays du Levant. C'était le bois sacré des Juifs, appelé Shittah. "L'acacia était utilisé pour indiquer l'endroit où les cadavres avaient été enterrés chez les Juifs.

William Sullivan a déclaré plus tard dans son livre révélateur sur le FBI, "The Bureau", que

> "Mais pour des raisons qui n'ont jamais été très claires, Toison a rapidement gravi les échelons et s'est rapidement retrouvé aux côtés du directeur. Sullivan a également fait remarquer que le seul devoir de Toison au FBI semblait être d'approuver tout ce que Hoover proposait. Si Sullivan avait l'intention, dans des écrits ultérieurs, de rendre "plus claires" les raisons de la montée en puissance de Tolson au sein du FBI, il n'en a pas eu l'occasion. Il a été abattu lors d'un "accident de chasse".

Tout en nouant d'importantes alliances politiques à Washington, J. Edgar Hoover cultivait des relations étroites avec les principaux gangsters du pays. Il ignorait les criminels ordinaires, tout en fréquentant les chefs de famille du syndicat national du crime. Dans un ouvrage révélateur, *Secret File*, Henry Messick déclare (p. 197),

> Reinfeld avait dirigé le Reinfeld Syndicate à l'époque du Big Seven, en partenariat avec les frères Bronfman au Canada et Longie Zwillman, "l'Al Capone du New Jersey". Une grande partie de l'alcool transporté sur la côte Est l'était par le Reinfeld Syndicate".

A la page 277, Messick dit,

> "Le syndicat Reinfeld était divisé en deux parties ; la partie canadienne était dirigée par les quatre frères Bronfman, Samuel, Abe, Harry et Allen. Au départ propriétaires d'un petit hôtel, ils sont devenus les hommes les plus riches du Canada, à la tête de Distillers-Seagram. Les frères Bronfman avaient pour mission d'acheter de l'alcool canadien et de l'expédier le long de la côte Est jusqu'aux "Rum Rows" de Boston et de New York".

Quel a été le rôle de J. Edgar Hoover dans tout cela ? Il a commencé à recevoir des dons substantiels de la part des mafieux et a créé une holding privée, la Fondation J. Edgar Hoover, pour acheminer l'argent. Il confie la direction de la fondation à son agent de publicité personnel au FBI, Louis Nichols (qui donnera plus tard à son fils le nom de J. Edgar). Nichols devint l'assistant confidentiel du tristement célèbre Lew Rosenstiel, un trafiquant d'alcool qui devint le directeur de la Schenley Corporation. À ce titre, Lou Nichols fut installé à Washington en tant que lobbyiste très bien payé pour les anciens contrebandiers qui étaient maintenant des distillateurs respectables, grâce au programme d'"abrogation" réussi de la FDR. Nichols utilise ses contacts au Capitole, qu'il a développés pendant les années où il était le bras droit de J. Edgar Hoover au FBI, pour faire économiser aux magnats de l'alcool plusieurs millions de dollars en taxes. Grâce à sa loyauté envers les rois de l'alcool, il acquiert de grandes propriétés en Virginie et dans le New Jersey. En 1958, Nichols a réussi à faire adopter par le Congrès un projet de loi sur les droits d'accise qui a permis à la Schenley Corporation d'économiser cinquante millions de dollars d'impôts. Il a parrainé le projet de loi Forand, qui a prolongé la période de stockage du whisky de huit à vingt ans. Dès l'adoption de cette loi, la valeur des actions de Schenley a augmenté de 67%.

Drew Pearson, le marchand de scandales de Washington devenu l'un des fondateurs de la Fondation J. Edgar Hoover, a consigné dans son journal de nombreux éléments qu'il n'a jamais publiés dans ses chroniques quotidiennes. Le 18 juillet 1949, il fait une observation sur un opérateur du Syndicat, Bill Relis, qui a acheté l'hippodrome de Tanforan à Joe Reinfeld, le chef du Syndicat : "Je comprends maintenant pourquoi Bill Relis a acheté l'hippodrome de Tanforan. "Je comprends maintenant pourquoi Bill Relis a versé trois mille dollars à la Fondation J. Edgar Hoover. Il était une couverture pour Reinfeld".

Le 17 juin 1948, Pearson rédigea une note comme suit : "Truman (Président) s'est plaint de ce que J. Edgar Hoover recueillait des ragots : "Truman (Président) s'est plaint que J. Edgar Hoover recueillait des ragots ; il était particulièrement irrité par un rapport du FBI sur David Niles au sujet d'une liaison amoureuse. Cette "histoire d'amour" concernait les activités perverses de Niles, homosexuel notoire, alcoolique et agent communiste. L'une des sœurs de Niles travaillait au siège du KGB à Moscou ; une autre de ses sœurs travaillait au siège de l'agence de renseignement israélienne, le Mossad, à Tel-Aviv. Niles se vantait d'avoir toutes les cartes en main.

Pour punir J. Edgar Hoover d'avoir gardé Niles sous surveillance, Truman exigea qu'il fournisse deux agents du FBI pour accompagner Niles chaque soir lors de ses incursions homosexuelles dans Washington. Pendant que Niles attirait un chauffeur de camion costaud dans une ruelle, les agents devaient s'accroupir derrière des poubelles et rester cachés jusqu'à ce que Niles ait terminé son travail. Si le chauffeur de camion menaçait de le voler ou de le battre, les agents du FBI se précipitaient alors pour le protéger.

À l'insu de Truman, son plus proche collaborateur, le général Harry Vaughn, était en fait l'agent personnel de J. Edgar Hoover à la Maison-Blanche. Non seulement le général Vaughn rendait compte personnellement à Hoover chaque jour de ce qui se disait et se faisait à la Maison-Blanche, mais il faisait également pression pour renforcer le pouvoir de Hoover, travaillant avec une grande ferveur pour persuader Truman de placer l'OSS, et plus tard la CIA, sous le contrôle de Hoover. Malgré sa grande influence auprès du président, Vaughn ne parvient pas à persuader Truman d'accorder ces concessions à Hoover. En échange de cette aide précieuse, Hoover a fait parvenir au général Vaughn des cadeaux coûteux provenant de ses riches contacts au sein du Syndicat.

Le 23 novembre 1949, Pearson note dans son journal qu'il a reçu un appel téléphonique de J. Edgar Hoover lui demandant de tuer un article sur un employé de la Maison Blanche ou d'aller en prison. "J'ai dit à Edgar qu'il était fou ; Hoover a dit que Steve Early l'avait forcé à le faire.

Avec Clyde Toison à ses côtés, J. Edgar Hoover est depuis longtemps un visiteur régulier des stations thermales les plus somptueuses du Syndicat. Le couple était un habitué de l'hiver au célèbre siège floridien du Syndicat, l'hôtel Roney Plaza de J. Meyer Schine à Miami. Sur la côte ouest, ils étaient invités à dîner à l'hippodrome de Del Mar en raison de ses liens avec le Syndicat. En échange de ces faveurs, J. Edgar Hoover organisait chaque année des conférences de presse nationales au cours desquelles il niait systématiquement l'existence d'un syndicat national du crime. En réponse à une demande de l'assistant du procureur général Theron Caudle (qui deviendra plus tard célèbre dans tout le pays sous le nom de “Caudle au manteau de vison” pour son rôle dans un système de pots-de-vin), J. Edgar Hoover écrit à Caudle un mémorandum personnel, daté du 13 octobre 1948 : “Veuillez noter qu’une recherche dans les archives de ce bureau n’a pas permis d’établir que Zwillman ait jamais fait l’objet d’une enquête menée par le FBI”. À l’époque, Zwillman était réputé être le numéro 2 du syndicat national du crime ! À l’automne 1958, selon Victor Navasky dans son livre “Kennedy Justice”, cinquante-deux exemplaires numérotés d’un rapport du FBI sur la mafia, apparemment préparé à l’insu de J. Edgar Hoover et sans son consentement, ont été distribués aux vingt-cinq plus hauts fonctionnaires du gouvernement directement concernés par l’application de la loi. C’était la première fois que le FBI reconnaissait officiellement l’existence d’un syndicat national du crime. Lorsqu’il prend connaissance du rapport, le lendemain de sa distribution, J. Edgar Hoover est furieux. Il a immédiatement fait rappeler et détruire tous les exemplaires du rapport.

Il a dénoncé le rapport comme étant “de la foutaise”. Il n’en a plus jamais été question.

Au milieu des années 1930, J. Edgar Hoover s’est lancé dans une vaste campagne de relations publiques, se présentant comme un combattant du crime sans peur, brandissant une mitraillette pour faucher les criminels. En réalité, il n’a jamais tiré sur qui que ce soit au cours de sa carrière, et ne l’a jamais fait jusqu’à sa mort. Les pressions exercées par ses adversaires au Capitole à cette époque — il n’avait pas encore atteint son ascendant sur le Congrès — l’ont contraint à s’impliquer davantage dans les affaires criminelles. Des amis de longue date des sénateurs Burton Wheeler et Tom Walsh avaient juré de s’en prendre à Hoover en raison de l’utilisation illégale d’agents du FBI dans le cadre d’une campagne frénétique visant à faire inculper ces sénateurs accusés d’avoir accepté des pots-de-vin. Leurs amis ont prononcé des discours passionnés devant le Sénat, non seulement en niant les accusations portées contre eux, mais aussi en faisant des commentaires pertinents sur le manque d’expérience personnelle de Hoover dans le domaine de l’application de la loi. Bien qu’ils aient évité d’accuser directement Hoover d’avoir mis en place une police politique aux États-Unis, l’un des critiques a fait remarquer qu’il était notoire que… Hoover n’avait jamais participé à une arrestation. Hoover n’avait jamais participé à une arrestation durant toute sa carrière ! Piqué au vif par cette critique et confronté à une possible demande généralisée de destitution au Capitole, Hoover a informé ses agents qu'ils devaient retarder l'arrestation de tout criminel important, sa fameuse catégorie "Ennemi public", jusqu'à ce qu'il soit appelé à se rendre sur les lieux. Quelques semaines plus tard, il reçoit un télégramme de la Nouvelle-Orléans indiquant que des agents du FBI y ont piégé Alvin Karpis, l'ennemi public n° 1. Hoover s'envole pour la Nouvelle-Orléans, où ses agents lui assurent que Karpis a bel et bien été arrêté. Hoover se précipite dans l'escalier de service et fait irruption dans la pièce. Karpis est déjà entouré d'agents du FBI qui l'ont désarmé. Hoover tente de lui passer les menottes, mais on lui répond que personne n'a pensé à les apporter. Un agent enlève sa cravate et l'homme le plus dangereux d'Amérique est emmené dans la voiture, les mains attachées par une simple cravate !

Hoover s'est rendu compte que Karpis pourrait rendre publique l'histoire de son arrestation s'il sortait de prison. Le directeur a informé le Bureau des prisons que Karpis ne devait en aucun cas bénéficier d'une libération conditionnelle. C'est donc un Karpis aigri qui a passé le reste de sa vie en prison. Lorsqu'il fut enfin libéré, il écrivit un livre dans lequel il se référait au directeur en des termes impropres, décrivant à la fois ses origines raciales supposées et ses habitudes sexuelles.

Le président Franklin D. Roosevelt considérait la vie privée de Hoover comme un sujet de grand amusement. Roosevelt lui-même, malgré sa condition d'infirme, était un hétérosexuel invétéré. Il régalait souvent ses convives de commentaires sur la vie privée de Hoover. Après l'un de ces dîners, l'ambassadeur britannique nota dans un mémorandum adressé au ministère de l'Intérieur en 1938,

> "FOR se considère comme la réincarnation d'un empereur byzantin ; conformément à cette image, il a placé un eunuque à la tête de sa maison, car le FBI de Hoover se préoccupe principalement de garder les employés du gouvernement sous contrôle".

Certains des membres les plus audacieux du Congrès au Capitole n'ont pas été moins cinglants dans leurs références au directeur. Le représentant John Rankin du Mississippi, bien connu pour ses remarques iconoclastes à la fois dans les débats et en dehors, s'est attiré les foudres de Hoover en faisant référence aux demandes d'augmentations considérables dans le projet de loi de finances annuel du FBI. Prenant la parole devant la Chambre des représentants, Rankin déclara avec humour : "Beaucoup de ces statistiques me semblent être des contes de fées".

Alors que les gouvernements se succèdent à Washington, Hoover reste imperturbable dans son fauteuil, apparemment à l'abri des humeurs changeantes des électeurs. Au début de chaque nouvelle administration, des voix s'élèvent pour réclamer sa destitution. Max Lowenthal, l'un des plus véhéments collaborateurs de gauche du président Truman, s'est précipité dans le bureau de ce dernier peu après la disparition de FOR. "Quelles que soient les priorités que vous vous êtes fixées, Monsieur le Président", a-t-il déclaré, "vous devez comprendre qu'au plus tôt, vous devez démettre J. Edgar Hoover du FBI et le remplacer par quelqu'un de plus favorable à notre programme démocrate. Et vous devez certainement être au courant de ses ah, penchants." Truman écoute sans rien dire. Les semaines passent et il ne prend aucune mesure. Lowenthal n'avait pas compris que la position inexpugnable de Hoover ne reposait pas seulement sur le fameux Cabinet noir, un dossier de photos et d'enregistrements téléphoniques des peccadilles sexuelles et des manœuvres financières du Congrès, mais aussi sur le fait que J. Edgar Hoover était l'un des francs-maçons les plus puissants de la nation. Truman lui-même a dû toute sa carrière politique aux années qu'il a passées en tant qu'organisateur maçonnique en chef de l'État du Missouri. Le compagnon de Hoover, Clyde Toison, était également un franc-maçon de haut rang. Truman a ignoré la demande de Lowenthal.

Lowenthal a ensuite écrit un livre dénonçant Hoover et le FBI, principalement en raison de son activité anticommuniste supposée. Comme la plupart des libéraux américains, Lowenthal avait accepté sans broncher la campagne de relations publiques qui présentait J. Edgar Hoover non seulement comme le plus grand combattant du crime de la nation, mais aussi comme son anticommuniste le plus actif. Cet ouvrage fut le premier d'une série de livres sur le FBI écrits par des professionnels libéraux de Washington. Ali a ignoré la véritable base de son pouvoir, son affiliation maçonnique. Lowenthal n'aurait jamais cru que c'était Hoover et son mentor, Harlan Stone, qui avaient réussi à saboter la campagne nationale contre les communistes en 1924. Ce mouvement est resté moribond jusqu'à ce que le sénateur Joe McCarthy le relance brièvement dans les années 1950. Comme ses prédécesseurs dans ce mouvement, McCarthy a été traqué jusqu'à ce qu'il meure en disgrâce, après avoir été officiellement réprimandé par le Sénat des États-Unis pour avoir osé s'opposer au parti communiste dans ce pays.

Bien que le président Truman ait officiellement ignoré le livre de Lowenthal, son assistant personnel, David Niles, lui a écrit une lettre élogieuse : "Vous rendez un merveilleux service au pays en écrivant un tel livre".

Même s'il avait été sincère dans son opposition au communisme, J. Edgar Hoover aurait dû accepter le fait que la nouvelle administration de 1933 était composée d'un parti démocrate qui avait été capturé par l'aile stalinienne fanatique du mouvement communiste mondial. Non seulement Roosevelt est entré en fonction avec un accord préparé pour reconnaître officiellement le gouvernement soviétique de Russie, mais il s'est également entouré d'agents d'espionnage communistes dévoués. Ses trois plus proches confidents étaient Alger Hiss, plus tard envoyé en prison pour avoir menti sur ses activités au nom des communistes ; Lauchlin Currie, qui a été désigné par Elizabeth Bentley et d'autres ex-communistes dans un témoignage devant le Congrès comme un agent communiste, et Harry Dexter White, assistant personnel du secrétaire au Trésor Henry Morgenthau dans l'administration Roosevelt, qui a expédié à l'Union soviétique les plaques américaines destinées à l'impression de la monnaie d'occupation américaine en Allemagne. Les Soviétiques se sont emparés de quelque 35 milliards de dollars en marks d'occupation américains, ce qui leur a permis de payer les coûts de l'occupation de l'Allemagne. Tous ces marks ont ensuite été payés par les contribuables américains. Les dossiers de Hoover regorgeaient d'informations documentées sur les activités communistes de nombreux membres éminents de l'administration Roosevelt, dont la plupart étaient prudemment gardées secrètes. Roosevelt comprenait la situation et savait que Hoover, en tant que bureaucrate accompli, ne ferait rien tant que les démocrates seraient au pouvoir. Pendant la Seconde Guerre mondiale, le général Wild Bill Donovan, soucieux de plaire à Roosevelt, a doté le nouveau Bureau des services stratégiques (aujourd'hui CIA) de nombreux agents communistes connus. Pour piéger son rival, Hoover a envoyé à Donovan certains des dossiers les plus compromettants concernant ses lieutenants les plus proches au sein de l'OSS. Donovan rapporte le stratagème à Roosevelt, avec un commentaire ironique : "Bien sûr que je savais qu'ils étaient communistes ; c'est pour cela que je les ai embauchés !

Pour satisfaire les staliniens qui contrôlaient Washington, J. Edgar Hoover a engagé nul autre que le fondateur du parti communiste des États-Unis, Jay Liebstein, ou Lovestone, en tant qu'auteur fantôme de son projet de livre sur le communisme. L'ouvrage qui en résulte est astucieusement intitulé "Masters of Deceit" (Maîtres de la tromperie). Peut-être pour se moquer de Hoover, Lovestone avait inclus dans le livre un manuel communiste complet pour l'organisation des sections locales du parti communiste à travers les États-Unis. Hoover n'était apparemment pas au courant de la supercherie, probablement parce qu'il ne l'a jamais lu. Il s'est contenté d'encaisser les sommes considérables que le livre, un best-seller immédiat, a rapportées sur son compte bancaire. Toutes les dépenses, y compris les honoraires de Lovestone, ont été payées sur les fonds des informateurs spéciaux du FBI.

Le célèbre état de paranoïa chronique de J. Edgar Hoover n'était pas dû au fait qu'il soupçonnait les personnes de son entourage d'être des communistes ou des nazis ; il craignait toujours qu'elles ne profitent de leur position pour accumuler des informations qui aideraient ses ennemis à se débarrasser de lui. Sa ligne Maginot de protection contre cet événement tant souhaité était son cabinet noir, qui contenait des informations compromettantes sur les principales personnalités politiques de Washington. Seule sa secrétaire personnelle de longue date, Helen Gandy, y avait accès. Jack Anderson et d'autres journalistes de Washington pouvaient se vanter de pouvoir accéder à n'importe quel dossier du FBI au siège de Hoover en offrant des faveurs ou un paiement discret, mais aucun d'entre eux ne pouvait accéder aux informations contenues dans le Cabinet noir. Lorsqu'un nouveau président entrait en fonction, J. Edgar Hoover se faisait toujours un devoir de lui envoyer quelques-unes des informations les plus intéressantes sur ses rivaux politiques. Le président était informé que si Hoover disposait de telles informations sur d'autres personnes, il avait probablement des informations tout aussi préjudiciables sur l'actuel président en exercice. Ce stratagème servait à la fois d'offre d'ingratitude et d'avertissement. Parmi les présidents de l'après-guerre, Lyndon Johnson a probablement apprécié ces informations plus que quiconque. Connu de ses intimes politiques au Texas sous le nom de "Dry Gulch Lyndon" en raison du sort réservé à ceux qui menaçaient son ascension politique, sa personnalité était étroitement liée à celle du directeur lui-même, entièrement dévoué à la cupidité, à la luxure et au pouvoir.

Ayant obtenu la Maison Blanche et le Capitole, J. Edgar Hoover est désormais libre d'assouvir son appétit démesuré pour le luxe. Clyde Toison et lui continuent d'être invités à dîner par les chefs de file de la criminalité du pays. Un article de couverture de 1957 sur Hoover, publié par le magazine Time, indique que lorsque Hoover et Toison se rendent à New York, ils sont généralement accueillis à leur table réservée au Stork Club par nul autre que Frank Costello, le chef reconnu du syndicat national du crime. Lorsque Hoover était à Washington, le chroniqueur Walter Winchell servait de coursier officiel entre Hoover et la Mafia. Si une "famille" particulière pose des problèmes aux forces de l'ordre n'importe où aux États-Unis, Winchell s'arrange pour qu'un membre de la famille rencontre Hoover au Stork Club. Avec le grégaire Costello jouant le rôle d'arbitre, le problème est résolu de manière conviviale.

J. Edgar Hoover s'est entouré d'un petit cercle de mécènes multimillionnaires qui ont cimenté leur amitié en l'inondant de cadeaux coûteux. Hoover n'attendait rien de moins que des boutons de manchette en or massif, des chandeliers en argent sterling et de rares sculptures orientales en jade précieux. À Noël, le président officieux du fan-club de J. Edgar Hoover, Louis Marx, livrait à Hoover de coûteux trains et d'autres articles de grande valeur de la Marx Toy Co. que Hoover, en tant que Père Noël, distribuait ensuite aux enfants des employés du FBI. Marx avait largement profité du pillage de l'Allemagne conquise. Son entreprise a repris de nombreux brevets de jouets complexes des fabricants allemands et les a reproduits avec profit aux États-Unis.

Les agents du FBI devaient également offrir des cadeaux coûteux à Hoover. L'un d'entre eux a emprunté de l'argent pour faire fabriquer un tapis persan sur mesure pour le "Boss", avec les initiales "JEH" tissées au centre. Cet agent a connu par la suite une carrière fulgurante au sein du FBI. Hoover a instauré la pratique d'une fête d'anniversaire annuelle dans son bureau, au cours de laquelle les agents, qui recevaient des salaires modestes, devaient lui offrir des cadeaux en or massif ou en argent sterling. Personne n'était obligé de le faire, mais les agents qui ignoraient les festivités étaient parfois transférés à Boise, dans l'Idaho, la légendaire Sibérie du FBI.

Bien que personne n'ait jamais osé tirer sur Hoover au cours de sa légendaire carrière, il a entretenu, aux frais du gouvernement (30 000 dollars chacune), une flotte de cinq limousines lourdement blindées. Deux étaient gardées à Washington, une à Miami, une à New York et une à Los Angeles. Hoover fait souvent circuler des photos de lui brandissant une mitrailleuse, bien qu'il n'ait jamais tiré avec, sauf sur le champ de tir.

L'existence dorée de J. Edgar Hoover s'achève brutalement lorsqu'il est retrouvé mort dans son lit par sa gouvernante de longue date, Annie Fields. Cet événement inattendu (il n'avait jamais eu de problèmes de santé auparavant) a été lié par des initiés de Washington au scandale du Watergate, qui était alors à son apogée. Un agent du FBI à Mexico avait trouvé des photos qui reliaient directement des hauts fonctionnaires de Washington aux opérations internes du CREEP, l'équipe confidentielle de réélection du président Nixon. Quelqu'un a apparemment décidé que la seule façon d'empêcher Hoover d'utiliser ces photos à son profit (c'est-à-dire de les offrir au plus offrant) était de mettre un terme à sa longue carrière. C'est ce qui a été fait.

Le dernier testament de J. Edgar Hoover n'a guère contribué à dissiper les rumeurs du Capitole et les commentaires acerbes du National Press Club sur sa vie privée. Il a semblé confirmer les conjectures de longue date en excluant résolument ses proches dans son testament et en laissant l'ensemble de ses biens, à l'exception de quelques legs à d'autres associés, à son compagnon, Clyde Tolson. Tolson est également nommé exécuteur testamentaire. Cinq mille dollars sont laissés à sa secrétaire, Helen Gandy, trois mille à sa gouvernante, Annie Fields, et deux mille à son chauffeur, James Crawford. Les millions de dollars de cadeaux que Hoover avait reçus au fil des ans ont été évalués à une fraction de leur valeur. Son importante collection de jade oriental, d'une valeur estimée à plus d'un million de dollars, est évaluée à quelques milliers de dollars. Dans la liste publiée des évaluations de centaines d'objets provenant de sa succession, on trouve le bouclier en or personnel de Hoover pour le FBI, évalué à cinq dollars. Un collectionneur paierait probablement 1500 dollars pour l'acquérir. Le porte-billets en cuir de Hoover, portant le sceau du ministère de la Justice serti de treize diamants, a été évalué à 50,00 dollars. Cette pièce rapporterait probablement trois mille dollars aux enchères. Un oiseau Phoenix en jade sur socle est proposé à 35 dollars. Il s'agirait d'un objet d'une valeur de mille dollars. L'évaluation, qui a été dûment notariée par Clyde Tolson comme "un inventaire vrai et parfait", mentionne une collection de mille livres, dont la plupart ont été dédicacés par les auteurs à J. Edgar Hoover, à un dollar chacun. La collection comprenait des livres de plusieurs présidents, de Herbert Hoover à Richard Nixon, et de nombreuses autres personnalités. Rien qu'en raison de la valeur des autographes, ces livres vaudraient des centaines de dollars chacun. Des dizaines d'objets en argent sterling sont proposés à 5 ou 10 dollars chacun. Deux candélabres en argent sterling sont proposés à 16 dollars la paire ; ils pourraient probablement rapporter 350 dollars. Cinquante-deux pièces de vaisselle maçonnique, modèle "Royal Arch Mason" en argent massif, sont proposées à 166 dollars pour le lot. Quatre bagues maçonniques en or jaune, dont une avec un diamant, sont proposées à 80 dollars pour le lot. Même à ces prix déflatés, Tolson a hérité de plus d'un demi-million de dollars de J. Edgar Hoover.

Le successeur de Hoover au FBI, le directeur par intérim L. Patrick Gray ILI, diplômé d'Annapolis, a admis avoir brûlé de nombreux documents du FBI. La secrétaire de Hoover, Helen Gandy, a témoigné devant une commission spéciale du Congrès qu'elle avait déchiqueté les dossiers secrets de Hoover, le contenu du redoutable Cabinet noir. Au lieu de la juger sur la base d'accusations criminelles, comme ce fut le cas plus tard pour le colonel Oliver North, les membres du Congrès, très soulagés, l'ont félicitée pour son travail bien fait. Le 19 janvier 1975, le *Washington Post a* publié un long article indiquant qu'elle avait remis douze tiroirs de classeurs contenant des "dossiers particulièrement sensibles" au directeur adjoint du FBI, W. Mark Felt, dont la rumeur disait qu'il était l'informateur de Deep Throat dans le cadre du massacre du Watergate. Malgré ce témoignage documenté, le *New York Times a publié le* 9 février 1975 un article émanant de son énorme bureau de Washington, selon lequel "des rapports non confirmés affirment que les amis de M. Hoover ont enlevé ou détruit les dossiers dans les heures qui ont précédé l'entrée en fonction de M. Gray". Apparemment, le bureau du Times à Washington n'a jamais lu le *Washington Post.*

Se réjouissant de l'approbation sincère des enquêteurs du Congrès, Helen Gandy se retire en Floride. Elle meurt d'un cancer dans une maison de retraite d'Orange City le 7 juillet 1988, à l'âge de 91 ans, sans laisser de survivants.

Clyde Toison est décédé le 14 avril 1975. Le *Washington Post a* imprimé une photo avec sa nécrologie, qui s'est avérée être une photo de Louis Nichols. L'erreur a été corrigée le 16 avril. Comme son ami J. Edgar Hoover, Clyde Toison a également déshérité tous ses proches. Le *Washington Post* commente que le testament de Tolson, qui dispose de quelque 540 520 dollars (22 juin 1975), représente le legs Hoover. Toison a laissé 200 000 dollars à d'autres amis de Hoover, 4 000 dollars à Helen Gandy et 27 000 dollars à la secrétaire de Tolson, Dorothy Stillman. Le numéro 3 du FBI, John Mohr, a été nommé exécuteur testamentaire et a reçu 26 000 dollars. Les anciens employés de Hoover, Annie Fields et James Crawford, ont reçu 32 000 dollars chacun. On peut supposer que ces legs, qui ont délibérément écarté les proches de Tolson au profit des amis de Hoover, peuvent être considérés comme un hommage à la mémoire du défunt directeur ; ils peuvent également être considérés comme une récompense pour la discrétion dont il a fait preuve.

Un autre imbroglio s'est produit lorsque Mohr a tenté d'exécuter le legs de Tolson concernant des souvenirs de J. Edgar Hoover pour "la salle J. Edgar Hoover dans le nouveau bâtiment du FBI". Le problème est qu'il n'y a pas de salle J. Edgar Hoover dans le nouveau bâtiment du FBI, et qu'il n'y en aura probablement pas, en raison de la vive opposition du Capitole. Quelques souvenirs de Hoover ont été exposés dans une partie de la visite guidée, mais les responsables ont hésité à créer une salle spéciale à la mémoire de J. Edgar Hoover. Des rumeurs inquiétantes sur sa vie privée circulaient encore dans la ville, et des membres du Congrès, des personnalités des médias et d'autres porte-parole s'y étaient opposés. Ils craignaient qu'à tout moment, une nouvelle nationale ne vienne étayer les rumeurs sur la vie privée de Hoover. Cela pourrait nécessiter de renommer le bâtiment et de déclarer J. Edgar Hoover "non-personne", dans le style stalinien habituel. Le présent auteur avait déjà intenté un procès contre la succession de J. Edgar Hoover, et la possibilité d'une audience au tribunal, ainsi que la présentation de témoins et de preuves documentées, ont incité certains membres du Congrès à exiger que le nouveau bâtiment du FBI ne porte pas le nom de J. Edgar Hoover. Les médias ont coopéré en interdisant toute mention de mon action en justice, tandis que le système judiciaire des États-Unis a resserré les rangs pour empêcher tout procès. L'action a été discrètement rejetée, sans aucune preuve, sans aucun témoin et sans que cet auteur ne soit jamais autorisé à entrer dans la salle d'audience. La justice (c'est-à-dire le ministère de la justice) avait été servie.

La seule personne vivante qui avait osé s'opposer à J. Edgar Hoover au FBI s'était vu accorder la priorité par Hoover lorsque Sullivan, qui était depuis longtemps le numéro 2 du FBI, avait finalement trouvé le courage de demander à Hoover quand il prévoyait de prendre sa retraite et de céder son poste à Sullivan. Pendant huit années consécutives, Hoover avait promis solennellement à Sullivan, au début de chaque nouvelle année, que ce serait sa dernière année au FBI et que son seul désir était de prendre sa retraite et de vivre tranquillement chez lui avec ses chiens. Le matin suivant la remise de cet ultimatum à Hoover, Sullivan arriva au siège du FBI pour constater que les serrures de sa porte avaient été changées. Sa place de parking et sa secrétaire avaient disparu, et ses effets personnels lui ont été remis plus tard par un larbin.

Sullivan écrivit plus tard un livre révélateur sur le Boss, qui fut publié sous le titre "The Bureau". Il élude de nombreuses questions importantes, que Sullivan avait prévu de traiter dans un livre ultérieur plus surprenant. Sullivan avait été le choix personnel de Hoover pour diriger le programme controversé COINTELPRO, une campagne de haine et de vindicte sans précédent contre des cibles choisies par Hoover lui-même, y compris le présent auteur. En 1977, Sullivan devait être cité à comparaître au sujet des opérations de COINTELPRO, qui comprenaient de nombreux actes illégaux, notamment des conspirations politiques, des cambriolages, la fabrication de fausses preuves et d'histoires inventées pour harceler des victimes innocentes, des écoutes téléphoniques illégales, des saisies de courrier et de nombreux autres crimes qui ont entraîné de grandes souffrances et souvent la mort des victimes. De nombreux détails sur les opérations COINTELPRO figurent dans quelque 52 000 pages de dossiers du FBI que le Citizens Investigation Bureau of Ohio a obtenues en vertu de la loi sur la liberté de l'information (Freedom of Information Act). Peu avant son témoignage sur le COINTELPRO, Sullivan a été tué par balle dans un mystérieux "accident de chasse". Il a été abattu dans un champ, en plein jour, apparemment par le fils d'un représentant des forces de l'ordre, alors qu'il portait des vêtements de chasse rouge vif. L'"accident" s'est produit lorsqu'un coup de feu a été tiré à l'aide d'un fusil de grande puissance, avec un viseur télescopique. Il y a eu toutes les manifestations d'un coup monté professionnel, mais le FBI a résolument résisté à toutes les demandes d'enquête officielle sur la mort de son ancien numéro 2, affirmant qu'il s'agissait d'une "affaire locale".

Le successeur de Hoover, L. Patrick Gray ILI, s'est empressé de quitter les lieux lorsque le présent auteur a intenté une action en justice contre la succession de Hoover. Il a été remplacé par un ancien agent du FBI, Clarence Kelley, qui était alors chef de la police de Kansas City.

Kansas City était une ville notoirement contrôlée par la mafia, mais la femme de Kelley a refusé de déménager à Washington, affirmant que le taux de criminalité y était trop élevé. (Ce n'était qu'une fraction du taux actuel, qui a valu à Washington le titre de "capitale mondiale du meurtre"). Kelley devait rentrer chez lui à Kansas City tous les week-ends, laissant la direction du FBI aux amis de longue date de Hoover.

Le Bureau a ensuite été présenté à un juge fédéral aux références libérales, William Webster, que le présent auteur a également poursuivi pour trente-trois ans de harcèlement et de surveillance. Webster a été transféré à la CIA et remplacé par un autre juge, un protégé texan du sénateur John Tower, William Sessions. Il devint également connu comme un directeur absent, passant la plupart de son temps à voyager à travers les États-Unis et à visiter les bureaux locaux. En son absence, le FBI est dirigé par l'un des anciens, le directeur adjoint Buck Revell. Oliver (Buck) Revell, l'un des membres de la vieille garde du FBI, était en lice pour le poste de directeur lorsque Webster est parti à la CIA. Il avait développé une relation étroite avec le colonel Oliver North ; lorsque l'affaire Iran-Contra a éclaté à Washington, Revell a été jugé trop compromis par cette relation et a été écarté au profit de Sessions. Après des critiques répétées à l'encontre de Sessions, considéré comme un directeur absent, et des articles de presse selon lesquels Revell dirigeait en fait le FBI, Sessions s'est empressé de nommer un nouveau directeur adjoint et a suggéré que Revell prenne sa retraite.

CHAPITRE 10

L'ÉTRANGE AFFAIRE DU CONDUCTEUR SCHIZOPHRÈNE

En 1979, la guerre d'usure contre moi a été intensifiée par des fonctionnaires furtifs qui se cachaient sur mon front intérieur. J'ai été arrêté et inculpé pour avoir conduit à 50 miles par heure dans une zone de 35 miles par heure. À l'époque, je roulais à environ 4 miles par heure, essayant de localiser une rue secondaire dans laquelle je souhaitais tourner. J'ai été condamné à une amende par un tribunal local, et la scène a été décrite dans une lettre adressée au journal local sous le titre "Shades of the Old West" (nuances du vieil Ouest).

> "Les admirateurs du code de l'ancien Ouest et de la justice rude et efficace administrée par des tribunaux tels que celui du juge Roy Bean ne se rendent peut-être pas compte que cette époque n'a pas encore disparu de la vie américaine. J'en ai eu un avant-goût lorsque j'ai répondu à une accusation d'excès de vitesse devant un tribunal local. Bien que mon affaire ait été affichée comme première sur le rôle, je suis resté assis sur le banc pendant trois heures, alors que toutes les autres affaires étaient entendues. Le tribunal a ensuite été vidé de ses "civils", c'est-à-dire de toute personne susceptible de corroborer ma version des faits. Apparemment, j'ai la réputation d'être très dangereux, car j'ai témoigné dans une salle d'audience vide, entourée d'huissiers lourdement armés. Le panneau "35 mph" le plus proche se trouve à 1,1 miles, mais un panneau "55 mph" est clairement visible à l'endroit où j'ai été arrêté. L'agent a déclaré à tort que ce panneau était "hors de vue de l'autre côté du projet de loi". Juge Roy Bean, où êtes-vous ?"

J'ai poursuivi le maire et le chef de la police, qui ont répondu sous serment qu'ils n'étaient pas responsables des actes des policiers de la ville. Ils ont demandé un acte de procédure, que j'ai déposé, déclarant en partie,

> "En tant que principal instigateur et procureur des fonctionnaires gouvernementaux lors des procès de Nuremberg, en Allemagne, le gouvernement fédéral des États-Unis a fermement établi comme précédent juridique le précepte selon lequel les fonctionnaires tels que les maires et la police sont entièrement responsables, poursuivables et redevables en vertu d'une loi pour les actes commis par leurs agents et subordonnés, que lesdits fonctionnaires aient spécifiquement commandé et exigé de tels actes de la part desdits subordonnés ou non, et le gouvernement fédéral des États-Unis a condamné lesdits fonctionnaires et exigé la peine de mort, bien qu'aucun desdits fonctionnaires n'ait personnellement participé aux actes dont ils étaient accusés. Les défendeurs indiqués, bien qu'ils n'aient pas été personnellement présents sur les lieux des actes d'agression contre le plaignant, ont chargé, donné des instructions, donné des uniformes et envoyé leur agent d'arrestation pour commettre ces actes contre le plaignant et les défendeurs, selon les précédents établis comme loi lors des procès de Nuremberg, et selon de nombreux autres précédents juridiques, sont entièrement et pleinement responsables des actes commis contre le plaignant par leurs agents en uniforme officiels, chargés, assignés et instruits. Selon les préceptes des procès de Nuremberg, les défendeurs sont entièrement et légalement capables et responsables d'avoir entravé la progression du plaignant sur une voie publique, et les défendeurs n'ont aucune preuve et ne peuvent présenter aucune preuve que le plaignant était en violation d'une loi quelconque lorsque sa progression a été entravée par un agent armé des défendeurs sur une voie publique".

Cette affaire a également traîné pendant environ trois ans ; une grande partie de la plainte du plaignant a été imprimée mot pour mot dans la presse locale. Un fait intéressant s'est produit lorsque le juge a refusé d'accorder un demurrer (rejet pour cause insuffisante d'action) à la ville. Il a été exilé dans un village isolé où il se trouve probablement encore aujourd'hui. Le jour du procès, on a fait appel à un "sonnerieur", un substitut plus malléable. Il m'a permis de témoigner, puis a accédé à une demande de non-lieu présentée par l'avocat de la ville. Il a annoncé benoîtement que j'avais maintenant "eu ma journée au tribunal", une demi-heure s'étant écoulée depuis le début du procès. J'ai déposé une demande d'annulation du jugement, qui a été systématiquement rejetée.

DEMANDE D'ANNULATION DE L'ARRÊT

Le demandeur, Eustace C. Mullins, en tant qu'avocat pro se, demande respectueusement à la Cour d'annuler le jugement du 11 février 1982 dans cette action, pour les motifs suivants :

1. 49 Corpus Juris Secundum 265. "Les cours d'archives ou de juridiction générale ont le pouvoir inhérent d'annuler ou de casser leurs propres jugements". Pavelka v. Overton, Civ. App. 47 S.W.2d 369.

2. 88 Corpus Juris Secundum 139. "Une requête en annulation d'une preuve est prématurée si elle est adressée à une preuve dont la compétence ou la pertinence peut être mise en évidence par la suite. Keber v. American Stores Co. 184 A.795, 116 N.J. Law 437. Le demandeur déclare que la compétence et la pertinence de son témoignage auraient été corroborées par le témoignage et le contre-interrogatoire ultérieur des défendeurs dans cette action, et que la motion prématurée du défendeur visant à radier le témoignage du demandeur et à rejeter cette action a empêché le demandeur de remédier à tout défaut dans son témoignage. 30 A Corpus Juris Secundum, 262. L'équité. "Défauts corrigés par des plaidoiries, des preuves ou des procédures ultérieures. Aidés par les preuves". Kemp v. Kemp, 63 So. 2d 702, 703, 258 Ala. 570.

3. 88 Corpus Juris Secundum 143. "Une requête en annulation d'une preuve est trop large lorsqu'une partie de celle-ci est admissible et que la requête n'indique pas spécifiquement la partie particulière à laquelle on s'oppose". Paparazzo v. Perpel, 84 A.2d 11, 16 N.J. Super 128. Et le demandeur dépose que la motion de radiation du défendeur était trop large, et défectueuse en ce qu'elle ne citait pas spécifiquement une ou plusieurs parties de la preuve du demandeur comme motif de ladite motion.

4. 88 Corpus Juris Secundum 144. "À moins que le droit à l'annulation de la preuve n'apparaisse clairement, le tribunal n'est pas tenu de l'annuler. Scarlett v. Young, 183 A.129, 170 Md. 358. Et le plaignant déclare que la motion de radiation du défendeur étant imparfaite, la Cour n'était pas tenue d'y faire droit.

5. 88 Corpus Juris Secundum 134. "En règle générale, les éléments de preuve compétents à n'importe quelle fin et pertinents pour n'importe quelle question ne doivent pas être supprimés. Lewes Sand Co. v. Craves, 8 A.2d, 2I Terry 189. "Le fait qu'une preuve ne corresponde pas à l'offre de preuve, à condition qu'elle soit importante, ne constitue pas un motif pour l'annuler" Smith v. Martin, 106 A. 666, 93 Vt. 111. Et le plaignant affirme que sa preuve était compétente et pertinente pour les questions en litige dans cette action, et qu'elle était matérielle, et qu'elle n'aurait pas dû être supprimée.

6. 88 Corpus Juris Secundum 237. "Une motion de radiation ou d'exclusion de toutes les preuves, sanctionnée par la pratique de certains États, est de la nature d'une objection aux preuves et a l'effet d'une telle objection dans la mesure où elle remet en question la suffisance des preuves. McCaull-Dinsmore Co. v. Stevens. 194 P.243. 59 Mont. 206, 64 C.J.P. 390 note 62. "Elle doit être examinée selon les mêmes règles qu'une objection à la preuve. Hawley v. Dawson, 18 P. 592, 16 Or. 344. "Une motion visant à rayer du dossier tous les éléments de preuve du plaignant au motif que la requête n'a pas démontré l'existence d'une cause d'action n'est pas l'équivalent d'une motion de rejet, une loi prévoyant une telle motion après que le plaignant a terminé la présentation de ses éléments de preuve. Munday v. Austin, 218 S. W. 2d 624, 358 Mo. 959. Et le demandeur dépose que le défendeur avait précédemment soumis un Demurrer sur les mêmes motifs et que la Cour avait, le 14 septembre 1981, rejeté le Demurrer du défendeur. 88 Corpus Juris Secundum 235. "Un demurrer est rejeté à juste titre lorsque la requête est étayée par des éléments de preuve compétents. Cargill Commission Co. v. Mowery, 16I P.634, 162 P. 313, 99 Kan. 389. Nous nous trouvons donc dans une situation où les preuves du plaignant sont jugées compétentes le 14 septembre 1981, et où les mêmes preuves sont jugées incompatibles par le même tribunal le 11 février 1982.

7. "Les démonstrations ne sont pas les préférées des tribunaux d'équité. Harlan v. Lee, 9 A. 2d 839, 177 Md. 437. Le plaignant, après la motion du défendeur visant à supprimer ses preuves, a fait remarquer à la Cour que la motion du défendeur était de la nature d'un demurrer, tel que cité ci-dessus au par. Le demandeur demande à la Cour si sa décision du 14 septembre 1981 rejetant le demurrer ne devrait pas prévaloir sur sa décision du 11 février 1982 de faire droit à une motion de radiation des preuves du demandeur, ladite motion étant de la nature d'un demurrer.

8. 88 Corpus Juris Secundum 237. "Une motion du défendeur visant à annuler les preuves du demandeur doit être réservée jusqu'à ce que le demandeur ait reposé sa cause. Burke v. Gale, 67 S.E. 2d 917, 193 Va. 130. Et le plaignant n'a pas déclaré qu'il avait reposé sa cause, car il s'attendait à ce que ses preuves soient davantage expliquées au jury lors du contre-interrogatoire du défendeur, qui n'a pas eu lieu, et lors du contre-interrogatoire des défendeurs par le plaignant, et ladite motion du défendeur visant à annuler les preuves du plaignant, qui n'étaient pas complètes, a constitué un déni de procédure. 16A Corpus Juris Secundum 591. "La suppression d'une preuve peut constituer un déni de procédure lorsqu'il s'agit d'une preuve vitale, importante pour la question de la culpabilité ou de la sanction. Thompson v. People, 102 N.E.2d 315, 410 III. 256.

9. La motion du défendeur visant à écarter les preuves du demandeur et à rejeter cette cause constitue une procédure judiciaire irrégulière car le demandeur n'a pas été préalablement informé de la motion du défendeur et n'a pas eu l'occasion de se préparer à la défendre. Bien que cette motion ne constitue pas en soi une "surprise" dans sa définition judiciaire, en l'espèce, elle a clairement été qualifiée de surprise parce que le plaignant, ayant déjà vu le demurrer du défendeur rejeté par cette Cour, n'avait aucune occasion de s'attendre ou de se préparer à une motion de radiation des preuves du plaignant qui était "de la nature d'un demurrer".

10. "La déclaration, la plainte ou la pétition, ou l'un de leurs chefs d'accusation, sera acceptée si elle est fondée sur n'importe quelle théorie. City of Madison v. Drew, 265 N.W. 683, 220 Wis. 511, 104 A.L.R. 1387. Le plaignant affirme qu'il était et est prêt à soutenir tous les chefs d'accusation de sa requête devant un jury. Dans sa déclaration d'ouverture au jury, le plaignant a déclaré qu'il serait demandé au jury de se prononcer sur des aspects fondamentaux de notre droit civil, notamment la question de la représentation, les violations des droits civils, la servitude involontaire, le droit à une procédure régulière, le droit à une protection égale des lois, et la question de savoir si un radar, admis comme un ouï-dire, pouvait être accepté comme une preuve valable. Pourtant, le jury n'a pas été autorisé à examiner ou à trancher l'une ou l'autre de ces questions.

11. La motion du défendeur visant à annuler les preuves du demandeur et à rejeter cette cause était fondée sur l'affirmation selon laquelle les défendeurs n'avaient aucun lien avec cette cause, ce qui revenait à nier l'ensemble du droit civil qui énonce la doctrine de l'agence. "Le maître a pris l'engagement de ses serviteurs. *Omnes* *qui servientes habent*". Édouard le Confesseur, Bract. fol.124 b. "Si je nomme un adjoint, je suis toujours l'officier, et il remplit la fonction en mon droit et en tant que mon serviteur." Y. B. 11 Edward IV. 1, pl.1. "La conduite du serviteur est la conduite du maître", Smith v. Shepherd, Cro. Eliz. 710 ; M. 41 & 42 Eliz. B. R. "Sous Charles II, il a été établi que le high sheriff et le under sheriff sont un seul et même officier". Cremer v. Humberston, 2 Keble, 352 (H.19 & 20 Car. II). "À toutes fins civiles, l'acte de l'huissier du shérif est l'acte du shérif. Lord Mansfield. Ackworth v. Kempe, Douglas 40, 42 (M.19 G. III, 1778). 2A Corpus Juris Secundum 1. Le droit de la représentation est fondé sur la maxime latine : "*Qui facit per allum, facit per se*", que l'on peut traduire par "Celui qui agit par un autre agit pour lui-même". Gustavson v. Rajkovich, 263 P.2d 540, 96 Aris. 280. 27A Corpus Juris Secundum 4. L'agence. "Dans son sens le plus large, elle comprend toutes les relations dans lesquelles une personne agit pour une autre ou la représente par son autorité. Ins. Fund v. Industrial Accident Commission, 14 P.2d, 306, 310, 216 Cal. 351. Pourtant, le défendeur fait rejeter cette action au motif que le chef de la police de Waynesboro n'a rien à voir avec les activités du département de la police de Waynesboro !

12. 88 Corpus Juris Secundum 136. Procès. "En règle générale, lorsqu'une partie consent à l'introduction d'une preuve ou lorsqu'aucune objection n'est faite à la preuve lorsqu'elle est présentée, ou à une question lorsqu'elle est posée, ou qu'aucune objection appropriée ou opportune (Lewis v. Shiffers, Mun. App. 67 A.2d 269) ou qu'aucune objection appropriée ou opportune, précisant les motifs, n'est faite (Berry v. Adams, App. 7I S. W. 2d 126, une motion de radiation présentée après l'admission de la preuve ou la réponse à la question peut être rejetée à juste titre". Terwilliger v. Long Island R.R. Co. 136 N.Y.S. 733, 152 App. Div. 168, confirmé 106 N.E. 1114, 209 N. Y. 522. Et le plaignant dépose qu'à aucun moment au cours de la déclaration d'ouverture du plaignant au jury ou de son témoignage ultérieur, la défense n'a formulé d'objection appropriée ou opportune à l'encontre du témoignage du plaignant, alors que la défense a ensuite demandé la radiation de l'ensemble du témoignage du plaignant, aucune objection préalable n'ayant été formulée à l'encontre de l'un quelconque d'entre eux, et l'annulation de la cause en conséquence.

13. La décision de la Cour de rejeter cette action était également partiellement basée sur le refus cité du plaignant de faire appel de sa condamnation devant le tribunal de district de Waynesboro le 16 juillet 1979, mais à ce moment-là, le plaignant avait déjà déposé sa demande de jugement auprès du Circuit Court de la ville de Waynesboro, qui aurait entendu ledit appel, et ladite demande de jugement traitait de la question de la culpabilité ou de l'innocence du plaignant en ce qui concerne l'accusation d'excès de vitesse, et ladite question était pendante devant le Circuit Court de Waynesboro pendant toute la période au cours de laquelle le plaignant a prétendument refusé de soumettre ladite action au Circuit Court de Waynesboro, de sorte que le Circuit Court de Waynesboro rejette une action pour défaut d'appel devant le Circuit Court de Waynesboro, alors que la question était devant le Circuit Court de Waynesboro pendant toute la période.

14. La décision de la Cour de rejeter cette action au motif que le plaignant avait refusé de faire appel de sa condamnation devant le tribunal de district de Waynesboro devant le tribunal de circuit de Waynesboro fonde une décision dans une action civile sur une étape de la procédure pénale. Le dictionnaire Oxford English Dictionary, sous le terme "civil", indique : 16. Droit. Distingué de criminel. 1611 COTGR. Civiliser v. criminel. Transformer son acte d'accusation en action ; transformer un criminel en une cause civile. 1764. BURN Poor Laws 289. Civil, implique une infraction de nature privée entre partie et partie, et non lorsque le roi est partie. 1844 H. H. Wilson British India II 395. Dans l'administration du droit civil, on avait recours aux Panchayats, tandis que les affaires criminelles étaient instruites par les fonctionnaires britanniques en personne. La question se pose donc de savoir si une action civile peut être correctement tranchée par les règles de la procédure pénale.

15. Bien qu'il ait comparu en tant qu'avocat pro se, le plaignant n'a pas été correctement informé par le tribunal, à l'issue de cette action, de son droit de demander l'annulation de la décision.

16. Corpus Juris Secundum 16. 178. "Les lois conférant le pouvoir de police aux municipalités doivent cependant être interprétées de manière à ne pas autoriser un exercice déraisonnable de ce pouvoir. Father Basil's Lodge v. City of Chicago, 65 N.E. 2d 805, 393 Ill. 246. Et le plaignant affirme que son arrestation était une violation qui l'a empêché de s'engager dans son occupation légale. 16 Corpus Juris Secundum 224. "Il faut exercer son activité à l'abri de toute ingérence illégale. Wallace v. Ford, D.C. Tex. 2I F. Supp. 624.

17. Corpus Juris Secundum 199. "Le pouvoir de police doit toujours être exercé dans le respect scrupuleux des droits privés garantis par la Constitution et, même dans ce cas, uniquement dans l'intérêt public. Okla. Natural Gas Co. v. Choctaw Gas Co. 236 P.2d 970, 205 Okla. 255. Et le plaignant affirme que le pouvoir de police exercé lors de son arrestation n'était pas dans l'intérêt public et violait ses droits privés.

18. Le plaignant a été menacé d'emprisonnement pour dettes, en violation de ses droits constitutionnels. 16 Corpus Juris Secundum 204. "Ordinairement, une dette envers une unité gouvernementale ne fait pas exception à la disposition constitutionnelle. Clark v. City of Cincinnati, Corn. Pl. 12I N.E. 2d 834.

19 h 53. Jur 435. "Les tribunaux sont généralement d'accord sur le fait qu'un employeur peut être tenu pour responsable de l'acte illicite commis par son employé alors qu'il agissait dans l'entreprise de son employeur et dans le cadre de son emploi, même s'il n'en avait pas connaissance. Albans, 60 Vt. 427, 13 A 569.

Par conséquent, le demandeur demande respectueusement à la Cour de faire droit à sa demande d'annulation du jugement au motif qu'il est contraire à la loi et à la preuve.

Entre-temps, lors d'une réunion de francs-maçons dans une synagogue locale, d'autres questions ont été mises de côté tandis qu'une discussion agitée a eu lieu sur ce qui "pourrait être fait au sujet d'Eustache Mullins". Un membre s'est levé et a courageusement proposé de "faire quelque chose". Quelques jours plus tard, alors que je conduisais dans une rue secondaire, une énorme Lincoln sortit en trombe d'un terrain commercial et s'écrasa sur le côté de ma voiture. Comme je l'ai déclaré plus tard dans ma plainte,

> "3. Le 19 septembre 1979, vers 13 heures, le défendeur a percuté avec force le côté du véhicule appartenant au plaignant et conduit par lui, et a heurté le véhicule du plaignant aux portières avant et arrière droites, les écrasant, et le plaignant a subi de graves lésions corporelles et des dommages matériels de ce fait".
>
> "7. Le véhicule du plaignant, une Oldsmobile 98 sedan, qui a été gravement endommagé, est un rare exemple survivant d'un

véhicule de collection connu sous le nom de Chappaquiddick Special, un modèle dans lequel une jeune fille a trouvé la mort au cours d'une association avec une personnalité éminente, et ce véhicule pourrait valoir une somme importante lors d'une prochaine campagne politique et doit être entièrement restauré.

"Le défendeur a déclaré au plaignant qu'il était responsable et qu'il assumerait l'entière responsabilité de tous les dommages, mais lorsque la police a été appelée, le défendeur a déclaré qu'il ne souhaitait pas parler à la police et, alors que la police arrivait, le défendeur a fui le lieu de l'accident.

"Le plaignant est resté sur les lieux de l'accident et a donné à la police tous les détails des circonstances de l'accident, après quoi l'enquêteur a déclaré que le défendeur devrait être accusé de délit de fuite et d'avoir quitté les lieux d'un accident avant la fin de l'enquête.

"Le plaignant a été pris d'intenses douleurs thoraciques, de nausées, de vomissements, de vertiges, d'évanouissements et d'intenses douleurs dorsales, ce qui l'a conduit directement aux urgences. De puissantes influences fraternelles sont immédiatement allées travailler pour le défendeur, qui n'a jamais été accusé d'aucune infraction par la suite. Il y a eu des ramifications intéressantes que je n'ai apprises que plusieurs années plus tard. Tout d'abord, le conducteur souffrait de schizophrénie avancée depuis des années et, en vertu de la législation de l'État, il aurait dû rendre son permis. Il avait évité cela en se rendant dans des institutions psychiatriques privées, car les institutions de l'État auraient exigé qu'il rende son permis de conduire.

Deuxièmement, au moment de l'accident, le défendeur prenait depuis des années un certain nombre de médicaments puissants, selon son médecin, parmi lesquels Dilantin, Phénobarbital, Tolinase, Dyzazide et Haldol. Son médecin a déclaré plus tard dans une déposition sous serment que "M. S. souffre de diabète sucré de type 2, d'un trouble épileptique, d'un syndrome cérébral organique, d'une hypertension essentielle, d'une maladie maniaco-dépressive et d'une complication médicamenteuse appelée dyskinésie tardive, qui se traduit par des mouvements incontrôlables".

En bref, l'assurance du défendeur n'était pas applicable en raison de ces problèmes. Les fonctionnaires et les avocats de la ville se sont alors lancés dans une étrange campagne de trois ans pour empêcher que l'affaire soit entendue. Le résultat a été l'un des cirques juridiques les plus étonnants jamais enregistrés dans ce pays. Les avocats m'ont d'abord envoyé une série de 54 questions sous forme d'interrogatoires écrits, en supposant que, en tant qu'avocat pro se, je refuserais d'y répondre et que l'affaire serait rejetée. J'ai répondu par quatre-vingts pages de formulaires légaux à simple interligne, qui ont largement répondu à leurs questions. L'étape suivante consistait à "découvrir" un témoin de l'accident. Ils ont "trouvé" un vieil homme noir, alcoolique et malade mental, qui prétendait avoir bu dans une ruelle proche du lieu de l'accident avec quelques-uns de ses amis. Ce bon citoyen a été amené à déposer. L'avocat lui a demandé : "Est-ce M. Mullins qui se trouve à vos côtés ?" Réponse. "Je ne crois pas. Je pense qu'il était plus grand. À mon avis, il avait l'air d'être plus grand." Question. "Vous souvenez-vous de quel type de voiture il s'agissait ?" Réponse. "Là, je ne sais pas. C'était juste une automobile, à mon avis."

Bien que ce témoin n'ait pu identifier ni moi ni ma voiture, il a tout de même été inscrit sur la liste des témoins principaux de l'accusé. J'ai demandé au tribunal d'ordonner la communication de ses dossiers de police et d'hôpital psychiatrique, qui révélaient qu'il avait été arrêté pour port d'arme dissimulé, qu'il avait été arrêté à de nombreuses reprises pour ivresse publique et qu'il avait été envoyé dans un établissement psychiatrique "sur ordre de détention de sa femme pour comportement menaçant et abusif à son égard". Menacé avec une hache. Il boit du vin bon marché ou du whisky toute la journée. Il a été condamné pour avoir tiré sur une femme et l'avoir mutilée. Il est en liberté surveillée depuis lors".

Ce pilier de la communauté est resté le principal témoin de l'accusé, jusqu'à ce que des liens fraternels en amènent un autre. Ce parent et mouton noir notoire de notre famille est venu témoigner par ouï-dire que je lui avais dit que j'avais percuté la voiture de l'accusé et que c'était de ma faute. Je ne lui avais pas parlé depuis des mois. Lors du contre-interrogatoire, je lui ai demandé quelles drogues il prenait. Il a refusé de répondre. Je lui ai demandé quelles drogues il avait prises ce jour-là. Il a encore refusé de répondre.

À ce moment-là, j'ai intenté une action en justice contre les avocats.

"Le plaignant allègue respectueusement que, pour la promesse d'une somme d'argent importante, les défendeurs ont conspiré et agi de concert pour attaquer, blesser et détruire le plaignant, en parlant, en écrivant et en déposant de fausses déclarations et de fausses accusations contre le plaignant, qui sont fausses, diffamatoires et préjudiciables pour le plaignant, comme suit :

(a) Lors d'une conférence préparatoire au procès, le défendeur a déclaré à la Cour que le demandeur, dans ses plaidoiries, avait à plusieurs reprises fait référence au client du défendeur comme étant "de race hébraïque" et "de religion hébraïque", et comme étant "cet Hébreu", et que le défendeur souhaitait informer la Cour qu'il n'appréciait pas les références à son client. Cette allégation, faite devant six personnes, a été immédiatement démentie par le plaignant, qui a déclaré en toute honnêteté que de telles déclarations ne figuraient nulle part dans ses plaidoiries. Le défendeur a persisté, déclarant à la Cour : "Je sais que c'est là quelque part", bien que les personnes présentes, en cherchant dans le dossier des plaidoiries du plaignant, n'aient pas pu trouver ces allégations.

Il s'agit là d'un exemple typique des tactiques vicieuses de ce remarquable cabinet d'avocats. Ils ont immédiatement déposé un Demurrer, à la suite de quoi le plaignant a cité la loi : "Responsabilité pour les mots utilisés dans les procédures concernant la conduite. Aucun avocat, ni aucune association ou société composée d'avocats, ne peut être tenu responsable dans une action civile pour des mots écrits ou prononcés au cours d'une procédure, à moins que le plaignant ne prouve que ces mots ont été utilisés avec une intention malveillante réelle, qu'ils étaient faux ou qu'ils ont été utilisés sans aucune cause possible ou probable".

J'ai également déclaré : "Les défendeurs se trompent en présumant que l'autorisation d'exercer le droit est une autorisation d'attaquer et de blesser gratuitement d'autres personnes sans raison".

Le juge amical a néanmoins accordé un non-lieu à ses proches collaborateurs, à la suite de quoi j'ai déposé un nouveau dossier et je l'ai contraint à le rejeter à nouveau.

Bien que le juge ait tenté à plusieurs reprises d'alerter ses collègues dans leurs tentatives flagrantes d'empêcher l'affaire d'être jugée, j'ai fait adopter la motion. Lors du procès, les avocats ont présenté un autre témoin miracle. Ils ont prétendu que l'accusé, qui était seul dans la voiture avec sa femme, avait sa sœur assise sur le siège arrière ! J'ai appris plus tard qu'elle avait participé à une réunion de Hadassah à Norfolk le jour de l'accident. Le juge m'avait prévenu que les statuts étranges interdisaient de mentionner le mot "assurance" dans un procès pour accident. Les avocats ont ensuite annoncé que leur témoin vedette, l'alcoolique noir, avait été réadmis à l'hôpital psychiatrique quelques heures avant le procès. J'ai insisté pour qu'il soit amené. Après un délai d'une demi-heure, il a été amené sous forte garde armée. Je me suis alors présenté à la barre, où les avocats m'ont piégé en mentionnant le mot "assurance". L'avocat principal s'est levé d'un bond en criant : "Mistrial !".

J'ai déposé une requête en annulation de l'ordonnance de non-lieu, qui a été rejetée comme toutes mes autres requêtes.

DEMANDE D'ANNULATION DE L'ORDONNANCE DE NON-LIEU

Le plaignant, Eustace C. Mullins, demande respectueusement à la Cour d'annuler l'ordonnance de non-lieu rendue le 29 juillet 1981 dans cette action, pour les raisons suivantes :

1. L'ordonnance de non-lieu demandée par l'accusé, en raison de la mention par inadvertance du mot "assurance" en présence du jury, et apparemment en violation des lois qui l'interdisent, et qui a ensuite été accordée par la Cour le 29 juillet 1981, a, en fait, ajouté une nouvelle partie à cette procédure, l'entité de l'assurance, et une partie dont les intérêts doivent être sauvegardés en jetant sur eux une armure de silence impénétrable. Cette entité d'assurance, dont la présence, bien que connue des parties et de la Cour, ne devait pas être portée à la connaissance du jury, était donc déjà connue des membres du jury avant que la mention par inadvertance du nom composé "agent d'assurance" par le plaignant ne révèle au jury une présence jusqu'alors inconnue et inavouée dans la salle d'audience. Les lois ont donc interdit la mention d'une entité qui était déjà connue de la Cour, des parties et des jurés, une présence particulière, comme Banquo au festin, hantant les débats de la manière décrite par Paul Valery, dans le Cimitière Marin, cité par William Butler Yeats dans "A Vision", comme "un cimetière de bord de mer, un souvenir, explique un commentateur, d'un endroit connu dans l'enfance. La lumière de midi est l'absolu immuable et son reflet dans la mer "les œuvres pures d'une cause éternelle". La mer se brise dans l'écume éphémère de la vie ; les monuments des morts prennent pour ainsi dire parti pour la lumière et voudraient, par leurs inscriptions et leurs anges sculptés, persuader le poète qu'il est la lumière, mais il n'en est pas persuadé. Le ver ne dévore pas seulement les morts, mais comme l'amour-propre, la haine de soi, ou tout autre nom, dévore aussi les vivants". Ainsi, la cause du plaignant est dévorée par le ver conquérant d'une entité invisible, l'entité évoquée par la défense, l'entité de l'assurance.

2. En demandant l'annulation du procès parce que le demandeur a utilisé par inadvertance dans son témoignage le nom composé "agent d'assurance", le défendeur a effectué un transfert de responsabilité et n'était plus responsable parce qu'une entité avait été créée qui, simultanément, déchargeait le défendeur de toute défense de sa responsabilité dans ce procès et la transférait à une entité qui n'était pas responsable dans ce procès.

3. Une loi qui refuse au plaignant la possibilité de présenter des preuves dans lesquelles le nom composé "agent d'assurance" est mentionné, enthousiasme ainsi les sociétés d'assurance et leurs actionnaires privés et les protège contre le paiement des indemnités dues sur leurs bénéfices, leur accordant ainsi un titre de noblesse et créant une classe de noblesse. La Constitution des États-Unis, Art. 1. Sec. 10, interdit expressément l'établissement d'une telle classe de noblesse, comme suit : "Aucun État n'accordera de titre de noblesse. L'établissement de compagnies d'assurance à l'abri de toute mention légale non seulement viole la Constitution, mais rend le plaignant hors la loi, ou mort en droit.

4. Une loi de l'État refusant au plaignant la possibilité de présenter des preuves dans lesquelles le nom composé "agent d'assurance" est mentionné, viole la Constitution des États-Unis dans les domaines suivants : Elle crée une servitude involontaire interdite par le treizième amendement ; elle restreint les privilèges et immunités des citoyens des États-Unis ; elle refuse au plaignant l'égale protection des lois ; elle refuse au plaignant l'application régulière de la loi. Le quatorzième amendement stipule : "Aucun État ne fera ni n'appliquera de loi qui restreigne les privilèges ou immunités des citoyens des États-Unis. De même, aucun État ne refusera à une personne relevant de sa juridiction l'égale protection des lois". Dans 16 Wall. 36, 21 L.Ed.394, le juge Field a déclaré : "Il s'agit ni plus ni moins de savoir si les récents amendements à la constitution fédérale protègent les citoyens des États-Unis contre la privation de leurs droits communs par la législation de l'État. À mon avis, l'amendement 14 offre une telle protection, et c'est ce qu'ont voulu le Congrès qui l'a élaboré et les États qui l'ont adopté".

5. Si ces lois étatiques empêchent le plaignant de présenter des preuves devant un jury, la question se pose de savoir si le plaignant devrait transférer son affaire à un tribunal fédéral dans lequel ces lois ne s'appliqueraient pas.

6. Un précepte bien établi de la procédure judiciaire veut que si le défendeur voit qu'il est en train de perdre l'affaire, il doit saisir toute occasion d'annuler le procès, comme cela s'est produit le 29 juillet 1981. C'est l'absence de défense viable de la part du défendeur qui a amené le demandeur à déposer une requête en jugement sommaire le 9 juin 1980.

7. Dans la réponse du demandeur aux motifs de défense déposés par le défendeur, le demandeur a déclaré le 7 novembre 1979 : "Le défendeur a rapidement donné le nom de son agent d'assurance et le numéro de téléphone dudit agent au demandeur, mais le défendeur n'a pas demandé l'agent d'assurance du demandeur car le défendeur avait assumé l'entière responsabilité et n'avait pas l'intention de demander un paiement de la couverture du demandeur". C'est cette preuve, qui est cruciale pour la cause du demandeur, que le demandeur a tenté d'informer le jury sur les questions de fait qui devaient être déterminées par lui, mais le demandeur a été empêché de le faire par la motion d'annulation du procès du défendeur. Lors des futures audiences de cette action, si la loi empêche toujours le plaignant d'informer le jury des faits de l'affaire, il n'y aura pas de procédure régulière, le plaignant sera hors la loi, ou mort en droit, et en ne fournissant pas cette preuve, le plaignant sera coupable de dissimuler des preuves au jury et d'entraver la justice, même si, ce faisant, le plaignant suit les instructions expresses de la Cour et est en conformité avec les lois interdisant la mention de l'assurance en présence du jury. 71 Corpus Juris Secundum 4 : "Ce qui constitue les plaidoiries". Elle couvre toutes les procédures prises au cours du procès. Snelling v. Darrell, 17 Ga. 141.

(a). 46 Corpus Juris Secundum 1308. "Le demandeur doit prouver chaque allégation matérielle ou fait en cause. Christ c. Pacific Mut. Life Ios. Co. 23I II, app. 439, confirmé 144 N.E. 161, 312 III. 525, 35 A.L.R. 730. Le demandeur allègue qu'il est empêché de prouver les faits en cause.

(b). 71 Corpus Juris Secundum 525 C. "Matières éliminées de l'affaire ou admises. Les plaidoiries sur lesquelles le procès a lieu déterminent si les preuves sont admissibles. Pecos R.R. Co. v.

Crews. civ. app. 139 S. W. 1049." Le plaignant allègue que cette preuve avait déjà été incluse dans ses plaidoiries sans objection.

(c). 71 Corpus Juris Secundum 528. "En règle générale, toute preuve est admissible dans le cadre de la question générale qui contredit, ou tend directement à contredire, les allégations que la partie adverse doit établir pour soutenir sa demande. Sylvis v. Hays, 6 P.2d 1098, 1100, 138 Or. 418. Le plaignant prétend que sa preuve est donc admissible.

(d). 71 Corpus Juris Secundum 2. Dispositions légales. "Les codes de procédure civile et les règles promulguées en vertu de ceux-ci sont conçus pour simplifier la plaidoirie et pour éliminer certains aspects techniques de la plaidoirie en common law ; mais en général, sauf modification par ces dispositions, les règles de la plaidoirie en common law sont réputées rester en vigueur. Stinson v. Edgemoor Iron Wks, D.C. Del. 53 F.Supp. 864." Le plaignant allègue que ses preuves sont admissibles en vertu des règles de plaidoirie de la common law et que les précédents de la common law l'emportent sur toute loi visant à protéger les compagnies d'assurance contre des indemnités légitimes.

8. Bien que le plaignant ait déposé une motion visant à interdire un témoignage inadmissible avant le début du procès, le défendeur n'a pas déposé une telle motion, indiquant ainsi qu'aucun témoignage inadmissible n'était attendu de la part du plaignant.

Par conséquent, la demande d'annulation de l'ordonnance de procès simulé présentée par le demandeur doit être acceptée.

Le juge m'a alors laissé entendre que les avocats souhaitaient négocier un accord, mais qu'ils ne voulaient pas négocier avec moi parce que je n'étais pas avocat. Il m'a promis que si j'engageais un avocat, ils régleraient l'affaire. J'étais encore assez naïve pour croire ce juge. Je me suis renseigné et j'ai engagé un jeune avocat qui se mettait souvent à rire comme un cheval. Lorsque nous nous sommes rencontrés pour négocier avec les excellents avocats de l'accusé, Be s'est levé d'un bond et a couru aux toilettes. "Qu'est-ce qu'il a ? ai-je demandé à un ami qui était assis avec nous. "Oh, il est juste allé vomir", m'a-t-il répondu. "C'est sa première négociation. Lorsqu'il est revenu, il a rapidement accepté que je paie les indemnités de témoin à la belle-sœur, soit environ 400 dollars. Aucune autre négociation n'a eu lieu. Je l'ai licencié dans l'après-midi et j'ai envoyé la notification suivante au défendeur.

AVIS

Le plaignant, Eustace C. Mullins, en tant qu'avocat pro se, notifie par la présente au défendeur que votre position lors de la conférence préliminaire du 11 avril 1983 a été ouvertement et positivement et définitivement réaffirmée, que vous avez refusé et continuez à refuser de négocier tout accord préliminaire ou règlement avec le plaignant, une position que vous avez fermement maintenue au cours des trois dernières années et demie. Vous êtes par la présente informé que les coûts juridiques croissants de cette action sont, ont été et continuent d'être uniquement dus à votre refus d'entamer des négociations préalables au procès avec le plaignant, et que, en cas de recouvrement de ces coûts, le plaignant demandera que lesdits coûts juridiques de cette action soient considérés comme punitifs en raison de leur affectation et de leur arrogance à l'égard du défendeur, et qu'ils soient donc doublés par décision de cette Cour, parce que les coûts élevés de cette action sont, ont été et continuent d'être uniquement dus au refus du défendeur de négocier tout accord ou règlement avant le procès avec le demandeur, et le demandeur réitère qu'il a été et continue d'être disposé à négocier un règlement avant le procès à tout moment depuis que cette action a été introduite le 1er octobre 1979, et que tous les coûts juridiques depuis cette date devraient être attribués, assignés et attribués au défendeur comme étant sa responsabilité en raison de son refus d'entamer des négociations avant le procès avec le demandeur.

Après des mois de délibérations supplémentaires, j'ai réussi à faire en sorte que l'affaire soit à nouveau jugée. Les avocats ont présenté la déposition du médecin de l'accusé, qui déclarait que ce dernier se trouvait dans un hôpital psychiatrique et qu'il ne comparaîtrait pas au procès. Le juge a alors décidé que je ne pouvais faire aucune référence aux drogues ou à l'état schizophrénique et dépressif de l'accusé, jugeant l'ensemble du rapport du médecin "irrecevable".

Deux jours avant le procès, le policier qui était mon seul témoin est mort subitement dans un hôpital local, en raison d'un traitement médical. Mon mécanicien automobile, un Noir bien au fait des aléas de l'existence dans les petites villes, m'a prévenu que le jury serait composé d'un grand nombre de personnes. "Ils ont la même liste", m'a-t-il dit. "Personne d'autre ne figure sur cette liste.

Privé de mon seul témoin et n'ayant pas la possibilité de présenter au jury les preuves que l'accusé conduisait illégalement, sous l'influence de médicaments provoquant des convulsions et souffrant de schizophrénie, je n'ai pas mis longtemps à présenter mon dossier. Le juge a suggéré que j'apporte ma voiture pour que le jury puisse l'examiner. Les jurés sont sortis, ont examiné longuement les deux portières latérales défoncées et sont retournés dans la salle des délibérations pour délibérer. Huit minutes plus tard, ils sont revenus pour donner raison à l'accusé. En effet, ils avaient décidé que j'avais effectivement reculé ma voiture contre l'aile avant de la voiture du défendeur, ce qui, défiant les lois de la physique, avait écrasé les deux portières latérales !

CHAPITRE 11

L'ÉTRANGE AFFAIRE DU MILLIONNAIRE SÉNILE

En 1982, le présent auteur a reçu un appel téléphonique concernant son livre sur le système de la Réserve fédérale. Un homme âgé a suggéré, d'une voix hésitante, qu'il serait intéressé par le financement d'une nouvelle édition. Je l'ai rapidement informé que tous les arrangements précédents concernant ce livre avaient été un désastre personnel pour moi, et que je n'étais pas intéressé. Il m'a donné son nom, dont je n'avais jamais entendu parler. Quelques soirs plus tard, il m'a rappelé. Il était très persistant et m'a informé qu'il avait décidé de financer le livre et que toutes les recettes me seraient versées, en raison des expériences malheureuses que j'avais eues avec des publications antérieures. J'ai fait des recherches sur son nom et j'ai découvert qu'il était l'un des hommes les plus riches d'Amérique. J'ai accepté de le rencontrer.

J'ai découvert qu'il s'agissait d'un homme très âgé et qu'il donnait de l'argent à certaines causes conservatrices depuis des années, bien qu'il n'ait jamais fait de dons à qui que ce soit que je connaisse. L'un des bénéficiaires de ses largesses était un avocat libanais portant le nom improbable de Dr Peter Beter. La thèse du Dr Beter était que toutes les personnalités importantes du monde avaient été tuées d'une balle dans le front, y compris le président Jimmy Carter, et qu'elles avaient été remplacées par des robots. Parce qu'ils avaient toujours été des robots pour l'Ordre Mondial, personne d'autre que le Dr Beter n'avait remarqué que quelque chose n'allait pas. J'aurais dû être averti que le vieux monsieur était impressionné par ce type d'imagination fertile, mais à ce moment-là, je m'étais vendu à l'idée que j'étais maintenant un écrivain qui avait enfin trouvé son mécène. Le fait que le mécène soit un peu perdu dans l'étage supérieur ne me préoccupait pas. J'écrirais le livre, il le ferait imprimer et me reverserait tous les bénéfices.

J'ai commencé à travailler sur le livre avec mon énergie et mon enthousiasme habituels. En quelques semaines, j'ai fait des progrès considérables, renouvelant mes visites à la Bibliothèque du Congrès, où j'avais effectué mes premières recherches près de quarante ans plus tôt. C'est alors que j'ai reçu un signe, qui aurait dû m'alerter sur les développements ultérieurs. L'assistant principal du vieil homme, un homme beaucoup plus jeune que moi, mourut soudainement d'une crise cardiaque. J'avais déjà constaté que mon bienfaiteur était extrêmement exigeant envers tous ceux qui travaillaient pour lui ; cela ne me dérangeait pas, car je travaillais toujours à plein régime, sept jours sur sept. J'ai ignoré un avertissement très évident et j'ai continué à travailler sur le livre. Nous n'avions pas conclu d'accord formel, mais il m'avançait de petites sommes pour couvrir mes dépenses. J'ai terminé le manuscrit et, à ce moment-là, il m'a informé que ses avocats avaient rédigé un accord de joint venture. Bien que je n'aie jamais vu ni parlé à ses avocats, qui se trouvaient dans un autre État, l'accord contenait un paragraphe très attrayant :

> "L'éditeur (c'est ainsi que mon partenaire était désigné tout au long de l'accord) recevra cinq pour cent des recettes brutes provenant de la vente du livre et l'auteur recevra tous les bénéfices nets provenant de la vente du livre.

Je faisais mon propre travail juridique depuis des années et l'accord semblait très simple. Il m'a informé, en s'excusant un peu, que ses avocats lui avaient dit que l'accord ne serait pas légal à moins qu'il ne reçoive quelque chose, d'où les cinq pour cent des recettes brutes pour lesquels il avait opté. Il m'a également assuré qu'il n'essaierait jamais de les percevoir.

L'accord contenait une autre clause qui m'a semblé quelque peu étrange : "Au décès de l'une des parties, le présent accord prendra fin et tous les intérêts qu'il contient appartiendront au survivant".

Étant donné qu'il avait presque deux décennies de plus que la limite biblique et qu'il était né bien avant mon père, il semblait étrange qu'il ait inclus cette clause, mais j'ai supposé en privé qu'elle m'assurerait de recevoir tous les intérêts dans le livre s'il devait mourir avant moi. Là encore, j'ai reçu un autre avertissement, auquel je n'ai pas prêté attention.

Après l'impression du livre, il est devenu encore plus exigeant avec moi, organisant des réunions avec des personnes qu'il pensait que je devais rencontrer, des voyages que je devais faire, et m'appelant fréquemment à la maison le soir et les week-ends. Sa secrétaire m'a informé qu'il faisait constamment de même avec elle ; elle m'a ensuite rappelé la mort soudaine de son directeur. Nous avons commencé à nous appeler lorsque nous voulions discuter des points du livre qu'il avait contestés. Elle a suggéré que nous utilisions le nom de code Fagin pour nous référer à lui, ce que nous avons fait à partir de maintenant. Le livre a été publié et, comme la nouvelle édition était attendue depuis de nombreuses années, il s'est vendu très rapidement. J'ai mis en banque toutes les recettes, sans les utiliser, car, selon notre accord, elles m'appartenaient de toute façon. Soudain, il a commencé à exiger des sommes considérables pour "frais". À ce moment-là, j'étais totalement dominée par lui, je faisais les chèques et les lui remettais. En plusieurs mois, je lui ai donné 25 000 dollars, soit la plus grande partie de ce que j'avais reçu, à cause de son insistance. Il semblait exercer une influence hypnotique sur moi, et je n'ai jamais rechigné à ce qu'il exigeait. Lorsque j'arrivais chez lui, il se précipitait dans la cuisine pour me préparer une tasse de café, sans laisser sa femme de ménage le faire, comme elle l'avait fait lors de ses visites précédentes. Une fois, après avoir quitté son domicile, je me suis évanouie au volant. J'ai cru que c'était l'épuisement. D'autres conducteurs avaient commencé à klaxonner sauvagement, et j'ai repris le contrôle de la voiture. Lors de ma visite suivante, cela s'est reproduit. J'ai bu le café et, sur le chemin du retour, j'ai perdu connaissance et je me suis affalé sur le volant, à 70 miles à l'heure. Je me suis rendu compte que je touchais presque le côté d'une voiture sur ma gauche, alors que je me dirigeais vers elle. J'ai évité l'accident, mais, une fois rentré chez moi, je me suis souvenu de l'étrange clause de notre accord selon laquelle le survivant recevrait tous les intérêts dans le livre.

J'ai ensuite reçu une lettre alarmante d'Angleterre, émanant d'un financier nommé Alex Herbage.

> "Cher M. Mullins :
>
> Je viens de lire dans le National Educator une critique de votre nouveau livre, "*The World Order*". Je suppose qu'il s'agit d'une mise à jour de "The Federal Reserve" et je vous serais très reconnaissant de m'en faire parvenir un exemplaire. J'ai récemment eu une correspondance avec E.D. (mon partenaire, ED.) qui m'a fait croire qu'il contrôlait les droits sur vos livres,

> car je pourrais être intéressé par leur réédition ici, pour les distribuer en Europe".
>
> Alex Herbage.

Le tableau complet m'était maintenant révélé. Non seulement Fagin était déterminé à m'achever, afin d'avoir les droits exclusifs sur mon livre sur la Réserve fédérale, mais, en prévision de ma disparition prématurée, il prenait déjà des dispositions pour rééditer tous mes livres, tant aux États-Unis qu'en Europe. Une fois que j'aurais été éliminé, qui pourrait le défier ?

Peu de temps après, Alex Herbage a fait parler de lui. Le *Washington Post* a titré "Le financier de la haute société inculpé".

> "Un financier britannique ayant des liens avec certains des principaux hommes politiques conservateurs du pays a été inculpé hier pour avoir escroqué 46 millions de dollars à 3 000 Américains dans le cadre d'un système d'investissement par correspondance. Alex Hermage, une figure de 450 livres qui a reçu la crème de la société britannique dans sa propriété d'un million de dollars, a été accusé d'avoir faussement promis d'investir l'argent des Américains dans des lingots d'or, des matières premières et des monnaies européennes. Au lieu de cela, selon un acte d'accusation rendu à Orlando, en Floride, Hermage a dépensé les fonds dans un "style de vie somptueux" comprenant des jets affrétés, des voitures Rolls Royce et Mercedes Benz, une collection d'art coûteuse, un domaine de 44 acres en Angleterre et des villas en Écosse, en France et aux Pays-Bas".

Herbage, que le Post a tenu à épeler "Hermage" (ce qui est assez proche, comme le reconnaissent les critiques du Post), a ensuite été envoyé en prison. Herbage était typique des escrocs et des criminels avec lesquels Fagin était impliqué. J'ai appelé sa secrétaire et l'ai informée que je devais intenter une action en justice contre Fagin, à moins qu'il ne se retire de notre accord. Elle m'a dit qu'elle lui avait répété à plusieurs reprises que je devais recevoir une partie des recettes du livre, ce à quoi il a rétorqué : "Il n'y aura pas de bénéfices !".

J'ai envoyé à Fagin une copie d'un accord de résiliation standard, qu'il a refusé de signer. Je n'ai eu d'autre choix que d'intenter une action en justice contre lui. Il a réagi en engageant non pas un, mais deux des avocats les plus influents et les plus coûteux de l'État. Il avait manifestement l'intention de me faire payer pour tout cela. Les deux cabinets étaient bien connectés avec des agences telles que le FBI et la CIA, et pouvaient compter sur ces alliances pour obtenir autant d'informations nuisibles que possible à mon sujet. Cela ne me dérangeait pas. Je prévoyais déjà de publier quelque 120 pages de mon dossier du FBI dans mon prochain livre.

J'ai accusé Fagin d'intention de fraude, de détournement de fonds, d'association de malfaiteurs, de violation des droits d'auteur, de fausses déclarations et de fausses informations, pour commencer. D'autres chefs d'accusation viendraient plus tard. Toutes mes accusations étaient documentées. Ses avocats ont réagi avec les tactiques habituelles destinées à faire échouer et à se débarrasser d'un avocat pro se. Ils ont déposé un décret auprès du tribunal, mais ne m'en ont pas envoyé de copie. J'ai vérifié le dossier du tribunal au moins une fois par semaine et je l'ai découvert. J'ai immédiatement déposé une requête indiquant que je n'avais pas reçu de copie des actes de procédure. Ce cabinet très réputé n'a jamais présenté d'excuses, mais a sans doute été chagriné par l'échec de sa tactique évidente. J'ai ensuite déposé une demande de modification de la plainte.

DEMANDE DE MODIFICATION DE LA PLAINTE

Le plaignant, Eustace C. Mullins, comparaît pour lui-même et demande respectueusement à la Cour l'autorisation de modifier sa plainte, pour les raisons suivantes :

1. Le plaignant a découvert de nombreuses autres violations des lois par ledit défendeur, qui devraient être entendues par le jury dans le cadre de cette action.

2. Le défendeur, en tant que président de ___________Co, continue de mener une guerre d'usure contre le plaignant.

Par conséquent, le plaignant demande respectueusement à la Cour l'autorisation de modifier sa plainte.

Les tribunaux font toujours droit à au moins une demande de modification de la plainte, et parfois à plus d'une. Cela fait partie de l'engrenage juridique et permet de faire tourner la roue.

J'ai déposé une plainte modifiée et, pour protéger l'œuvre de ma vie, mes écrits, j'ai déposé une demande d'injonction.

"Le demandeur, Eustace C. Mullins, en tant qu'avocat pro se, demande à la Cour de prononcer une injonction à l'encontre du défendeur, _________, en ordonnant au défendeur de s'abstenir de céder ou de conférer des droits de réédition de tout ou partie des œuvres publiées par le demandeur, pour les motifs suivants :

1. Selon la correspondance échangée avec Alex Herbage (pièce A ci-jointe), le défendeur revendique les droits sur les livres publiés par le plaignant et prend des dispositions pour louer, vendre ou céder ces droits à d'autres personnes.

2. Le défendeur, en accordant ces droits, traite une fois de plus avec les hommes de confiance, les escrocs et les agents doubles avec lesquels il préfère traiter, et que le plaignant a essayé d'éviter à plusieurs reprises, malgré les ordres répétés du défendeur pour que le plaignant rencontre et travaille avec des personnes de ce type".

Lorsque Fagin avait correspondu avec Herbage, il avait supposé qu'à ce moment-là, on se serait débarrassé de moi, par des gâteries spéciales de café, ou par d'autres moyens. Ce n'était pas sa faute si son plan avait échoué, ni si sa confidente risquait maintenant une longue peine de prison pour détournement de fonds. Malgré la documentation de ma requête avec des copies de la lettre de Herbage et de l'article du Post détaillant sa carrière criminelle, le juge a refusé d'accorder ma requête en injonction, sous l'excuse incroyable qu'"il n'a pas encore republié l'un de vos livres, et ses avocats m'assurent qu'il ne le fera pas". Cela s'inscrivait dans la tradition bien établie de ne jamais faire droit à une requête émanant d'un avocat pro se. J'allais le constater à maintes reprises au cours des trois années suivantes de cette procédure. Une injonction à l'encontre du défendeur serait préjudiciable dans le dossier de l'affaire, et serait préjudiciable contre lui devant un jury.

L'une des actions les plus sadiques de Fagin à mon égard s'est produite peu après que je l'ai rencontré ; il m'a persuadé que les premières éditions rares de mes livres n'étaient pas en sécurité chez moi et qu'elles seraient "protégées" dans son coffre-fort. Il avait raison ; ils s'y trouvent encore aujourd'hui. Bien que ces livres valent des milliers de dollars, je n'ai jamais pu les récupérer. L'un d'entre eux était la première édition de "Mullins on the Federal Reserve", que j'avais dédicacé à mon père. C'était le seul souvenir que j'avais de lui. J'ai supplié Fagin de me le rendre, mais il m'a ignoré.

Fagin avait noté un paiement de 12 500 dollars à son avocat personnel pour la rédaction de l'accord de joint venture, un accord standard de quatre pages. Cette somme était comprise dans les quelque 90 000 dollars qu'il prétendait avoir investis dans le livre ; il avait en fait dépensé environ 4 000 dollars pour sa production, et je lui avais remboursé près de 25 000 dollars. Il devait finalement me coûter plus de trois cent mille dollars pour ce seul livre. Au cours de mes recherches juridiques, j'ai découvert que ses avocats avaient négligé de consulter les lois de l'État, qui prévoyaient l'obligation suivante : “Certificats de partenariat : Deux personnes ou plus ne peuvent exercer une activité commerciale en tant qu'associés que si elles signent et reconnaissent un certificat indiquant les noms complets de chacune des personnes composant l'association, avec leurs adresses postales et résidentielles respectives, le nom et le style de l'entreprise, la durée de son existence et la localité de son lieu d'activité, et si elles déposent ce certificat au bureau du greffier du tribunal dans lequel les actes sont enregistrés dans le comté ou la corporation où l'activité doit être exercée”.

Aucun certificat de ce type n'avait jamais été établi, signé ou enregistré. J'ai donc déposé une demande de jugement sommaire. “Le plaignant, comparaissant pour lui-même, demande à la Cour d'accorder au plaignant un jugement sommaire contre le défendeur, au motif que le défendeur n'a pas répondu ou nié les preuves documentaires que le plaignant a soumises avec sa plainte.

J'avais déposé des photocopies des statuts exigeant la signature et le dépôt du certificat de partenariat, une exigence dont les avocats de Fagin n'avaient pas connaissance. Il aurait dû s'agir d'un jugement de routine en ma faveur, mais le juge a rejeté ma requête sans commentaire. À aucun moment les avocats de Fagin n'ont tenté d'expliquer pourquoi il n'avait jamais signé le certificat de partenariat requis, ce qui rendait l'accord conjoint invalide et me donnait toutes les raisons de rendre un jugement en ma faveur.

Les avocats de Fagin s'étaient alors lancés à mes trousses avec les habituelles demandes de dépositions et de production de documents avant le procès. J'ai répliqué par mes habituelles requêtes d'ordonnances de protection. Comme toujours, mes requêtes ont été rejetées par le tribunal, qui m'a ordonné de procéder aux dépositions et à la production de documents. Je me suis rendu compte que j'étais pris au piège dans un tribunal où chaque décision me serait défavorable, et que cela était principalement dû à l'influence maçonnique pernicieuse qui guidait le tribunal. Il était impératif que je quitte ce tribunal. J'ai déposé une motion de renvoi devant la Cour fédérale, citant le nombre de questions fédérales impliquées dans l'affaire, la loi sur les droits d'auteur, la fraude interétatique, etc. Le juge a répondu à ma requête par une lettre personnelle indiquant qu'il ne l'examinerait pas ! Le juge a répondu à ma requête par une lettre personnelle indiquant qu'il ne l'entendrait pas. C'était stupéfiant, car le code des États-Unis cite de nombreuses pages de précédents pour le renvoi devant le tribunal fédéral lorsque des questions fédérales sont en jeu. J'ai envisagé d'intenter une action contre le juge pour avoir refusé d'entendre ma requête, mais j'ai réalisé que cela ne servirait à rien, compte tenu de l'état de notre système juridique. J'ai alors déposé une demande de non-lieu volontaire ; si je pouvais obtenir un non-lieu, c'est-à-dire renoncer à mon action devant le tribunal de l'État, je pourrais alors la réintroduire devant le tribunal fédéral. Toutefois, j'avais peu d'espoir que cela se produise ; le tribunal avait systématiquement rejeté toutes mes requêtes.

Mon dilemme a été résolu par l'un de ces événements miraculeux qui se produisent juste au moment où il semble que je n'ai nulle part où aller. La veille de l'audience sur ma demande de non-lieu volontaire, une amie a appelé à une émission de radio, mentionnant qu'elle connaissait quelqu'un qui devait comparaître devant le tribunal le lendemain, et qu'il n'avait aucune chance, parce que les avocats et le juge étaient tous des francs-maçons. Le lendemain matin, lorsque nous nous sommes présentés en chambre, j'ai remarqué que les yeux du juge ressemblaient à du foie bouilli. Je me suis assis et j'ai attendu le décret habituel : motion rejetée. Incroyablement, le juge a commencé par dire : "Je suis enclin à faire droit à la requête de M. Mullins." Les avocats de Fagin étaient stupéfaits. "Mais, Votre Honneur, s'exclame l'un d'eux, il est trop tard dans l'affaire pour cela. Nous avons d'autres questions en suspens (en référence à la découverte)". Je pensais qu'il avait raison, mais le juge a pris un volume de lois sur l'étagère, l'a ouvert au hasard et a fait semblant de le consulter. "Non, dit-il, c'est ici. Tout va bien. Je fais droit à la demande de non-lieu."

J'ai quitté le cabinet, jubilant d'avoir enfin obtenu une décision en ma faveur. Mon ami, à qui je devais ce développement, souriait également. Les avocats de Fagin étaient tellement en colère qu'ils ont refusé de prendre l'ascenseur avec nous. Au lieu de cela, ils ont descendu les escaliers à grands pas.

J'ai rapidement déposé ma plainte contre Fagin devant le tribunal fédéral. Plus d'un an s'était écoulé, mon procès s'étant enlisé dans un tribunal où je n'avais aucune chance. Désormais, je pouvais faire valoir les questions fédérales dans mon procès. Les avocats de Fagin ont répondu à la plainte par leur habituelle motion de rejet. J'ai alors déposé une demande de modification de la plainte, qui a été acceptée. Dans ma plainte modifiée, j'ai porté ma demande de dommages et intérêts à 25 millions de dollars, auxquels s'ajoutent 25 millions de dollars de dommages et intérêts punitifs. Ma plainte était documentée sur tous les points. La description faite par Fagin de son paiement de 12 500 dollars à son avocat privé indiquait : "Services professionnels — Planification fiscale pour l'entreprise de publication, avis sur l'entreprise commune et rédaction de l'entreprise commune avec Eustace C. Mullins". J'ai fait remarquer que cela donnait l'impression que j'avais consulté l'avocat de Fagin, alors qu'en fait je ne l'avais jamais rencontré ni parlé avec lui. Fagin avait également détourné des fonds considérables provenant des recettes du livre de la Réserve fédérale pour publier l'un de ses pamphlets personnels ; des sommes importantes ont été payées pour ses factures de téléphone personnelles, des paiements à ses secrétaires et à ses autres employés et connaissances pour des travaux privés n'ayant rien à voir avec l'entreprise commune. Fagin a également vendu un millier de livres à son conseiller financier personnel à un prix inférieur au prix coûtant, afin de s'attirer ses faveurs, malgré mes fortes objections à cette transaction. Il a ouvert un compte bancaire privé avec le produit de la vente du livre. Aucun de ces fonds n'a jamais été comptabilisé.

Au cours des audiences devant la cour d'État, j'ai déposé plusieurs motions de censure contre les avocats de Fagin pour leurs actions inappropriées. Nous nous sommes alors engagés dans plus d'un an de manœuvres devant le tribunal fédéral, au cours desquelles j'ai à nouveau déposé à plusieurs reprises des motions de censure. L'un des avocats de Fagin m'appelait fréquemment à mon domicile, essayant de me piéger pour que j'accepte une procédure ou que je fasse un aveu préjudiciable. Je m'en suis plaint dans une requête en censure, ce qui a mis fin aux appels téléphoniques. À chaque fois, cependant, le juge rejetait ma motion de censure, en essayant d'en rire comme d'un caprice, au lieu d'une violation flagrante de la procédure déontologique.

J'ai ensuite été victime d'une douloureuse crise de calculs rénaux, probablement due au stress quotidien de la lutte contre cette action. Le lendemain de ma sortie de l'hôpital, j'étais convoquée pour une déposition. J'ai comparu, mais j'ai informé l'avocat de Fagin que j'étais encore trop malade pour répondre à des questions approfondies. L'avocat a rapidement demandé au juge de prendre des sanctions à mon encontre, ce qu'il a refusé. J'ai alors déposé une requête pour un procès public, comme suit :

DEMANDE DE PROCÈS PUBLIC

Le plaignant, Eustace C. Mullins, en tant qu'avocat pro se, demande à la Cour un procès public pour cette action. Le plaignant demande ladite requête en tant que citoyen des États-Unis d'Amérique et électeur domicilié dans l'État de Virginie, en vertu de l'article 4. Sec. 4, CONSTITUTION DES ÉTATS-UNIS, et en vertu de l'article 1, Sect. 11, CONSTITUTION DE LA VIRGINIE.

1. L'objet de ce procès public serait de déterminer la validité des revendications du plaignant contre le défendeur par un jury de ses pairs, et "de déterminer l'innocence dudit défendeur par ledit jury si le défendeur est en mesure de prouver cette innocence".

2. Le plaignant présente cette requête comme une étape nécessaire au maintien de l'ordre public, au maintien des tribunaux en tant que partie essentielle de l'ordre public, afin d'éviter l'anarchie et un effondrement général de la loi et de l'ordre.

3. Le public doit rester souverain, et le public ne peut avoir de souveraineté sans procès public.

4. Le demandeur a payé des frais de justice importants pour une demande de procès avec jury, et ne souhaite pas être spolié de ces paiements, ni que ses frais servent à payer un procès fermé dans lequel le demandeur est non seulement le défendeur, mais dans lequel le demandeur a déjà payé les frais de justice pour que le défendeur l'attaque.

5. Ledit procès à huis clos constituerait un acte d'accusation à l'encontre du plaignant, ce qui violerait la Constitution des États-Unis, Art. I, Sec. 9.

6. Ce procès à huis clos serait contraire à l'article L, section 11, de la Constitution de Virginie.

7. Ce procès à huis clos violerait l'amendement 13 de la Constitution des États-Unis.

8. Ce procès à huis clos violerait l'amendement 14 de la Constitution des États-Unis.

Par conséquent, le plaignant demande respectueusement à la Cour de renvoyer cette action pour un procès avec jury, comme le prévoit la Constitution de Virginie, avec le plaignant en tant que demandeur et le défendeur en tant que défendeur.

Respectueusement soumis,

Eustace C. Mullins

Cette requête a également été rejetée et les avocats de Fagin ont poursuivi leurs demandes de communication de pièces. Malgré mes problèmes de santé, j'étais très confiant dans le procès et j'attendais avec impatience un procès devant jury où je pourrais présenter les documents relatifs à ma plainte pour dommages et intérêts. Les avocats de Fagin étaient tout aussi déterminés à ce que l'affaire ne soit jamais jugée. Comme je le soupçonnais, Fagin était désormais désespérément sénile et ne serait jamais en mesure de se présenter à la barre des témoins. Je n'avais plus aucun contact avec sa secrétaire. Nos conversations téléphoniques ont pris fin lorsqu'elle a manifestement tenté de me piéger en me faisant faire une déclaration erronée. J'ai compris que la conversation était surveillée et je ne l'ai plus jamais rappelée.

Nous sommes alors entrés dans la troisième année de la procédure. À aucun moment, Fagin n'a fait une apparition personnelle dans l'action. Le temps jouait en ma faveur et je ne cherchais pas à obtenir une date de procès. De toute façon, je n'aurais pas pu l'obtenir sans me conformer aux procédures de communication de pièces avant le procès. Cependant, je me suis rendu compte que je devais poursuivre la rédaction de mes autres livres (j'avais maintenant vingt-deux volumes prévus que je devais écrire au cours des vingt prochaines années), et il me semblait temps d'accélérer la procédure judiciaire. C'est ce que j'ai fait en déposant une demande de jonction de parties supplémentaires. Il s'agit d'une requête très technique qui doit être formulée exactement comme il faut, faute de quoi le tribunal la rejettera. J'ai fait ce que n'importe quel parajuriste ou secrétaire juridique ferait : je l'ai copiée mot pour mot à partir du livre de formulaires juridiques de West. Les avocats de Fagin étaient stupéfaits que j'aie pu produire cette motion. Ils ont informé le juge que je devais avoir obtenu un conseil juridique sans en avoir informé le tribunal, puisque j'étais toujours l'avocat officiel. Lors de l'audience sur la motion, le juge m'a demandé sévèrement : "M. Mullins, avez-vous maintenant un avocat ?". Surpris par la question, j'ai répondu : "Non, Votre Honneur". Il n'a alors pas eu d'autre choix que d'accepter la requête. J'avais nommé le fils de Fagin, son comptable et le trésorier de son entreprise comme co-accusés. Bien qu'ils aient été profondément impliqués dans l'escroquerie de Fagin, je savais qu'ils ne souhaiteraient pas comparaître et être interrogés sur leurs activités. Il me semblait que j'étais enfin sur le point de contraindre Fagin à un arrangement. Cependant, 1reckoned ne savait pas jusqu'où les avocats allaient s'enfoncer. Ils ont immédiatement mis au point un plan de contre-attaque qui s'est avéré efficace.

Le juge avait statué comme suit :

1. La demande de rejet de la plainte modifiée présentée par la partie défenderesse est rejetée.

2. La demande de jugement sommaire du plaignant est rejetée.

3. La demande de censure du plaignant est rejetée.

4. La demande d'ordonnance de protection du plaignant concernant la production de documents est rejetée.

5. La demande d'ordonnance de protection du plaignant concernant les dépositions est rejetée.

6. La requête de la défenderesse visant à obtenir la production de documents doit être accordée et l'est par la présente. Le demandeur répondra à la demande du défendeur de produire des documents au plus tard le 14 octobre 1986. Le demandeur se présentera pour une déposition le 15 octobre 1986, à 9 h 30, à un endroit qui conviendra aux deux parties. La demande d'honoraires d'avocat présentée par le défendeur dans le cadre de la présente requête est rejetée.

7. Il est sursis à statuer sur la demande de décompte formulée dans la demande reconventionnelle de la partie défenderesse.

8. La demande du plaignant de joindre _________, _________, et _________, en tant que défendeurs dans cette action doit être, et est par la présente, accordée".

Ma demande d'ordonnance de protection contre la déposition indiquait que

2) Ledit défendeur a utilisé la même tactique contre le plaignant dans une action antérieure, aidé et encouragé par l'avocat dans une campagne vicieuse d'usure contre le plaignant, a forcé le plaignant à annuler tous ses engagements de parole pour les mois d'avril et de mai en continuant à demander des comparutions aux dépositions afin de forcer le plaignant à abandonner la procédure contre le défendeur, et a coûté au plaignant plusieurs milliers de dollars en perte de revenus, dans la grande tradition de la pratique du droit telle que définie par Roy Cohn lorsqu'il est apparu dans Sixty Minutes, "Je rends les choses si sacrément chères pour les S.O.B. qu'ils sont obligés d'abandonner".

3. Le défendeur a programmé ladite déposition afin que son employé puisse agir en tant que juge et jury, et conduire un procès privé de cette action, refusant ainsi au plaignant le procès avec jury qu'il a demandé. Dans une action précédente, le défendeur a réussi à faire passer la plainte du plaignant en chancellerie pour un procès privé, bien que le plaignant ait demandé un procès avec jury.

4. Corpus Juris Secundum 26A 1 : "En tant que terme de terminologie juridique, il (déposition) est généralement limité à la déposition d'un témoin, faite par écrit, sous serment ou affirmation, devant un officier de justice En common law, le droit de prendre des dépositions dans les actions en justice était inconnu en l'absence de consentement". Le demandeur dépose qu'il s'oppose à ce procès privé sans jury devant l'avocat de la défense en tant que procédure en chancellerie.

5. CJS 26 A9 : Motifs de prélèvement. Les statuts limitent le pouvoir de recueillir des témoignages en dehors du tribunal à des situations et des urgences clairement identifiées. Ainsi, une demande de prise de déposition ne peut et ne doit être acceptée que si un ou plusieurs des motifs établis existent, s'il y a un motif raisonnable de croire qu'une nécessité réelle l'exige". Le plaignant déclare que la demande de déposition du défendeur ne fait état d'aucune urgence ou nécessité pour ladite demande.

6. L'article 26A du code de procédure pénale cite comme base pour exiger une déposition la non-résidence ou la résidence éloignée, l'incapacité ou le fait qu'il est peu probable que la personne se présente au procès, mais le défendeur ne cite aucune de ces bases car elles ne sont pas applicables.

7. Le défendeur a prouvé qu'il cherchait à obtenir une déposition du plaignant dans le seul but de le harceler et de l'embarrasser, d'opprimer le plaignant en lui imposant une charge et des dépenses excessives et de menacer sa santé. Le défendeur a délibérément préparé le terrain pour une telle oppression en demandant que la déposition ait lieu dans le bureau d'un______, avec lequel le plaignant est en litige depuis 1979, et le plaignant a personnellement poursuivi _______ et envisage d'autres actions contre ledit ________, forçant ainsi le plaignant dans une atmosphère hostile, dans laquelle l'homme de main du défendeur peut librement l'opprimer. Depuis que le défendeur a persuadé le plaignant de commencer à s'associer avec lui en 1982, le plaignant est devenu grisonnant et a développé une maladie cardiaque et une hypertension artérielle uniquement en raison de cette association, et le directeur du défendeur est décédé d'une crise cardiaque au cours de cette même période.

8. Le défendeur n'a pas établi sa compétence à l'égard de la personne du demandeur.

9. L'ordre du défendeur de prendre la déposition fait partie intégrante de la campagne permanente du défendeur visant à ruiner, appauvrir et détruire le plaignant, dont le plaignant présentera dûment les nombreux détails devant un jury en tant que révélation de l'incroyable malice et de la malveillance dudit défendeur".

Il était évident pour moi depuis longtemps que j'étais tombé dans les griffes d'un être véritablement démoniaque, qui avait exercé pendant un certain temps un contrôle total sur moi, et qui avait tenté de m'assassiner et de s'emparer de tout le travail de ma vie, ce qui était prouvé. J'avais adressé à Fagin des interrogatoires écrits et des demandes d'admission, auxquels il avait refusé de répondre, sans que le tribunal ne prenne de sanctions à son encontre. Il avait répondu, mais sans réponses directes. Pendant les trois années qu'a duré cette action, j'ai gardé pour le jury les révélations sur la véritable nature de cet être démoniaque, et j'ai retenu les preuves les plus choquantes de son comportement.

Le juge m'avait alors placé sous ordonnance de la Cour fédérale pour que je prenne une déposition et que je produise des documents. Bien que je n'aie pas encore eu le moindre soupçon de danger, le plan des avocats de Fagin avait commencé. Le premier coup fut une toute nouvelle demande de production de documents, qui exigeait que je produise "1. les originaux ou, si elles ne sont pas disponibles, les copies de toutes les déclarations de revenus fédérales et nationales déposées pour les années 1952 et jusqu'à 1985. 2. Tous les documents, écrits et dossiers de toute nature et de toute description qui se rapportent de quelque manière que ce soit aux revenus perçus, et à toute dépense y afférente, de 1952 à ce jour, en relation avec la publication du livre "Mullins and the Federal Reserve" (Mullins et la Réserve fédérale).

Les avocats de Fagin n'ont même pas pu obtenir le titre exact du livre, à savoir "*Mullins on the Federal Reserve*" (*Mullins sur la Réserve fédérale).*

J'ai immédiatement déposé une motion de censure — abus de procédure. Il ne faisait aucun doute que le juge verrait que la demande était impossible. J'avais déjà témoigné du fait que, pendant de nombreuses années, j'étais sans domicile fixe. Les agents du FBI m'ont renvoyé d'un emploi à l'autre. Je dormais sur le bord de la route, dans des bâtiments vides ou chez des amis. Je ne doutais pas que le juge rejetterait la demande de substitution. "Le plaignant, Eustace C. Mullins, comparaissant pour lui-même, demande à la Cour de censurer l'avocat de la défense pour avoir violé l'intégrité de cette Cour (un peu de sarcasme de ma part. ED), pour avoir ouvertement défié une ordonnance de la Cour et pour avoir abusé malicieusement de la procédure, de la manière suivante :

1. Le 2 juin 1986, l'avocat de la défense a déposé une demande de production de documents. Le plaignant a alors déposé une requête en ordonnance de protection, qui a été dûment débattue en audience publique le 16 septembre 1986. Le tribunal a rejeté la demande d'ordonnance de protection du demandeur, mais a reporté la demande de comptabilité du défendeur.

2. L'avocat de la défense a ensuite substitué une demande de production de documents différente de celle qui avait été présentée le 16 septembre 1986, et a signifié cette nouvelle demande au plaignant le 26 septembre 1986.

3. L'avocat de la défense a fait basculer la demande de production de documents en ordonnant au plaignant d'apporter au bureau de l'avocat de la défense, le 14 octobre 1986, toutes ses déclarations de revenus fédérales et nationales pour les années 1952 à 1985 inclus, ainsi que tous les comptes de dépenses du plaignant liés au livre qui fait l'objet de cette action pour les années 1952 à aujourd'hui. L'avocat de la défense n'a pas présenté cette demande à la Cour en réponse à la requête d'ordonnance de protection du plaignant. L'avocat de la défense n'avait aucune base légale pour cette demande illégale, car la date la plus ancienne mentionnée dans la plainte amendée du plaignant est le 15 octobre 1982, ce que l'avocat de la défense a apparemment interprété comme étant 1952 et a demandé des documents datant de 1952. En exigeant du plaignant une comptabilité des déclarations d'impôts et des dépenses liées à ce livre de 1952 à 1985, l'avocat de la défense a ouvertement, de manière flagrante et méprisante, défié la décision de cette Cour le 16 septembre 1986 et l'ordonnance de cette Cour selon laquelle “la décision est reportée sur la requête pour une comptabilité”.

4. La demande de l'avocat de la défense que le plaignant produise lesdits documents comptables pour les trente-quatre dernières années est un abus de procédure malveillant ayant un double objectif : Premièrement, inventer des conditions impossibles à remplir par le plaignant, car il est peu probable qu'un individu puisse produire des déclarations fiscales fédérales et nationales et des comptes de dépenses détaillés pour les trente-quatre dernières années, au cours desquelles le plaignant a dormi dans des bâtiments vides et sur le bord de la route, et ne peut retourner dans ces bâtiments vides pour y récupérer des comptes de dépenses détaillés, et l'avocat de la défense a déposé cette demande auprès de la Cour dans l'espoir que le plaignant abandonne cette procédure en raison de son incapacité à répondre à ces demandes. En plus de deux ans de procédure, l'avocat de la défense n'a pas été en mesure de répondre aux accusations documentées du demandeur contre le défendeur, qui continue d'éviter toute apparition physique devant le tribunal, restant reclus dans ses vastes propriétés comme un Howard Hughes des temps modernes, tout en ordonnant quotidiennement à ses mercenaires d'attaquer et de détruire quiconque ose s'opposer à ses opérations malveillantes ; et deuxièmement, l'avocat de la défense, avec lequel le plaignant est en litige depuis dix ans, et que le plaignant a poursuivi pour conduite inappropriée, désire les déclarations de revenus du plaignant afin d'impliquer le plaignant dans une seconde vendetta avec l'Internal Revenue Service, comme ledit avocat associé a réussi à le faire lorsque le plaignant a poursuivi le client dudit avocat associé pour des dommages, et ledit avocat associé s'est vanté, "Ne vous inquiétez pas pour Mullins maintenant ; Peu de temps après, le plaignant a été convoqué par l'IRS pour un audit, à la suite duquel le plaignant a été contraint d'intenter une action en justice contre l'IRS, le litige se poursuivant pendant de nombreux mois, et a été rejeté sans procès avec jury, contre la volonté du plaignant.

5. L'abus malveillant de la procédure vise uniquement à forcer le plaignant à abandonner cette action contre lesdits défendeurs, comme le montre le *Washington Post* du 19 mai 1980, "Discovery Cases Abuse Due Process" : le juge de district américain John F. Grady a déclaré le 17 avril 1980 qu'une grande partie de la procédure de découverte dans l'affaire ATT n'était pas pertinente et n'avait pas d'importance. Le juge de district Harold H. Green a déclaré que la procédure de communication des pièces était devenue un "procès par combat", dans lequel le plaideur le plus capable de se permettre les dépenses nécessaires ou le plus disposé à dépenser des fonds finira par l'emporter en engageant un cabinet d'avocats disposé à s'engager dans des séries interminables et inutiles de manœuvres de communication des pièces Il faut mettre un terme aux communications des pièces inutiles si l'on veut que justice soit faite. Le Post a commenté : "L'abus de la communication préalable encombre les tribunaux et gonfle inutilement les honoraires d'avocat". 17 CJS 10. "L'abus des procédures judiciaires est un outrage", in re Toepel, 102 N. W. 369, 139 Mich. 85.

Par conséquent, le plaignant demande respectueusement à la Cour de censurer l'avocat de la défense pour les violations détaillées ci-dessus et d'accorder au plaignant un jugement sommaire complet contre les défendeurs en raison de ces abus de procédure".

Je n'ai jamais douté que le juge ordonnerait au défendeur de retirer la demande de production de documents, jugée excessive et irréelle. J'ai été stupéfait lorsqu'il a maintenu la demande de production de trente-quatre années de formulaires d'impôt sur le revenu fédéral et d'État. Pendant la plupart de ces années, l'État n'avait même pas d'impôt sur le revenu !

Le jour dit, j'ai transporté avec un ami deux énormes cartons de documents jusqu'au bureau de l'avocat-conseil. J'ai obtenu un reçu de leur part pour la livraison de 10 000 documents. À ce jour, il n'existe aucune trace d'un quelconque retour de ces documents. Dans ces cartons se trouvaient une partie, mais évidemment pas la totalité, des déclarations fiscales et des justificatifs de dépenses que la Cour fédérale m'avait ordonné de produire. Le dispositif, avec une coopération au plus haut niveau, était désormais en place. J'ai ensuite comparu pour la déposition. Je m'attendais à un interrogatoire d'une demi-heure à une heure. Au lieu de cela, j'ai été soumis à un assaut impitoyable de quelque neuf heures de l'interrogatoire le plus intensif que j'aie jamais subi. Je me remettais d'une nouvelle crise de calculs rénaux et j'avais déclaré dans ma plaidoirie que j'avais développé une hypertension et des problèmes cardiaques à cause des persécutions de Fagin. L'avocat, un homme vigoureux d'une trentaine d'années, s'attendait à ce que je m'effondre et que je meure peut-être du stress d'un troisième degré aussi prolongé. Après quelques heures, il a commencé à me soumettre à des questions pointues sur ma vie sexuelle, dans l'espoir de découvrir quelque chose de préjudiciable à propos d'une relation avec une amie mariée. Elle était présente à la déposition et m'avait fidèlement soutenu tout au long de la procédure. Je m'y suis opposée, mais il a insisté plus que jamais en m'interrogeant sur ma vie sexuelle au cours des trente dernières années. J'avais prévu de porter plainte contre lui pour cette série de questions, mais lorsque j'ai payé une somme énorme pour la transcription, toutes ces questions avaient été soigneusement supprimées, de même que mes réponses.

Peu de profanes savent que les dépositions supposées sacro-saintes, qui sont faites sous serment, sont souvent éditées par les avocats avant d'être dactylographiées dans leur forme finale. Il y a de nombreuses suppressions et altérations, toutes illégales, et toutes faites avec la pleine coopération du sténographe judiciaire, qui dépend des avocats pour tous ses revenus. Il ne s'agit que d'un développement supplémentaire dans la corruption totale du processus juridique.

Lors des dépositions précédentes, les avocats m'avaient généralement trouvé inébranlable et avaient abandonné au bout d'une demi-heure environ. J'avais eu une déposition tout aussi intensive quelques années auparavant, lorsque j'avais intenté un procès d'un million de dollars au *Washington Post* pour diffamation criminelle. Leur chroniqueur, George Sokolsky, m'avait cloué au pilori en me qualifiant de "subversif". Sokolsky est mort d'une crise cardiaque peu de temps après que j'ai porté plainte contre lui. Le Post est resté défendeur. Leurs avocats, Covington et Buding, qui employaient le frère d'Alger Hiss, Donald, et une foule d'autres piliers de l'establishment libéral de Washington, étaient les avocats du Post, l'une des propriétés des banquiers internationaux, Famille Meyer, qui avaient acheté le journal avec le produit de l'impression et de la vente de Liberty Bonds en double exemplaire pendant la Première Guerre mondiale, par l'intermédiaire de la War Finance Corporation. Lors de cette déposition, j'avais un avocat, qui est resté assis et n'a rien dit pendant que les avocats du Post me menaçaient et me harcelaient sans pitié pendant plusieurs jours. Votre avocat est censé faire objection lorsque l'interrogatoire devient un harcèlement évident, mais cet idiot a refusé de faire quoi que ce soit pour m'aider. Je l'ai licencié le lendemain.

Au fur et à mesure que l'après-midi avance, l'avocat de Fagin commence à s'émousser. Il devient de plus en plus rouge et s'excuse à plusieurs reprises pour sortir dans le hall. Il était évident qu'il était sous l'effet d'une sorte de drogue, car il revenait plus frais et plus vigoureux. Cependant, cela ne durait qu'une demi-heure environ, et il devait sortir à nouveau. Je me suis assis sur ma chaise inconfortable, totalement à l'aise, en m'assurant que mes réponses contenaient autant d'informations nuisibles que possible sur l'incroyable malveillance du démoniaque Fagin, qui n'était bien sûr pas présent. Le fait que ces éléments soient versés au dossier a exaspéré son avocat, qui s'est mis à crier et à hurler après moi. Alors que le soleil descendait à l'horizon, il s'est soudainement effondré et a interrompu la déposition. Alors que nous quittions le bâtiment, il s'est approché de moi et, avec beaucoup de respect, car il avait été battu à son propre jeu, il m'a dit : "Je pense qu'il est temps que nous nous rencontrions et que nous réglions cette affaire, n'est-ce pas ? J'ai accepté et nous avons fixé une date pour la semaine suivante. Je jubilais, car je m'attendais à un règlement raisonnable. Je demandais cinquante millions de dollars, et un dixième de cette somme était maintenant une bonne perspective.

Lorsque je suis arrivé au bureau de l'avocat, j'ai remarqué qu'il semblait calme, et non pas abattu, comme je m'y attendais. Nous nous sommes assis et il m'a tout de suite dit : "Vous n'avez pas produit les déclarations fiscales ni les notes de frais, n'est-ce pas ?". J'ai répondu : "Non." Il m'a dit : "Vous savez que vous êtes sous le coup d'une décision de la Cour fédérale." J'ai répondu : "Vous savez, et je sais, et le juge sait que je n'ai pas ces documents depuis trente-quatre ans." Il m'a dit : "Dans ce cas, nous devons demander des sanctions au juge. Cela signifie que vous serez placé en détention provisoire jusqu'à ce que vous vous conformiez à l'ordonnance."

J'ai compris pourquoi le juge avait refusé de faire droit à ma requête pour abus de procédure et avait maintenu la demande de production de trente-quatre années de dossiers. Les associés de Fagin étaient désespérés, après que je les ai fait comparaître en tant que co-accusés, et leur seule chance était de me faire enfermer dans une boîte. Je devais maintenant être emprisonné pour une durée indéterminée. Comme je ne pouvais pas produire les dossiers, j'allais être emprisonné à vie. L'avocat a alors proposé une alternative. "J'ai dit l'autre jour que nous devrions régler cette affaire", a-t-il déclaré. "J'ai préparé cette renonciation.

L'acte de renonciation stipulait que je renonçais à toute réclamation contre Fagin, que je l'autorisais à conserver les 16 000 dollars qu'il avait illégalement mis en banque grâce à la vente de mon livre et que je lui remettais la totalité des 23 500 dollars que j'avais mis en banque sans en toucher un seul centime. Il confisquait toutes les recettes de mon livre.

J'ai compris qu'il s'agissait d'une extorsion et d'un chantage obtenus sous la contrainte. J'ai signé le quit claim. Ce même juge avait déjà rejeté avec préjudice deux actions que j'avais intentées devant lui ; je savais qu'il accepterait, et avait probablement déjà accepté, ex parte, d'exécuter la peine d'emprisonnement à durée indéterminée jusqu'à ce que je produise les dossiers inexistants. Je pensais que j'avais désormais suffisamment de preuves pour que l'ensemble de l'équipage soit poursuivi en vertu des lois pénales. Cependant, après avoir quitté le bureau, j'ai reconsidéré ma décision et j'ai décidé de ne pas donner le chèque à l'avocat. Je me suis rendu à Charlottesville pour consulter les lois pertinentes à la bibliothèque de droit et je suis rentré chez moi tard dans la soirée. Après m'être assis, ma porte d'entrée s'est soudainement ouverte (j'avais négligé de la fermer à clé) et l'avocat de Fagin est entré en trombe. Il était rouge, essoufflé et extrêmement désemparé. Il semblait évident qu'il allait m'attaquer, et mon arme était à l'étage. Il se tenait entre moi et l'escalier.

"Qu'est-ce que tu veux ? demandai-je.

"Il s'est exclamé : "Vous devez me donner le chèque, tout de suite ! Nous n'étions que tous les deux dans la pièce, mais je me doutais que des U.S. Marshals attendaient à l'extérieur pour m'emmener en prison. J'ai décidé que le chèque serait la dernière preuve dont j'aurais besoin pour engager des poursuites pénales, et je l'ai rédigé. Il a insisté pour qu'il soit libellé à l'ordre de son entreprise, et non de Fagin. Il s'agissait là encore d'une preuve que je voulais. Je lui ai fait le chèque.

J'ai ensuite écrit à deux procureurs des États-Unis dans les États où nous avions opéré, ainsi qu'au ministère de la Justice, comme suit :

> "Les lois régissant la complicité de crime m'obligent, en tant que citoyen des États-Unis, à vous signaler les délits suivants : conspiration interétatique pour frauder et blesser ; violations de l'usage 17 ; violations de l'usage 18245, coercition illégale, chantage et extorsion. (documents joints) indiquant l'existence d'une organisation influencée par le racket et la corruption".

J'ai inclus des documents, y compris les assurances des avocats de Fagin qu'ils obtiendraient les droits sur tous mes livres et articles publiés, le reçu des avocats pour 10 000 documents, le chèque et son endossement par les avocats de Fagin, ainsi qu'un certain nombre d'autres documents provenant du dossier de l'affaire.

Je n'ai pas tenu compte de l'influence politique considérable de Fagin. Comme la plupart des hommes très riches, il faisait régulièrement des dons à des fonctionnaires de premier plan pour financer leurs campagnes électorales. Un procureur américain a répondu à ma lettre : "Vous avez réglé votre affaire, nous ne pouvons rien faire". La plainte déposée pour extorsion, chantage et contrainte indue a été ignorée. J'avais vu le système juridique américain en action.

CHAPITRE 12

LIBERTÉ D'EXPRESSION, QUELQU'UN ?

J'étais particulièrement bien placé pour fonder le Conseil américain des organisations de défense de la liberté d'expression, car j'étais non seulement la seule personne à avoir été renvoyée du personnel de la Bibliothèque du Congrès pour des raisons politiques, mais aussi le seul écrivain dont un livre avait été brûlé en Europe depuis 1945. L'annonce que mon histoire de la Réserve fédérale allait paraître dans une édition allemande a été accueillie avec horreur par le haut-commissaire américain James B. Conant. J'ai maintes fois rappelé que James B. Conant était le criminel de guerre le plus notoire de la Seconde Guerre mondiale, un titre que personne n'a cherché à lui arracher. En tant que chimiste, il a mis au point, à la demande de Winston Churchill, une bombe à l'anthrax qui aurait tué tous les êtres humains et tous les animaux d'Allemagne. La guerre s'est terminée avant que la bombe (que Conant a réussi à mettre au point) ne puisse être utilisée. Il retourne ensuite à Washington, où il conseille au président Truman de larguer la bombe atomique sur les femmes et les enfants japonais. Après la guerre, il est devenu l'impitoyable Gauleiter du peuple allemand conquis. J'ai déposé une objection légale à son acte déraisonnable de brûlage de livres en déposant la plainte suivante :

DEVANT LA COUR D'APPEL DES ÉTATS-UNIS

EUSTACE C. MULLINS,

Demandeur V.)

LES ÉTATS-UNIS,

Défendeur

Non.

<u>DEMANDE DE DOMMAGES ET INTÉRÊTS</u>

Le demandeur, Eustace C. Mullins, demande réparation à la défenderesse pour les actes suivants commis par la défenderesse :

1. Le ou vers le 10 juillet 1955, la défenderesse, agissant par l'intermédiaire de ses agents dûment désignés et de ses filiales, a fait confisquer et ordonné la saisie et la destruction de la propriété de la défenderesse, l'intégralité de l'édition allemande d'un livre intitulé "DER BANKIER VERSCHWORUNG VON JEKYL ISLAND", écrit par Eustace C. Mullins, le plaignant. Seul cas enregistré de livre brûlé en Europe depuis 1945, l'acte du défendeur a été qualifié de "l'un des actes les plus barbares du vingtième siècle". Cette saisie et cette destruction ont été dûment rapportées par l'agence de presse Reuters, le *Washington Post* et d'autres agences de presse internationales.

2. Du 10 juillet 1955 à ce jour, le défendeur a continuellement, consécutivement et concurremment agi pour couvrir le crime d'incendie ou de destruction des livres du plaignant, et a continuellement conspiré pour entraver la justice en refusant au plaignant toute compensation pour l'acte d'incendie des livres du plaignant, et a conspiré pour nier que l'incendie des livres a eu lieu, cette conspiration ayant été en vigueur du 10 juillet 1955 à ce jour.

3. L'acte du défendeur consistant à brûler les livres du plaignant a eu lieu dans le cadre de l'occupation militaire par le défendeur d'une nation vaincue, l'Allemagne de l'Ouest, et constitue un CRIME DE GUERRE tel que défini par les procès de Nuremberg, auxquels le défendeur a participé et qu'il a signés.

4. Ledit ordre de brûler les livres du plaignant émane du bureau de James Bryant Conant, en sa qualité de haut-commissaire des États-Unis en Allemagne de l'Ouest, et ledit ordre donné par l'agent principal du défendeur à des fonctionnaires d'une nation vaincue et occupée constitue un CRIME DE GUERRE.

5. Le défendeur, par l'intermédiaire de ses agents dûment désignés et de ses filiales, a en outre fait en sorte que ledit livre soit continuellement interdit en Allemagne de l'Ouest du 10 juillet 1955 à novembre 1980, causant ainsi la mort de l'éditeur, Guido Roeder, Widar Verlag, à Oberammergau, en Allemagne, en raison du choc, du harcèlement et de l'appauvrissement qu'il a subis. Le livre du plaignant a été publié à Oberammergau, où se déroule le spectacle de la Passion de Jésus-Christ, comme un acte de piété chrétienne.

6. Ledit agent de la défenderesse, James Bryant Conant, a agi et saisi le livre du plaignant pour des motifs cachés, en sa qualité d'agent communiste de deuxième rang aux États-Unis, afin de prévenir toute résurgence du sentiment anticommuniste en Allemagne, parce que le livre du plaignant exposait les origines financières de la montée au pouvoir des communistes.

7. Ledit agent du défendeur a agi illégalement parce que le livre du demandeur a été largement diffusé aux États-Unis pendant trois ans, en deux éditions, sans qu'aucune action en justice n'ait été intentée par un fonctionnaire américain, et qu'il a été publiquement loué par de grands Américains tels que le membre du Congrès Wright Patman du House Banking and Currency Committee (lettre du 23 novembre 1953).

8. En novembre 1980, Roland Bohlinger, Wobbenbull Husum, Allemagne de l'Ouest, a défié l'interdiction illégale instituée par le défendeur et a publié et diffusé le livre du demandeur en Allemagne de l'Ouest, avec l'approbation du gouvernement actuel de l'Allemagne de l'Ouest, uniquement parce que le défendeur, ses agents et ses filiales n'ont plus le pouvoir d'exiger l'obéissance des fonctionnaires de l'Allemagne de l'Ouest ou de brûler les livres du demandeur en Allemagne de l'Ouest. Cette séquence d'événements prouve la culpabilité exclusive du défendeur dans la saisie et l'incendie des livres du demandeur en Allemagne de l'Ouest le ou vers le 10 juillet 1955, et dans la conspiration subséquente visant à nuire au demandeur par le maintien de l'interdiction jusqu'en novembre 1980, et la conspiration visant à faire obstruction à la justice en couvrant ce crime, et le défendeur est seul responsable de tous les dommages résultant de cet acte.

Par conséquent, le plaignant demande des dommages-intérêts au défendeur pour les pertes subies sur les ventes de ce livre en Allemagne de l'Ouest entre 1955 et 1980, soit des droits d'auteur privés de six millions de dollars (6 000 000,00 $), plus six millions de dollars supplémentaires (6 000 000,00 $) que le plaignant aurait gagnés sur la vente de ses autres livres et articles sur le marché en Allemagne de l'Ouest et en Europe qui aurait été créé par la circulation du livre détruit, plus des dommages-intérêts punitifs d'un montant à déterminer par la Cour.

Dans d'autres actes de procédure, j'ai fait référence à cette action comme suit :

Nature de l'affaire

"La requête du plaignant est la plus ancienne et la plus historique des affaires de droits civils actuellement en cours. Le plaignant s'est adressé à la U.S. Court of Claims parce qu'il s'est toujours vu refuser une audience dans cette affaire et une réparation juridique. Le plaignant n'a pas épuisé les voies de recours, mais s'est vu refuser des voies de recours.

Le ministère de la Justice a refusé à plusieurs reprises et illégalement d'agir sur les plaintes du plaignant concernant les violations de ses droits civils, comme le prouve la copie ci-jointe de la lettre de Jerris Leonard, Asst Atty Gen, Civil Rights Division, datée du 5 mars 1970, qui conclut,

> "Si vous pensez que vos droits ont été violés, vous pouvez faire appel à un avocat privé pour déterminer les recours dont vous disposez, le cas échéant.

Cette affaire a été classée sans audition.

J'avais également cherché en vain à réintégrer le personnel de la Bibliothèque du Congrès depuis mon licenciement en 1952. J'avais été licencié par Luther Evans, un ivrogne pathétique, parce que j'avais utilisé le papier à en-tête "Ligue aryenne d'Amérique" et que j'avais été le correspondant américain de "The Social Creditor", un petit journal anglais. L'American Library Association s'était insurgée contre le spectacle de nombreuses pièces de théâtre, films et productions télévisées montrant de courageuses Bette Davis luttant contre les préjugés dans le rôle de bibliothécaires d'une petite ville de gauche. Le conseil de l'ALA a annoncé qu'il avait formé deux nouveaux comités pour faire face au danger clair et présent. "L'Office de la liberté intellectuelle (OIF) et le Comité de la liberté intellectuelle (IFC) annonceront qu'ils sont prêts, désireux et capables de prendre des mesures en cas de plaintes pour violation de la Charte des droits de la bibliothèque, qu'elles émanent de membres de l'ALA, directement par l'intermédiaire des comités nationaux de la liberté intellectuelle, ou de toute autre personne.

Malheureusement pour l'ALA, l'OIF et l'IFC, j'étais la seule personne à avoir été licenciée d'une bibliothèque pour des raisons politiques, et j'étais un anticommuniste notoire ! Ils se sont précipités vers la sortie chaque fois que je les ai contactés, et n'ont pas cessé de fuir depuis. Comme je l'ai écrit à la redoutable directrice de l'American Library Association OIF, Judith Krug,

Judith F. Krug,

Office for Intellectual Freedom American Library Association 50 E Huron St Chicago III

Chère Madame Krug ;

Je vous remercie pour votre lettre du 8 janvier 1970, qui contient une déclaration selon laquelle je n'ai pas épuisé les recours administratifs disponibles. Après avoir reçu la lettre de M. Mason, j'ai demandé à être entendu par le bibliothécaire du Congrès, le Dr Luther Evans, ce qui m'a été accordé. Le Dr Evans a déclaré qu'il n'avait pas d'autre choix que de me licencier. J'ai ainsi épuisé les recours administratifs disponibles. La semaine suivante, le Dr Evans a prononcé un discours devant l'American Library Association, défendant le principe de la liberté d'expression et faisant preuve d'une remarquable agilité morale après son action dans mon cas. Je ne sais pas comment vous avez obtenu l'information selon laquelle je n'ai pas épuisé les recours administratifs.

Quant au fait d'être un employé en période d'essai, j'entends cela depuis dix-sept ans, mais personne ne m'a jamais expliqué pourquoi un employé en période d'essai peut se voir refuser ses droits civils, car je ne connais aucun autre employé en période d'essai à qui ces droits ont été refusés. Un employé stagiaire est un employé qui est autorisé à travailler pendant un certain temps, le temps que ses qualifications soient évaluées afin de prendre une décision quant à son aptitude à occuper le poste. Mes compétences et ma moralité, ainsi que mes relations avec les clients et les autres employés, n'ont jamais été remises en question. L'exercice du fascisme totalitaire dans ce cas par le Dr Evans et M. Mason est un outrage auquel il sera remédié, même si, d'après votre réponse, je commence à me demander si l'Office de la liberté intellectuelle s'intéresse sérieusement à cette affaire. Evans et M. Mason, qui ont pris la décision personnelle de me priver de mes droits civiques et qui, ce faisant, ont violé la section 241 du titre 18 du code des États-Unis, ce qui constitue une infraction pénale.

Je vous prie d'agréer, Monsieur le Président, l'expression de mes sentiments distingués,

Eustache Mullins

Au cours de ma campagne de trente ans pour la réintégration à la Bibliothèque du Congrès, j'ai écrit au successeur de Luther Evans, L. Quincy Mumford, L. Quincy Mumford, Librarian of Congress, Washington, D.C.

Cher Monsieur Mumford ;

7-31-69

Votre lettre du 16 juillet 1969 au sénateur William B. Spong Jr. évite soigneusement de discuter des faits de l'affaire de mon renvoi du personnel de la Bibliothèque du Congrès. Vous ne mentionnez pas qu'aucune expression publique de préjugés n'a été faite à un membre du personnel ou à un client de la Bibliothèque du Congrès, ou que lesdits "préjugés" ne m'ont pas empêché de remplir mes fonctions et d'entretenir des relations de travail satisfaisantes au sein d'un groupe racialement intégré pendant les six mois qui ont précédé mon licenciement.

Vous ne mentionnez pas non plus que la plainte, provenant de l'extérieur de la Bibliothèque par des personnes qui ne m'avaient jamais vu ni parlé, a été rédigée par J. Epstein, un membre actif du Parti communiste qui travaillait alors pour le sénateur Herbert Lehman, D.N.Y., et envoyée à la Bibliothèque avec la signature du sénateur Lehman. Ces personnes ne se sont pas présentées en personne pour déposer une plainte.

N'est-il pas vrai qu'aucun membre du parti communiste n'a jamais été renvoyé du personnel de la bibliothèque du Congrès ?

N'est-il pas vrai que si j'avais exprimé des opinions pro-communistes, au lieu des opinions anti-communistes contenues dans l'article en question, je n'aurais fait l'objet d'aucune mesure disciplinaire ?

Votre lettre au sénateur Spong témoigne d'une totale amoralité et d'un mépris total de mes droits en tant que citoyen américain et en tant qu'être humain. Bien que la grande majorité des employés fédéraux soient des citoyens américains loyaux, décents et travailleurs, il est regrettable que les chefs de département soient toujours issus de la sinistre cabale organisée dans les années 1930 par Harry Dexter White et Lauchlin Currie, et que les employés qui ne sont pas d'accord avec leurs allégeances amorales et étrangères soient licenciés, de la même manière impitoyable que j'ai été licencié de la Bibliothèque du Congrès.

J'ai été informé que les personnes qui commandent l'un de mes huit titres dans les rayons de la bibliothèque se voient invariablement renvoyer les bordereaux avec la mention "Pas sur l'étagère". Ne s'agit-il pas là d'une pratique acceptée de brûlage de livres ? L'étape suivante consistera probablement à me refuser l'accès aux installations de la bibliothèque, que j'utilise fréquemment pour effectuer des recherches pour mes livres sur des thèmes chrétiens.

Je cherche la justice, non seulement pour moi, mais aussi pour la grande majorité des citoyens américains privés de leurs droits.

Je vous prie d'agréer, Monsieur le Président, l'expression de mes sentiments distingués,

Eustache Mullins

J'ai ensuite intenté une action contre Mumford, comme suit :

"Le défendeur a délibérément, malicieusement et capricieusement refusé de réintégrer le plaignant en tant que membre du personnel de la Bibliothèque du Congrès en raison d'une pique personnelle et de préjugés, même après avoir été informé des allégations déformées et fausses avancées dans la lettre de licenciement du plaignant, et lesdites allégations ont été initiées par des agents du Federal Bureau of Investigation en violation ouverte et flagrante des droits civils du plaignant".

Le communiqué de presse suivant, envoyé à tous les grands médias, n'a jamais été publié.

SCANDALE DES DROITS CIVIQUES

Un scandale historique en matière de droits civils a fait surface ici avec le dépôt d'une plainte demandant deux millions et demi de dollars de dommages et intérêts.

E. Mullins, 51 ans, a intenté un procès à L. Quincy Mumford, bibliothécaire du Congrès, au motif que Mumford, en refusant de réintégrer Mullins dans le personnel de la bibliothèque du Congrès, a fait preuve de "pitié, de préjugés et de violation de ses droits civils".

Seule personne à avoir été licenciée de la Bibliothèque pour des raisons politiques, Mullins a reçu une lettre de licenciement indiquant qu'il avait utilisé un papier à en-tête appelé The Aryan League of America et qu'il avait écrit un article sur l'aide étrangère pour The Social Creditor of England, une revue monétaire aujourd'hui disparue qui avait un tirage de huit cents exemplaires et qui n'était pas diffusée aux États-Unis.

Mullins avait déjà reçu deux promotions en six mois au sein de l'équipe de la bibliothèque et avait été personnellement engagé par le bibliothécaire, qui l'avait entendu lire ses poèmes.

Depuis son licenciement, Mullins a demandé à plusieurs reprises sa réintégration, mais Mumford a ignoré ces demandes, estimant qu'en tant qu'employé "à l'essai", Mullins n'avait pas de droits civils.

"Cette confrontation juridique est d'une importance vitale pour chaque employé fédéral", déclare Mullins. "Les tribunaux doivent décider si le bureaucrate est responsable devant la loi.

La juge June L. Green, connue pour ses décisions capricieuses, a rejeté mon action avec préjudice le 14 janvier 1975.

CHAPITRE 13

LA FISCALITÉ DÉSESPÉRANTE

Pendant la majeure partie de ma vie d'adulte, les années consacrées à la recherche et à l'étude, je n'ai eu aucun contact avec l'Internal Revenue Service, car je n'avais rien à déclarer. J'ai goûté pour la première fois aux récompenses financières d'une carrière d'écrivain lorsque j'ai reçu une avance de 1500 dollars pour ma biographie du poète Ezra Pound, en 1961. En échange du gîte et du couvert, j'enseignais dans une petite école chrétienne dans les montagnes, lorsque j'ai reçu une convocation pour me rendre en ville. J'ai été convoqué dans un bureau du fisc, où les agents m'ont demandé avec indignation pourquoi je n'avais pas payé 500 dollars de cette somme au titre de l'impôt sur le revenu. J'ai contacté mon frère, qui était un excellent conseiller fiscal. Il m'a informé qu'il me suffisait de remplir une déclaration révisée, prouvant que j'avais dépensé plus de 1500 dollars pour la recherche du livre. C'est ce que j'ai fait et le fisc s'est montré satisfait.

Une quinzaine d'années se sont écoulées avant que je n'entende à nouveau parler d'eux. J'avais été impliqué dans plusieurs procès, au cours desquels j'avais été contraint de porter plainte contre un avocat de la défense. Il avait persisté à répéter au juge des mensonges scandaleux et malveillants sur mes plaidoiries, afin de justifier le rejet à cent pour cent de toutes mes requêtes par le juge. J'ai intenté une action en justice en vertu des statuts, qui prévoient une réparation juridique lorsqu'un avocat fait de fausses déclarations. Cela a non seulement provoqué la consternation (apparemment, personne n'avait jamais poursuivi un avocat dans ma ville auparavant), mais a également permis de doubler son assurance contre la faute professionnelle. Il semblait désireux de me convaincre que mon effronterie n'était pas passée inaperçue et, un matin, alors que je passais devant son bureau, il se dirigea péniblement vers la porte. "M. Mullins", dit-il. "Oh, bonjour", lui répondis-je, sans hésiter. Pour ceux qui persistent à affirmer que Dieu n'existe pas, cet avocat, au moment même où il proférait des mensonges vicieux à mon encontre, a été frappé, et son visage a commencé à se décomposer sous l'effet d'une excroissance maligne qui se propageait rapidement. Je n'avais guère envie de m'approcher de cette apparition, tête de Méduse, rappelant à tous que l'on ne se moque pas de Dieu, lorsqu'il me dit : "Une minute". J'ai demandé.

> "Vous pouvez penser que vous obtenez quelque chose en intentant ces actions en justice", a-t-il déclaré, "mais vous ne serez plus un problème très longtemps".
>
> "Comment cela se fait-il ? ai-je demandé.
>
> "Le fisc s'occupera de vous", m'a-t-il dit. "Je lui ai répondu que je n'avais aucun problème avec le fisc.
>
> "C'est le cas maintenant", dit-il. Il essaya de sourire, mais ses traits décomposés se déformèrent en un rictus qui aurait fait honneur à un cadavre.

Le lendemain, j'ai reçu une convocation du fisc pour un contrôle. Je me suis présenté au bureau avec un magnétophone, que je ne savais pas comment mettre en marche, et deux amis truculents. Après une brève rencontre, nous avons quitté le bureau. J'avais déjà intenté une action en dommages et intérêts contre l'agent du fisc, demandant 300 000 dollars pour terrorisme. Le gouvernement a rapidement renvoyé ma plainte devant le tribunal fédéral. J'ai alors déposé une demande de renvoi devant le tribunal de l'État.

DEMANDE DE RENVOI DEVANT LA COUR D'ETAT

Le plaignant, en tant qu'avocat pro Se dans cette action, demande à la Cour de renvoyer cette action devant le tribunal de l'État pour les raisons suivantes :

1. Le plaignant a déposé cette demande de jugement à l'encontre d'un particulier devant un tribunal d'État.

2. Le plaignant a déposé une requête d'opposition à la demande de renvoi du défendeur devant le tribunal fédéral.

3. Le défendeur a admis, dans une requête en jugement sommaire datée du 10 mars 1980, que la juridiction fédérale n'était pas compétente pour connaître de l'objet de la présente action.

4. Le demandeur nie que le tribunal de district des États-Unis soit compétent en vertu de l'article 1346 (a) du titre 28 du code des États-Unis. Le demandeur nie qu'il s'agisse d'une plainte contre les États-Unis.

5. Le demandeur nie que le défendeur ait "agi dans le cadre de sa fonction ou de son emploi". N.C.St Hwy Comsn v. U.S. D.C. N.C. 1968 288 F. supp. 757, confirmé par 406 F 2d 1330.

6. Le demandeur nie que les États-Unis d'Amérique puissent être substitués en tant que défendeur à la place de C. L. Wright Jr. en vertu du titre 28 du code des États-Unis, section 2679 (d), et le demandeur cite le titre 28 du code des États-Unis, section 2680. "Exceptions. (c) Toute réclamation découlant de l'évaluation ou de la collecte de toute taxe ou droit de douane ou de la détention de tout bien ou marchandise par tout agent des douanes ou des accises ou tout autre agent chargé de l'application de la loi. (h) Toute réclamation découlant de coups et blessures, de séquestration, de fausse arrestation, de poursuites malveillantes, d'abus de procédure, de diffamation, de fausse déclaration, de tromperie ou d'ingérence dans les droits contractuels. (1). Toute demande de dommages-intérêts causés par les opérations fiscales du Trésor ou par la réglementation du système monétaire".

7. Le plaignant cite le titre 28, section 1446-2, du code des États-Unis. "Construction. Les motifs et la procédure de renvoi seront interprétés de manière stricte dans le but de préserver la compétence et la courtoisie des tribunaux étatiques et fédéraux. Wood v. DeWeese D.C. Ky 1969 305 F Supp. 939. Cette section doit être interprétée strictement en faveur de la compétence des tribunaux d'État. Vilas v. Sharp D.C. Mo. 1965 248 F.Supp. 1019. Higson c. North River Ins Co. C.C.N.C. 191I 184 F.165. Daugherty c. West Un Tel Co C.C. Ind 1894 6. F. 138. Proteus Fds & Industries Inc c. Nippon Reizu Kabushiki Kaisha D.C.N.Y. 1967 279 F Supp 836 Ziegler. V. Hunt D.C.La. 194I 38 F Supp 68 Soldifar v. Heiland Res Corp D.C.Tex. 1940 32 F. Supp 248".

8. Le plaignant cite en outre le titre 28 du code des États-Unis, section 2680, note 67. "La question de savoir si un fonctionnaire est immunisé contre les poursuites en responsabilité civile dépend de la question de savoir si le défendeur exerçait une fonction discrétionnaire. Garner v. Rathbum D.C.Colo. 1964 232 F Supp 508. confirmé 346 F. 2d 55. Note 14. Abus de pouvoir discrétionnaire. L'abus de pouvoir discrétionnaire n'engage pas la responsabilité des États-Unis en vertu du présent chapitre et de la section 1346 (b) du présent titre. U.S. v. Morrell C.A. Utah 1964 331 F 2d 498 certiorari denied 85 S Ct 146 379 U.S. 879 13 L Ed. 2d 86.

9. Le demandeur nie que la présente procédure soit une action en responsabilité civile délictuelle intentée contre les États-Unis, telle que définie par le titre 28 du code des États-Unis, section 2671 et suivantes.

10. Le plaignant cite le titre 26 du code des États-Unis, section 7214 (a). "Actes illégaux des fonctionnaires ou agents du fisc. Tout fonctionnaire ou employé des États-Unis agissant dans le cadre d'une loi fiscale des États-Unis (1) qui se rend coupable d'extorsion ou d'oppression délibérée sous couvert de la loi. 4) qui conspire ou s'entend avec toute autre personne pour frauder les États-Unis sera démis de ses fonctions, condamné à une amende n'excédant pas dix mille dollars ou à une peine d'emprisonnement n'excédant pas cinq ans, ou les deux".

11. Dans "MY LIFE IN CHRIST", Faith and Service Books 1968, par Eustace Mullins, le plaignant a écrit, à la page 87, "Le secret de la puissance du Christ réside dans la nature du potentiel humain". L'action du défendeur, qui a choisi la déclaration de revenus du plaignant au niveau de la pauvreté pour lui accorder une "attention particulière", est due uniquement au travail chrétien du plaignant, à son travail en tant que responsable d'une organisation de contribuables, et à la rédaction par le plaignant de nombreux articles tels que "WITHHOLDING TAX IS ILLEGAL", Christian Vanguard, numéro 86, février 1979, et réimprimé à la demande générale dans le numéro de mars 1980 de Christian Vanguard, et par conséquent les actions préjudiciables du défendeur à l'encontre du plaignant étaient en dehors du cadre de sa fonction et de son emploi.

12. Le 24 février 1980, dans l'émission "60 Minutes", Paul Strassels, ancien fonctionnaire de l'Internal Revenue Service et autorité reconnue au niveau national sur les opérations de l'Internal Revenue Service, a déclaré que tout citoyen déclarant un revenu inférieur à 15 000 dollars avait peu de chances d'être contrôlé, et que tout citoyen déclarant un revenu inférieur à 10 000 dollars n'avait AUCUNE chance d'être contrôlé, mais le défendeur a contourné les procédures établies de l'Internal Revenue Service pour ordonner un contrôle du revenu du plaignant correspondant au seuil de pauvreté.

13. Le plaignant a demandé à être jugé par un jury dans le cadre de cette action, et le renvoi devant la juridiction de l'État préserverait le droit constitutionnel du plaignant à être jugé par un jury.

14. Le défendeur a agi au-delà de ses fonctions officielles en accordant une "attention particulière" au revenu de pauvreté du plaignant parce que ce dernier figure en deuxième position sur une liste de patriotes américains qui se sont publiquement opposés à la subversion du gouvernement légal des États-Unis par l'État d'Israël, et que cette liste a été établie par le Mossad, le service de renseignement israélien, et remise à l'Internal Revenue Service par lesdits saboteurs étrangers avec la demande que l'Internal Revenue Service prenne des mesures immédiates contre le plaignant et d'autres patriotes.

Par conséquent, le plaignant prie la Cour de renvoyer cette action devant le tribunal de l'État, telle qu'elle a été déposée à l'origine par le plaignant.

PROCÈS AVEC JURY EXIGÉ

J'ai ensuite déposé une demande pour obtenir mon dossier au fisc.

DEMANDE DE PRODUCTION DE DOCUMENTS ESSENTIELS

Le demandeur, Eustace C. Mullins, citoyen des États assemblés de la République des États-Unis d'Amérique, avec tous les droits et privilèges qui s'y rattachent, demande à la Cour d'ordonner au défendeur de produire pour le demandeur tous les documents pertinents de la division des renseignements de l'Internal Revenue Service concernant le demandeur de quelque manière que ce soit, afin que le demandeur puisse en prendre connaissance et les étudier en tant que partie essentielle de la poursuite du demandeur dans cette action.

En près de deux ans de procédure, l'IRS n'a jamais produit de documents. J'ai également adressé des questions écrites au commissaire de l'administration fiscale. Je n'ai jamais reçu de réponse à ces interrogatoires.

J'ai ensuite déposé une demande d'injonction pour empêcher le gouvernement d'envoyer le formulaire 1040 frauduleux par la poste.

DEMANDE D'INJONCTION POUR EMPÊCHER LE DÉFENDEUR D'UTILISER LE COURRIER POUR DES DOCUMENTS FRAUDULEUX

Le demandeur, Eustace C. Mullins, en tant qu'avocat pro se dans cette action, demande à la Cour d'émettre une injonction à l'encontre du défendeur pour refuser l'utilisation du courrier pour des documents frauduleux (formulaires 1040), pour les raisons suivantes :

1. Le formulaire 1040 qui est envoyé aux citoyens des États-Unis par l'Internal Revenue Service, Département du Trésor, est un document frauduleux parce qu'il s'agit d'une assignation légale, mais nulle part sur ce formulaire le destinataire n'est informé qu'il s'agit d'une assignation légale, créant ainsi un acte frauduleux en envoyant ledit document par la poste de manière incorrecte et illégale sans aucune identification quant à sa véritable nature, et il n'avertit pas non plus le destinataire des peines encourues en cas de désobéissance à ladite assignation : Code des États-Unis, titre 26-7210. Le fait de ne pas obéir à une convocation entraîne une amende maximale de 1 000 dollars et une peine d'emprisonnement maximale d'un an, ou les deux à la fois.

(a). Corpus Juris Secundum, v.83, p.795. Une convocation est définie comme "un appel à se présenter ou à agir, en un lieu ou à un moment donné". Le formulaire 1040 est une convocation à se présenter, ou à agir, à un endroit ou à un moment donné, et constitue une assignation légale.

(b). 1672 Rec. Proc. Justin. crt Edinb. (S.H.S.) II 77 Un messager exécutant un Summonds doit montrer sa marque de guerre.

(c). 1578 Lindsaye, (Pitscottie) Chron. Scot. (S.T.S.) 1.150 Than was send ane summondes of foirfaltour.

2. Le formulaire 1040 est un mandat légal, mais nulle part sur ce formulaire le destinataire n'est informé qu'il s'agit de la signification d'un mandat, et cela devient donc un acte frauduleux d'envoyer ce document par la poste de manière incorrecte et illégale sans identification de sa véritable nature. Le code des États-Unis 265557 autorise les agents du fisc à délivrer des mandats de perquisition, mais ces mandats doivent être correctement identifiés. Le code des États-Unis 26-7608 (b) autorise également les agents du fisc à exécuter et à signifier des mandats de perquisition, mais n'autorise pas la signification de ces mandats sans identification appropriée. Code des États-Unis 18-2234, autorité dépassée lors de l'exécution d'un mandat. "Quiconque, dans l'exécution d'un mandat de perquisition, outrepasse délibérément son autorité ou l'exerce avec une sévérité excessive, est passible d'une amende maximale de 1 000 dollars ou d'une peine d'emprisonnement maximale d'un an". Je 25 48, C645 62 Stat. 803. L'action du défendeur, qui a envoyé le mandat de perquisition 1040 par la poste sans les préliminaires appropriés, constitue une violation du code des États-Unis 182234, parce qu'elle dépasse l'autorité statutaire pour l'envoi d'un mandat de perquisition sans les préliminaires légaux appropriés. Code des États-Unis 18-2235. Mandat de perquisition obtenu par malveillance. Quiconque, par malveillance et sans motif valable, fait émettre et exécuter un mandat de perquisition est passible d'une amende maximale de 1 000 dollars ou d'une peine d'emprisonnement maximale d'un an. Code de Virginie 19.2-52. Quand un mandat de perquisition peut-il être délivré ? 19.2-55 L'émission d'un mandat de perquisition général sans affidavit est considérée comme une malversation. 19.2-59 La perquisition sans mandat est un délit. Le plaignant, citoyen de l'État souverain de Virginie, est protégé contre ces violations.

(a) Corpus Juris Secundum, sec. 932. "La garantie du quatrième amendement de la Constitution fédérale contre les perquisitions et les saisies déraisonnables inclut les perquisitions et les saisies effectuées dans le cadre des lois sur les revenus internes ou en rapport avec elles. Amos v. U.S. S.C.4I S.Ct.266, 255 U.S.313, 65 L.Ed. 654. U.S. v. Costner, C.C.A.Tenn. 157 F. 2d 23 U.S. v. Swan 1D.C.Cal. 15 F.2d 598 U.S. v. One Kemper Radio, D.C.Cal. I 8 F.Supp.304." Il ressort de ces décisions que le 16e amendement de la Constitution autorisant l'impôt sur le revenu ne confère pas au défendeur le pouvoir de violer d'autres dispositions de la Constitution.

(b) Corpus Juris Secundum, sec. 933. "Un affidavit sur lequel un mandat est délivré doit être conforme aux statuts et au quatrième amendement. Compte tenu des dispositions du quatrième amendement, la démonstration d'une cause probable est nécessaire pour justifier la délivrance d'un mandat.

(c) Corpus Juris Secundum, Sec. 934. "Une perquisition sans mandat contrevient au quatrième amendement.

3. Le formulaire 1040 est un contrat légal entre la première partie, le citoyen qui établit et signe le formulaire en tant que déclaration de dette et promesse de paiement, et la deuxième partie, le défendeur qui reçoit le paiement mais ne signe pas le contrat, et ledit contrat est donc invalide. O.E.D. Un contrat est défini comme "le fait de contracter des obligations mutuelles". L. *contractus,* un accord exécutoire par la loi, un accord qui effectue un transfert de propriété, une transmission".

a) 1588 A. King tr. Canisius Catech. 39. AU unlawful usurping of their mens geir be thift usurie, injust winning, decept, and other contractis". Le formulaire 1040 opère un transfert de propriété de la première partie à la seconde partie, même si la seconde partie ne remplit pas ses obligations ; il s'agit donc d'un document frauduleux qui ne peut être légalement envoyé par la poste.

4. Le formulaire 1040 du défendeur, qui réclame de l'argent en recourant tacitement et implicitement à la force, est légalement un billet d'extorsion et constitue une violation du code des États-Unis 18-875, 876, 872, 606, 607, 597 et 602. Étant donné que le formulaire 1040 tente d'extorquer de l'argent à des citoyens des États-Unis par la force afin de donner ou de payer un tribut à des potentats et à des princes étrangers avec cet argent, cette extorsion constitue une violation du chapitre 11, section 18-201, du code des États-Unis.

5. Le formulaire 1040 du défendeur contient une section pour le Fonds de campagne de l'élection présidentielle, "Voulez-vous que 1 $ aille à ce fonds ?" Cela constitue une violation du code des États-Unis 18 606. Intimidation en vue d'obtenir des contributions politiques, 607, versement de contributions politiques, 597, dépenses visant à influencer le vote, et 602, sollicitation de contributions politiques. Cela viole également le principe constitutionnel fondamental du secret du vote, un principe de base de notre République, car le citoyen qui refuse d'offrir 1 dollar à ce fonds indique publiquement sa préférence politique en tant que dissident politique qui ne soutient aucun des partis politiques financés et contrôlés par le gouvernement, et le citoyen devient ainsi sujet à un audit par l'Internal Revenue Service, puisque le plaignant a été sélectionné pour l'audit uniquement pour cette raison. Le formulaire 1040, qui viole le principe du secret du vote, ne peut donc pas être légalement envoyé par la poste.

l'appui de cette injonction, le demandeur cite le titre 26 du code des États-Unis, section 7426 (b) (1) et le titre 26, section 2613, note 28.

Par conséquent, il convient de faire droit à la demande d'injonction du plaignant.

Parmi les 38 requêtes déposées dans le cadre de ce procès, cinq requêtes en injonction visant à mettre un terme à la perception du revenu réel ont été déposées, dont l'une est décrite ci-dessous :

DEMANDE D'INJONCTION À L'ENCONTRE DU DEPARTMENT OF TREASURY/INTERNAL REVENUE SERVICE COMMISSIONER OF REVENUE D'INTERDIRE LA PERCEPTION FORCÉE DES SOMMES À VERSER À TITRE DE TRIBUT À DES PRINCES ÉTRANGERS

Le plaignant, en tant qu'avocat pro se dans cette action, demande à la Cour d'émettre une injonction contre le Département du Trésor/Internal Revenue Service Commissioner of Internal Revenue, pour mettre fin à la collecte d'argent par la force et/ou l'intimidation des citoyens des États assemblés de la République des États-Unis d'Amérique si une partie de cet argent est destinée à être payée comme tribut à des princes étrangers et à des potentats étrangers, pour la raison que le plaignant cite dans les paragraphes 5 et 13 de sa demande de jugement, la subversion de l'Internal Revenue Service par des étrangers et des collaborateurs et le harcèlement qui s'ensuit du plaignant et d'autres patriotes américains et organisations patriotiques qui se sont publiquement opposés à la subversion du gouvernement légal des États-Unis par lesdits collaborateurs qui sont en violation du chapitre 11 du Code des États-Unis, et que les activités citées des défendeurs sont en violation du chapitre 105 du Code des États-Unis, "Sabotage", et que les défendeurs peuvent être détenus en vertu de la loi sur la détention d'urgence de 1950, sections 811, 813 et 825, et que cette injonction restera en vigueur jusqu'à ce que les défendeurs ne soient plus en violation de ces sections du Code des États-Unis et que ces violations soient corrigées. À l'appui de cette injonction, le plaignant cite le titre 26 du code des États-Unis, section 7426 (b) (1). "Injonction. Si un prélèvement ou une vente porte irrémédiablement atteinte à des droits sur des biens que le tribunal considère comme supérieurs aux droits des États-Unis sur ces biens, le tribunal peut accorder une injonction pour interdire l'exécution d'un tel prélèvement ou pour interdire une telle vente".

Le plaignant cite en outre le titre 26 du code des États-Unis, section 2613, note 28. "Hormis cette requête permettant une injonction empêchant l'établissement d'une cotisation ou d'un prélèvement lorsque le contribuable n'a pas reçu de notification en bonne et due forme, les actions visant à empêcher l'établissement ou le recouvrement d'un impôt peuvent être intentées en dépit de la section 7421 de ce titre, qui interdit d'intenter une action visant à empêcher l'établissement ou le recouvrement d'un impôt".

Par conséquent, la demande d'injonction du plaignant devrait être acceptée. J'ai également déposé une demande de renvoi pour un procès avec jury :

DEMANDE DE RENVOI EN VUE D'UN PROCÈS AVEC JURY

Eustace Clarence Mullins, défendeur, en tant qu'avocat pro se, demande respectueusement à la Cour de renvoyer cette affaire pour qu'elle soit entendue par un jury, pour les raisons suivantes :

1. La déclaration des droits de la Virginie prévoit (8) "... jury de son vicinage"

2. L'acte anglais de 1309, qui restreint la juridiction de la chancellerie sans jury. 3 Ed II.

3. Un jury impartial, élément fondamental d'un procès équitable dans un tribunal équitable, est une exigence de base de la procédure constitutionnelle régulière. Durham v. Cox, 328 F. Supp. 1157 (W.D.Va. 1971).

4. Magna Carta (1215) Cap 35, "l'assignation appelée praecipe ne sera plus délivrée à l'avenir de manière à ce qu'un homme libre perde son tribunal".

5. Magna Carta (1215) Cap 39. "Aucun homme libre ne sera pris, emprisonné, malade, proscrit, exilé ou détruit de quelque manière que ce soit ; nous n'irons pas sur lui et nous ne l'enverrons pas sur lui, à moins que ce ne soit par un jugement légal de ses pairs ou par la loi du pays.

6. "THE LAW OF THE FEDERAL AND STATE CONSTITUTIONS OF THE UNITED STATES", par Frederic Jesup Stimson, The Boston Book Co, Boston, Mass. 1908, p. 11.

“Le droit à la loi. La loi requise par ce droit général doit en outre être la Common Law du peuple anglais. C’est-à-dire, à l’origine, l’ensemble de leurs coutumes et usages libres, établis par eux-mêmes, et non par un roi, et aussi, dans les premiers temps, appliqués par eux-mêmes ; et en outre, ce doit être la Common Law, et non le droit romain ou civil, ni le droit canonique ou ecclésiastique, ni aucune prétendue loi administrative, ni les ordres ou décrets du roi, ou du roi en conseil. Même la juridiction de la chancellerie, qui repose à l’origine sur le pouvoir royal exercé par le chancelier du roi (c’est pourquoi les brefs d’injonction, de mandamus, d’interdiction, etc. sont appelés brefs de prérogative) n’est guère une exception. Pendant de nombreux siècles, nous trouvons des lois restreignant ou limitant la compétence de la chancellerie. p. 12. Dans les premiers procès anglais, par conséquent, ce qui était jugé était rarement de savoir si l’homme avait fait l’acte (il était généralement admis ou connu), mais de savoir s’il avait eu raison de le faire, c’est-à-dire s’il était *dans son droit ?* Agissait-il sur la base d’un état de fait pour lequel la loi non écrite lui conférait le droit de réparation ou de vengeance ? Si ce n’est pas le cas, il était hors la loi, *hors la loi ;* c’est-à-dire qu’il avait perdu son droit à la loi contre quiconque le molestait dans sa personne ou dans ses biens. p. 24. La common law s’appuie sur les dommages-intérêts. Ainsi, les premiers codes de lois se contentent de fixer une échelle de sanctions. La notion de contraindre un homme libre à faire quelque chose ou à s’abstenir de faire quelque chose était étrangère à la conception anglo-saxonne de la liberté. Comme la doctrine du libre arbitre poussée à l’extrême, un homme libre était maître de ses actes ; il n’était responsable des conséquences de ceux-ci qu’à l’égard de la personne lésée ; plus tard, seulement à l’égard de la Couronne s’il s’agissait d’un acte criminel, et à l’égard de la personne lésée s’il s’agissait d’un délit privé. Même lorsque le jugement du tribunal lui était défavorable, le défendeur n’était jamais contraint de faire quelque chose, ni même, dans les cas ordinaires, de faire restitution, comme dans le système oriental de rendre la justice. Ce principe ne doit jamais être perdu de vue, car il explique bien des choses relevées dans l’histoire locale et dans les préjugés populaires. Il est probable que le pouvoir du chancelier d’émettre des injonctions a autant contribué à préjudicier nos ancêtres contre les cours de chancellerie et la Chambre étoilée (qui n’en était que le côté criminel) que l'absence de jury et le tribunal local de comté. Les tentatives répétées de limiter ou de supprimer cette juridiction se retrouvent dans les États du Royaume, et le préjugé général contre les cours de chancellerie est parvenu à nos ancêtres par héritage direct. Comme on le sait, certains États, notamment le Massachusetts, ont pendant un certain temps refusé toute compétence en matière de chancellerie, et lorsqu'ils l'ont adoptée, ce fut de manière limitée et provisoire. Gardant fermement à l'esprit le principe selon lequel la loi anglaise ne s'applique qu'aux dommages-intérêts, et que la notion d'ordonner ou même d'interdire un acte (sauf en vertu d'une loi pénale) est totalement étrangère à son système, ainsi que le principe cardinal selon lequel aucun fait ne peut être établi sans l'intervention d'un petit jury ; nous serons en mesure de comprendre à la fois la raison historique et la signification actuelle de l'objection du peuple américain aux pouvoirs d'injonction de la chancellerie et aux sentences ex parte pour outrage prononcées par le juge qui a émis l'injonction et sur la base des faits qu'il a constatés et qui montrent la violation de cette injonction ; mais elles suffisent à établir le principe général selon lequel le processus d'injonction et l'outrage dans la procédure de chancellerie, ainsi que la juridiction de chancellerie elle-même, sont considérés avec une jalousie logique dans les pays anglo-saxons comme étant en dérogation avec la common law."

7. Dans "THE AMERICAN CONSTITUTION AS IT PROTECTS PRIVATE RIGHTS" par Frederic Jesup Stimson, Scribner's, New York, 1923, p. 22 :

"Les Anglo-Saxons ont le génie de se gouverner eux-mêmes. Leurs lois sont les plus anciennes du droit moderne, elles s'étendent en ligne ininterrompue depuis Ethelbert, le premier roi chrétien du Kent. p. 59. La juridiction de la chancellerie reposait à l'origine sur les pouvoirs royaux exercés par le roi par l'intermédiaire de son chancelier (en matière civile) ou de son justicier (en matière pénale). Ces hauts fonctionnaires étaient généralement des ecclésiastiques, donc familiarisés avec le droit canon ou romain plutôt qu'avec la common law anglo-saxonne, qu'ils méprisaient probablement. La common law ne connaissait qu'une seule procédure de réparation, la punition pour avoir commis une faute ; elle ne pouvait pas, comme un prêtre pouvait le faire, ordonner à un plaideur de faire le bien Depuis que le chancelier a développé sa cour de chancellerie et toutes nos cours d'équité, il est possible d'atténuer ou de compléter l'effet de la punition. Atténuer ou compléter la common law, quelque peu maladroite et intransigeante, était une bonne chose ; mais le chancelier partageait également ce pouvoir extraordinaire, non anglais, normand et tyrannique d'ordonner à un citoyen libre de faire quelque chose qu'il ne souhaitait pas faire Car ce que nous pouvons appeler la notion continentale, dérivée de la notion romaine, est que toute loi repose sur l'ordre d'un souverain à son sujet, assorti d'une menace de punition s'il n'obéit pas ; d'obliger un homme à faire quelque chose ou à ne pas faire quelque chose. Mais cette notion n'avait absolument pas sa place dans la common law anglaise. Un Anglais était un homme libre, responsable de ses actes ; il pouvait être puni pour ces actes par l'État, ou condamné à payer des dommages-intérêts pour ces actes par l'individu ; mais on ne pouvait pas lui ordonner de faire quoi que ce soit d'autre. Dans les temps les plus reculés, lorsque dans les tribus saxonnes chaque homme exécutait sa propre loi, les "tribunaux", c'est-à-dire l'assemblée de ses voisins, ne jugeaient que de la question de savoir s'il était dans son droit en agissant ainsi, et si ce n'était pas le cas, il payait une amende régulière, d'abord fixée par la coutume, plus tard, et de façon plus élaborée, par les premières lois écrites que nous avons conservées en Angleterre, de sorte que personne n'a jamais reçu l'ordre de faire quoi que ce soit par une procédure judiciaire".

Par conséquent, le défendeur revendique le droit d'être entendu par un jury dans le cadre de cette action.

Le juge fédéral a finalement rejeté mon action en justice sans argument, au motif incroyable que "Il semble que le plaignant ait tenté de réclamer une déduction pour les frais d'entreprise au motif que le taux d'inflation annuel dépassait son rendement de 7% sur les investissements. Les intérêts courus, bien sûr, auraient dû être déclarés en tant que revenu brut sur la déclaration de revenus du plaignant, USC 26 sec 61, et le fait de ne pas l'avoir fait constituait une base légitime pour l'examen de l'IRS".

L'avis du juge a prouvé sa totale incompétence. J'avais déclaré tous les revenus d'intérêts dans ma déclaration d'impôt (il s'agissait d'intérêts sur un compte d'épargne de 2100 dollars, pour un montant inférieur à 200 dollars) ; le juge, ou son greffier, a été troublé par le fait que j'avais déposé une demande d'injonction pour arrêter la perception de l'impôt sur le revenu sur les revenus d'intérêts de l'épargne. Il a apparemment pensé que cela signifiait que j'avais refusé de les déclarer, alors que mon procès stipulait que j'avais déclaré toutes mes sources de revenus. L'erreur judiciaire était si flagrante que je n'avais aucun doute, en faisant appel auprès du fameux "Rocket Docket", la Cour d'appel américaine de gauche pour le 4e circuit, qu'elle me donnerait raison. Dans mon appel, j'ai expliqué en détail l'erreur du juge. Le 3 avril 1981, la cour d'appel a déclaré : "Mullins maintient qu'il a déclaré l'intégralité de ses revenus d'intérêts. Même si la déclaration de Mullins est correcte, le tribunal de district n'a pas commis d'erreur en acceptant la demande de jugement sommaire du gouvernement".

Notez la brillante érudition juridique affichée dans l'observation "Même si la déclaration de Mullins est correcte". Il s'agit d'un aveu audacieux selon lequel la cour d'appel n'a même pas pris la peine de vérifier si j'avais dit la vérité sur la déclaration des revenus d'intérêts. Un travail judiciaire aussi bâclé, témoignant d'un mépris insensible pour les droits d'appel du citoyen, conduit à se demander quel type de travail judiciaire réel serait effectué si je faisais appel d'une condamnation à mort.

Le 20 novembre 1987, on m'a conseillé d'envoyer au ministère de la Justice une brève déclaration certifiée conforme sur les circonstances qui ont conduit au refus d'accorder un revenu à mes écrits. J'ai envoyé la déclaration notariée suivante, qui a également été envoyée à l'Internal Revenue Service. Il n'y a pas eu de réponse.

DÉCLARATION SOUS SERMENT D'EUSTACE C. MULLINS

Je soussigné, Eustace C. Mullins, domicilié à 126 Madison Pl. Staunton Va. 24 401, jure et affirme par la présente les faits suivants :

Vers le 15 juin 1953, Charles Smith (Smetonius) m'a conduit de mon appartement de Manhattan à son bureau à Union, N.J., où il dirigeait Common Sense, un journal anticommuniste. Au cours de ce trajet, Smith m'a informé que ses employeurs (il était un agent double travaillant pour l'American Jewish Committee et l'Anti-Defamation League of B'nai B'rith) étaient contrariés par le fait que mes articles circulaient largement. Ils ont autorisé Smith à faire cette offre : Je continuerais à écrire ce que je veux, mais tous les articles seraient soumis à Smith et à ses employeurs avant d'être publiés. En échange, je serais grassement payé. Si je refusais cette offre, les employeurs de Smith veilleraient à ce que je ne reçoive plus jamais aucun revenu de mes écrits. J'ai décliné l'offre, car je souhaitais être indépendant et je ne pouvais pas croire qu'un groupe avait le pouvoir de me priver de tout revenu provenant de mon travail. Smith a alors publié 100 000 exemplaires de mon livre, The Federal Reserve Conspiracy, sans payer de droits d'auteur. D'autres éditeurs ont également commencé à publier des tirages importants de mes livres, ce qui se poursuit encore aujourd'hui. J'ai déposé deux plaintes auprès de la U.S. Court of Claims, parce que des agents fédéraux étaient actifs dans ces tirages, mais ces plaintes n'ont jamais été plaidées devant les tribunaux. Je me suis continuellement plaint auprès des agences fédérales depuis 1953 et j'ai toujours été repoussé. J'ai intenté des procès devant les tribunaux fédéraux, mais les juges ont refusé de faire respecter le titre 17 USC, la loi sur les droits d'auteur, même si je détenais des droits d'auteur valides. En trente-quatre ans, j'ai subi une perte d'environ 25 millions de dollars sur les revenus de mes livres à cause d'une conspiration criminelle visant à violer les lois des États-Unis et d'une conspiration criminelle visant à violer mes droits civils par un gouvernement privé qui se considère comme étant hors de portée des procédures régulières, composé des groupes susmentionnés, et dans lequel les agents fédéraux et les agences fédérales ont joué un rôle actif pour me priver de tous les revenus de mes écrits. Vous êtes dûment informé.

CHAPITRE 14

LE POUVOIR DE TAXATION

"Le pouvoir de taxer est le pouvoir de détruire", a déclaré la Cour suprême au début de la République américaine. Cependant, le pouvoir de détruire n'est pas seulement assorti d'un pouvoir similaire de s'abstenir de détruire, mais son pouvoir punitif a pour fonction inverse d'accorder des privilèges et des immunités, autrement dit des récompenses. Le génie politique du mécanisme secret de Canaan a atteint son apogée en 1913. Non seulement il a accordé le contrôle de l'argent et du crédit du peuple des États-Unis à ses hommes de main les plus fiables, mais il a également porté les pouvoirs d'amirauté conférés par le Sherman Anti-Trust Act, soigneusement formulé pour protéger les monopoles en rendant illégaux les nouveaux monopoles et les monopoles rivaux, à un niveau encore plus élevé avec l'amendement 16 de la Constitution. Cet amendement relatif à "l'impôt sur le revenu" a atteint l'objectif enviable de transformer en "criminel" quiconque s'oppose au régime, tout en érigeant un vaste labyrinthe bureaucratique dans lequel les criminels peuvent se dissimuler à jamais, à l'abri de toute action punitive. L'observateur politique du XIXe siècle, Lysander Sqooner, a écrit,

> "Quiconque désire la liberté doit comprendre que tout homme qui met de l'argent entre les mains d'un 'gouvernement' (ainsi appelé), met entre ses mains une épée qui sera utilisée contre lui-même, pour lui extorquer encore plus d'argent".

1913 est l'année où les Américains ont cédé aux financiers internationaux le contrôle de leur argent et de leur crédit, et ont également permis l'adoption d'un amendement fiscal qui, en pratique, permettrait au gouvernement de dire qui est un criminel et qui ne l'est pas. Le résultat est que des millions d'Américains respectueux de la loi, travailleurs et productifs sont aujourd'hui soumis à une fiscalité qui les prive chaque année de 50 à 80% de leurs revenus et de leurs biens. Dans "La catastrophe qui menace"

(1917), Lénine a déclaré que “la dissimulation des revenus sera punie par la confiscation des biens”. C’est devenu le programme officiel de l’Internal Revenue Service. Les milliards d’impôts que l’IRS prélève sur les travailleurs américains sont immédiatement acheminés par camion vers la banque de la Réserve fédérale la plus proche, et non vers le Trésor public américain ! N’importe quel agent du fisc a le pouvoir de déclarer un Américain criminel et de saisir son argent et ses biens. Les recours juridiques contre de telles déclarations sont quasiment nuls. La majorité des évaluations pour “manquements” sont des chiffres qui coûteraient au contribuable autant, voire plus, à contester en faisant appel à un avocat. En guise de négociation, l’IRS réclame généralement un déficit au moins quatre fois supérieur à tout montant éventuellement “dû”. Le *Washington Post* a noté, le 16 avril 1989, qu’en 1988, l’IRS, avec tout son pouvoir de saisie et ses tactiques totalitaires, n’a récupéré que 26% du total des déficits qu’il avait réclamés dans des vases clos. Il s’agit de réclamations qui ont été effectivement réglées. Dans de nombreux cas, le fisc réclame des sommes astronomiques aux contribuables, des millions de dollars à des citoyens dont la valeur nette peut être de dix ou quinze mille dollars. L’IRS sait que cet argent ne sera jamais perçu, mais c’est un chiffre utile à présenter au Congrès. Les augmentations budgétaires sont basées sur de telles réclamations ; l’IRS peut déclarer qu’il a dix milliards de dollars de réclamations en suspens pour des manquements ; le Congrès vote des fonds supplémentaires, afin que l’IRS puisse embaucher plus de personnes pour collecter l’argent, sans se douter que les deux tiers de ce chiffre ne sont que des paroles en l’air, sans aucune possibilité d’être jamais collectés.

Le Post cite le juge en chef Arthur L. Nims : “Ils (l’IRS) établissent de temps à autre des chiffres importants, totalement injustifiés”. Ce sont pourtant ces chiffres qui sont religieusement cités dans les médias, comme “preuve” que de nombreux Américains “échappent” à des milliards de dollars d’impôts sur le revenu. En réalité, l’IRS collecte chaque dollar qu’il peut réclamer, en utilisant des techniques de saisie, de saisie-arrêt et de vol pur et simple. Les abus de l’IRS ont conduit le Congrès à adopter une Charte des droits du contribuable. Cette loi était totalement inutile, car nous disposions déjà d’une déclaration des droits. Les violations de la déclaration des droits par l’IRS ont conduit le Congrès à adopter une mesure extrêmement populaire auprès des électeurs, qui promettait de débarrasser les contribuables de l’IRS. En réalité, ce projet de loi était une véritable escroquerie. Paul des Fosses, un ancien agent de l'IRS, qui dirige aujourd'hui l'Association nationale des dénonciateurs de l'IRS, a révélé dans une interview publiée dans le Post du 29 avril 1989, que la Charte des droits du contribuable avait été adoptée par le Congrès comme une mesure plaisante. Les membres du Congrès ont accepté la gratitude de leurs électeurs pour l'avoir adoptée, tout en informant l'IRS de l'ignorer. Des Fosses a déclaré que

> "La réalité est que les quotas (de collecte d'impôts) sont toujours maintenus et appliqués, et le problème réside dans le fait que l'IRS est soumis à une pression énorme de la part du Congrès pour qu'il fournisse les fonds dont il a besoin.

L'une des mises en garde les plus énergiques contre le 16e amendement a été formulée par Richard E. Byrd, président de la Chambre des délégués de Virginie, le 3 mars 1910. Père du leader politique, le sénateur Harry Byrd, Richard E. Byrd a mis en garde,

> "Il (l'amendement 16) signifie que l'État doit maintenant renoncer à une source de revenus légitime et établie de longue date et la céder au gouvernement fédéral. Cela signifie que l'État a en fait invité le gouvernement fédéral à envahir son territoire, à évincer sa juridiction et à établir la domination fédérale dans la citadelle la plus intime des droits réservés du Commonwealth. Cet amendement fera ce que même les 14ème et 15ème amendements n'ont pu faire : il étendra le pouvoir fédéral de manière à atteindre les citoyens dans les affaires courantes de la vie. Une bande de Washington sera tendue et placée dans les affaires de chacun ; l'œil d'un inspecteur fédéral sera dans la maison de comptage de chacun. La loi aura nécessairement des caractéristiques inquisitoriales, elle prévoira des sanctions. Elle créera une machinerie compliquée. Les hommes d'affaires seront traînés devant des tribunaux éloignés de leur domicile. De lourdes amendes imposées par des tribunaux lointains et inconnus menaceront constamment le contribuable. Une armée d'inspecteurs, d'espions et de détectives fédéraux s'abattra sur l'État. Ils obligeront les hommes d'affaires à montrer leurs livres de comptes et à révéler les secrets de leurs affaires. Ils dicteront des formes de tenue de livres. Ils exigeront des déclarations et des affidavits. D'une part, l'inspecteur peut faire chanter le contribuable et, d'autre part, il peut tirer profit de la vente de son secret à son concurrent. Lorsque le gouvernement fédéral aura la mainmise sur l'entrepreneur individuel, les frontières des

> États n'existeront plus que sur les cartes. Ses agents superviseront partout le commerce des États".

Notez que le sénateur Byrd ne parle que de l'homme d'affaires. La propagande initiale en faveur de l'amendement sur l'impôt sur le revenu laissait entendre qu'il ne s'appliquerait qu'aux hommes d'affaires, qui seraient tenus de tenir des registres fiscaux. Le sénateur Byrd aurait trouvé inimaginable que les inspecteurs fiscaux fédéraux exigent des porteurs de journaux, des femmes de ménage et des serveuses qu'ils enregistrent chaque centime gagné par leur labeur et qu'ils en remettent plus de la moitié aux inspecteurs fiscaux léninistes. Un autre des cinq points du programme de Lénine de 1917, qui l'a porté au pouvoir en Russie, était "l'abolition des secrets commerciaux". Cet objectif pourrait facilement être atteint par le programme des agents fiscaux de l'IRS. Bien que Lénine n'ait guère pu le prévoir en 1917, un autre grand avantage du programme fiscal a été le flux constant de fonds des contribuables américains qui ont été collectés par l'IRS et remis à l'Union soviétique. Cette pratique est évidemment illégale, car aucune agence gouvernementale n'a le pouvoir constitutionnel de taxer un citoyen américain au profit d'une puissance étrangère. Les moteurs du gouvernement, dont la plupart existent depuis moins de cinquante ans, se consacrent à maintenir leur flux de carburant, c'est-à-dire l'argent des impôts. Une partie des recettes est prélevée sur un groupe de citoyens et donnée à un autre groupe ; c'est la fameuse politique de "redistribution des richesses" qui a vu le jour sur les tables de jeu en Europe. Une grande partie des recettes est dépensée par les agences pour elles-mêmes et pour leur propre agrandissement, ou pour des programmes qui ont été créés délibérément pour dépenser ces recettes. Ces programmes n'ont qu'une seule exigence fondamentale : que toutes les dépenses soient gaspillées.

Peu d'Américains réalisent que la base du "gouvernement gaspilleur", ainsi que ses politiques oppressives, est notre système monétaire basé sur la dette, qui remonte au culte de Baal et au système monétaire babylonien. L'argent est créé à partir de la dette ; le paiement de la dette éteint l'argent. Par conséquent, le seul but de notre gouvernement manipulé actuel est de créer une dette inextinguible et d'entretenir la machine monétaire de la dette. Ils gaspillent continuellement cet argent dans des gâchis dont les créateurs ne vivent que pour aujourd'hui, espérant en vain que demain n'arrivera jamais.

Il est impossible de comprendre l'"impôt sur le revenu" ou de savoir quel type d'impôt est prélevé sur quel type de revenu, sans connaître l'histoire de l'impôt. L'impôt sur le revenu a été réclamé par les réformateurs après la guerre de Sécession, afin de compléter les recettes générées par les tarifs douaniers ; ces recettes étaient plus que suffisantes pour couvrir les dépenses publiques de l'époque, mais les réformateurs voulaient un gouvernement qui exercerait un contrôle plus direct sur la population. Le 28 août 1894, le Congrès a imposé un impôt sur le revenu pour tous les revenus supérieurs à 4 000 dollars par an. Cela équivaut à 60 000 dollars par an en dollars d'aujourd'hui. Le 20 mai 1895, la loi sur l'impôt sur le revenu a été déclarée inconstitutionnelle par la Cour suprême dans l'affaire Pollock v. Farmers Loan & Trust, 1895. La Cour a statué que 1. les impôts sur les biens immobiliers étant incontestablement des impôts directs, les impôts sur les loyers ou les revenus des biens immobiliers étaient également des impôts directs. 2. Que les impôts sur les biens personnels ou sur les revenus des biens personnels étaient également des impôts directs. L'ensemble de la loi a été déclaré inconstitutionnel et nul.

Malgré ce précédent, un impôt sur le revenu a été adopté par amendement constitutionnel en 1913, bien que de nombreux spécialistes aient fait remarquer que l'amendement n'a jamais été correctement ratifié par la plupart des États. Il s'agissait d'une mesure nécessaire pour permettre aux États-Unis de financer la Première Guerre mondiale. Les nations européennes étaient déjà en faillite et n'avaient pas d'argent pour financer la guerre. L'impôt sur le revenu était donc bien un "impôt de guerre", un fait qui est devenu plus évident pendant la Seconde Guerre mondiale, lorsque le Congrès a adopté la retenue à la source de l'impôt sur le revenu comme mesure de guerre temporaire. Quarante-cinq ans plus tard, il est toujours en vigueur, ayant été régulièrement renouvelé par le Congrès pour nourrir son insatiable appétit de fonds publics. La loi sur la Réserve fédérale de 1913 était une loi scriptive, établissant une banque privée, qui n'était pas fédérale, qui n'avait pas de réserves, et qui n'était pas un "système", mais un syndicat criminel. La loi autorisait la banque centrale, qui était ainsi créée, à émettre des bons portant intérêt. Cela se faisait par des écritures comptables, créant ainsi de l'argent à partir de rien, comme le roi Guillaume avait autorisé son prédécesseur, la Banque d'Angleterre, à le faire en 1694. Le Federal Reserve Act a ensuite autorisé l'utilisation d'une "monnaie élastique", c'est-à-dire d'une monnaie extensible, dans la grande tradition économique du chèque en caoutchouc. Toutefois, cette monnaie élastique, dont l'expansion est illimitée, doit être périodiquement récupérée, faute de quoi l'ensemble de la pyramide de Ponzi s'effondre. L'agence de récupération qui a été créée pour gérer ce problème est l'IRS. Cette agence a pour mission d'absorber le flot de monnaie élastique, connue sous le nom de fausse monnaie ou de fraude, parce qu'elle n'a rien d'autre qu'un support papier, puisqu'elle est garantie par des obligations papier.

L'opération de sauvetage n'a pas été couronnée de succès jusqu'à ce que le Congrès adopte la loi de 1943 sur le paiement de l'impôt courant, connue aujourd'hui sous le nom de "retenue à la source". Il ne s'est jamais agi d'une "retenue", mais d'une saisie-arrêt illégale sur les salaires. Une saisie-arrêt est un avis légal signifié comme un acte de saisie pour saisir le salaire d'un débiteur. La retenue à la source vous désigne comme débiteur et le gouvernement comme créancier. Cependant, l'impôt n'est pas collecté par une notification légale ou par un acte de saisie. Deuxièmement, il n'existe pas de relation débiteur-créancier. L'IRS affirme sans fondement que le système de retenue à la source établit "la responsabilité à la source". Cependant, aucune dette n'est établie avant la fin de l'année, bien après que la retenue ait été perçue.

En collectant l'impôt à la source pour le compte du gouvernement, l'employeur commet un acte illégal à l'encontre du salarié. Il exécute un privilège, bien que cela n'ait jamais été autorisé par le droit américain. L'affaire U.S. v. Hooe, 3 Cranch 73, a établi le précédent juridique suivant : "Les États-Unis, en tant que simple créancier, n'ont pas de privilège sur les biens immobiliers du débiteur. La priorité à laquelle les États-Unis avaient droit n'avait pas le caractère d'un privilège sur les biens d'un débiteur public. Si la priorité existait depuis le moment où la dette a été contractée et que le débiteur continuait à faire des affaires avec le monde entier, les inconvénients seraient immenses". Non seulement l'employeur n'est pas habilité à collecter des impôts, mais il le fait en tant que condition de votre emploi ; ces deux fonctions sont illégales. Le plan de retenue à la source a vu le jour pendant la Seconde Guerre mondiale, apparemment à l'initiative du président de la Banque fédérale de réserve de New York, Beardsley Ruml, un employé de longue date de la Fondation Rockefeller. Il s'est vanté auprès d'un interviewer new-yorkais que le plan de retenue à la source avait été conçu lors d'un déjeuner de travail à l'hôtel Plaza de New York, par lui-même et quelques “collègues intellectuels”, qu’il a refusé d’identifier.

En raison des méthodes musclées de ses agents, l’IRS est fréquemment accusé de violer la Constitution. Cependant, l’IRS ne fonctionne pas en vertu d’une quelconque disposition de la Constitution, tout comme la Mafia ne fonctionne pas en vertu d’une quelconque disposition de la Constitution. L’IRS fonctionne selon les principes du droit commercial. Ses victimes sont traduites devant la Cour fiscale, qui est un tribunal d’équité. En raison de leur cadre de travail, les agents de l’IRS saisissent des biens sans autorisation légale, mènent des procès sans jury et harcèlent les citoyens jusqu’à ce qu’ils meurent d’une crise cardiaque. Les citoyens américains confrontés à des “accusations fiscales” ne sont jamais informés que les garanties constitutionnelles ne s’appliquent pas. La compétence de ces tribunaux d’amirauté est fondée sur le prétendu “contrat” que les citoyens concluent lorsqu’ils obtiennent un numéro de sécurité sociale ou lorsqu’ils utilisent des bons de la Réserve fédérale. Cependant, un tel contrat ne peut être valide si la partie de la seconde partie, le citoyen, n’a jamais été informée de ses dispositions. De même, toute condamnation prononcée dans le cadre d’une procédure devant un tribunal d’amirauté peut être annulée parce que le juge a omis d’avertir le défendeur, conformément à l’article Miranda, qu’il ne bénéficierait d’aucune garantie constitutionnelle. Dans de nombreuses affaires fiscales, les juges ont sévèrement averti les défendeurs de ne pas invoquer les garanties constitutionnelles.

L’IRS rend souvent public son principe de base selon lequel la Constitution ne s’applique pas aux affaires fiscales. En août 1988, Rosemary Campbell, porte-parole de l’IRS, est apparue sur la station de radio KOA de Denver. L’interviewer, Gary Tessier, lui a demandé si les agents de l’IRS n’étaient pas tenus de respecter les mêmes règles que les officiers de police lors d’une perquisition. “Nous ne sommes pas protégés par la Constitution (dans les affaires d’impôt sur le revenu) ? a demandé M. Tessier. “C’est exact”, a répondu M. Campbell, s’exprimant au nom de l’IRS.

La devise de l’IRS est l’ancien cri du bandit de grand chemin anglais : “Stand and deliver”. Le vol est leur objectif, et les tribunaux d’amirauté soutiennent leurs méthodes. Les citoyens sont souvent horrifiés et irrités par l’insensibilité et la brutalité dont font preuve les agents de l’IRS à l’égard du public. Cette brutalité s'explique par le désespoir sous-jacent qui inspire chaque action des agents. Ils doivent récupérer les certificats de la Réserve fédérale auprès des citoyens, ce qui permet d'émettre une "monnaie plus élastique" et de poursuivre les paiements à la Banque d'Angleterre (qui contrôle le système de la Réserve fédérale par l'intermédiaire de cinq banques new-yorkaises, qui détiennent 53% des actions de la Réserve fédérale de la Banque de New York).

THE TAXING POWER 457

DEPARTMENT OF HEALTH & HUMAN SERVICES

Social Security Administration

Refer to:

706 E 41st Street
PO Box 1710
Sioux Falls SD 57117
January 10, 1986

Jerome T. Schiefen
RR 1 Box 149
Hudson, SD 57034

Dear Mr. Schiefen,

Your recent letter to the Attorney General's office has been forwarded to us to answer.

Social Security is a voluntary system in that no one is required to get a number. However, programs which use social security numbers for control purposes might not allow a person without a social security number to participate.

The Internal Revenue Service uses social security numbers as taxpayer identification numbers. P.L. 87-397 was passed on October 5, 1961 requiring each taxpayer to furnish an identifying number for tax reporting purposes. Because of this, employers must have the social security numbers of their workers to legally report their earnings. They could not continue to employ an individual for whom they could not legally report earnings.

A bank or lending institution is not governed by social security rules but I doubt very much if they would refuse a loan simply because the applicant had no social security number. However, a person with no social security number would have no taxable income (see paragraph above) and I am sure this fact would have a bearing on their decision.

An inheritance large enough to be taxable would require the recipient to have a social security number for IRS purposes. The person leaving the inheritance would not be required to have a social security number just for this purpose.

I hope this helps answer your question. If you need any further information, you may call us at 1-800-952-0100.

Sincerely,

Penny Payton
Claims Representative

I hereby certify that the above letter from the Department of Health & Human Services to Jerome T. Schiefen, #RR1, Box 149, Hudson, South Dakota 57034, dated January 10, 1986, is a true and correct copy of the original.

John Haller 2/25/86
NOTARY

My commission expires 5/22/87

Mike Klein, ancien agent du fisc, prépare une révélation explosive sur les tactiques utilisées par le fisc dans ses relations avec les citoyens américains. Lorsque Klein a rejoint l'IRS, il a été stupéfait d'entendre des agents se vanter de la manière dont ils menaçaient les gens. Un agent a déclaré qu'il aimait "casser des couilles", d'autres étaient ouvertement vicieux. Après avoir parlé à un citoyen, un agent se vantait : "Bon sang, j'ai fait sauter ce type. Cette femme a pleuré quand je lui ai dit que je la mettrais à la rue avec ses enfants". Un contribuable a demandé à un autre agent comment il s'attendait à ce qu'il paie la taxe après avoir cadenassé son entreprise. L'agent lui a répondu brutalement : "Allez chercher votre femme pour la colporter".

Le nombre de citoyens décédés d'une crise cardiaque dans les bureaux de l'IRS n'est pas disponible, mais on pense qu'il se chiffre en centaines. De nombreuses personnes ciblées par les enquêtes sont ce que l'IRS appelle des "cibles faciles", c'est-à-dire des personnes âgées, en mauvaise santé, qui peuvent être facilement intimidées. M. Klein cite le sort d'un de ces contribuables qui a été convoqué pour un contrôle. Après un long et épuisant interrogatoire, il s'est effondré dans le bureau et est mort d'une crise cardiaque. "Ils ont poussé le corps dans un bureau vide et l'ont recouvert d'une couverture. Un contrôle est probablement l'épreuve la plus stressante qu'un Américain puisse subir. Un citoyen se présente, sachant qu'il risque de perdre son entreprise, sa maison et tous ses biens. L'agent est lui aussi soumis à une pression énorme ; il doit produire plus de revenus, car sa carrière dépend de la quantité d'argent qu'il peut rapporter.

Un agent de la division des enquêtes criminelles de l'IRS était un sadique de longue date. Il était si brutal avec sa femme et ses enfants que son fils et sa fille ont fini par l'abattre. Bien que les circonstances aient été largement diffusées à la télévision, un juge a condamné les enfants à de longues peines de prison.

Alarmés par les actes anticonstitutionnels des agents de l'IRS, de nombreux Américains ont été confrontés à un grave dilemme : pouvaient-ils, en toute conscience, continuer à soutenir un gouvernement qui avait désormais dépassé les pires abus du roi George III, deux siècles plus tôt ? Certains d'entre eux ont commencé à protester contre la confiscation de leurs biens à la Lénine, sans procédure légale. Ils s'exposaient ainsi à des représailles immédiates, non seulement de la part de l'IRS, mais aussi d'autres agences gouvernementales et des tribunaux d'amirauté. Un groupe "conservateur" a adopté une position intransigeante : la John Birch Society a tonné que les "bons Américains" étaient tenus de payer tous les impôts qui leur étaient réclamés. Elle dénonce toute résistance à l'impôt. Toutefois, cette décision leur aurait été imposée en raison de leurs liens de longue date avec le Council on Foreign Relations et d'autres groupes conspirationnistes internationalistes.

L'impôt de 1913 semblait modeste, puisqu'il prévoyait une taxe de 1% pour les couples dont les revenus étaient supérieurs à 4 000 dollars. En 1919, le revenu minimum à déclarer a été abaissé à 1 000 dollars et l'impôt a été augmenté de 77%. Pendant la Grande Dépression, peu d'Américains ont dû payer un impôt sur le revenu, car la plupart d'entre eux étaient au chômage. En 1943, l'emploi en temps de guerre a poussé les syndicalistes criminels à adopter une mesure qui leur permettrait de saisir les revenus "à la source", par le biais de l'impôt à la source. Alors que le programme fiscal des léninistes bat son plein, peu de citoyens se souviennent que le droit de propriété est un droit inaliénable de la citoyenneté. C'est la grande différence entre notre République et les nations marxistes, qui interdisent la propriété privée. Le mot "propriété" vient du latin "proprios", qui signifie "propre", et du verbe français "proprier", qui signifie "avoir en possession". Il est donc juste de posséder des biens ; on n'est pas un bon citoyen si l'on ne possède pas de biens. Les Pères fondateurs ont exigé que la propriété soit une condition préalable à l'exercice du droit de vote. Ceux qui n'étaient pas convenables, qui ne possédaient rien, ne pouvaient pas être censés voter de manière responsable.

Nous avons fait la guerre d'indépendance pour protester contre les impôts : pas d'imposition sans représentation. La plupart des colons se considéraient comme de bons Anglais ; ils n'avaient aucun désir de se séparer de l'Empire britannique. En effet, un peu plus de la moitié des colons sont restés fidèles à l'Angleterre tout au long de la guerre, les nombreux Tories. La fiscalité était la pomme de discorde, bien que les tribunaux d'amirauté et le refus des procès avec jury aient également été des sources d'agitation. Aujourd'hui, nous avons à la fois des impôts excessifs et des tribunaux d'amirauté, mais l'opposition populaire n'est pas aussi forte.

La première révolte fiscale américaine a eu lieu en 1632. Les habitants de Watertown, dans le Massachusetts, ont été indignés lorsque les directeurs de la Massachusetts Bay Co. ont levé des fonds pour la fortification de Cambridge. La révolte a pris fin lorsque les colons ont accepté l'élection populaire de conseillers municipaux, qui ont ensuite levé les impôts. Les Américains acceptaient l'impôt s'il était prélevé par un gouvernement représentatif. Le Congrès actuel n'est fidèle qu'aux monopoleurs et aux gouvernements étrangers.

Le président Andrew Jackson, qui s'est attiré l'inimitié éternelle des banquiers internationaux en luttant contre leur banque centrale, la deuxième banque des États-Unis, avait une telle aversion pour la fiscalité qu'en 1836, il a réduit les recettes fiscales internes à moins de 500 dollars. Dans son discours d'adieu, le président Jackson a déclaré : "Le Congrès n'a pas le droit, en vertu de la Constitution, de prendre de l'argent au peuple à moins que cela ne soit nécessaire à l'exercice de l'un des pouvoirs spécifiques confiés au gouvernement ; et s'il prélève plus que ce qui est nécessaire à ces fins, c'est un abus du pouvoir de taxation et c'est injuste et oppressif". William Gladstone a déclaré : "Je crois que l'impôt sur le revenu corrompt le peuple plus que n'importe quel autre impôt". Face à cette déclaration, la Chambre des représentants a noté dans le Congressional Record du 12 juillet 1909 : "L'impôt sur le revenu est le plus juste parce qu'il prend sur le dos des masses populaires une partie de la charge fiscale et la met dans les poches de ceux qui ne supportent pas leur juste part des charges du gouvernement (c'est-à-dire les très riches)".

L'affirmation du Congrès de 1909 selon laquelle l'impôt sur le revenu prélève sur le dos des masses devrait maintenant se lire "prélève sur le portefeuille des masses". Les principales victimes des recouvrements forcés de l'IRS sont les garçons de café et les femmes de ménage, les serveuses et les veuves âgées. Le traitement réservé aux femmes de ménage par l'IRS contraste avec les longues batailles judiciaires menées par les magnats des médias tels que la famille Newhouse. Leur empire de presse vaut aujourd'hui 5,2 milliards de dollars ; le fisc réclame un impôt sur les successions de 609 millions de dollars, qui a ensuite été porté à 914 millions de dollars. Les Newhouse affirment que l'impôt réellement dû s'élève à 47 millions de dollars. Les initiés, selon Business Week, pensent qu'ils paieront finalement quelque 50 millions de dollars, plus plusieurs millions d'honoraires pour leurs avocats. L'aîné des Newhouse était un autocrate qui croyait qu'il vivrait éternellement ;

il a donc refusé de discuter de la planification de sa succession. Les héritiers doivent maintenant bluffer et cajoler l'IRS. Un observateur commente : "Ne versez pas de larmes pour les fils Newhouse. Ils finiront par planter des arbres en Israël, et l'IRS acceptera le chiffre le plus bas pour un règlement".

Le Philadelphia Inquirer a récemment publié une série intitulée "The Great Tax Giveaway" (Le grand cadeau fiscal), qui montre que des milliers d'Américains ont bénéficié de réductions d'impôts de plusieurs milliards de dollars grâce à des "lois" fiscales spéciales adoptées par le Congrès. Un Californien a bénéficié d'un allègement fiscal l'exemptant de payer des millions de dollars d'impôts ; il a ensuite demandé une deuxième loi fiscale privée pour obtenir des millions de dollars supplémentaires. Ces dispositions ont été incorporées dans la TEFRA, la fameuse "loi sur la réforme fiscale" de 1986, adoptée par le Congrès en septembre de la même année. Cette loi a mis fin à des déductions fiscales établies de longue date pour la plupart des Américains, mais les a étendues à quelques privilégiés. Il ne s'agissait pas d'altruisme : les bénéficiaires de ces allègements fiscaux de plusieurs millions de dollars étaient ceux qui avaient déjà fait des dons à des campagnes politiques. Un don de quelques milliers de dollars pouvait inspirer une gratitude qui se traduisait par des millions de dollars d'allégements fiscaux. La loi fiscale de 1986 a accordé à une entreprise un allégement fiscal de 20 millions de dollars, alors qu'elle avait déposé le bilan en 1981 au titre du chapitre 1I et qu'elle n'existait plus. Il a été révélé qu'un avocat new-yorkais bénéficie aujourd'hui de cet avantage fiscal de 20 millions de dollars. Deux paragraphes insérés dans la loi de 1986 permettent à certaines entreprises d'éviter le paiement de centaines de millions de dollars d'impôts fédéraux sur le revenu. Une société a pu éviter le paiement d'un demi-milliard de dollars grâce aux dispositions spéciales incorporées dans la "loi sur la réforme fiscale".

Tout en ouvrant les vannes des remboursements spéciaux et des allègements fiscaux pour des individus et des entreprises choisis, les agents du fisc resserrent constamment la vis sur la population salariée. Michael Milken peut "gagner" 500 millions de dollars en 1988 grâce à des opérations sur des "obligations de pacotille", mais une serveuse qui gagne 100 dollars par semaine doit déclarer chaque dollar de pourboire qu'elle reçoit. Seules les prostituées peuvent encore se moquer des lois fiscales.

Toutefois, les mesures les plus sévères prises par l'IRS sont prévues pour les enfants du pays. Les nouvelles directives de l'IRS ont décrété que chaque enfant de plus de cinq ans doit avoir un numéro de sécurité sociale. La plupart des enfants américains se voient désormais attribuer un numéro de sécurité sociale lorsque leurs parents les enregistrent pour obtenir leur certificat de naissance. Les adolescents qui tondent les pelouses pendant l'été, font du baby-sitting ou livrent des journaux afin d'économiser de l'argent pour leurs études doivent désormais déclarer et payer des impôts et/ou des pénalités sur chaque centime qu'ils perçoivent, faute de quoi ils deviennent des "fraudeurs fiscaux". La disposition relative à l'"impôt sur les enfants" est un élément essentiel de la loi TEFRA (Tax Reform Act of 1986), élaborée et promulguée par le Congrès, cette même loi de "réforme fiscale" qui contient tant de déductions spéciales de plusieurs millions de dollars pour les quelques privilégiés.

Il est évident depuis longtemps que le code de l'impôt sur le revenu est la plus grande arme des monopoleurs. Il ne s'agit pas seulement d'un système de dépouillement raffiné à un degré incroyable et, en tant que tel, de la mine d'or la plus lucrative pour les politiciens et leurs lobbyistes préférés ; c'est aussi l'arme principale contre la classe moyenne américaine productive. Non seulement les enfants de cette classe (dans un gouvernement prétendument "démocratique" où les distinctions de classe n'existent pas) sont taxés et pénalisés parce qu'ils souhaitent économiser de l'argent pour leurs frais de scolarité — étant donné qu'ils appartiennent à la "classe moyenne", ils ne sont pas éligibles aux nombreux avantages accordés aux enfants des familles "à intérêts particuliers" — mais ils sont également empêchés de s'engager dans "l'accumulation capitaliste", comme l'a appelée Karl Marx, c'est-à-dire d'économiser de l'argent pour financer toute entreprise à but lucratif. Le plus grand problème auquel sont confrontées les sociétés monopolistiques est la marche du temps, le remplacement des fouets de bogheis par les klaxons d'automobiles. Cela explique pourquoi les monopoleurs ont financé et soutenu politiquement le mouvement communiste mondial. Sous le communisme, le développement économique restera figé dans le temps, comme l'économie cryogénique du monde. Les gens conduiront des reproductions de la Packard de 1938 pendant les trois cents prochaines années, comme le font les Soviétiques depuis cette année-là. Pour empêcher les Henry Ford du futur de construire une meilleure automobile dans un hangar d'emballage branlant, les monopoleurs ont l'intention de faire en sorte qu'ils ne puissent jamais "accumuler" les quelques centaines de dollars dont ils auront besoin pour les outils et les fournitures. L'IRS remplit obligeamment cette fonction vitale, en veillant à ce que le travailleur américain reste limité au "salaire de subsistance". Selon ce dicton de David Ricardo, le travailleur ne sera jamais payé plus que le montant minimal dont il a besoin pour lui-même et sa famille. Il n'y aurait aucune possibilité d'économiser de l'argent sur ce revenu limité. Ricardo (1772-1823) était le troisième fils d'Abraham Israel, un riche membre de la communauté bancaire d'Amsterdam qui avait financé l'exécution du roi d'Angleterre par Cromwell et la "Glorieuse Révolution", qui avait placé Guillaume d'Orange sur le trône d'Angleterre et avait abouti à la création de la Banque d'Angleterre en 1694. Israël a émigré en Angleterre dans le cadre de l'afflux d'élus de la Glorieuse Révolution. Il devient rapidement un membre éminent de la Bourse de Londres. Son fils David travailla en étroite collaboration avec Nathan Rothschild et amassa une grande fortune, ce qui lui permit de devenir économiste. Il est non seulement l'auteur de la tristement célèbre théorie du "salaire de subsistance", mais il prévoit également que s'il devient absolument nécessaire d'augmenter les salaires des travailleurs, pour une raison ou une autre, le gouvernement doit intervenir et augmenter ses impôts d'un montant correspondant. Les théories de Ricardo sur les salaires et le travail des esclaves ont été accueillies avec enthousiasme par les éléments les plus sinistres de la communauté capitaliste, dont le moindre n'était pas Karl Marx, un "érudit" qui subsistait grâce aux dons de riches entrepreneurs. Marx a adopté les théories de Ricardo, qui sont devenues les lignes directrices selon lesquelles les travailleurs de la Russie soviétique sont aujourd'hui réduits en esclavage. Marx est encore plus connu aux États-Unis pour son invention de l'impôt progressif sur le revenu, qui a été présentée pour la première fois dans son Manifeste communiste de 1848. L'impôt marxiste a été promulgué aux États-Unis pendant la guerre civile, peu de temps après que Marx en ait été l'auteur. Une deuxième version de l'impôt de Marx a été promulguée en 1894, mais a été rapidement déclarée inconstitutionnelle par la Cour suprême. Les monopoleurs ont été contraints d'adopter une nouvelle approche : ils ont fait passer la taxe sous la forme d'un amendement à la Constitution.

Le dicton de Ricardo, connu sous le nom de “loi d’airain des salaires”, est devenu un élément standard des propositions des économistes dans le monde entier. Sa descendante, Rita Ricardo, est arrivée à Washington en 1980 dans le cadre de la “révolution Reagan”, qui se voulait une reconstitution de la Glorieuse Révolution d’Angleterre. Elle a rapidement assumé le poste de conseillère de Reagan sur les paiements de sécurité sociale et les pensions des travailleurs.

En tant que KGB de la loi d’airain des salaires de Ricardo, l’IRS ne travaille pas seulement au maintien des sociétés monopolistiques au pouvoir dans tous les États-Unis ; il protège également l’establishment gouvernemental marxiste en retardant régulièrement toute enquête criminelle sur d’autres agences gouvernementales, et joue ainsi un rôle vital dans Drug, Inc, la machine internationale des tsars de la drogue et de la criminalité organisée. Le Reader’s Digest a noté dans un article de 1981 intitulé “How the IRS Helps the Mob” (Comment le fisc aide la mafia) qu’une disposition clé de la loi de réforme TEFRA de 1986 susmentionnée était ses pronunciamentos spéciaux censés protéger le droit à la vie privée. Le Digest note que ces dispositions se sont avérées si protectrices des droits des criminels que la loi TEFRA est désormais connue sous le nom de “The Organized Crime Relief Act” (loi d’allégement de la criminalité organisée). Des agents du gouvernement qui enquêtaient sur une affaire de stupéfiants à Cleveland ont demandé l’aide de l’IRS pour déchiffrer de nombreux documents financiers qu’ils avaient saisis lors de leurs descentes. Il leur a été demandé d’envoyer les documents à l’IRS. Des mois plus tard, l’IRS a informé les agents que non seulement il refusait de discuter de l’affaire plus avant, mais que les documents qui lui avaient été envoyés étaient désormais classés comme “informations fiscales confidentielles” et qu’ils ne pouvaient pas être renvoyés !

Entre-temps, les agents de l’IRS continuent de faire l’objet d’une enquête de la sous-commission des opérations gouvernementales de la Chambre des représentants sur le commerce, la consommation et les affaires monétaires, présidée par le représentant de Géorgie Doug Barnard Jr. Dans son enquête sur les violations des lois civiles et pénales par l’IRS, la commission a constaté que lorsque l’IRS a appris que des employés de haut rang utilisaient leur bureau à des fins privées, ainsi que d’autres exemples de mauvaise conduite, peu ou pas de mesures punitives ont été prises à l’encontre des parties coupables. William Duncan, ancien agent de la division des enquêtes criminelles de l'IRS, a témoigné qu'il avait eu l'impression d'être "dans la quatrième dimension". Ses supérieurs lui avaient ordonné de ne pas divulguer d'informations à la commission et de mentir aux membres du Congrès si certaines questions étaient soulevées, notamment une opération de blanchiment d'argent. Il a alors démissionné. Fred Goldberg, le commissaire de l'Internal Revenue Service, a envoyé une déclaration préparée à la commission indiquant qu'il n'était pas prêt à porter un jugement rapide sur le système de sécurité interne de l'IRS. Duncan a quitté l'IRS après 17 ans de service. Le manuel de l'IRS sur les procédures fiscales, 64-22, stipule : "Il est du devoir du service de mener à bien cette politique de collecte de recettes en appliquant correctement les lois promulguées par le Congrès... et non pas d'adopter une interprétation tendue en croyant protéger les recettes." Les agents de l'IRS sont en effet contraints d'adopter une "interprétation tendue" s'ils veulent protéger leur emploi ; les carrières et les promotions dépendent du montant d'argent supplémentaire qu'ils peuvent rapporter. À la page 145, le manuel indique qu'il n'existe pas de définition précise de la notion de "conformité substantielle" en ce qui concerne la production de documents. Là encore, l'agent joue la carte de l'improvisation.

Le citoyen contrôlé n'a pas de copie de ce manuel sous les yeux et doit faire tout ce que l'agent lui demande. La commission a rendu publics certains exemples notoires tirés de ses enquêtes, notamment l'existence d'une conspiration criminelle visant à entraver l'application des lois fiscales au sein du bureau de Los Angeles de l'IRS. L'ancien chef du LA CID IRS a été "persuadé" par Guess Jeans d'enquêter sur une fraude fiscale à l'encontre d'une entreprise de jeans de marque concurrente, Jordache. Le fonctionnaire de l'IRS a mené l'enquête, puis est allé travailler pour Guess.

Par la suite, on a découvert qu'il avait "dissuadé ou entravé" deux autres enquêtes fiscales alors qu'il était à la tête du CID.

Les agents de l'IRS ont souvent joué un rôle crucial dans les campagnes politiques, en intervenant en faveur d'un candidat contre un autre. La victime la plus célèbre de ces abus est le député George Hansen, de l'Idaho. Les tactiques de l'IRS l'ont non seulement empêché d'être réélu, mais l'ont ensuite envoyé en prison sur la base d'accusations peu convaincantes de "violations de l'éthique". Il a été prouvé qu'il avait suivi les directives de la Chambre des représentants en remplissant les nouveaux formulaires, mais il a été condamné et emprisonné dans le cadre d'une vendetta politique. Lorsque sa femme a annoncé qu'elle briguerait son siège au Congrès, elle a été immédiatement menacée par des agents du fisc. Ils l'ont informée que si elle ne remettait pas les listes des personnes ayant contribué à sa campagne, elle serait elle aussi envoyée en prison. Les partisans de sa campagne ont alors essuyé les foudres de l'IRS et elle a été contrainte d'abandonner sa course au Congrès. Tous ces actes sont interdits par la loi ; ils constituent une ingérence illégale dans le processus électoral et au moins cinq ou six autres actes criminels. Rien n'a été fait.

Pour les Américains qui croient encore qu'il leur reste quelques droits constitutionnels, le *Washington Post a* publié un démenti le 26 février 1989. Le Post citait une décision rendue le 20 janvier 1989 par le juge Larry McKinney, selon laquelle il n'existe pas de droit constitutionnel au respect de la vie privée pour les comptes bancaires. (Raikes v. Bloomfield State Bank). Cette décision donne à l'IRS toute autorité pour poursuivre sa longue pratique d'examen furtif des comptes bancaires privés des citoyens. La décision McKinney s'inscrit simplement dans le cadre d'une campagne nationale de resserrement de la vis sur tous les Américains par les percepteurs d'impôts. Paul Craig Roberts a noté dans sa colonne syndiquée du 7 février 1989,

> "Depuis que Reagan et une poignée d'outsiders ont allégé le fardeau fiscal oppressant qui pesait sur le peuple américain, les initiés de Washington et la coterie d'intérêts particuliers de la capitale ont essayé d'augmenter les impôts.

Andy Melechinsky a abordé ce problème lorsqu'il a récemment déclaré :

> "Toute personne qui respecte la Déclaration des droits aujourd'hui risque d'être mise en cage, voire pire, par une tyrannie puissante, impitoyable et insidieuse telle que le monde n'en a jamais connue auparavant.

Melechinsky souligne la distinction essentielle entre "droits" et "privilèges" pour ceux qui dépendent de leurs "droits" lorsqu'ils se présentent devant un tribunal américain.

> "Je dois souligner que les droits du cinquième amendement ne sont pas des *privilèges* dans un tribunal (par opposition à l'équité). Ce n'est que dans un tribunal d'équité que les droits

> deviennent des privilèges, et personne ne peut être amené légalement dans un tribunal d'équité à moins qu'il ne sache exactement dans quoi il s'engage et qu'il veuille y être".

Peu d'Américains savent que s'ils choisissent d'aller devant la Cour fiscale, ils entrent dans un tribunal d'équité dont les juges sont choisis par les autorités fiscales du gouvernement. Sous le président Carter, la commission de nomination des juges à la Cour fiscale était présidée par Robert Mundheim, avocat général du département du Trésor des États-Unis. Jerome Kurtz, directeur de l'IRS, en était le second responsable. Les autres membres de la commission avaient des antécédents similaires.

L'un des critiques les plus virulents de l'IRS est Kenneth White, universitaire et militant de Virginie, qui a dirigé pendant des années l'Association des contribuables de Virginie (Virginia Taxpayers Association). M. White a présenté des preuves documentées des abus de l'IRS devant des commissions du Congrès et des assemblées législatives d'État. Il a cité sous serment des violations spécifiques par l'IRS de 26 USC 7214 (extorsion) ; 18 USC Sec 1001 (documents faux et frauduleux) ; 18 USC 241 (conspiration pour blesser, opprimer, menacer et intimider), et 18 use 1341 (fraude postale). White a également déposé deux plaintes pénales auprès de l'ancien Atty Gen Edwin Meese ID contre Raymond Keenan, directeur du centre IRS de Memphis, et contre d'autres employés de l'IRS pour utilisation de documents faux et frauduleux.

Les citoyens américains tels que Kenneth White sont régulièrement vilipendés par les propagandistes du gouvernement et leurs noms sont inscrits sur des listes noires spéciales. Ils sont qualifiés de "protestataires fiscaux" parce qu'ils ont osé dénoncer les activités criminelles des agents de l'IRS. Un citoyen qui dépose une plainte ou enregistre un document indiquant qu'un crime a été commis à son encontre ou à l'encontre d'un autre citoyen n'est pas un "protestataire" ; il ne fait que se conformer à la loi. Les lois définissent qu'une personne qui omet de déposer des informations sur un crime dont elle a connaissance est coupable de "misprision", c'est-à-dire qu'elle omet d'informer les autorités concernées d'un crime qui, à sa connaissance, a été commis. Comme d'autres Américains inquiets, Kenneth White tente de clarifier des questions qui n'ont jamais été définies de manière satisfaisante, telles que : "Qui est réellement tenu de déclarer et de payer un impôt sur le revenu ? "et si le gouvernement américain est habilité à prélever et à collecter des impôts sur les citoyens américains au profit de gouvernements étrangers. L'avocat Lowell H. Becraft Jr. de Huntsville Ala. souligne que les pouvoirs du Congrès en matière de monnaie légale ne sont valables que dans "sa juridiction". Il cite les Revised Statutes, Title 39, Sec. 3588, la loi qui a fait des billets américains un moyen de paiement légal,

> "Les billets des États-Unis seront une monnaie légale et une monnaie ayant cours légal pour le paiement de toutes les dettes, publiques et privées, à l'intérieur des États-Unis, à l'exception des droits de douane sur les importations et des intérêts sur la dette publique.

Les derniers billets américains dont l'impression a été autorisée aux États-Unis l'ont été par le président Kennedy, peu avant son assassinat à Dallas. Le 30 juin 1963, Kennedy a signé l'Exec. Order No. 11110, qui modifiait l'E. O. Mo. 10 289 de septembre 1951, donnant ainsi au président le pouvoir d'émettre la monnaie. Il a alors ordonné l'émission de 4 292 893 815,00 dollars en monnaie américaine légale, qui n'était pas une monnaie portant intérêt, comme le sont les billets de la Réserve fédérale. L'ordre d'impression a été annulé lors de l'un des premiers actes officiels du président Lyndon B. Johnson après qu'il eut succédé à Kennedy. Au moins, il savait pourquoi il avait accédé à la présidence. Bien que les billets de la Réserve fédérale soient émis par les banques privées de la Réserve fédérale, il s'agit toujours de billets à ordre, d'obligations ou de promesses de paiement du contribuable américain. Lorsque le présent auteur a reçu la terrible convocation de l'IRS pour un contrôle fiscal (à son insu, l'ordre avait été envoyé à l'instigation d'un avocat qui n'avait pas réussi à me vaincre dans un procès), j'ai rapidement poursuivi l'agent pour 350 000 dollars pour terrorisme. L'affaire a été portée devant une cour de circuit de l'État, mais le gouvernement l'a immédiatement renvoyée devant la cour fédérale, après quoi le plaignant a déposé une requête pour que l'affaire soit renvoyée devant la cour de l'État, en invoquant de nombreux précédents et stipulations du code des États-Unis. L'affaire a traîné pendant de nombreux mois, au cours desquels le plaignant a déposé trente-huit requêtes, dont aucune n'a jamais fait l'objet d'une réponse de la part du gouvernement, ni n'a été autorisée à être débattue devant le tribunal. Le plaignant a également déposé des interrogatoires écrits auprès de l'IRS, auxquels il n'a jamais été répondu. "Question 8. Le plaignant a accusé l'IRS de discrimination raciale. L'IRS pratique-t-il la discrimination raciale à l'encontre des contribuables blancs tels que le plaignant, tout en permettant aux dirigeants politiques noirs d'éviter de payer l'impôt sur le revenu en raison des menaces de ces dirigeants noirs d'organiser des émeutes dans les communautés noires s'ils sont contraints de payer l'impôt ? Question 9. Pourquoi un fonctionnaire de l'IRS a-t-il dit à Drew Pearson que "nous acceptons la non-conformité des dirigeants politiques noirs parce que c'est le prix que les Américains doivent payer pour maintenir la paix raciale dans les villes américaines" ? Pearson a reproduit ce dialogue mot pour mot dans sa chronique "Washington Merry Go Round".

Non seulement l'IRS fonctionne comme un "vigorish" ou bras de recouvrement pour la Main Noire, comme l'opération mafieuse appelée Système de Réserve Fédérale est connue des initiés ; non seulement l'IRS fonctionne comme le bras de mise en œuvre du programme de Karl Marx appelant à un impôt sur le revenu gradué ou progressif ; non seulement l'IRS fonctionne pour maintenir le pouvoir monopolistique des sociétés à travers les États-Unis, empêchant les citoyens américains de rivaliser en développant leurs propres entreprises dans le cadre de notre prétendu système de "libre entreprise" ; l'IRS fonctionne également comme la force négative la plus importante sur l'économie américaine. Michael Evans, dans son ouvrage novateur intitulé "Let's Abolish the Income Tax" (Abolissons l'impôt sur le revenu), indique qu'au cours de l'année 1986, les Américains ont consacré un total de 5,3 milliards d'heures à la tenue de dossiers et de documents financiers et à la préparation de déclarations d'impôt sur le revenu sur ordre de l'IRS. Si le revenu moyen de ces contribuables américains est calculé sur la base d'un chiffre raisonnable de 20 dollars de l'heure, car la plupart des personnes qui gagnent moins de 10 dollars de l'heure ne paient que peu ou pas d'impôt sur le revenu, nous avons une perte sèche pour l'économie américaine de plus de 100 milliards de dollars par an, un chiffre qui pourrait réduire de manière significative notre déficit national. En 1988, l'impôt sur le revenu progressif de Karl Marx a rapporté à l'État quelque 400 milliards de dollars de recettes fiscales provenant des particuliers, contre seulement 100 milliards de dollars perçus au titre de l'impôt sur les sociétés.

Si nous examinons la perte susmentionnée de 100 milliards de dollars par an provenant de l'activité non lucrative des citoyens américains, du point de vue d'un économiste du phénomène connu sous le nom de “vitesse de circulation”, avec une rotation moyenne de cinq fois par an de la vitesse de circulation, nous arrivons au chiffre réel d’une perte pour l’économie américaine de 500 milliards de dollars par an — sans parler du stress psychologique dans lequel les Américains sont placés lorsqu’ils se penchent sur leur déclaration de revenus, sachant qu’une erreur de quelques dollars peut leur coûter tout ce qu’ils possèdent, sous forme de pénalités et de confiscations à la Lénine.

Étant donné que le système de l’IRS est depuis des années sur le point de s’effondrer totalement, les Américains ne doivent pas craindre de devoir continuer à passer cinq milliards d’heures par an à remplir leurs déclarations d’impôts. L’IRS a mis en place un plan sur 25 ans selon lequel les agents de l’IRS finiront par remplir tous les formulaires fiscaux.

Ils calculeront votre impôt dans le cadre d’un “service simplifié” pour les contribuables. Étant donné que 60% des conseils donnés par l’IRS aux contribuables pour remplir leur formulaire d’impôt sur le revenu se sont révélés erronés, et qu’ils le sont à tel point que l’IRS lui-même ne permettra pas que les conseils de ses propres agents soient utilisés comme excuse légale pour remplir une déclaration d’impôt incorrecte ou incomplète, nous ne pouvons que frémir devant le chaos qui régnera lorsque les agents de l’IRS prépareront le formulaire d’impôt de chacun et notifieront au citoyen le montant qu’il est censé payer. Le plan de 25 ans de l’IRS appelle également à l’“égalité salariale”, un raffinement de l’IRS de l’ancien précepte marxiste de la “valeur comparable”, qui établit des lignes directrices pour payer les impôts de chacun en fonction de sa valeur et distribuer le produit à chacun en fonction de ses besoins. Selon le plan de l’IRS, les Américains qui travaillent dur seront contraints d’accepter l’“égalité salariale”, c’est-à-dire des réductions de salaire, déguisées en impôts plus élevés, tandis que les groupes d’intérêt privilégiés recevront des primes spéciales. Toute contestation de ces décrets de l’IRS serait interprétée comme une “critique de l’État” ou, selon l’expression consacrée en Russie soviétique, comme une “diffamation de l’État”, et serait punie en conséquence. Le plan envisagé par l’IRS l’introniserait définitivement comme le KGB de l’Amérique, une police secrète omnisciente et puissante qui infligerait la punition maximale à quiconque oserait critiquer Big Brother dans notre État socialiste de 1984. C’est la vision d’Orwell, celle d’une botte enfoncée à jamais dans le visage du citoyen. Bien que peu d'Américains se soient alarmés du spectacle de certains des membres les plus connus du Congrès de gauche quittant précipitamment Washington quelques heures seulement avant les citations à comparaître et les mises en accusation, cet exode pourrait avoir une plus grande importance que les révélations que nous offre la presse servile.

L'hégire de ces politiciens professionnels, bien que de bon augure pour l'avenir de la République, n'a peut-être pas été entièrement inspirée par la perspective de longues auditions éthiques suivies de l'habituelle tape sur les doigts. Depuis quelque temps, des rumeurs circulent à propos d'un mémorandum inquiétant rédigé par le ministère de la Justice, qui évoque la forte possibilité qu'une ou plusieurs nations arabes demandent l'inculpation d'un certain nombre de nos plus éminents dirigeants du Congrès pour crimes de guerre. Le mémorandum du ministère de la Justice cite l'activité publique de ces membres du Congrès qui ont parrainé et adopté de nombreuses lois de finances pour l'État d'Israël, ces fonds étant ensuite utilisés pour massacrer des femmes et des enfants palestiniens dans le cadre des vains efforts des dirigeants terroristes sionistes pour écraser le désir des Palestiniens captifs d'être libérés de leurs oppresseurs.

Le mémorandum indique clairement que ces membres du Congrès, de leur propre aveu, sont devenus responsables, selon les lignes directrices des procès de Nuremberg, du "massacre de milliers de civils, y compris de nombreuses femmes et enfants", de "l'enfermement de milliers de prisonniers politiques dans des camps de concentration, dans des conditions extrêmement inhumaines interdites par la Convention de Genève", et de "l'organisation et la conduite d'une guerre agressive" contre des populations civiles.

La base juridique des actes d'accusation est que ces membres du Congrès ont fourni à Israël toute l'aide militaire et économique qui a rendu possible l'occupation israélienne, qui a payé chaque balle tirée dans le corps de chaque victime palestinienne des atrocités sionistes, et qui a payé toutes les dépenses du gouvernement d'occupation israélien. Selon les directives de Nuremberg, le gouvernement israélien est considéré comme une force d'occupation militaire équivalente aux gouvernements d'occupation nazis dans les pays européens où ils avaient créé des États satellites. De nombreux fonctionnaires de ces gouvernements d'occupation ont par la suite été condamnés et exécutés sur décision des tribunaux de Nuremberg, bien que, dans de nombreux cas, les preuves de leur responsabilité aient été bien moindres que celles des membres du Congrès américain dans le cadre du parrainage des actions du gouvernement israélien.

Le mémorandum du ministère de la Justice a été préparé en réponse à une demande d'un membre du personnel du Congrès concernant la possibilité d'engager des poursuites pour crimes de guerre à l'encontre d'un ou de plusieurs membres du Congrès. Sa conclusion est la suivante

> "Nous avons le regret de vous informer que, compte tenu de la quantité écrasante de preuves immédiatement disponibles pour l'accusation, il serait extrêmement difficile, voire impossible, de se défendre contre une telle accusation. Même si une condamnation pour crimes de guerre n'entraînerait pas nécessairement l'emprisonnement ou d'autres sanctions pour les accusés, en raison de l'absence d'une force internationale capable d'exécuter une telle sentence, la simple diffusion de ces accusations de crimes de guerre serait très préjudiciable à la poursuite des engagements actuels des États-Unis en matière de politique étrangère, et pourrait bien entraîner un réexamen approfondi et une révision de nos engagements en cours envers l'État d'Israël".

Le mémorandum poursuit en décrivant la "valeur propagandiste délétère de telles accusations de crimes de guerre", car le gouvernement des États-Unis aurait des difficultés à défendre les accusés ou à coopérer à leurs poursuites.

Une autre position juridique du ministère de la Justice a récemment fait surface et présente des potentialités encore plus alarmantes. Elle suggère qu'il existe désormais de grands obstacles à la poursuite des citoyens américains inculpés pour défaut de déclaration ou de paiement de l'impôt sur le revenu, en raison de la possibilité qu'ils puissent monter une défense imbattable en citant le premier amendement (1791),

> "Le Congrès ne fera aucune loi concernant l'établissement d'une religion ou interdisant son libre exercice.

Pendant plusieurs années, j'ai souligné que le Congrès, en promulguant de nombreux projets de loi de finances qui accordaient des milliards de dollars à l'État d'Israël, violait le premier amendement. Mon argument était que, parce que l'État d'Israël est publiquement connu comme une théocratie, c'est-à-dire comme un État religieux doté d'un gouvernement ouvertement religieux, et qui exclut de ses fonctions les membres d'autres religions qui résident pourtant dans cette nation et y paient des impôts, le Congrès est par conséquent coupable de violer le premier amendement, selon lequel le Congrès ne fera pas de loi concernant l'établissement d'une religion". Je n'avais pas encore eu l'occasion d'introduire cet argument dans une action en justice, mais j'espérais depuis longtemps avoir la chance de mettre un juge fédéral sur la sellette, en le forçant à admettre qu'il était impossible d'extorquer par la force des fonds à des citoyens américains, alors que ces fonds étaient ensuite appropriés par un acte du Congrès pour être envoyés à un État théocratique, dans le but de maintenir une entité religieuse en tant que nation souveraine au sein de la famille des nations. En effet, l'État d'Israël semble être la seule puissance mondiale à l'heure actuelle qui soit ouvertement et ouvertement un État théocratique, la tendance dans l'histoire moderne ayant été pendant plusieurs siècles contre la théocratie dans le gouvernement et favorisant les gouvernements ouverts aux membres de toutes les croyances religieuses, comme c'est le cas aux États-Unis. Le soutien à mon argument juridique est apparu l'année dernière lorsque le héros des procès politiques du débat sur l'Iran Contra, qui a finalement abouti à la condamnation du colonel Oliver North sur de vagues accusations d'"obstruction au Congrès", une accusation qui, si elle est vraie, devrait lui valoir une médaille du peuple américain, ledit héros, le sénateur Daniel K. Inouye (D. Hawaï), alors président de la sous-commission des opérations étrangères du Sénat, a suscité une controverse en cédant à l'injonction de l'un de ceux qui avaient contribué à sa campagne électorale d'affecter huit millions de dollars du Trésor américain à la construction d'écoles religieuses pour les juifs d'Afrique du Nord en France. Inouye, qui s'était rendu célèbre par ses attaques virulentes contre le colonel North tout au long des audiences Iran-Contra, a accepté avec empressement de violer la Constitution des États-Unis en donnant les huit millions de dollars au groupe d'agit-prop sioniste, l'organisation Ozar Hatorah. Les médias serviles ont brièvement discuté de ce crédit, sans toutefois mentionner le fait qu'il s'agissait d'une violation flagrante du premier amendement. Les membres du Congrès, tout comme nos juges, considèrent la Constitution comme un document dépassé qui, en tout état de cause, a été totalement remplacé par le droit de l'amirauté ou le droit commercial. Selon le droit commercial, il n'y a pas de stigmate juridique ou d'interdiction de dépenser l'argent des contribuables américains pour l'instruction religieuse juive, car le droit commercial n'observe pas la Déclaration des droits. La plupart des projets de loi promulgués par le Congrès des États-Unis fondent leur validité juridique sur les principes du droit commercial, le plus notoire étant la promulgation de la loi sur la Réserve fédérale par le Congrès en 1913. Le Federal Reserve Act a ouvertement violé la disposition constitutionnelle selon laquelle seul le Congrès doit avoir le pouvoir de battre monnaie et d'en réguler la valeur (art. I. sec. 8), et on peut dire qu'il a intronisé le droit commercial comme la nouvelle loi régnante des États-Unis.

Le problème du financement des écoles religieuses juives fait à nouveau rage à Washington, comme l'indique un titre du *Washington Post* du 18 juillet 1989 : "AID Funding of Israeli Religious Schools Hit" "Lawmakers Decry 'International Pork Barrel'" (Le financement par l'AID des écoles religieuses israéliennes est touché). "L'article révèle que l'Agence pour le développement international (AID) a affecté 3,5 millions de dollars à la construction de deux écoles religieuses juives orthodoxes en Israël et d'une institution de formation des enseignants pour les colonies juives en Cisjordanie occupée par Israël. L'administrateur adjoint de l'AID, Mark Edelman, doit maintenant répondre aux protestations concernant "l'apparente politisation accrue" du programme ASHA (American Schools and Hospitals Abroad) de l'AID, doté d'un budget de 35 millions de dollars. L'article poursuit en condamnant le programme ASHA en tant que "baril international de porc pour les projets favoris des principaux sénateurs pro-israéliens et de leurs collecteurs de fonds juifs". L'AID verse également un million et demi de dollars en fonds de construction à l'école normale de Sha'alvim à Ayalon, en Israël, pour construire des dortoirs pour les étudiants israéliens, qui travailleront ensuite comme enseignants dans les colonies juives de Cisjordanie. L'école normale, fondée en 1976, est décrite comme "un centre d'enseignement de la culture juive". L'institut Machon Alte de Safed, en Israël, qui fait partie d'un réseau de centres juifs dirigés par le mouvement Chabad Lubavitcher, une secte hassidique extrêmement orthodoxe dont le siège se trouve à Brooklyn et qui est bien connue pour parrainer des groupes d'autodéfense locaux dans les quartiers hassidiques, devrait également bénéficier de fonds de l'AID. Elle dispose également d'un million et demi de dollars réservés par AID pour la construction de dortoirs. L'AID a également réservé 500 000 dollars pour le collège de filles Or Machayim à Bnei Brak, en Israël, dont l'objectif déclaré dans sa demande d'AID est "d'élever les niveaux économiques et culturels de la population sépharade d'Israël". L'Académie israélienne des arts et des sciences de Jérusalem devrait également recevoir 1,5 million de dollars de l'AID au cours de la présente année fiscale et un million de dollars supplémentaires l'année prochaine pour la construction de dortoirs. Son sponsor américain est Robert H. Asher, qui, par coïncidence, est également le président du plus puissant lobby politique de Washington, l'American Israel Public Affairs Committee (AIPAC). Avec un soutien aussi influent, il est compréhensible que l'Agence pour le développement international alloue des sommes aussi importantes à des institutions de l'État d'Israël, même si son dévouement à ces objectifs pourrait amener certains Américains à penser que AID signifie "Agence pour le développement israélien". Néanmoins, Asher a nié que l'AIPAC ait joué un rôle quelconque dans l'obtention de ces crédits de plusieurs millions de dollars pour sa patrie idéologique.

Plusieurs membres du Congrès ont demandé une révision de ces crédits, non pas par excès de zèle pour protéger le contribuable américain d'une exploitation aussi scandaleuse au nom d'une puissance théocratique étrangère, mais par crainte qu'à mesure que l'AID est identifiée dans l'esprit du public comme une agence de l'AIPAC et d'autres lobbies sionistes à Washington, elle ne mette en péril leurs nombreux autres projets, la révulsion du public contre un tel pillage du Trésor américain conduisant à des réductions dans de nombreuses autres opérations financées par le gouvernement.

CHAPITRE 15

MULLINS SUR L'ÉQUITÉ

Le droit commercial existe principalement pour assurer des transactions équitables dans le commerce. C'est du moins ce que l'on nous dit. En fait, le droit commercial existe pour subvertir tous les autres systèmes juridiques du monde et tous les gouvernements. Il s'agit avant tout d'un instrument de pillage.

Frédéric Bastiat écrit, dans "La loi", que

> "Le pillage légal peut être commis d'un nombre infini de façons ; il existe donc un nombre infini de plans pour l'organiser. Tarifs, protection, primes, subventions, incitations, droit à l'emploi, impôt progressif sur le revenu, éducation gratuite, droit au profit, droit au salaire, droit au secours, droit aux outils de production, crédit sans intérêt, etc. etc. Et c'est l'ensemble de ces plans, dans ce qu'ils ont de commun, le pillage légal, qui porte le nom de SOCIALISME".

L'offre du communisme de "redistribuer les richesses" est le summum de la démagogie politique. Dans "*L'Ordre Mondial*",[8] le présent auteur a retracé l'origine du communisme aux banquiers internationaux qui étaient embarqués dans un programme universel de "nivellement", c'est-à-dire de réduction de toutes les choses à une norme unique et gérable. L'ancien secrétaire au Trésor William Simon écrit que "la redistribution de la richesse des citoyens productifs est devenue la principale activité du gouvernement". Bien entendu, la "redistribution" des richesses consiste à les prendre aux producteurs et à les donner aux non-producteurs, afin d'acheter le soutien politique de l'élément non productif de la société. Samuel Adams, l'un des Pères fondateurs, a écrit,

---

[8] *L'Ordre Mondial, nos dirigeants secrets, une étude de l'hégémonie du parasitisme*, Omnia Veritas Ltd, www.omnia-veritas.com.

"Le projet utopique de nivellement et de communauté de biens est, dans notre gouvernement, inconstitutionnel.

Adams met le doigt sur le problème fondamental de l'Amérique d'aujourd'hui, à savoir que le droit commercial et son programme communiste de redistribution et de nivellement sont interdits par notre Constitution ; les syndicalistes se consacrent donc à l'élimination et à la destruction de la Constitution, qui constitue le principal obstacle sur leur chemin. C'est la raison pour laquelle la bataille se déroule maintenant devant les tribunaux américains ; le droit commercial a insidieusement imposé sa volonté pendant de nombreuses années, et il est finalement exposé comme une fraude étrangère et le dernier subverseur du système juridique qui a été garanti au peuple américain par notre Constitution.

Dans l'Oxford English Dictionary, le droit commercial est défini comme suit : "1856 H. Broome. Common Law. Lord Campbell remarque que le privilège général des banquiers fait partie de la loi du marchand. (*lex mercantoria*)."

Cela semble assez inoffensif. Un banquier peut être justifié d'obtenir un privilège pour protéger son prêt ou ses intérêts. Dans la pratique, cependant, cela signifie que la capacité de la banque centrale à émettre et à créer de la monnaie crée un maelström qui attire inévitablement tous les biens et toutes les personnes dans son aspiration ; elle crée un privilège sur tout ce qui se trouve sur le territoire de l'État. Il est désormais largement admis que notre banque centrale, le système de la Réserve fédérale, détient à l'heure actuelle un privilège sur tous les biens aux États-Unis. Cela signifie qu'il n'y a pas vraiment de propriété personnelle et que nous sommes donc parvenus à l'idéal communiste, dans lequel les individus privés ne possèdent rien.

Le Black's Law Dictionary définit la lex mercatoria, la loi du marchand, comme faisant partie de la common law. Elle peut être présente dans nos tribunaux, mais pas en tant que common law. Elle est l'antithèse de la common law, car elle est le véhicule de l'équité. La présence pernicieuse de l'équité dans notre système juridique est un vieux souvenir du despotisme oriental, de l'autarcie, des abus d'un pouvoir débridé et de la perte des droits individuels. L'équité est la Chambre étoilée du Moyen-Âge et le système juridique du pouvoir absolu babylonien ; c'est aussi le culte de Baal, l'héritage de Nemrod et la personnification du pouvoir maçonnique furtif. Ce n'est pas un hasard si le droit commercial est inscrit dans les rites maçonniques ; dans le Rite Ancien et Accepté, le degré 31 est étroitement associé à l'équité, de même que le degré 16, les Princes de Jérusalem. Il est également accepté comme Grand Défenseur, le degré 31 du Rite Ancien et Primitif.

Pour le citoyen moyen, le droit commercial désigne simplement les principes originels du commerce, le droit des effets de commerce, des contrats, des sociétés et des marques. Il n'y a rien de sinistre dans ces préceptes. Le droit commercial envisage la bonne foi et le crédit entre ceux qui font du commerce ; là encore, il n'y a rien à redire à ces préceptes. L'Oxford English Dictionary définit un contrat comme "une obligation mutuelle, du latin contractus, ou accord ; un accord exécutoire par la loi, un accord qui affecte un transfert de propriété, un transfert 1588. A.King tr. Canisius Catech 39, Ali unlauchful usurping of othir mens geir be theft usurie, inust winning, decept and other contracts." Le droit commercial fait respecter les accords entre les parties contractantes. Cela aussi est acceptable ; en cas de désaccord sur les termes du contrat, il est possible de le régler devant un tribunal. Cependant, Blackstone a développé une théorie selon laquelle les jugements des tribunaux deviennent eux-mêmes des "spécialités", des contrats de la plus haute importance. Le jugement du tribunal lui-même, en émettant un ordre d'exécution pour le paiement forcé d'un jugement, crée un "contrat" spécial qui doit alors être respecté. On a dit que le droit regarde le passé, mais que l'équité regarde l'avenir. Cela signifie que le droit est cette compréhension fixe, développée par nos traditions, qui nous guide, tandis que l'équité est tournée vers l'avenir et une économie dirigée qui est en fait un retour à la période la plus sombre de l'histoire de l'homme, l'ère du despotisme absolu. L'équité, ou chancellerie, comme on l'appelait au Moyen-Âge, trouve son origine dans les fonctions des secrétaires (c'est-à-dire des émissaires secrets) de l'empereur. Pour leur donner l'autorité nécessaire à l'exécution de ses volontés, l'empereur les nommait chanceliers, c'est-à-dire qu'ils annulaient les péchés de ceux qui étaient favorisés par l'empereur, d'où l'appellation de chancellerie et de cour de chancellerie.

Dès le début, les procédures des tribunaux de chancellerie ont été entourées de secret et de forces conspiratrices. En raison de leur nature dictatoriale, ils étaient également connus sous le nom de "Star Chamber" (chambre étoilée), terme qui trouve son origine dans l'invasion de l'Angleterre par Guillaume le Conquérant. Dans la "Short History of England" de J. R. Green, nous apprenons qu'"un justicier royal garantissait le droit au marchand juif, qui n'avait pas droit de cité dans les tribunaux locaux ; ses obligations étaient déposées pour plus de sécurité dans une chambre du palais royal de Westminster, qui, d'après leur nom hébreu d'"étoiles", reçut le titre de Chambre étoilée". C'est de cet arrangement qu'est né le célèbre système judiciaire anglais de la Chambre étoilée".

Sous l'égide du système de la Réserve fédérale et de son agence de recouvrement, l'Internal Revenue System, les États-Unis sont revenus au système féodal du Moyen-Âge. L'IRS a vu le jour en Italie sous la forme de la Main Noire, qui exécutait les demandes d'extorsion pour le compte des princes de la noblesse noire. Dans le cadre de notre système féodal actuel, nous vivons sur la "terre du seigneur" en tant que "villageois", ne possédant aucun titre de propriété et restant locataires selon le bon vouloir du seigneur. Le "seigneur", bien sûr, est le banquier central, qui exerce son contrôle par l'intermédiaire du système de la Réserve fédérale. Ce n'est pas un hasard si le conclave secret qui a rédigé le Federal Reserve Act s'est réuni clandestinement à Jekyll Island, en Géorgie, une retraite de millionnaires dont les membres contrôlaient à l'époque un quart de toutes les richesses du monde (Secrets of the Federal Reserve, par Eustace Mullins). L'IRS entretient une inquisition développée à l'origine par les Jésuites en Espagne ; cette inquisition paie une dîme aux informateurs et est rarement contrecarrée par le système juridique, qui n'existe que pour faire respecter ses exigences.

La banque centrale elle-même est l'ultime corporation, l'arme finale de la noblesse noire conspiratrice et de son ordre mondial. Le président de la Cour suprême, M. Marshall, a noté dans la célèbre affaire Dartmouth v. Woodward : "une société est un être artificiel, invisiblement intangible, qui n'existe que dans la perspective de la loi. En tant que simple créature de la loi, elle ne possède que les propriétés que lui confère la charte de sa création".

Les corporations étaient bien connues dans le droit romain et étaient copiées des lois de Solon. Il s'agissait de sociétés privées qui avaient le droit de fonctionner tant qu'elles ne faisaient rien de contraire au droit public. Le problème fondamental posé par les sociétés est que les sociétés et les personnes libres ne peuvent pas coexister dans la même nation. La Constitution a été rédigée pour des individus libres, chacun étant une personne ; la société ne peut pas être une personne, mais un ensemble de personnes. La société est une chose qui a atteint l'immortalité, ce qui est refusé à tous les individus libres. La société ordonne la succession perpétuelle ; elle peut être poursuivie en justice et elle peut intenter un procès ; elle peut acheter de l'or, des terres et des biens meubles ; elle peut avoir un sceau commun ; elle peut établir des règlements et nommer ou révoquer des membres.

Parce qu'une société n'est pas une personne, elle ne peut pas être citoyenne d'une nation, ni faire preuve de loyauté à l'égard d'une nation. Une société n'a donc pas de loyauté nationale, ni d'allégeance aux frontières nationales. Cependant, le problème fondamental de l'entreprise est que, parce qu'elle n'est pas une personne et parce qu'elle peut aller en justice pour poursuivre ou être poursuivie, cela crée une situation dans laquelle le positivisme juridique se développe comme une excroissance logique de l'activisme social, le concept holmésien du droit. Comme l'a écrit Roscoe Pound, "il n'y a pas de normes de droit objectives, données par Dieu ; puisque Dieu n'est pas l'auteur du droit, l'auteur du droit doit être l'homme". C'est la théorie dominante de notre système juridique. Dieu n'a rien à voir avec la loi — les Dix Commandements n'ont jamais été prononcés — et la loi ne se préoccupe plus des personnes, sauf lorsqu'elles entrent en conflit avec la non personne du droit commercial international — l'entreprise. Lorsqu'un citoyen américain se présente devant un tribunal, il y arrive en tant que créature de Dieu et en tant que bénéficiaire de la Constitution.

Il est accueilli par les mercenaires du droit commercial, dont la seule fonction est d'appliquer les procédures du tribunal d'amirauté de la personne non physique, la société, incarnée par la société ultime, la banque centrale mondiale, à l'encontre de cette personne américaine. C'est ce conflit fondamental qui n'a jamais été exposé au tribunal. Les représentants légaux de la société, les juges et les avocats, savent qui ils représentent, mais ils n'informent jamais le citoyen qu'ils fonctionnent selon les principes du droit commercial, alors que le citoyen s'attend à être défendu selon les principes de la Constitution. Bruce Fein, juriste respecté, déclare : "Il est très inquiétant d'avoir une loi secrète qui n'est connue que du juge ou du gouvernement". *Washington Post*, 18 avril 1989. L'objectif de cet ouvrage est de vous informer, en tant que citoyen américain, de l'existence de cette loi secrète. Ainsi, elle n'est plus secrète et vous pouvez mettre en place une défense adéquate.

Le problème fondamental du droit commercial est que l'individu né libre, en tant que créature de Dieu, se présente au tribunal pour défier la société, une non-personne qui a été créée artificiellement par la noblesse noire en tant que créature de Satan, et qui est soutenue par l'ancien despotisme oriental, caractérisé par le système monétaire et judiciaire babylonien. Le livre de Sanford Levinson, "Constitutional Faith", aborde ce problème avec précaution. En tant que défenseur actuel de la dernière version de l'activisme social holmésien dans le système juridique, Levinson traite le concept de "pensée post-moderniste". Comme le décrit Levinson, la pensée juridique postmoderniste s'inspire des philosophies antirationalistes de Nietzsche et de Heidegger, ainsi que des épigones "déconstructionnistes" plus récents, Derrida, Foucault, Barthes, de Man et Richard Rorty. La "foi constitutionnelle" se veut l'épitaphe finale des traditions constitutionnelles dans notre système juridique, comme l'affirme Levinson : "La mort du "constitutionnalisme" pourrait être l'événement central de notre époque, tout comme la mort de Dieu a été celle du siècle dernier (et pour la même raison)".

En fait, la "mort de Dieu" était la tentative philosophique désespérée des corporatistes de nier un Dieu qui n'avait joué aucun rôle dans la création de leur société ; la "mort de la Constitution" s'avérera être un shibboleth tout aussi efficace. Levinson définit le constitutionnalisme comme une foi erronée dans les "normes morales intemporelles", c'est-à-dire la loi comme force fixe telle qu'elle est définie dans sa compréhension la plus ancienne, et la loi comme force morale émanant de la Présence et de la Puissance de Dieu. Levinson nous dit que "la souveraineté populaire, en tant que motif mettant l'accent sur l'énergie et l'autorité morale de la volonté (et du désir volontaire) plutôt que sur les contraintes d'un ordre moral commun auquel la volonté était tenue de se soumettre, est devenue le point de vue mis en avant aujourd'hui dans la plupart des grandes écoles de droit". Est-ce surprenant ? Les facultés de droit forment les étudiants à faire respecter la loi marchande et à subvertir la Constitution. La "souveraineté populaire" représente la souveraineté de l'individu en tant que créature de Dieu ; elle sera toujours l'ennemie de l'entreprise. Levinson nous dit que "le droit est dépouillé de tout ancrage moral ; les institutions politiques deviennent ainsi le forum du triomphe de la volonté". Levinson évoque des “visions politiques d’une persuasion religieuse civile” dans lesquelles “il est douteux que l’argumentation logique joue un rôle crucial”. Il crée une nouvelle justification philosophique pour l’école de “déconstructionnisme” de Harvard qui maintient la vision du légalisme comme une arme marxiste pour combattre “la société bourgeoise et son oppression des masses”. Levinson croit apparemment au concept du dix-neuvième siècle selon lequel le communisme est un grand vent qui emportera tous les ornements démodés de l’ancienne société bourgeoise, laissant à sa place une communauté dépourvue d’ornements, avec des bâtiments propres et lumineux peu ou pas meublés, bref, une chambre d’hôpital ou une cellule de prison, comme maison idéale de l’avenir. Levinson déclare que “la vie sociale telle que nous la connaissons est remise en question et pourrait même être en train de se dissoudre dans un flux Héraclitéen de plus en plus important”. Levinson dépeint un scénario de participation de la Cour suprême à une “abolition constitutionnelle de la propriété privée au nom d’une dictature prolétarienne” comme un développement imaginaire ; en fait, il décrit exactement ce que la Cour suprême fait depuis des années, expropriant progressivement la propriété privée du peuple américain et la remettant à la corporation mondiale par le biais de notre Système de Réserve Fédérale. Ce programme peut être renversé ; nous avons les armes ; nous pouvons aller au tribunal et contester le droit commercial parce que nous sommes des créatures individuelles de Dieu qui sont protégées par la Constitution en tant qu’héritage de la loi de Dieu. Non seulement l’entreprise est contre Dieu, en tant que personne non physique créée pour subvertir la présence de Dieu sur cette terre, mais elle est aussi l’antithèse de la loi de Dieu en tant que volonté nationale. La société est internationale et fonctionne dans le monde entier comme une amirauté ou un droit maritime. La juridiction de l’amirauté s’étend sur terre et sur mer, au-delà de toutes les frontières nationales. La société elle-même est une violation de la Constitution, car chaque société devient en pratique un nouvel État. En tant qu’entité exerçant son autorité dans plus d’un État, la société devient elle-même un État. En tant qu’entité créée par le gouvernement, la société devient un bras du gouvernement qui n’est pas seulement multi-étatique, mais aussi multi-national. Ainsi, une société new-yorkaise exerce son autorité en Virginie ou en Chine. Elle crée également de la monnaie, ce qui est une fonction de la souveraineté de l’État. L’art. IV, section 3 de la Constitution stipule qu’“aucun nouvel État ne sera formé ou érigé dans la juridiction d'un autre État". La société crée de nouveaux États en tant que "districts" ou opérations fédérales des tribunaux d'amirauté. Ainsi, le système de la Réserve fédérale divise les États-Unis en districts de la Réserve fédérale ; l'Internal Revenue Service divise les États-Unis en districts ; le système juridique divise les États-Unis en zones de "U.S. District Courts" ; et chaque société divise les États-Unis en ses propres districts de vente, districts de fabrication et districts d'opportunité.

En raison de l'existence des corporations, le droit marchand, ou droit maritime, ne fait pas partie du droit d'un pays particulier, mais du droit de toutes les nations. Une obligation de fond peut être émise à Londres, comme un prêt sur un navire et son fret, ou comme un respondentia bons, un prêt sur gage de la cargaison. Il ne s'agit pas seulement d'un contrat de sécurité ou d'adhésion ; le prêt ou l'hypothèque devient une sécurité en soi, ou une nouvelle monnaie, qui peut être échangée, escomptée ou vendue en tant que "sécurité" ; d'où nos obligations et nos actions vendues à Wall Street. La Constitution, Art. VI, stipule que "la Constitution sera la loi suprême du pays", mais le Statut 1, Sec. 9, p. 77, ligne 26, 1ère Session du Congrès 24 septembre 1789, stipule,

> "Et le jugement des questions de fait dans les tribunaux de district, dans toutes les causes sauf dans les causes civiles d'amirauté et de juridiction maritime, se fera par jury."

Nous devons donc avoir des procès avec jury, sauf dans les affaires d'amirauté. Comment cela s'accorde-t-il avec le fait que nous avons maintenant des procédures d'amirauté dans nos tribunaux ? C'est très simple. Nous pouvons toujours avoir un jury, mais celui-ci est annulé par les instructions du juge au jury, qui proviennent directement du droit commercial. C'est ainsi que la common law rencontre la loi maritime-admiralty dans nos tribunaux et qu'elle est battue à plate couture. L'amirauté est introduite dans la nation par le pouvoir du contrat. Nous constatons que "le tribunal d'amirauté est un tribunal maritime institué pour l'application des lois de la mer. Il semble donc y avoir des raisons de restreindre la juridiction, dans une certaine mesure, dans les limites du pouvoir commercial, ce qui la limiterait, dans les cas de contrats, à ceux concernant la navigation et le commerce du pays en haute mer et sur les eaux de marée avec les pays étrangers" New Jersey Steam Nav Co v. Merchants Bank, 6 How 392 (1848).

On sait que la plupart des assurances sont des systèmes de tontine et qu'elles sont donc interdites par la loi. Bien que l'assurance soit fondamentalement une entreprise privée plutôt qu'une entreprise publique, lorsque le gouvernement est devenu une société (National Recovery Act, etc. sous l'administration FDR), il s'est alors impliqué dans des entreprises privées et commerciales. La clause commerciale Art 1. sec. 8, qui donne au Congrès le pouvoir de réglementer le commerce entre les États, invoque également le droit de l'amirauté en tant que "droit des nations) sur terre et sur l'eau". Pourtant, le Congrès continental de 1 avait lui-même déposé une plainte contre l'Angleterre "qui étend les pouvoirs des tribunaux d'amirauté au-delà de leurs anciennes limites". Lorsque le gouvernement s'est lancé dans son projet de tontine à l'échelle nationale, l'administration de la sécurité sociale et les "polices d'assurance" qui l'accompagnent, les tribunaux de la nation ont été transformés en tribunaux de l'Amirauté. "Une police d'assurance est un contrat maritime et relève donc de la juridiction de l'Amirauté. De Lovio v. Boit, 7 Fcd.Chs. No 3.7766 (1815).

Titre 28, USC sec 1333, "Admiralty, maritime and prize cases ; The district courts shall have original jurisdiction, exclusive of the courts of the United States, of : (i). Toute affaire civile ou d'amirauté ou maritime ; les tribunaux de district sont compétents en première instance, à l'exclusion des tribunaux des États-Unis : (i). Et quels sont ces recours ? Les Fed. Statutes Anno. v 9, p. 88, dit : "... réservant dans tous les cas aux plaignants le droit à un recours de common law, lorsque la common law est compétente pour l'accorder" Home Ins Co v. North Packet Co, 3I 1a.242 (1871).

Toutefois, certaines autorités considèrent que la revendication d'un citoyen américain à la citoyenneté de droit commun est compromise par le fait que la sécurité sociale (FICA) soumet la personne dudit citoyen à la juridiction maritime des tribunaux de district des États-Unis par le biais d'une demande d'indemnisation : "La Cour ne se prononcera pas sur la constitutionnalité d'une loi à l'initiative d'une personne qui s'est prévalue de ses avantages". Gt Falls Mfg. Co v. Atty Gen. 124 U.S. 581. Ainsi, le citoyen qui cherche un recours en common law peut être contraint, contre son gré, de se soumettre à une juridiction d'équité par le biais du "contrat" de la chaîne de Ponzi de la sécurité sociale, au motif que le droit d'équité applique le droit des contrats, ou le droit des marchands. Quel est alors son effet sur les droits, privilèges et immunités garantis à un citoyen par la protection de la Constitution des États-Unis ? De nombreuses personnes ont déclaré qu'elles pensaient que toute personne participant à ce contrat d'actions ou à un système de Ponzi gouvernemental similaire perdait de ce fait ces droits, privilèges et immunités. En affirmant cela, elles ne font que reprendre les affirmations des tribunaux d'équité eux-mêmes.

Cependant, il est tout à fait naturel de prétendre que votre marque est la bonne, parce que c'est votre revendication de pouvoir, et votre revendication de votre part de marché. Les lois fédérales de procédure civile ne sont elles-mêmes que des codes d'équité.

Ainsi, on nous dit qu'un citoyen des États-Unis, c'est-à-dire d'un État des États-Unis (sans entrer dans la question de savoir s'il n'y a pas actuellement deux États-Unis distincts), qui manipule un billet de la Réserve fédérale, qui possède un permis de conduire ou un numéro de sécurité sociale, a ainsi conclu un contrat d'équité avec le gouvernement et a donc perdu les droits, privilèges et immunités d'un citoyen des États-Unis. Il s'agit certainement d'une doctrine des plus pernicieuses. Non seulement elle ignore le droit des contrats lui-même — un contrat doit stipuler une offre, une contrepartie et une acceptation des parties, alors que ceux qui enseignent cette doctrine se concentrent simplement sur l'acceptation — l'acceptation d'un numéro, ou d'une allocation de la part de l'assurance — mais où est l'offre ? Où est détaillée la considération des parties ? Une telle affirmation ne peut être étayée que si le citoyen a exécuté un formulaire et l'a signé, comme suit : "Je, __________ né(e) citoyen(ne) des États-Unis et jouissant actuellement des droits, privilèges et immunités qui en découlent, afin d'obtenir un numéro de sécurité sociale (ou un certificat de naissance, ou un permis de conduire), renonce sciemment et volontairement auxdits droits, privilèges et immunités." Il s'agit d'un contrat. Rien de moins n'est un contrat. Prétendre qu'il existe des codes cachés, des accords secrets et des significations soigneusement déguisées, dont aucune n'est explicitée, dans l'acte d'obtention d'un numéro de sécurité sociale, etc. est une offense au droit des contrats.

Quant au traitement d'un billet de la Réserve fédérale, d'une promesse de paiement ou d'un billet à ordre contre les citoyens des États-Unis, le traitement d'un tel billet ouvre en fait la porte au citoyen pour poursuivre le Système de la Réserve fédérale pour conspiration. Le Federal Reserve Act a été rédigé comme une conspiration, promulgué comme une conspiration et fonctionne encore aujourd'hui comme une conspiration secrète dont les délibérations sont interdites au public et au Congrès des États-Unis ! (*Secrets de la Réserve fédérale*, par Eustace Mullins).

Nous ne voulons pas passer sous silence le fait que des milliers de citoyens américains croupissent actuellement dans les camps de concentration de notre gouvernement, après avoir été condamnés pour une quelconque violation de l'équité de ces prétendus contrats. Cependant, ces prisonniers ont été condamnés pour avoir contesté la totalité de la juridiction de l'équité, qui est chargée de protéger tous les aspects des opérations de la banque centrale de la corporation ; ces prisonniers ont contesté le marxisme, l'autorité suprême de l'État telle qu'elle est commandée par la corporation. Ces prisonniers, comme nous l'avons déjà dit, ont été condamnés sur la base d'une "information" pour avoir violé une injonction du tribunal en tant qu'acte manifeste. Ils ont été condamnés en violation de la Constitution et ne peuvent être libérés que par une révolution constitutionnelle.

La loi d'équité ne peut pas contester ou remplacer la loi constitutionnelle ; elle la contourne, refusant d'affronter ce qui a commencé comme la loi de Dieu, son alliance ou contrat, codifié dans la Bible comme un affidavit de Dieu, c'est-à-dire avec les trois millions et demi d'Israélites, de Jacob seulement, et qui s'est poursuivi dans les Douze Tables de la loi romaine. En 900 avant J.-C., alors que les Cananéens, qui s'appelaient désormais les Phéniciens (plus tard les Vénitiens, qui se sont transformés en noblesse noire), une deuxième forme de droit, établie par les commerçants internationaux phéniciens pour leur propre commodité et à leurs propres fins, est apparue sur l'île de Rhodes. Cette seconde forme de droit est devenue le droit commercial, notre actuel droit des contrats. Cette forme de droit constitue le droit civil statutaire des États-Unis. Pendant ce temps, l'alliance de Dieu persistait sous la forme du droit commun anglais, qu'Alfred le Grand a codifié sous le nom de Alfred's Dooms, en 872 après J.-C., la continuation de son contrat avec le peuple de Jacob, ou Israël. Elle était connue sous le nom de "common law" d'Angleterre, non pas parce qu'il s'agissait d'une loi pour les gens du peuple, mais parce qu'elle était commune à tous les gens, riches et pauvres.

William Avery affirme à juste titre que la première défense d'un citoyen américain accusé d'une violation de la loi sur l'équité est “l’incapacité d’exécution”. Vous êtes accusé de ne pas avoir livré alors que vous n’avez jamais été informé que vous deviez livrer. En fait, l’accusation est “stand and deliver”, l’ancien cri du bandit de grand chemin anglais. Si un policier vous dit qu’il va vous donner une contravention pour avoir stationné dans une zone interdite et que vous répondez que vous n’avez pas vu le panneau, il vous inculpe quand même, parce que vous plaidez le défaut de vision. Lorsque l’État vous accuse de ne pas avoir respecté la loi sur l’équité, par exemple de ne pas avoir payé un “impôt”, vous répondez que vous n’êtes pas en mesure de le faire parce que vous n’avez pas été informé de l’obligation. Certains citoyens ont demandé à l’IRS de leur envoyer une “lettre de délégation de pouvoir”, c’est-à-dire une lettre de leur supérieur leur déléguant le pouvoir de mener un audit ou d’enquêter sur vous. En général, les agents refusent de produire une telle lettre ou sont incapables d’en obtenir une de leur supérieur. S’ils produisent effectivement une telle lettre, l’étape suivante consistera à exiger une copie du contrat dont les dispositions vous accusent de ne pas avoir été exécutées, ainsi que des réclamations détaillées concernant tout ce que vous n’avez pas livré. La réponse classique de l’agent de l’IRS est de citer une disposition du code de l’IRS. Cependant, cela ne détaille pas ce que vous n’avez pas livré, et votre formulaire 1040, si vous en avez rempli un, ne détaille pas non plus ces informations, puisqu’il contient ce que vous avez déclaré, et non ce qu’ils prétendent que vous n’avez pas déclaré. Le formulaire 1040 lui-même est en réalité une estimation ; en équité, il est difficile de tenir quelqu’un pour responsable des montants d’une estimation, et en vertu du droit constitutionnel, c’est absolument inadéquat.

Le formulaire 1040 lui-même est une liste de billets à ordre, c’est-à-dire de promesses de paiement, les billets de la Réserve fédérale. Il s’agit d’une monnaie porteuse d’intérêts qui n’est que du papier et qui n’est garantie que par des obligations en papier, même si elle prétend être garantie par la foi et le crédit du gouvernement des États-Unis ou du peuple des États-Unis. Il s’agit de papier émis contre des obligations “gouvernementales” portant intérêt, détenues par le système privé de la Réserve fédérale. Ce système, comme beaucoup d’autres entités économiques qui ont été créées sous l’autorité expresse d’une juridiction d’équité plutôt qu’en vertu du droit constitutionnel, est en fait une opération criminelle syndicaliste. En tant que tel, il travaille en étroite collaboration avec d’autres opérations criminelles syndicalistes aux États-Unis, telles que la Fondation Rockefeller et les autres grandes fondations exonérées d'impôts, ainsi que d'autres systèmes monétaires créés en vertu de la loi sur l'équité.

Les citoyens américains qui sont accusés de “violations” dans nos tribunaux d'équité sont généralement confrontés à la tâche ardue de se défendre contre de vagues allégations selon lesquelles ils ont “échoué” à coopérer à une ou plusieurs de ces opérations syndicalistes criminelles. L'IRS n'étant qu'une agence de recouvrement pour la Réserve fédérale, l'accusation de l'IRS est basée sur votre “incapacité à accomplir” une tâche qui vous a été attribuée par la Réserve fédérale. La défense appropriée ici est qu'aucun citoyen américain respectueux de la loi ne peut s'acquitter d'une tâche demandée par une opération syndicaliste criminelle sans devenir lui-même un criminel. Ainsi, les analystes fiscaux affirment depuis des années qu'aucun Américain ne peut remplir un formulaire 1040 sans commettre un acte criminel. De même, nos concitoyens sont souvent accusés, en vertu de l'équité, de “manquement délibéré” à l'obligation de devenir un criminel. Une opération criminelle syndicaliste est toujours perturbée par toute personne qui existe dans sa sphère d'opérations et qui n'est pas encore devenue elle-même un criminel. L'objectif de tout système criminel est que chacun devienne un criminel. La nature même de la “règle de la majorité” exige qu'une petite minorité de non-criminels résidant dans une zone qui compte une grande majorité active de criminels manque délibérément de se conformer, et qu'elle doive céder à la majorité et se joindre aux opérations criminelles. Cependant, le principe de la règle de la majorité ne s'applique qu'à un gouvernement légal, pas à un gouvernement criminel. Si les citoyens résidant dans une sphère d'influence criminelle refusent de collaborer avec “le système”, ils doivent s'appuyer sur les principes de la common law pour se protéger des exigences de la loi d'équité.

L'objectif réel du droit de l'équité est de convertir les actions ou les actifs financiers en dettes, et de priver les détenteurs de biens immobiliers de leurs possessions légales par le principe du pillage légal, en les forçant à accepter un substitut de moindre valeur ou sans valeur en échange de leurs biens immobiliers. À l'origine, le droit des contrats a été développé pour protéger les intérêts des parties engagées dans des activités commerciales, afin de s'assurer qu'elles recevraient un paiement adéquat. Chaque partie était informée de l'offre et de la contrepartie, et en acceptait les conditions. En raison de la nature internationale du commerce, les négociants ont souvent eu recours à la piraterie ou à une forme de "coopération" gouvernementale pour mener à bien leurs activités commerciales. Cette coopération pouvait être aussi temporaire que la corruption de fonctionnaires, ou faire appel à d'autres pouvoirs gouvernementaux, tels que le déploiement d'armées ou de marines et, plus particulièrement, l'utilisation des tribunaux pour mettre en œuvre leurs programmes. L'équité est ainsi devenue très tôt synonyme de criminalité, en particulier dans le cadre d'opérations internationales.

Cela semble antithétique, car le sens originel du terme "équité" était l'impartialité. Un contrat équitable est un contrat qui est également juste pour les deux parties. En droit, l'équité devait signifier l'égalité absolue devant la loi. Dans la pratique, l'équité, en tant qu'émanation de la chancellerie, ou des chanceliers de l'empereur, est devenue le véhicule de l'exercice de l'influence et du pouvoir, ainsi que du vol légalisé. La tendance mondiale au socialisme n'aurait pas été possible sans les profits illégaux conférés par les décisions d'équité. Le syndicalisme criminel d'opérations telles que la Réserve fédérale et la Fondation Rockefeller a toujours exigé de plus en plus de contrôles gouvernementaux et une diminution correspondante des libertés individuelles.

Ainsi, nous constatons que le syndicalisme criminel ne se considère jamais en sécurité tant qu'il n'a pas transformé le gouvernement en vecteur de ses opérations criminelles syndicalistes ; en d'autres termes, le gouvernement devient le Grand Satan, le centre des opérations criminelles. Comment cela fonctionne-t-il dans la pratique ? Vous avez peut-être une petite entreprise que vous souhaitez développer. Vous passez une annonce pour recruter des travailleurs et vous embauchez le candidat le plus probable. Cependant, le gouvernement vous informe que sa réglementation exige que vous embauchiez une lesbienne mulâtre handicapée dont les origines devraient être définies comme étant un tiers noires, un tiers hispaniques et un tiers juives. Le gouvernement vous notifie ensuite que vous n'avez pas respecté cette exigence, ce qui signifie que vous devez à présent faire l'objet d'un long procès, que vous devez embaucher une personne répondant aux exigences de la réglementation gouvernementale et que vous devez également lui verser une pénalité de 200 000 dollars, ainsi que des amendes et d'autres pénalités. Vous êtes maintenant en faillite et votre entreprise est fermée. De telles tragédies sont inévitables parce que le gouvernement a fixé des conditions que personne ne peut remplir tout en restant en activité. Deuxièmement, votre faillite signifie que votre entreprise vous a été volée par une personne disposant de fonds, une banque ou un courtier. Troisièmement, le gouvernement veille à ce qu'aucun individu ne soit en mesure d'ouvrir et d'exploiter une entreprise indépendante dans les conditions qui ont été fixées.

Ces conditions sont nées des préoccupations du Congrès en matière de "compassion" et d'"attention", faisant preuve d'un dévouement louable à l'égard des handicapés, des minorités et des démunis. En effet, le socialisme gouvernemental, dicté par les activistes sociaux du gouvernement, fixe désormais les conditions, et les seules conditions, dans lesquelles une entreprise américaine peut fonctionner. Nous entendons ensuite des récriminations parce que nous ne pouvons plus rivaliser dans l'économie mondiale avec des nations telles que le Japon et la Corée, qui n'imposent pas de telles restrictions à leurs activités commerciales. Les banquiers internationaux se sont réjouis du fait que les États-Unis, incapables de rivaliser, ont commencé à accumuler un énorme déficit et une dette impayable, sur laquelle ils paient aujourd'hui des intérêts colossaux. Le Japon possède aujourd'hui un tiers de notre dette nationale et en perçoit les intérêts. Quelqu'un croit-il que c'est par hasard que notre économie a été détruite et que nous sommes maintenant à la merci du Japon, une nation que nous avons vaincue pendant la Seconde Guerre mondiale et qui pourrait maintenant prendre sa revanche ? Que le Japon ait conçu ce programme ou non, le fait est qu'il n'aurait pas pu être mis en œuvre sans les impératifs de la loi sur l'équité. Comme l'a écrit James J. Kilpatrick dans le *Washington Post* du 14 janvier 1989, commentant le "droit de voter librement pour les législateurs", "le droit de voter librement pour les législateurs".

> "Au cours des trente ou quarante dernières années, le Congrès et les tribunaux fédéraux ont, à des centaines de reprises, ordonné aux législateurs de voter d'une certaine manière ou d'en subir les conséquences. Le Congrès a conditionné l'octroi de fonds fédéraux à l'adoption d'une législation spécifique au niveau de l'État ou au niveau local. Ces conditions sont axées sur la coercition pour faire adopter des projets de loi concernant les limitations de vitesse, les droits des homosexuels, des malades du SIDA, les droits des minorités, etc.

Sous le couvert d'une "loi", c'est-à-dire l'application légale de contrats d'équité en faveur de minorités ou d'autres groupes d'intérêts spéciaux qui sont des pions dans la quête du pouvoir socialiste mondial, l'équité, qui était à l'origine la doctrine de l'équité, a été convertie en un instrument de création de dettes, de monopole légalisé, de vol financier et d'imposition de règles tyranniques à tous les citoyens des États-Unis.

Considérez les revendications qui sont maintenant faites par la loi d'équité ; qu'un chèque est un contrat maritime, et que son utilisation soit en tant qu'auteur ou destinataire vous place sous la juridiction de la loi d'amirauté ; qu'une licence de mariage ou un certificat de naissance donne le titre de votre vie à l'État ; que le numéro de sécurité sociale établit un contrat irrévocable avec l'État pour payer l'impôt sur le revenu ; qu'une dette peut être payée, mais pas déchargée, en vertu de la loi d'équité. Qui est secrètement responsable de la fixation de tels manifestes dictatoriaux sur le peuple des États-Unis ? Nous avons déjà mentionné les dates cruciales de 1688, 1694 et 1714. Lorsque le roi George III, poussé par les exigences des actionnaires de la Banque d'Angleterre, a commencé à imposer des taxes supplémentaires déraisonnables aux colons américains, ceux-ci ont répondu par la déclaration du premier Congrès continental, le 14 mai 1774,

> "le Parlement britannique, s'arrogeant le droit de lier le peuple américain par des lois dans tous les cas, a, dans certaines lois, expressément imposé des taxes et, dans d'autres, sous divers prétextes mais en fait dans le but d'augmenter les revenus, imposé des taux et des droits payables dans ces colonies qui étendent les pouvoirs des cours d'amirauté au-delà de leurs anciennes limites, privent les sujets américains de procès avec jury et sont subversifs des droits américains".

Il est à noter que le Congrès continental continue de qualifier les colons de "sujets" et, dans un sentiment commun à la plupart des Américains de l'époque, affirme qu'ils sont toujours des sujets loyaux de la Couronne, qui éprouvent des difficultés à vivre dans les conditions rigoureuses imposées par le roi. Il est important de rappeler que le peuple britannique, malgré les profits considérables engrangés par les actionnaires de la Banque d'Angleterre, ne bénéficiait pas lui-même de ces profits. Le sort du Britannique moyen, avant la guerre d'Indépendance, était bien pire que celui du colon moyen. Les Britanniques n'étaient pas non plus très disposés à combattre les Américains ; le roi George III a dû passer un accord avec un prince allemand, le prince-électeur de Hesse, pour obtenir des soldats mercenaires qui combattraient les colons, un contrat qui est devenu la base de la fortune des Rothschild.

Une grande partie du commerce mondial s'est déroulée selon le principe du commerce équitable, c'est-à-dire l'échange d'une substance contre une autre. Si la partie n'avait pas de substance à échanger, elle devait payer en pièces de monnaie. La vente elle-même est un commerce, c'est-à-dire une entreprise publique en mouvement par le biais d'instruments d'échange négociables, plutôt qu'une transaction de droit commun. C'est l'existence même du commerce en tant qu'entité non couverte par la common law qui a donné naissance à la loi sur les marchands, en tant qu'instrument régissant le commerce. Les commerçants ont estimé que les dettes étaient éteintes par la livraison de biens et de services, ou par des documents représentant ces biens et services. Il a été constaté que l'extinction de la dette privait le détenteur de la dette du pouvoir et de l'influence pertinente qui accompagnaient le maintien de la dette. Par conséquent, depuis des siècles, les marchands de droit n'ont cessé d'évoluer vers la création d'une dette inextinguible qui, à son tour, confère un pouvoir inextinguible, un objectif des Cananéens ou de la Noblesse Noire. C'est ainsi que le Système fédéral de réserve émet une monnaie basée sur des obligations d'État, en utilisant l'argent et le crédit du peuple des États-Unis, et en créant des dettes ou en monétisant des dettes en tant que société privée. En tant que propriétaire de l'instrument d'échange négociable, la Réserve fédérale devient le "propriétaire" de tous les biens dans toutes les transactions dans lesquelles des instruments d'échange négociables sont utilisés. Cependant, la Réserve fédérale a la sagesse de ne pas prendre la possession réelle, permettant à l'acheteur d'utiliser la propriété, dans la croyance erronée qu'il est maintenant le propriétaire réel. La Réserve fédérale se réserve le pouvoir d'appeler sa propriété quand elle le souhaite, comme mesure finale de contrôle, ou comme étape dans l'exécution d'autres programmes.

Les tribunaux d'équité ont pour fonction d'administrer "une loi" en tant qu'instruments des syndicats criminels qui opèrent sous leur juridiction aux États-Unis. Cette fonction est définie à l'art. 9. "Les tribunaux de district (tribunaux fédéraux) en tant que tribunaux d'amirauté et en tant que tribunaux d'équité, seront considérés comme toujours ouverts aux fins de dépôt et de toute plaidoirie, d'émission et de renvoi de procédures mesne et finales, et d'élaboration et de direction de toutes les requêtes interlocutoires, ordonnances, règles et autres procédures préparatoires à l'audition, sur le fond, de toutes les affaires qui y sont pendantes". 36 Stat. 1088 (1911).

En vertu de la loi sur l'équité, ou loi sur l'amirauté, un citoyen des États-Unis qui a reçu un "avantage" quelconque d'un programme gouvernemental est censé "perdre" ses droits constitutionnels ! Le précédent juridique de cette décision d'équité se trouve dans l'arrêt Great Falls Mfg. Co. v. Atty Gen. 124 U.S. 581 : "La Cour ne se prononcera pas sur la constitutionnalité d'une loi à l'initiative de quelqu'un qui s'est prévalu de ses avantages". Également cité par Wall v. Parrot Silver & Copper Co. 244 U.S. 407, 411-12 ; St. Louis Malleable Casting Co. v. Prendergast Constr. Co. 260 U.S. 469 ; Alexander v. TVA, 297 U.S. 288,346 (1935).

Ainsi, toute personne ayant "bénéficié d'un tel programme gouvernemental" se voit non seulement refuser le droit de le contester devant un tribunal, mais perd également son droit constitutionnel de se défendre contre toute nouvelle action gouvernementale. C'est sur cette base que sont emprisonnés de nombreux citoyens américains qui ont "échoué" à manipuler les certificats de la Réserve fédérale comme le prescrit la loi sur l'équité.

La ratification de la Constitution des États-Unis signifie que le peuple a choisi cet instrument pour défendre ses droits. Le droit de l'amirauté, comme le "King's writ", s'arrêtait à la limite des eaux salées ; la terre était sous la juridiction des principes constitutionnels. Toutefois, ce principe a été renversé en 1838. "Lorsqu'il a été établi que la juridiction de l'amirauté dans les cas dépendant purement du lieu de l'acte accompli était limitée à la mer et aux eaux de marée aussi loin que la marée coule, et qu'elle ne s'étendait pas au-delà de la laisse de haute mer, il a été dit que des cas mixtes peuvent se présenter, et se présentent en effet souvent, lorsque les actes et les services sont de nature mixte, comme lorsque les services de sauvetage sont exécutés en partie sur les eaux de marée et en partie sur le rivage, pour la préservation des biens sauvés, dans lesquels la juridiction de l'amirauté a été constamment exercée dans la mesure où elle a décrété le sauvetage." U.S. v. Combs, 12 Pet 75 (1838). La prestation de services mixtes a finalement été interprétée en équité de manière à ce que le système de la Réserve fédérale puisse "sauver" son flot de papier-monnaie, soutenu par rien d'autre que des obligations papier, avec lequel il avait inondé les États-Unis ! Cette opération de récupération devait être continue, comme l'était le flot d'argent "nouveau", afin que le système maintienne ses profits et son influence sur l'économie. Par conséquent, lorsque la loi sur la Réserve fédérale a été promulguée par le Congrès en 1913, au cours de la même année, le 16e amendement à la Constitution a été adopté pour autoriser légalement l'opération de sauvetage de la Réserve fédérale, dans laquelle une nouvelle unité du syndicat criminel, l'Internal Revenue Service, a été créée en tant que service de sauvetage essentiel pour appliquer les principes d'amirauté du sauvetage à l'ensemble de la population des États-Unis.

Le tribunal d'équité reste la cheville ouvrière du mouvement syndicaliste criminel dans tous les États-Unis, parce que le tribunal d'équité est le tribunal de la conspiration, le tribunal du vol et du pillage légalisés et le tribunal du monopole. En 1890, les monopoleurs ont promulgué le Sherman Anti-Trust Act pour protéger leurs monopoles en établissant des conditions qui rendaient illégale la création d'une entreprise concurrente. La loi stipule que "tout contrat, toute combinaison, sous forme de fiducie ou autre, ou toute conspiration, visant à restreindre les échanges ou le commerce entre les différents États ou avec les nations étrangères, est déclaré illégal". Désormais, toute personne dont les activités commerciales représentaient une menace pour les monopoleurs pouvait être condamnée pour "entrave illégale au commerce". Les monopoleurs avaient désormais consacré leurs monopoles en tant que créatures de l'État, ou fiducies d'État, comme dans leur création ultérieure, la Russie soviétique. Les sociétés créées avaient désormais pris le pas sur leur créateur, l'État. La loi Sherman a également étendu les contrôles à chaque citoyen, en faisant de chaque citoyen un commerçant, car elle a établi des contrôles rendant les citoyens responsables d'une restriction illégale du commerce pour toute transaction qui n'était pas contrôlée par les monopoles manufacturiers. Les citoyens sont également considérés comme des commerçants en vertu de la clause commerciale de la Constitution. La décision de 1842 dans l'affaire Swift v. Tyson a déclaré que le droit commercial était désormais la common law des États-Unis. L'Interstate Commerce Act de 1887 a étendu le pouvoir des monopoles de pervertir les procédures gouvernementales à leurs fins privées, comme l'a fait plus tard le Sherman Act. Le juge Story a déclaré dans l'affaire Swift v. Tyson, 16 Peters 19 : "La loi relative aux instruments négociables peut être véritablement déclarée, dans les termes de Cicéron, adoptés par Lord Mansfield dans l'affaire Luke v. Lyde, (2 Burr R.883-887), comme étant dans une large mesure non pas la loi d'un seul pays, mais celle du monde du commerce. Il est à noter que le droit marchand et le droit maritime ne sont généralement pas distingués l'un de l'autre, mais sont fréquemment utilisés sans distinction. La seule différence réelle réside dans la sanction. Lorsqu'elles sont considérées comme faisant partie du droit municipal, les règles sont appelées droit marchand ; lorsqu'elles sont considérées du point de vue du droit international, les mêmes règles constituent le droit maritime". Il était nécessaire d'imposer la loi de l'amirauté aux citoyens des États-Unis, car l'impôt sur le revenu ne peut exister en vertu de la common law ; les cotisations et les jugements relatifs à l'impôt sur le revenu sont appliqués aux lois en équité par des jugements sommaires de l'exécutif ou des brefs d'assistance. L'impôt sur le revenu est appliqué comme une taxe sur une franchise pour faire des affaires en vertu de la loi sur les commerçants. Un impôt général sur le revenu serait un impôt direct sur la propriété. L'amendement 16 établit un impôt sur une franchise, le privilège de faire des affaires en tant que société, ainsi que le privilège de l'existence perpétuelle, de la succession perpétuelle et de la responsabilité limitée pour les dettes en vertu de la loi ; en d'autres termes, le 16e amendement convertit les citoyens privés des États-Unis en sociétés. Une personne physique, qui n'est pas une société, ne peut être soumise aux réglementations de l'Internal Revenue Service (IRS) et ne peut pas non plus être obligée par l'IRS à s'informer sur elle-même.

Dans l'affaire Wheaton c. Peters, 8 Peters 659, nous constatons que,

> "Il est clair qu'il ne peut y avoir de common law aux États-Unis. Les décisions judiciaires, les usages et les coutumes des différents États doivent déterminer dans quelle mesure la common law a été adoptée et sanctionnée dans chacun d'eux.

Le régime fiscal du FRS et de l'IRS était fondé sur la clause de commerce, Art. 1, Sec 1.C13, qui autorise le Congrès à "réglementer le commerce avec les nations étrangères, entre les différents États et avec les tribus indiennes". La Cour suprême a ensuite statué, dans l'affaire Gibbons v. Ogden (1824), que le commerce "comprend le trafic, le commerce, la navigation, les communications, le transit de personnes et la transmission de messages par télégraphe — en fait, toutes les formes de relations commerciales".

Ce principe a ensuite été élargi par le traité des Nations unies de 1945, en vertu duquel tout être humain sur terre est devenu un "commerçant" en participant à toute transaction commerciale dans le cadre de la loi du commerçant, une loi strictement volontaire et non écrite, ainsi que de la loi des instruments négociables, de l'assurance, de la vente, etc. La personne devient un "marchand" en acceptant des lettres de change comme "argent". Les émissions de billets de la Réserve fédérale de 1963, et de 1969, ont ensuite été légalisées comme "monnaie légale" le 18 mars 1968, ainsi que les billets à ordre ou les obligations perpétuelles irrémédiables pour les titres d'État, et pour les chèques.

Sir Edward Coke a déclaré qu'"une société est un corps politique établi par prescription, par lettre patente ou par acte du Parlement". Aux États-Unis, cela s'est traduit par un acte du Congrès, tel que la création du système de la Réserve fédérale en 1913. Toutefois, ces sociétés ont été créées en violation des précédents de la Cour suprême, tels que Osborn v. the U.S. Bank, 9 Wheaton, 859, 860, dans lequel la Cour suprême a admis que le Congrès ne pouvait pas créer une société pour son propre compte, "ou à des fins privées". Le système de la Réserve fédérale a été créé pour des actionnaires privés, mais il était déguisé par une intention "quasi-publique". Ses "bénéfices" devaient être versés au Trésor américain. En fait, les propriétaires des actions des banques de la Réserve fédérale étaient moins intéressés par les sommes gagnées par le système que par le contrôle que la loi leur conférait, le contrôle de la monnaie et du crédit du peuple américain. Ils exercent désormais un contrôle sur la quantité quotidienne de monnaie et sur le prix de la monnaie dans l'ensemble des États-Unis. Ce pouvoir leur permet de réaliser d'énormes profits sur les émissions d'actions, les opérations de marché et autres opérations monétaires.

Thomas Jefferson avait prévu ces abus dans son puissant argumentaire contre la première Banque des États-Unis. En tant qu'agent dormant de la Banque d'Angleterre et des intérêts Rothschild, Alexander Hamilton avait présenté un long argumentaire le 23 février 1791, déclarant que "le droit d'ériger des sociétés est inhérent et inséparable de l'idée de pouvoir souverain, que le pouvoir d'ériger des sociétés ne doit pas être considéré comme un pouvoir indépendant ou substantiel, mais comme un pouvoir accessoire et auxiliaire, et qu'il était donc plus approprié de laisser entendre que d'accorder expressément que l'incorporation d'une banque est une mesure constitutionnelle". Cependant, Jefferson avait présenté un argument plus détaillé le 16 février 1791 : "Le projet de loi portant création d'une banque nationale en 1791 s'engage, entre autres, à — 1. constituer les souscripteurs en société. 2. De leur permettre, en tant que personnes morales, de recevoir des concessions de terres, ce qui est contraire aux lois de l'hypothèque. 3. Rendre les souscripteurs étrangers capables de détenir des terres, ce qui est contraire aux lois sur l'aliénation. 4. Transmettre ces terres, à la mort d'un propriétaire, à une certaine lignée de successeurs ; ce qui modifie le cours de la descendance. 5. Mettre ces terres hors de portée de la confiscation ou de la déshérence, ce qui est contraire aux lois sur la confiscation et la déshérence. 6. Transmettre des biens personnels à des successeurs d'une certaine lignée, ce qui est contraire aux lois sur la distribution. 7. Leur donner le droit unique et exclusif de faire des opérations bancaires, sous l'autorité nationale ; et, jusqu'à présent, c'est contraire aux lois du monopole. 8. Leur conférer le pouvoir d'adopter des lois prépondérantes par rapport aux lois des États, car c'est ainsi qu'elles doivent être interprétées pour protéger l'institution du contrôle des législatures des États, et c'est probablement ainsi qu'elles seront interprétées.

... La constitution d'une banque et les pouvoirs assumés par ce projet de loi n'ont pas, à mon avis, été délégués aux États-Unis par la Constitution".

La lutte pour imposer au peuple des États-Unis une banque nationale, ou centrale, gérée au profit d'intérêts étrangers, est l'histoire méconnue du 19ème siècle. En 1913, les financiers ont finalement atteint leur objectif en promulguant le Federal Reserve Act. La banque centrale, une machine à créer des dettes perpétuelles et inextinguibles, était désormais en place. Aujourd'hui, le 12U.S. Code 412 autorise la mise en circulation de monnaie sur la base de titres de créance américains, c'est-à-dire d'obligations d'État qui ont été émises par les actionnaires privés du système de la Réserve fédérale. Cette loi devait s'éteindre le 30 juillet 1945, pendant la Seconde Guerre mondiale, à la fin du jour ouvrable. Juste avant cette heure, une mesure a été adoptée pour permettre aux États-Unis d'assumer les obligations de la dette américaine à perpétuité.

Cependant, dans leur hâte, les manipulateurs ont négligé la faille qui permet d'autres moyens d'émettre de la monnaie, y compris 12 USC 347c. Cette disposition établit la base juridique de l'émission de cartes de crédit, de coupons échangeables, de bons d'alimentation et de devises telles que les billets de l'American Express Co. et d'autres billets d'entreprise. Dans le cadre du monopole de la Réserve fédérale, les fractions de crédit sont transformées en moyens de circulation.

Depuis 1913, le système de la Réserve fédérale et l'IRS ont formé une franchise universelle de dette et de crédit, dans laquelle les particuliers sont obligés de s'informer sur eux-mêmes en tant que "marchands". La retenue forcée sur les salaires a commencé le 1er juillet 1943. En 1945, le traité des Nations unies a transformé tous les tribunaux américains en tribunaux de commerce et en tribunaux de l'agrafe, en raison de la pratique des marchands. Sous les tribunaux de l'agrafe, les marchands s'étaient réunis sous la protection de la couronne pour appliquer leur propre loi parmi leurs membres. La Magna Carta avait donné aux marchands, dans son article 48, le droit "d'acheter et de vendre, selon leurs anciennes coutumes, entre eux". Tout particulier a le droit de contracter sur ses services, ses talents, son travail et ses efforts, et d'en tirer profit ; il peut alors se voir imposer une trêve directe, mais il ne peut être contraint d'informer sur lui-même, sous la protection des 4ème et 5ème Amendements de la Constitution. Les tribunaux de l'agrafe, comme les tribunaux d'équité du district de Columbia sont maintenant connus et positionnés dans tous les États-Unis, appliquent la loi des marchands à tous les citoyens privés. Les conspirateurs ont ensuite promulgué l'amendement 25 de la Constitution afin de faire de la présidence des États-Unis une chancellerie en équité exécutive, contrôlée par la corporation America et ses directeurs.

L'HJR 192 a encore légitimé le monopole de la Réserve fédérale en donnant cours légal aux crédits des banques de la Réserve fédérale. Un billet du Trésor de 1890, avant la promulgation de la loi sur la Réserve fédérale, stipulait : "Ce billet a cours légal à sa valeur nominale pour le paiement des dettes publiques et privées, sauf stipulation contraire dans le contrat". Cette formulation permettait d'inclure la possibilité que le contrat stipule un paiement en or, en argent ou autre. Le billet de la Réserve fédérale est désormais libellé comme suit : "Ce billet a cours légal pour toutes les dettes publiques et privées". Cela établit sa fonction de paiement de la dette des États-Unis envers les banquiers, ce qui fait de tous ces billets des billets à ordre destinés à poursuivre les paiements de la dette créée par les banques et inextinguible. Il est toutefois précisé que les billets de la Réserve fédérale ne servent qu'à payer la dette et qu'ils peuvent donc être remplacés par de l'argent destiné à d'autres fins. Barry Fell, professeur à Harvard, a écrit un livre intitulé "America B.C." qui contient une photo de la pierre de Bourne, trouvée dans le Massachusetts, qui annexe en fait la terre à Hanno, un Suffète de Carthage. Une pierre similaire a été trouvée en Amérique du Sud. Comme le souligne Eustace Mullins dans *La malédiction de Canaan*[9], les Carthaginois étaient les Phéniciens, qui avaient changé leur nom de Canaanites, et qui sont devenus la noblesse noire qui a imposé ses systèmes monétaires au monde entier. Ainsi, la pierre de Bourne pourrait être l'acte secret par lequel les Cananéens ont revendiqué le titre de tous les biens dans les Amériques, et que les tribunaux d'équité s'efforcent maintenant de faire respecter. Le droit est fondé sur des titres fonciers allodiaux garantis ou en découle. L'équité est l'application de "droits naturels" que l'on ne trouve pas nécessairement dans la common law. Le droit traite de la substance ; l'équité traite de la potentialité de la substance. Si un titre existant est à la base de la pratique actuelle de l'équité, la personne qui n'est pas informée de ce titre allodial ne peut pas obtenir une audience équitable et impartiale.

Jusqu'en 1913, la "monnaie légale" était basée sur les réserves d'une banque nationale, l'or, l'argent, les certificats d'or ou d'argent, les bons du Trésor et les billets américains. La loi sur la Réserve fédérale a permis aux banques de comptabiliser les effets de commerce comme des réserves bancaires, modifiant ainsi la base de notre système monétaire. La HJR 192 a légitimé le processus en faisant du crédit bancaire de la Réserve fédérale un moyen de paiement légal et en remplaçant le langage régissant le paiement de la dette. L'expression "paiement de la dette" a été remplacée par une nouvelle expression, "acquittement de l'obligation". Désormais, les dettes peuvent être payées, mais elles ne peuvent pas être acquittées. Elles ne pouvaient pas être légalement considérées comme payées,

[9] *La malédiction de Canaan, une démonologie de l'histoire*, Omnia Veritas Ltd, www.omnia-veritas.com.

car elles ne l'avaient pas été ; elles étaient simplement échangées contre d'autres formes de dettes. Un banquier a dénoncé le stratagème en déclarant : "Si une seule lettre de change est acceptée et qu'elle est en fait payée avec un chèque de banque, le jeu est terminé pour les banques de type fédéral". Un tel paiement mettrait les prêteurs en faillite. Un spectre hante en effet les entreprises américaines, mais ce n'est pas le fameux spectre du communisme ; c'est le spectre que quelqu'un puisse un jour payer une dette.

Les citoyens américains ne sont toujours pas informés de la différence entre le paiement en droit et la décharge en équité et, plus important encore, de la différence entre le paiement volontaire en droit et l'exécution forcée en équité. Le paiement en justice consiste à satisfaire aux exigences des droits, privilèges et immunités accordés à un citoyen des États-Unis, tels qu'ils sont garantis par la Constitution. La décharge en équité, ou l'exécution forcée en équité, signifie que des ordonnances judiciaires sont émises pour l'exécution forcée en équité contre des citoyens des États-Unis par des juges et des avocats, qui maintiennent une alliance active avec les sociétés à responsabilité limitée par l'intermédiaire de l'American Bar Association (Association du barreau américain). Les sociétés bancaires à réserves fractionnaires accordent ainsi des titres de noblesse, en violation de la Constitution, en ordonnant des mandats d'arrêt contre des citoyens américains, ce qui est également interdit par la Constitution. Cette alliance impie a abouti au pillage du peuple américain par des intérêts internationaux, par le biais de fusions, d'acquisitions, de rachats d'entreprises par effet de levier et de rachats d'entreprises par leurs dirigeants. Ce processus a été rendu possible par l'accession de Lord Mansfield au poste de Chief Justice of the Kings Bench en 1756. Lord Mansfield a transformé le droit civil en lui permettant de supplanter la common law. Les actions d'assignation pour dettes sont devenues des actions en équité. Lord Mansfield a commencé à refuser le procès par jury pour les assignations d'assistance, une procédure qui a poussé les colons à la rébellion ouverte.

La banque d'investissement qui a lancé le raz-de-marée actuel des rachats d'entreprises est Drexel, Bumham Lambert de New York. Cette société, aujourd'hui connue comme le roi des junk bonds, est le représentant à New York de la banque Rothschild, la Banque Bruxelles Lambert de Bruxelles. Le Lambert de cette firme, le baron Lambert, est la branche belge de la famille Rothschild.

Grâce à l'influence de cette firme, Bruxelles est aujourd'hui la capitale du monde. L'OTAN y a son siège, tout comme le World Computer Network, une autre entreprise des Rothschild. Lord Carrington, le chef de l'OTAN, est également un membre de la famille Rothschild. Le premier Lord Carrington était Archibald Primrose ; son fils, le vicomte Rosebery, a épousé Hannah Rothschild, fille de Mayer Rothschild. L'actuel Lord Carrington n'est pas seulement administrateur de Rio Tinto Zinc, l'une des trois entreprises qui constituent la base de la fortune des Rothschild ; il est également administrateur de la Hambros Bank. Pendant la Seconde Guerre mondiale, Sir Charles Hambro a été le directeur du Secret Intelligence Service britannique ; à ce titre, il a supervisé l'organisation de sa branche américaine, l'OSS, aujourd'hui connue sous le nom de CIA. En 1982, Lord Carrington a fusionné ses intérêts commerciaux avec ceux d'Henry Kissinger, au sein de Kissinger Associates. Le cousin de Lord Carrington, David Colville, devient le premier associé de N. M. Rothschilds Sons, Londres, qui n'est pas un membre direct de la famille Rothschild. Kissinger Associates a fourni l'ossature des cabinets Reagan et Bush. Le président Bush a nommé l'It. Le président Bush a nommé le général Brent Scowcroft, de Kissinger Associates, au Conseil de sécurité nationale et Lawrence Eagleburger, président de Kissinger Associates, au poste de secrétaire adjoint à la défense.

En raison des liens étroits de Bush avec la Banque d'Angleterre par l'intermédiaire de la banque familiale, Brown Bros. Harriman, Bush a été nommé à la tête de la CIA. Le récent imbroglio autour de la nomination du sénateur John Tower au poste de secrétaire à la défense, pour laquelle il a été battu, s'explique par la crainte que les associés de Kissinger ne soient pas en mesure de contrôler Tower. Ils ont imaginé un scénario dans lequel Tower passerait son temps dans les boîtes de nuit, se conformant ainsi au dicton de Dryden selon lequel "seuls les braves méritent la foire", mais ils ont changé d'avis à la dernière minute en faveur d'un choix plus malléable.

Drexel Burnham Lambert a mené une bataille de trois ans pour prendre le contrôle des principales sociétés américaines pour le compte des intérêts Rothschild, de 1985 à 1988, date à laquelle une amende de 650 millions de dollars a été infligée à la société pour activités illégales dans le domaine du négoce d'actions. Au cours de cette période, quelque 300 milliards de dollars d'actions ont été retirés par le biais de fusions. Au cours de la même période, la dette des entreprises aux États-Unis a augmenté de 360 milliards de dollars, ce qui signifie que ces entreprises doivent payer quelque 36 milliards de dollars par an aux créateurs de la dette inextinguible sous forme de paiements d'intérêts, ce qui les dispense en fait de payer des impôts sur leurs revenus. Ces opérations des Rothschild ont engendré d'énormes déficits publics, réduit le statut des États-Unis à celui d'une république des Balkans et classé le pays comme une république bananière du tiers-monde dans l'ordre international. Aujourd'hui, les États-Unis sont confrontés à un avenir sombre en tant que nation en faillite, dont le peuple est informé qu'il doit "faire des sacrifices", alors qu'il est confronté à une augmentation des impôts, à l'inflation et à des crises alimentaires et pétrolières. Ces pressions entraîneront (et sont probablement destinées à entraîner) une rébellion, une dictature militaire et une guerre civile aux États-Unis avant que les syndicalistes criminels ne soient finalement traduits en justice.

Ces évolutions sont inhérentes à la nature des problèmes auxquels nous sommes confrontés. L'arrêt Erie Railroad de 1938 a sorti la loi marchande de la common law (annulant le 7e amendement) et l'a placée dans l'équité pour qu'elle soit "judiciairement constatée" dans n'importe quelle juridiction. Le droit commercial est le jugement sommaire, tandis que la loi de la nature est, en dernière analyse, la loi des dents et des griffes. La "loi" est la loi de l'État ; les règles de l'équité sont le droit commercial. Les billets de la Réserve fédérale sont destinés à confisquer en équité, par jugement sommaire, toute propriété foncière privée par les agents des intérêts commerciaux internationaux, et c'est ce qu'ils font. Bien qu'aucune loi fédérale ne puisse interdire la base monétaire de la loi imposée aux États par l'Art. I, sec. 10, et que le gouvernement fédéral ne puisse pas toucher aux titres fonciers allodiaux dans les États, cela est contourné par le profit inhérent aux billets de la Réserve fédérale ; ils sont discriminatoires à l'égard des biens immobiliers, parce que les biens immobiliers ne sont pas de la personnalité — (choix-en-action). Ils discriminent les détenteurs de titres fonciers allodiaux en faveur des marchands et des banquiers marchands en raison du rendement de dix à seize pour un sur les dépôts bancaires. Ainsi, le papier équitable vaut de dix à seize fois plus que la propriété réelle ou la substance et, à terme, il engloutira ou "achètera" toutes les terres allodiales. Ainsi, notre droit, qui est fondé ou dérivé des titres fonciers allodiaux, est subverti par les financiers et leur conspiration internationale, telle qu'elle est exécutée par les tribunaux d'équité, les tribunaux de la conspiration.

Les citoyens américains sont traduits devant ces tribunaux de conspiration, leurs droits, privilèges et immunités garantis par la Constitution sont dûment niés, et ils sont jugés et condamnés en tant que personnes artificielles ou sociétés. Lorsqu'elles prétendent être réelles, lorsqu'elles prétendent exister, elles affrontent le tribunal d'équité et risquent un emprisonnement supplémentaire pour leur "outrage". Bien que le tribunal condamne la personne artificielle, c'est le véritable citoyen américain qui est ensuite conduit en prison.

Étant donné que le droit d'équité a pour objectif la création d'une dette inextinguible et le transfert subséquent de tous les biens immobiliers de leurs propriétaires allodiaux légaux à des entités artificielles créées par l'État, qui sont principalement des sociétés bancaires, la dette a assumé un rôle majeur dans le droit d'équité. Ainsi, on trouve dans l'amendement 14 non seulement la consécration de la dette publique, en tant qu'entité dont l'existence même ne peut être remise en cause, mais aussi la définition de la "dette inacceptable", c'est-à-dire la dette contractée par toute entité qui n'a pas été agréée par l'État, ou qui est considérée comme hostile à l'État. L'amendement 14 stipule à ce titre,

> "La validité de la dette publique des États-Unis, autorisée par la loi, y compris les dettes contractées pour le paiement de pensions et de primes pour services rendus dans la répression de l'insurrection ou de la rébellion, ne sera pas remise en question. Mais ni les États-Unis ni aucun État n'assumeront ni ne paieront aucune dette contractée pour aider à l'insurrection ou à la rébellion contre les États-Unis, ni aucune réclamation pour la perte ou l'émancipation d'un esclave ; toutes ces dettes, obligations et réclamations seront considérées comme illégales et nulles".

Ainsi, la dette publique des États-Unis est placée sur un piédestal, inattaquable, mais les obligations des États du Sud, contractées à la suite de la lutte des États pour leurs droits contre le pouvoir international des syndicalistes criminels, "doivent être considérées comme illégales et nulles".

La dette publique consiste aujourd'hui en des écritures comptables dans les grands livres du système de la Réserve fédérale ; ceux qui achètent des bons du Trésor ne reçoivent pas plus qu'un morceau de papier fragile ; au lieu de cela, l'achat n'existe que comme une tache sur l'écran d'un ordinateur. L'amendement 14 stipule donc que l'image sur l'écran de l'ordinateur ne doit pas être remise en question, ni le droit du système de la Réserve fédérale d'émettre des obligations d'État en tant que machine à fabriquer de l'argent magique de Lord Rothschild. L'amendement 14 ayant été adopté sous la loi martiale, il n'a plus aucune validité depuis 187, date à laquelle la loi martiale a pris fin dans les États du Sud et où les troupes fédérales ont été retirées. La loi martiale est suprême et l'emporte sur tous les gouvernements locaux et d'État, mais uniquement pendant la période d'occupation militaire. L'amendement 14 a été ratifié en 1868, dix ans avant la fin de la loi martiale dans les États du Sud. L'amendement 14 ne peut être valide que si l'on maintient que l'ensemble des États-Unis est toujours soumis à la loi martiale. Il ne s'agit pas d'une joute juridique, mais d'une question juridique sérieuse, qui doit être résolue par les tribunaux. Les tribunaux de district fédéraux, ou d'équité, pourraient avoir peu de difficultés avec ce problème ; ils pourraient simplement déclarer que les États ne sont que des fictions juridiques, qui existent selon le bon vouloir de l'entité fédérale, tout comme les citoyens des différents États, par le biais de la loi sur la sécurité sociale et des réglementations relatives à l'impôt sur le revenu, ont été transformés en Personnes Artificielles.

Les certificats émis par les banques de réserve fédérales privées, qui fonctionnent comme des banques coloniales sous l'égide de la Banque d'Angleterre, ont été diversement décrits comme des "certificats d'esclaves communistes", des "aumônes de mendiants" ou des certificats d'actions d'une société par actions. Il se peut qu'il s'agisse des trois à la fois. En vieux français, le terme "script" désignait le sac à aumônes porté publiquement par les pèlerins ou les mendiants. Dans ses dérivés généraux, Scrip est généralement un terme péjoratif, avec une connotation de moquerie ou de raillerie. En 1676, C. Hatton écrivait, dans les Chroniques de Hatton : "Je me punis moi-même, mais je pourrais me venger de vous pour vos petits bouts de papier". En 1820, le terme "scrip" désignait un certificat d'actions, lorsque G. Carey écrivit dans son "Guide to Public Funds" : "When the loan is in progress the separate parts are called Scrip" (lorsque le prêt est en cours, les différentes parties sont appelées "scrip"). Dans son édition de 1828, le Webster's Dictionary définit le scrip comme suit : "Un certificat d'actions souscrites pour acheter une banque ou une autre société, ou une part d'une autre propriété commune, est appelé en Amérique un scrip". Les billets de la Réserve fédérale émis par les actionnaires privés des douze banques de la Réserve fédérale ont été utilisés pour financer la révolution bolchevique en Russie en 1917, puis pour maintenir le gouvernement soviétique depuis lors. En 1918, alors que le gouvernement bolchevique était déjà en faillite, trois directeurs de la Federal Reserve Bank of New York sont venus à sa rescousse : George Poster Peabody, William Boyce Thompson et William Laurence Sanders. Sanders était également le président de la société d'équipement commercial Ingersoll Rand.

Thompson s'était également engagé à consacrer un million de dollars de ses fonds personnels à la diffusion de la propagande bolchevique aux États-Unis. Comme les billets de la Réserve fédérale servent de base au gouvernement soviétique depuis 1918, il convient de les qualifier de "bons d'esclaves communistes" ; ils sont également délivrés aux esclaves aux États-Unis.

Walt Mann a écrit à propos de l'amendement 14 qu'il constitue la base juridique du pouvoir d'injonction que le gouvernement utilise à l'encontre de nos citoyens depuis 1868. Il établit une injonction à ne pas remettre en cause la validité de la dette publique. Nos citoyens sont ensuite condamnés pour avoir violé les ordres d'injonction qui découlent de cette injonction de base. Ce pouvoir de condamnation découle également de la procédure du tribunal d'amirauté. Étant donné que l'amendement 14 découle de la loi martiale et que les procédures d'amirauté sont également fondées sur la loi martiale, le pouvoir du capitaine de commander un navire militaire de ligne lorsqu'il est en mer, le juge de la cour d'équité fonctionne comme un commandant militaire, exerçant le pouvoir de la loi martiale sur les citoyens des États-Unis.

C'est ce pouvoir qui remet en question l'affirmation selon laquelle la participation à un contrat permet de se soumettre à la juridiction de l'amirauté. Or, cette juridiction viole les droits, privilèges et immunités qui nous sont garantis par la Constitution. La loi martiale peut être le prétexte par lequel ces garanties ont été suspendues. Nous trouvons la définition de la Cour d'Amirauté comme suit :

> La Cour d'Amirauté est un tribunal maritime institué dans le but d'administrer le droit de la mer. Il semble donc y avoir des raisons de restreindre la juridiction, dans une certaine mesure,

> dans les limites du pouvoir commercial, ce qui la limiterait, dans les cas de contrats, à ceux concernant le commerce et la navigation du pays en haute mer et dans les eaux de marée avec les pays étrangers. N.J. Steam Nav Cov. Mchts Bank, 6 How 392 (1848).

La fixation de la compétence en matière d'amirauté aux États-Unis est censée résulter de la clause relative au commerce, Art. I, sec. 8, "Le Congrès aura le pouvoir de réglementer le commerce avec les nations étrangères, entre les différents États et avec les tribus indiennes". En fait, cette clause sépare la compétence en matière d'amirauté de la compétence interne. Les tribunaux fédéraux ont surmonté cette distinction en devenant des tribunaux d'équité. Le problème du système de sécurité sociale est qu'il se présente comme une police d'assurance, mais qu'il perçoit ses primes par le biais d'un processus d'imposition obligatoire. Le paiement forcé de cette prime d'assurance viole le précepte suivant :

> "L'individu, contrairement à la société, ne peut être taxé pour le simple privilège d'exister. La société est une entité artificielle qui doit son existence et ses pouvoirs à l'État, mais le droit de l'individu de vivre et de posséder des biens sont des *droits naturels* pour la jouissance desquels une accise ne peut être imposée". Redfield v. Fisher, 292 P 813, p. 819 (1930).

L'interprétation de l'expression "droit naturel" par opposition à l'utilisation du Law Merchant à l'encontre des citoyens des États-Unis peut être clarifiée par l'extrait suivant du "Contract of Sale" de Colin Blackbum, publié par T & W Johnson, Phil. 1847 :

Aucune partie de l'histoire du droit anglais n'est plus obscure que celle liée à la maxime commune selon laquelle le droit commercial fait partie du droit du pays.

Auparavant, elle ne faisait pas partie de la common law comme c'est le cas aujourd'hui, mais elle était administrée par ses propres tribunaux dans l'agrafe ou dans la Chambre étoilée. Le Chancelier, dans les 13 Edw. 4, 9, déclare son point de vue sur la loi comme suit : "Ce procès est intenté par un marchand étranger qui est venu ici en toute sécurité, et il n'est pas tenu d'intenter un procès selon la loi du pays, de se soumettre au procès de douze hommes et aux autres formes de la loi du pays ; mais il devrait intenter un procès ici (à la Chambre étoilée) et il sera déterminé par la loi de la nature à la Chancellerie, et il peut intenter un procès d'heure en heure pour l'envoi de marchands ; et il a ajouté qu'un marchand n'est pas lié par les statuts, lorsque les statuts sont *introductiva novae legis,* mais s'ils sont *declarativa antiqui juris* (c'est-à-dire de la nature, etc.). Et puisqu'ils sont entrés dans le royaume, le roi a juridiction sur eux pour administrer la justice, mais ce sera *secundum legem naturae,* qui est appelé par certains le marchand de lois, qui est la loi universelle du monde". Et les juges étant appelés, certifièrent que les biens de ce plaignant n'étaient pas confisqués au profit de la couronne en tant que waif (alors que ceux d'un sujet l'auraient été) parce qu'il était un marchand étranger. Il est évident qu'à cette époque, la loi sur les marchands était distincte de la common law. Cela explique le fait très remarquable qu'il n'y a aucune mention des lettres de change ou d'autres coutumes mercantiles dans nos premiers livres ; non pas qu'elles n'existaient pas, mais elles étaient jugées dans le cadre de l'agrafe et n'étaient donc pas mentionnées dans les livres de la common law ; tout comme les questions sur lesquelles les cours d'amirauté ou les cours ecclésiastiques ont une juridiction exclusive ne sont jamais traitées comme faisant partie de la common law à l'heure actuelle. Mais à mesure que les tribunaux de l'agrafe tombaient en décrépitude et que les marchands étrangers cessaient de vivre sous l'empire d'une loi particulière, les parties de la loi des marchands qui différaient de la common law tombaient en désuétude ou étaient adoptées dans la common law en tant que coutume des marchands et, après un certain temps, commençaient à figurer dans les livres de la common law. La manière dont ce grand changement s'est produit n'apparaît pas ; mais bien que les lettres de change aient été d'un usage courant parmi les marchands au 13ème siècle, la première mention d'une lettre de change dans un rapport anglais se trouve dans Cro. Jac. au début du 17ème siècle ; et bien que le droit de *rei vindicatio ait* dû prévaloir sur le continent depuis l'époque de la renaissance du droit civil, la première mention de ce droit dans nos livres ne date que de 1690. Il semble tout à fait impossible que de telles questions n'aient pas fait l'objet de litiges sous une forme ou une autre en Angleterre pendant des siècles avant cette époque.

Blackstone, que les internationalistes préfèrent citer plutôt que Lord Coke, a classé le Law Merchant parmi les "coutumes" d'Angleterre, et donc parmi les éléments de la common law ; mais il ne s'agit pas à proprement parler d'une coutume, car il n'est pas limité à une seule communauté et ne constitue pas le droit municipal d'un seul pays, mais réglemente les contrats commerciaux dans tous les pays civilisés. L'ensemble des usages commerciaux qui composent cette branche du droit, ne dépendant pas de la localité, n'a pas besoin d'être établi par des témoins, mais les juges sont tenus d'en prendre acte. Les principales branches du droit marchand sont le droit de la navigation, le droit des assurances maritimes, le droit de la vente et le droit des lettres de change. Le droit féodal, qui s'est développé à une époque où la propriété consistait principalement en terres dont l'aliénation était soumise à de fortes restrictions, s'est révélé inadapté aux besoins des classes marchandes qui commençaient à prendre de l'importance. Les tribunaux, lorsqu'ils étaient saisis de contrats commerciaux, adoptaient les règles qui régissaient les transactions commerciales des marchands et en faisaient des règles de droit. Nombre de ces règles étaient en contradiction directe avec la common law. La Magna Charta contenait une disposition spéciale garantissant aux marchands, entre autres, le droit "d'acheter et de vendre selon leurs anciennes coutumes", et de nombreuses lois ont été promulguées par la suite pour assurer leur protection spéciale. Lorsque la coutume des marchands a commencé à empiéter sur la common law, les juristes se sont efforcés de s'y opposer. Ils tentèrent de faire de la coutume des marchands une coutume particulière, propre à une seule communauté, et non une partie de la loi du pays. Sous le règne de Jacques Ier (1603-1625), il a finalement été décidé qu'elle faisait partie du droit du royaume. On tenta alors de limiter l'application de la loi sur les marchands aux personnes qui étaient effectivement des marchands, mais les tribunaux, après des divergences considérables, décidèrent qu'elle s'appliquait aux mêmes contrats entre les parties et les marchands.

Nous citons également The American Universal Cyclopaedia, on Mercantile Law, v. IX NY 1884, S. W. Green's Son :

> Le droit commercial est la seule branche du droit municipal qui, par nécessité, est similaire et, à bien des égards, identique dans tous les pays civilisés et commerçants du monde. En déterminant les relations de la famille, de l'église et de l'état, chaque nation est guidée par ses propres particularités de race, de tradition historique, de climat, et d'innombrables autres circonstances qui ne sont presque pas affectées par les conditions de la société dans les états voisins. Mais lorsqu'il s'agit d'organiser l'achat, la vente et la transmission des marchandises d'un État à l'autre, tous les hommes se trouvent dans la même situation. L'objectif unique de tous est que la transaction soit effectuée de manière à

éviter ce qui, dans tous les cas, doit être une source de joss pour quelqu'un, et dont personne ne sort gagnant en fin de compte, c'est-à-dire les *disputes et les retards.* Très tôt dans l'histoire commerciale de l'Europe moderne, on a constaté que la seule façon d'atteindre ces objectifs était d'établir une compréhension commune de tous les principaux points du droit commercial, et plus particulièrement du droit maritime. C'est ce qui a été fait par l'établissement de ces codes maritimes, dont le plus célèbre, mais non le plus ancien, est le *Consolato del Mare. On en* parle parfois comme d'un recueil de lois maritimes de Barcelone, mais il semblerait qu'il s'agisse plutôt d'une compilation des lois et des coutumes commerciales de diverses villes italiennes — Venise, Pise, Gênes et Amalfi — ainsi que de celles des villes avec lesquelles elles commerçaient principalement — Barcelone, Marseille, etc. Le fait qu'il ait été publié à Barcelone vers la fin du 13ème siècle ou au début du 14ème, dans le dialecte catalan, ne prouve pas qu'il soit originaire d'Espagne, et il est probable qu'il soit d'origine italienne. Lorsque le commerce s'est étendu aux côtes nord-ouest de l'Europe, des codes similaires sont apparus. Il y eut le *Guidon de la Mer,* les *Roles d'Oleron,* les *Usages de Damme, et* surtout les ordonnances de la grande Ligue hanséatique (Deutsche Hansabund). En tant que peuple central de l'Europe, les Français se sont rapidement distingués en tant que cultivateurs du droit maritime, et l'une des contributions les plus importantes à ce droit a été la célèbre ordonnance de 1681, qui faisait partie de la législation et de la codification ambitieuse et à bien des égards réussie de Louis XIV. Toutes ces tentatives antérieures de législation mercantile générale étaient fondées, bien entendu, sur le droit civil romain, ou plutôt sur ce que ce système avait emprunté aux lois qui régissaient les relations des communautés commerciales de Grèce, peut-être de Phénicie et de Carthage, et qui avaient été réduites à un système par les Rhodiens.

En raison des relations intimes qui existaient entre l'Écosse et le continent européen, les juristes écossais se sont familiarisés très tôt avec les accords commerciaux des États continentaux ; et c'est à cette cause que l'on attribue le fait que, jusqu'à l'époque où les affaires de l'Écosse ont été plongées dans la confusion par les rébellions de 1715 et 1745, le droit commercial a été cultivé en Écosse avec beaucoup d'attention et de succès. L'œuvre de Lord Stair, le plus grand des juristes écossais, est particulièrement précieuse dans ce domaine".

Le rôle du gouvernement dans le fonctionnement de l'individu est proscrit par le principe de la copropriété, selon l'extrait suivant du “Mercantile Law” de John William Smith :

> En effet, l'élément le plus caractéristique de la copropriété est le *jus accrescendi,* en vertu duquel, lorsqu'un copropriétaire meurt, son intérêt n'est pas transmis à ses héritiers, dans le cas d'une propriété descendante, ni à ses représentants personnels, dans le cas d'effets personnels ou de biens meubles, mais est dévolu au survivant ou aux survivants ; ce droit de survie est admis également en ce qui concerne les biens meubles, comme dans les successions de toute dénomination. Or, si les actions de commerce étaient soumises au même droit, il en résulterait l'un des deux maux suivants : ou bien la famille d'un associé décédé serait laissée dans l'indigence, ou bien la crainte qu'ont les hommes d'employer une partie considérable de leurs biens dans ces entreprises pourrait décourager l'esprit de commerce. C'est donc la loi établie des commerçants que, parmi eux, la copropriété et la survivance ne prévalent pas. (Co. Li. 182a ; Snon. 2 Browne. 99 ; Anon. Noy. *55 ; Hall v. Hujfam,* 2 Lev. 188 ; Annand v. *Honiwood,* 2 Ch. C. 129).

Ce droit de survie est, selon Sir William Blackstone, la raison pour laquelle ni le roi ni aucune société ne peuvent être copropriétaires d'une personne privée. (2 Comm. 184). Mais la règle est plus large : deux sociétés ne peuvent être copropriétaires ensemble (Litt. S. 296 ; Co. Li. 189b, 190a).

La défense du citoyen devant une cour d'amirauté commence par son refus d'admettre qu'il est soumis à la loi martiale ou que le pouvoir d'injonction punitive de l'amendement 14, qui est fondé sur la loi martiale, peut lui être appliqué. Étant donné que les pouvoirs de la cour d'amirauté découlent du fait que le capitaine du navire s'est vu attribuer les pouvoirs d'un amiral (il n'y a pas assez d'amiraux pour en placer un sur chaque navire), le capitaine fonctionne alors sous le pouvoir militaire du roi d'Angleterre. L'autorité du capitaine s'étend au prononcé et à l'imposition d'une sentence de mort, comme c'était souvent le cas lors de la mort par quille. Le marin fautif était traîné sous le navire jusqu'à ce qu'il soit noyé ou mis en pièces par les bernacles en forme de couteau qui poussaient sur le fond du navire.

Il n'existe que deux juridictions pénales : la juridiction de droit commun et la juridiction internationale. Comment en est-on arrivé à ce que le citoyen des États-Unis puisse être amené à comparaître sous une juridiction internationale ? En 1938, en raison de l'énorme dette que le président Franklin D. Roosevelt avait empruntée aux banquiers internationaux pour financer son New Deal, la common law, qui ne contraint pas à l'exécution, a été fusionnée avec les procédures d'équité, qui contraignent à l'exécution. Cependant, les syndicalistes criminels ont découvert que l'exécution forcée par l'équité n'est pas assortie d'une sanction pénale, mais seulement civile. Aucune peine de prison ne peut être prononcée. Il a été remédié à cette situation en introduisant les procédures du tribunal de l'amirauté, avec leur pouvoir de condamnation à la vie ou à la mort. Cela a été rendu possible par l'affirmation selon laquelle la dette, due à des banquiers internationaux, devenait ainsi un contrat international. Un contrat conclu en vertu du droit des gens place la nation sous le régime du droit international. En raison de cette évolution, depuis 1938, le Congrès ne peut plus adopter de "lois publiques". Au lieu de cela, il adopte désormais des "lois d'ordre public", qui sont des mesures destinées à soulager les créanciers internationaux de la nation. Comme le Congrès n'adopte plus de "lois publiques", il a supprimé la common law ; toutes les lois adoptées par le Congrès sont désormais des lois d'équité, qui confèrent une compétence en matière d'équité. Ainsi, les tribunaux fédéraux de district fonctionnent uniquement comme des tribunaux d'équité en vertu de règles de procédure d'équité, qui sont néanmoins publiées sous le titre "Règles fédérales de procédure civile".

Avant 1939, le Congrès avait également adopté des lois privées, par opposition aux lois publiques. En 1913, l'amendement à l'impôt sur le revenu et la loi sur la Réserve fédérale ont été adoptés en tant que lois privées. Les agents fédéraux sont conscients de la différence, même s'ils refusent généralement d'informer le citoyen de ce facteur important. Le titre 28 USC relève du droit public, mais l'IRS opère en vertu du titre 26, qui relève du droit privé, c'est-à-dire d'un contrat entre vous et les États-Unis. La taxe d'accise sur les sociétés de 1909 est devenue la loi sur l'impôt sur le revenu de 1913 en vertu de la clause de commerce de la Constitution, soutenant que le citoyen utilisait le papier de la société d'une manière équitable, créant ainsi une contrepartie contractuelle. Toutefois, aucun droit constitutionnel ne s'applique à la déclaration d'impôt sur le revenu. Dans les affaires fiscales et autres poursuites gouvernementales, les juges fédéraux sont informés que le défendeur est une personne morale en faillite selon les termes des obligations contractuelles internationales, et prennent connaissance de ce fait en silence. Les citoyens sont détenus et inculpés en raison de l'inexécution d'un contrat international et des obligations qui en découlent.

La défense du citoyen dans cette procédure d'équité, dans laquelle il risque d'être puni par le tribunal d'amirauté, est qu'il doit déclarer lors de sa mise en accusation, après que le tribunal ait demandé : "Comprenez-vous l'accusation ?". Le défendeur répond alors "Non". En vertu de l'amendement 6, il a désormais le droit de demander la nature et la cause de l'accusation. Le défendeur déclare alors : "Que le dossier de ce tribunal montre qu'il s'agit d'une action criminelle". Le défendeur doit le dire clairement, car la défense d'une action civile est différente de la défense d'une accusation pénale. Si le tribunal ne répond pas complètement, le défendeur déclare alors : "Que le dossier de ce tribunal montre que le défendeur a demandé la nature et la cause de l'accusation en vertu de son droit garanti par l'amendement, et que le tribunal n'a pas informé le défendeur de la juridiction secrète qui n'est connue que des avocats agréés".

Le défendeur doit souligner ce point en raison du fait que les sections nationales et locales de l'American Bar Association et de l'International Bar Association sont sous la direction et le contrôle des banquiers internationaux. Ceux-ci doivent maintenir ce contrôle afin de continuer à utiliser la compétence en matière d'équité pour obtenir le recouvrement de leurs dettes internationales. Le juge déclare ensuite que le défendeur doit être jugé en vertu d'une juridiction statutaire. Le défendeur demandera alors qu'on lui fournisse une copie des règles de procédure pénale de la juridiction statutaire. Le tribunal ne peut pas accéder à cette demande, car ces règles n'existent pas.

Après avoir fait valoir ce point, le défendeur demandera alors au tribunal d'indiquer s'il opère dans le cadre de la juridiction d'amirauté. Étant donné qu'aucun tribunal américain n'admettra qu'il opère en vertu de la juridiction d'amirauté, cela devrait suffire pour obtenir un rejet, car le tribunal ne peut pas poursuivre tant qu'il n'a pas admis, ou nié, qu'il opère en vertu des procédures d'amirauté. Le défendeur doit alors déclarer,

> "Que le dossier de ce tribunal montre qu'il s'agit d'un tribunal pénal qui fonctionne sous l'autorité d'un juge de l'amirauté."

Les tribunaux américains ne peuvent pas prononcer de condamnation en vertu de la compétence en matière d'amirauté à moins qu'un contrat international valide n'existe et qu'une copie de ce contrat ne puisse être apportée au tribunal. Le tribunal doit prouver que le défendeur est une partie obligée en vertu de ce contrat. Le tribunal doit prouver sa compétence en prouvant qu'il a un intérêt dans la dette et qu'il s'agit d'un contrat valide. Aucun tribunal ne peut exécuter un contrat non valide, ce qui signifie que la validité du contrat doit être prouvée sans l'ombre d'un doute. Le défendeur doit contester la validité du contrat, car le code du commerce établit la différence entre un contrat valide et un contrat non valide ; le contrat non valide ne peut pas être exécuté. En effet, le défendeur se voit imposer les termes d'une dette qui a été créée par une banque et qui n'a donc pas de substance. Le droit s'intéresse à la substance. Pour être condamné en justice, il faut démontrer que le défendeur s'est occupé d'une question de fond. La banque n'a maintenant aucun intérêt dans la substance, et la substance doit être prouvée si le contrat doit être exécuté. La compétence en matière d'amirauté en vertu de laquelle les tribunaux américains jugent les défendeurs est maintenue par un avis judiciaire silencieux. Une fois que la question de la compétence en matière d'amirauté est rendue publique, elle n'est plus secrète et le juge ne peut plus opérer selon le code secret qu'il entretient avec ses confrères du barreau, le procureur ainsi que les avocats de la défense, membres agréés du barreau, qui comparaissent devant lui. Parce qu'il participe à une juridiction secrète, le juge assume l'immunité judiciaire pour se protéger devant le tribunal de l'amirauté. En vertu de la Constitution, il a prêté serment de respecter la Constitution, ce qui le lie dans un tribunal de common law, mais qui ne le lie pas dans le tribunal d'amirauté ; d'où la doctrine de l'immunité judiciaire derrière laquelle les juges exercent leurs procédures d'équité et d'amirauté.

CHAPITRE 16

NOTRE AVENIR JURIDIQUE

Le lecteur aura peut-être remarqué, dans les exemples de mémoires juridiques reproduits dans les pages qui précèdent, qu'il n'y a aucune référence au droit de l'amirauté. J'ai cité des sources sur la chancellerie et l'équité, mais pendant les quarante années où je me suis représenté devant les tribunaux américains, je n'avais pas encore recherché la cause de notre dilemme juridique, à savoir que nos tribunaux constitutionnels, tels qu'ils sont autorisés par la Constitution, ont été furtivement remplacés par des tribunaux d'équité fonctionnant selon les principes militaires sévères de la punition de l'amirauté. Le fait que j'aie réussi à survivre dans ces tribunaux sans la protection des connaissances offertes gratuitement dans cet ouvrage est moins dû à la bienveillance des juges et des avocats qu'à leur crainte constante que, dans le cadre de mes recherches juridiques continues et permanentes pour préparer mes mémoires, je ne découvre leur secret de culpabilité. J'aurais alors pu lancer un défi sérieux à leur pouvoir fraternel secret. La seule fois où le lien maçonnique a été mentionné au cours d'un procès dans lequel j'étais engagé, le juge a battu en retraite précipitamment et a immédiatement accepté ma requête. Même ce lien a été cité, non pas par moi-même, mais par l'un de mes partisans. Cela montre la vulnérabilité de ceux qui ont conspiré pour nous opprimer et nous tromper.

Lorsqu'un citoyen américain se présente devant un tribunal, il peut dire, comme le Christ l'a dit dans Luc 22:53, "voici votre heure, et le pouvoir des ténèbres". Nous sommes sur le point de dissiper le pouvoir des ténèbres dans nos tribunaux. Nous devons maintenant allumer la lumière à fond et voir des hordes de cafards se précipiter frénétiquement vers une entrée obscure. Il y a un certain nombre de développements encourageants à travers les États-Unis : premièrement, une prise de conscience croissante de la corruption absolue du processus juridique ; deuxièmement, la plupart des avocats ne feront pas grand-chose pour vous, si ce n'est prendre votre argent ; et troisièmement, votre prise de conscience de la véritable condition du marasme juridique est votre meilleure protection. Je le dis souvent à mon public,

> "Allez dans n'importe quelle prison américaine et regardez les rangées de cellules. Dans chacune de ces cellules est assis un prisonnier ; et chacun de ces prisonniers avait un avocat ; et chacun de ces prisonniers a payé un avocat".

Plusieurs documentaires télévisés ont montré les efforts frénétiques déployés par la profession juridique pour mettre un terme à la tendance croissante des Américains à faire appel à des assistants juridiques pour les documents juridiques de routine, tels que les actes et les testaments.

En Louisiane et en Floride, des assistants juridiques ont été arrêtés et leurs bureaux fermés parce qu'ils tentaient d'aider des citoyens pris dans la toile d'araignée des procédures judiciaires. La loi est vague en ce qui concerne la "pratique du droit" ; elle est généralement interprétée comme interdisant aux personnes qui n'ont pas obtenu de licence pour pratiquer le droit de représenter qui que ce soit devant les tribunaux.

Cependant, les parajuristes qui ont été arrêtés et condamnés à une amende n'ont jamais représenté qui que ce soit au tribunal. Ils représentaient plutôt une menace pour les aspects lucratifs du monopole juridique, dans lequel les secrétaires juridiques font tout le travail de préparation des testaments, des actes et d'autres documents, mais où l'avocat facture l'intégralité des honoraires pour le travail effectué par des membres non agréés de son personnel.

HALT est l'une des organisations qui continue à faire un important travail de pionnier en dénonçant le monopole juridique. Basée à Washington, D.C., HELP ABOLISH LEGAL TYRANNY constate que :

> "Nos plus de 150 000 membres ont désespérément besoin d'informations fiables et directes sur le mouvement national qui se prépare pour supprimer le monopole inutile des avocats qui maintient ces prix à un niveau déraisonnable. En tant que seul groupe national à but non lucratif représentant les utilisateurs de notre système juridique, HALT est à la tête de ce mouvement. Du Maine à la Californie, les citoyens demandent et obtiennent

> plus de formulaires à remplir soi-même, des procédures rationalisées et simplifiées et, surtout, un marché libre où l'on peut acheter de l'aide juridique. Les quelque 100 millions d'Américains dont les services juridiques ne sont pas assurés aujourd'hui ne méritent rien de moins.

Richard Hebert, directeur de la communication, HALT, une organisation d'Americans for Legal Reform, Washington, D.C. Lettre au Wall Street Journal, 18 mai 1989.

Il est certainement important que les Américains ne soient plus escroqués pour des formulaires juridiques aussi courants que les actes et les testaments. Il est encore plus important que chaque Américain sache ce qui se passe dans nos tribunaux. Nous devons savoir ce qu'il est advenu de nos garanties juridiques inscrites dans notre Constitution. Nous devons être en mesure de contester la prise de contrôle furtive de notre système judiciaire par des conspirateurs furtifs, qui se cachent derrière les allégeances internationales des marchands de droit, les procédures de la Chambre étoilée des tribunaux d'équité et les associations fraternelles secrètes qui dictent des décisions judiciaires diaboliquement opposées aux intérêts de nos concitoyens et de notre nation.

DÉJÀ PUBLIÉ

OMNIA VERITAS. &
LE RETOUR AUX SOURCES
présentent la Collection EUSTACE MULLINS
MEURTRE PAR INJECTION
NOUVELLE HISTOIRE DES JUIFS
Les secrets de la Réserve Fédérale

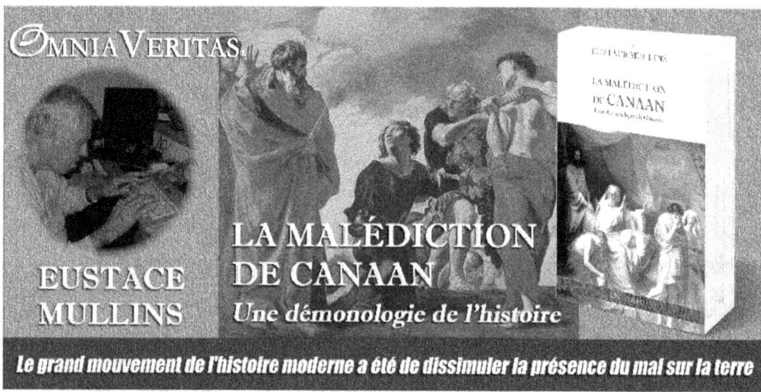
OMNIA VERITAS.
EUSTACE MULLINS
LA MALÉDICTION DE CANAAN
Une démonologie de l'histoire
Le grand mouvement de l'histoire moderne a été de dissimuler la présence du mal sur la terre

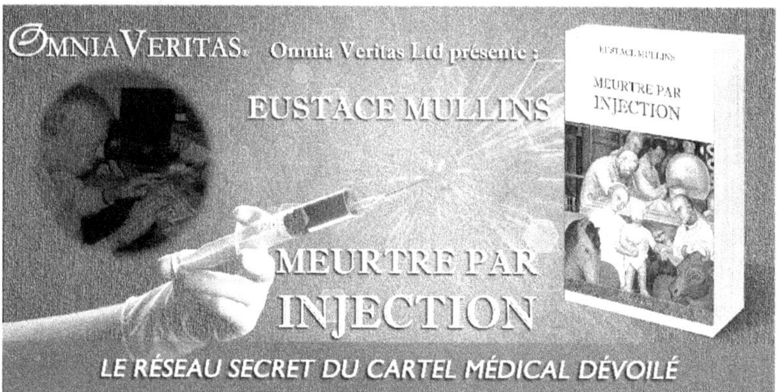
OMNIA VERITAS.
Omnia Veritas Ltd présente :
EUSTACE MULLINS
MEURTRE PAR INJECTION
MEURTRE PAR INJECTION
LE RÉSEAU SECRET DU CARTEL MÉDICAL DÉVOILÉ

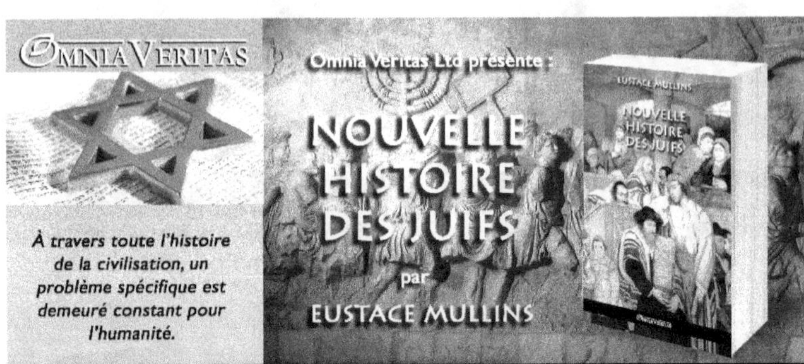
OMNIA VERITAS
Omnia Veritas Ltd présente :
NOUVELLE HISTOIRE DES JUIFS
par
EUSTACE MULLINS
À travers toute l'histoire de la civilisation, un problème spécifique est demeuré constant pour l'humanité.
Un seul peuple irrita les nations qui l'avaient accueilli dans toutes les parties du monde civilisé

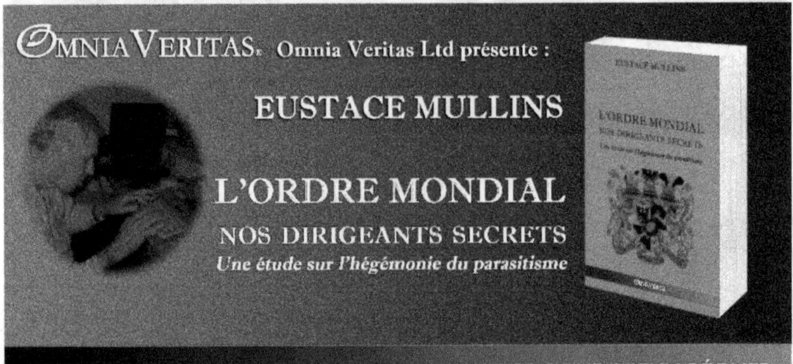
OMNIA VERITAS
Omnia Veritas Ltd présente :
EUSTACE MULLINS
L'ORDRE MONDIAL
NOS DIRIGEANTS SECRETS
Une étude sur l'hégémonie du parasitisme
LE PROGRAMME DE L'ORDRE MONDIAL : DIVISER POUR MIEUX RÉGNER

OMNIA VERITAS
OMNIA VERITAS LTD PRÉSENTE :
JOHN COLEMAN
AU-DELÀ de la CONSPIRATION
DÉMASQUER LE GOUVERNEMENT MONDIAL INVISIBLE
par John Coleman
Tous les grands événements historiques sont planifiés en secret par des hommes qui s'entourent d'une totale discrétion
Les groupes hautement organisés ont toujours l'avantage sur les citoyens

OMNIA VERITAS
OMNIA VERITAS LTD PRÉSENTE :
par John Coleman
LA HIÉRARCHIE DES CONSPIRATEURS
HISTOIRE DU COMITÉ DES 300
JOHN COLEMAN
Cette conspiration ouverte contre Dieu et l'homme, inclut l'asservissement de la majorité des humains

OMNIA VERITAS
OMNIA VERITAS LTD PRÉSENTE :
PAR
JOHN COLEMAN
LA DIPLOMATIE PAR LE MENSONGE
UN COMPTE RENDU DE LA TRAÎTRISE DES
GOUVERNEMENTS DE L'ANGLETERRE ET DES ÉTATS-UNIS
JOHN COLEMAN
L'histoire de la création des Nations Unies est un cas classique de diplomatie par le mensonge

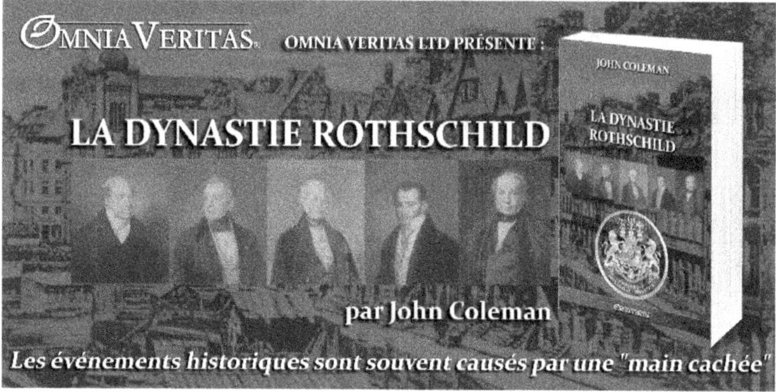
OMNIA VERITAS
OMNIA VERITAS LTD PRÉSENTE :
LA DYNASTIE ROTHSCHILD
JOHN COLEMAN
par John Coleman
Les événements historiques sont souvent causés par une "main cachée"

OMNIA VERITAS
OMNIA VERITAS LTD PRÉSENTE :
LA FRANC-MAÇONNERIE
de A à Z
par John Coleman
La franc-maçonnerie est devenue, au XXIe siècle, moins une société secrète qu'une "société à secrets".
JOHN COLEMAN
LA FRANC-MAÇONNERIE de A à Z
Cet ouvrage explique ce qu'est la maçonnerie

OMNIA VERITAS
OMNIA VERITAS LTD PRÉSENTE :
L'INSTITUT TAVISTOCK
des RELATIONS HUMAINES
Façonner le déclin moral, spirituel, culturel, politique et économique des États-Unis d'Amérique
par John Coleman
Sans Tavistock, il n'y aurait pas eu la Première et la Deuxième Guerre mondiale
JOHN COLEMAN
L'INSTITUT TAVISTOCK des RELATIONS HUMAINES
Les secrets du Tavistock Institute for Human Relations

OMNIA VERITAS
OMNIA VERITAS LTD PRÉSENTE :
LA DICTATURE de l'ORDRE MONDIAL SOCIALISTE
Pendant toutes ces années, alors que notre attention était concentrée sur les méfaits du communisme à Moscou, les socialistes à Washington étaient occupés à voler l'Amérique !
PAR JOHN COLEMAN
JOHN COLEMAN
LA DICTATURE de l'ORDRE MONDIAL SOCIALISTE
"L'ennemi à Washington est plus à craindre que l'ennemi à Moscou."

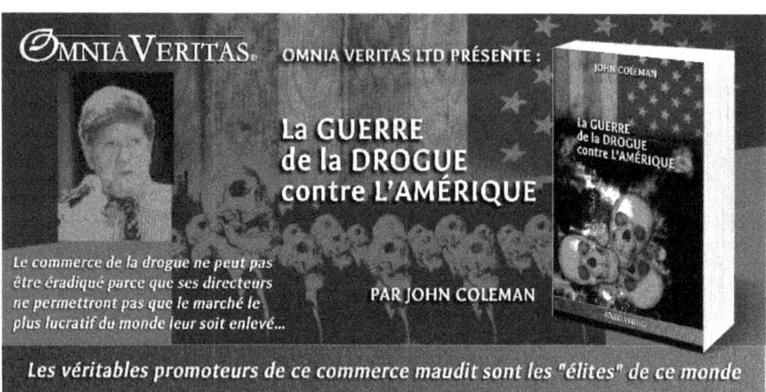
OMNIA VERITAS
OMNIA VERITAS LTD PRÉSENTE :
La GUERRE
de la DROGUE
contre L'AMÉRIQUE
Le commerce de la drogue ne peut pas être éradiqué parce que ses directeurs ne permettront pas que le marché le plus lucratif du monde leur soit enlevé...
PAR JOHN COLEMAN
JOHN COLEMAN
La GUERRE de la DROGUE contre L'AMÉRIQUE
Les véritables promoteurs de ce commerce maudit sont les "élites" de ce monde

OMNIA VERITAS
OMNIA VERITAS LTD PRÉSENTE :
LE CLUB DE ROME
LE THINK TANK DU NOUVEL ORDRE MONDIAL
Les nombreux faits tragiques et explosifs du XXème siècle ne sont pas survenus par eux-mêmes, mais ont été planifiés selon un schéma bien établi...
PAR JOHN COLEMAN
JOHN COLEMAN
LE CLUB DE ROME
Qui étaient les planificateurs et les créateurs de ces événements majeurs ?

OMNIA VERITAS
OMNIA VERITAS LTD PRÉSENTE :
LES GUERRES DU PÉTROLE
PAR JOHN COLEMAN
Le récit historique de l'industrie pétrolière nous entraîne dans les méandres de la "diplomatie"
JOHN COLEMAN
LES GUERRES DU PÉTROLE
La lutte pour monopoliser la ressource convoitée par toutes les nations

OMNIA VERITAS
OMNIA VERITAS LTD PRÉSENTE :
LA TRILOGIE
WALL $TREET
PAR ANTONY SUTTON
"Le professeur Sutton restera dans les mémoires pour sa trilogie : *Wall St. et la révolution bolchevique, Wall St. et FDR,* et *Wall St. et l'ascension d'Hitler.*"
Cette trilogie décrit l'influence du pouvoir financier dans trois évènements clés de l'histoire récente
ANTONY SUTTON
LA TRILOGIE WALL $TREET

OMNIA VERITAS
OMNIA VERITAS LTD PRÉSENTE :
JUGEMENT FINAL
Le chaînon manquant de l'assassinat de JFK
de Michael Collins Piper
Volume I & II

OMNIA VERITAS®
www.omnia-veritas.com

www.ingramcontent.com/pod-product-compliance
Lightning Source LLC
Chambersburg PA
CBHW071956270326
41928CB00009B/1453

* 9 7 8 1 8 0 5 4 0 0 7 8 3 *